KARL MARX

A determinação ontonegativa
originária do valor

Ivan Cotrim

KARL MARX
A determinação ontonegativa
originária do valor

À Lívia
Às minhas filhas
Aos pequenos queridos:
Lia, Théo, Pedro e Raul

Copyright © 2011 Ivan Cotrim

Grafia atualizada segundo o Acordo Ortográfico da Língua Portuguesa de 1990, que entrou em vigor no Brasil em 2009.

Publishers: Joana Monteleone/Haroldo Ceravolo Sereza/Roberto Cosso
Edição: Joana Monteleone
Editor assistente: Vitor Rodrigo Donofrio Arruda
Assistente editorial: Patrícia Jatobá U. de Oliveira
Projeto gráfico, capa e diagramação: Patrícia Jatobá U. de Oliveira
Imagem da capa: Pintura de Hans Mocznay, 1964.

Este livro foi publicado com o apoio da Fapesp

CIP-BRASIL. CATALOGAÇÃO-NA-FONTE
SINDICATO NACIONAL DOS EDITORES DE LIVROS, RJ

C887k

Cotrim, Ivan
KARL MARX: A DETERMINAÇÃO ONTONEGATIVA ORIGINÁRIA DO VALOR
Ivan Cotrim.
São Paulo: Alameda, 2011.
364p.

Inclui bibliografia
ISBN 978-85-7939-103-3

1. Marx, Karl, 1818-1883. 2. Valor (Economia). 3. Economia marxista.
4. Economia política. 1. Título.

11-5658.

CDD: 335.4
CDU: 330.85

029361

ALAMEDA CASA EDITORIAL
Rua Conselheiro Ramalho, 694 – Bela Vista
CEP 01325-000 – São Paulo – SP
Tel. (11) 3012-2400
www.alamedaeditorial.com.br

Sumário

Agradecimentos 9

Introdução 11

PARTE I 37
**A Economia Política: essência natural do
indivíduo e positividade do valor**

Capítulo 1 39
A "essência natural" do indivíduo

Capítulo 2 121
Economia política clássica e positividade do valor

PARTE II 173
**A determinação ontonegativa
originária do valor em Marx**

Capítulo 3 175
Os Cadernos de Paris

Capítulo 4 229
A crítica da economia política nos *Manuscritos
Econômico-Filosóficos*

Capítulo 5   279

A economia política em Proudhon em
A Miséria da Filosofia

Capítulo 6   309

Trabalho assalariado e capital: o duplo
caráter do trabalho

Conclusão   333

Bibliografia   355

Agradecimentos

É imperioso reconhecer – quando o trabalho intelectual nos exaure, quase ao limite de nossa capacidade – os apoios pessoais e institucionais sem os quais pesquisas, reflexões, análises e objetivações aspiradas não poderiam efetivar-se. Contudo, é preciso reconhecer, igualmente, que as formas e conteúdos daqueles, embora indispensáveis, não se equivalem.

Assim, a presença constante, carinhosa, incansável da Lívia converteu-se na energia animadoramente crítica que este trabalho expressa.

Não posso deixar de mencionar as gratificantes conversas que mantive sobre o tema deste trabalho, com os alunos da Fundação Santo André, em meio aos movimentos de repúdio ao despotismo e violência de que foram vítimas no dia 13 de setembro de 2007.

Agradecimentos finais, mas não menores, ao meu orientador, Prof. Dr. Miguel Chaia, pelo acolhimento de singular humanismo desta pesquisa e pelas interferências positivas e esclarecedoras, que elevaram o padrão deste trabalho.

Agradeço ao apoio da Capes pela bolsa concedida durante os anos de preparação desta tese. E também a Fapesp pelo apoio à publicação.

Introdução

Esta investigação se fez objetivando explicitar a radical diferença do pensamento de Marx frente à produção teórica da economia política, tendo como referência dois ângulos fundantes dessa temática: a concepção de homem e a concepção econômica de valor, temas que, desenvolvidos por pensadores clássicos, mostram-se opostos à crítica da economia política empreendida por Marx desde a fase originária de sua produção, período de 1844 a 1847, momento fundante de sua intelectualidade.

Procuramos mostrar que seu procedimento se dá pelo exame da produção teórica daqueles pensadores, em uma leitura imanente daquela produção, ao mesmo tempo em que procura compreender a constituição concepcional dessa ciência e posicionar-se criticamente em relação a ela.

É apoiado nos procedimentos críticos, anteriormente efetivados, tanto no plano da filosofia, particularmente a especulação hegeliana e os limites do materialismo feuerbachiano, quanto no de sua crítica à politicidade, em que Marx aborda a democracia e o estado, que ele completará esse percurso crítico originário ao interferir diretamente nas teorizações da economia política.

Tomamos como referência para expor esse percurso crítico originário de Marx a elaboração feita por José Chasin, fundada no mesmo padrão de radicalidade científica do pensamento marxiano, exposta em seu texto *Marx – Estatuto ontológico e Resolução Metodológica*. Desses escritos, exporemos apenas alguns aspectos que nos permitiram uma melhor compreensão da crítica à economia política, universo de discussão originária de Marx do qual trataremos na segunda parte deste trabalho.

Esta publicação é a íntegra da tese de doutorado defendida na PUC-SP em 2008.

É pedra angular de seu texto a nova posição de Marx, que ele evidencia como *ontoprática*: o homem ativo se externaliza e se autorreconstrói no "eterno devir homem do homem", na inextrincável relação de indivíduo e gênero. Da compreensão desta posição de Marx é que Chasin conseguiu demonstrar que o percurso crítico marxiano atravessa três momentos, o último dos quais é o da crítica da economia política. É dessa perspectiva, que exporemos mais à frente, que partimos, e com ela procuramos explicitar, dentro desse pensamento, expresso nos textos originários, a crítica à economia política, indicando, necessariamente, a emersão da determinação ontonegativa do valor, posição radicalmente oposta à dos clássicos pensadores e construtores da ciência econômica, bem como a radical distinção de sua concepção de homem em relação àquela que *naturaliza* a essencialidade humana, *naturalizando,* em decorrência, a sociabilidade do capital, formação social essa que tem no valor seu centro aglutinador e eixo diretor.

Nosso objetivo, ao realizar a leitura e a *análise imanente* dos textos de Marx do *período originário* (1844 a 1847) é, antes de tudo, responder à necessidade de compreender, a partir das exposições de suas próprias ideias, a conceituação que ele empreende sobre a economia, tendo no centro a categoria do valor, e o nexo que estabelece com a essencialidade do homem, sua atividade, na objetivação de sua vida real. Tornou-se evidente em seus textos a apreensão do quadro categorial da economia política deixado pelos pensadores clássicos, e ao mesmo tempo a urdidura dos elementos críticos que o demarcarão daqueles. Referimo-nos especificamente aos seguintes trabalhos, tratados aqui por *textos do período originário* da sua abordagem crítico-econômica: *Cadernos de Paris* (1844); *Manuscritos Econômico-filosóficos* (1844); *Miséria da Filosofia* (1846/7); *Trabalho Assalariado e Capital,* que foi escrito em 1847, mas publicado somente em 1849.

Nossa análise mostra-se tão mais necessária por não encontrarmos, entre os comentadores desse período de crítica originária à economia política, análise suficiente e consistente dos ângulos fundamentais do novo procedimento analítico de Marx: 1) o significado do valor e as condições sociais da atividade humana para sua efetivação; 2) o momento de formulação de uma posição própria e genuína sobre o tema, superando, pela crítica, as determinações dos clássicos elaboradores dessa ciência.

As distintas análises do valor em Marx

Uma hipótese para compreensão dessa lacuna pode residir no fato de os estudos de Marx sobre esse tema se encontrarem plenamente desenvolvidos somente nos textos de maturidade, levando seus analistas a abordar com mais frequência aquelas obras, deixando pouco ou nenhum espaço para a análise dos escritos da fase inicial; talvez por isso, não encontramos, acerca dos trabalhos do período em questão, abordagens satisfatórias ou mesmo suficientes.

A exposição subsequente de alguns de seus comentadores visa a ilustrar essa nossa hipótese. Ureña[2] observa inicialmente que Marx acata as críticas de Engels, quando reclama a falta de uma ponderação do valor abstrato com as determinações das *leis* da oferta e da procura, o que levou Ureña a supor uma rejeição à teoria do valor-trabalho. Ele se remete aos apontamentos dos *Cadernos de Paris* para sustentar as afirmações de que Marx inicia rejeitando a concepção de valor-trabalho pura e simplesmente por não compreendê-la tal qual formulada por Ricardo; contudo, não encontramos nesse autor fundamento adequado à sua formulação, o que nos permitiu pôr em dúvida sua posição.

Com uma aguda compreensão sobre a teoria do valor em Marx, Mandel empreende uma análise de sua produção econômica que inclui o período originário. Em *Formação do Pensamento Econômico de Karl Marx – De 1843 até a redação de O Capital*,[3] traça a evolução de sua compreensão sobre economia centrada na teoria do valor-trabalho. Sobre esse período inicial, ele destaca uma postura de rechaço, de não aceitação do conceito de valor-trabalho por parte de Marx até a explícita adesão a tal conceito em *Miséria da Filosofia*, sem fundamentar, entretanto, os motivos da primitiva não aceitação e as razões da aderência posterior. Seu encontro com a economia por meio dos estudos realizados no exílio em Paris o fez polemizar, de acordo com Mandel, contra o valor-trabalho em Ricardo. Mandel mostra ainda que os apontamentos conhecidos como *Cadernos de Paris* relatam as concepções de vários pensadores da economia clássica, como Say, Smith, Ricardo,

---

2　Ureña, M. Enrique, *Karl Marx, Economista, O que Marx quis realmente dizer*. São Paulo: Edições Loyola, 1981.

3　Mandel, Ernest, *A Formação do Pensamento Econômico de Karl Marx. De 1843 até a redação de O Capital*. Rio de Janeiro: Zahar, 1968.

James Mill, McCulloch e Boisguillebert, o que revelaria o esforço de Marx na luta pela apreensão do pensamento econômico, nessa fase inicial.

Tendemos a discordar de Mandel especificamente sobre seu entendimento, tal qual o de Ureña, de que existe uma rejeição de Marx à teoria do valor-trabalho de Ricardo naquele momento, que vai sendo superada no decorrer de sua análise. Não se trata, a nosso ver, de uma rejeição do valor-trabalho; observamos, ao contrário, que Marx chama a atenção para a determinação ricardiana sobre o caráter abstrato do valor, por não levar em consideração as vicissitudes do mercado, que se fundam na *lei* de oferta e procura, fenômeno capaz de modificar a *magnitude* desse valor; Marx não diferencia nesse momento preço e valor de troca, o que certamente dificulta uma apreensão correta do dinamismo dessas categorias. Contudo sua observação tem um destino definido: ele pretende mostrar que Ricardo apoia-se no custo de produção, remetendo-o, como determinação inflexível, para o campo das trocas, e Marx está atento ao fato de que os preços movem-se no mercado sem que os custos de produção possam realizar o mesmo papel. Assim, ao se fixar no custo de produção, Ricardo deixa de ponderar o dinamismo do mercado em sua avaliação do valor.

Mandel insiste em que a base da suposta refutação do valor-trabalho está de fato na identificação entre valor e preço; nesse ponto, diz Mandel, Marx estará muito mais próximo de Say, que encontra no mercado os fundamentos do dinamismo econômico, do que de Ricardo, o que também não nos pareceu plenamente adequado, já que Marx se vale dos conceitos formulados por Ricardo para afastar as críticas "sentimentalistas" de Say e Sismondi. O que demonstra que Marx procura demarcar-se daquelas análises, posicionando-se criticamente em relação aos pensadores da economia política que abordou.

Por outro lado, Mandel sugere algumas pistas para sondar os caminhos de superação daquela "rejeição" originária sem, contudo, atentar para a crítica que Marx está dispensando a essa questão. Observemos que Marx transcreve um trecho tirado de *A Riqueza das Nações*, de Smith, cuja preocupação com o trabalho como fundamento da riqueza encontra-se fortemente assinalada: "Não é com o ouro ou com o dinheiro, é com trabalho que todas as riquezas do mundo foram compradas originariamente, e seu valor para aqueles que as possuem e que procuram trocá-las por novos produtos é precisamente igual à quantidade de trabalho que elas colocam em situação de comprar ou de encomendar"; Marx nada acrescenta a essa citação em seus *Cadernos de Paris*, mas deixa indicado um caminho que inclui o trabalho na base das relações de produção, do mundo econômico.

Mandel descreve a evolução do pensamento de Marx até a explicitação das teses centrais de *O Capital*, onde a questão do *valor* será vista à luz das formas decorrentes do processo de troca das mercadorias e de sua elaboração própria e original. De maneira que, em Mandel, a perscrutação desse tema irá ganhar dimensão ampla quando se põe diante da obra de maturidade de Marx. É certo que se trata de trabalho riquíssimo em indicações sobre a evolução do pensamento marxiano, e cumpre excelente papel na explicitação da sua grandiosidade intelectual, da persistência temática e obstinação positiva no desvendamento das categorias econômicas que acabam por ocupar lugar central na consciência de Marx. Contudo, a evolução de seu pensamento originário, a verificação do avanço e da identificação, bem como das mudanças e alterações, empreendidas por Marx sobre o valor diante do universo humano-societário, naquele período, escapam a esse grande estudioso de Marx, cuja preocupação se volta mais aos conceitos da fase madura, como já assinalamos.

Adolfo Sanchez Vasquez, em prefácio aos *Cadernos de Paris*, também indica que, no início dos estudos de Marx sobre essa questão, que remonta a toda a economia, o valor-trabalho não é acolhido por ele como formulação adequada ao campo econômico concreto, parecendo-lhe muito mais uma simples expressão teórico-abstrata, pois não incluía em sua formulação nada além dos custos de produção, deixando de lado as alterações que a concorrência mercantil impunha ao valor (preço). Posição que consideramos improcedente, como indicamos acima.

Essas referências são importantes para que possamos avançar em nossa análise e argumentarmos sobre as razões pelas quais iniciaremos a exposição do pensamento próprio de Marx pelos *Cadernos de Paris*.

Queremos destacar que a importância e o relevo desse texto, no sentido de explicitar a concepção de valor de Marx, além de sua proximidade com os *Manuscritos Econômico-Filosóficos*, residem no fato de ser o registro do *primeiro* enfrentamento do jovem pensador alemão com a literatura econômica, enfrentamento esse que já registra uma posição crítica, acrescentando que se trata, como nos mostra Vasquez, de um material muito pouco consultado e citado: "A profusa literatura aparecida nas duas últimas décadas sobre o jovem Marx mal fixou a atenção nos *Cadernos de Paris*. Auguste Cornu, em que pese a inegável erudição e objetividade da obra em que estuda o período juvenil da vida e da obra de Marx e Engels, dedica apenas alguns parágrafos a 'essas notas de leitura'. No volume *Sobre o jovem Marx*, que marcou um feito fundamental no estudo do jovem Marx ao concentrar onze estudos sobre o tema, que deram lugar, por sua vez, a um estudo crítico de Althusser, não se faz praticamente referência alguma às notas de leitura. O mesmo pode-se dizer do extenso estudo sobre o jovem Marx de Mário Rossi, realizado na obra *Marx e a dialética hegeliana*, tão valiosa por tantos conceitos ali discernidos e expostos com vigorosa competência, em que os *Cadernos de Paris* não encontram qualquer análise. A mesma lacuna encontramos em outra obra também valiosa do investigador soviético Oizerman sobre a formação do pensamento de Marx".[4]

A título de esclarecimento, queremos dizer que, nesse período, noções de economia desenvolvidas por Engels estão presentes nas concepções de Marx e sua genialidade é destacada logo no início dos *Cadernos*. É visível sua influência sobre Marx. Engels desenvolve, em sua análise sobre economia política, uma polarização. De um lado, figuram Ricardo e McCulloch, com a definição do valor-trabalho com base no custo de produção, que Engels, porém, considera insuficiente e abstrata, por apartar-se das determinações do mercado. Do outro, figura J. B. Say, pela inclusão inevitável das leis de mercado, que, embora se limitasse à oferta e procura, portanto definindo-se no preço, tinha, contudo, o mérito de inserir as determinações da concorrência como fator inseparável da dinâmica econômica capitalista em sua totalidade. Em nenhum momento há, também por parte de Engels, rejeição à teoria do valor trabalho.

Outra analista de grande importância para esclarecimento da complexa relação de Marx com a economia política clássica, no que respeita à formulação do valor, é Marina Bianchi,[5] que examina esse tema apontando para o que julga ser o núcleo da preocupação de Marx: o trabalho abstrato. Segundo ela, Marx anuncia já em sua produção juvenil o fato de que, na reflexão dos clássicos, essa categoria real

---

4 Vázques, Adolfo Sánchez, "Economia e Humanismo". In: Marx, K. *Cuadernos de Paris*. México: Ediciones Era, 1974, p. 16-17.

5 Bianchi, Marina, *A Teoria do Valor (Dos Clássicos a Marx)*, Lisboa/São Paulo: Edições 70/Martins Fontes, 1981.

da economia foi tematizada, mas a formulação conceitual não se efetivou. Bianchi demonstrou que os clássicos tiveram essa percepção, mas não realçaram com a devida precisão o seu significado e posição no quadro das relações econômicas, senão como algo que se manifestaria nas relações de troca, muito embora como coisa intrínseca aos bens em processo de troca. De qualquer modo, nos clássicos, a forma valor (trabalho abstrato) é o que de fato é estudado em economia. Marx, diz ela, ao abordar essa questão, distingue o trabalho humano em geral, como condição natural da produção, das formas históricas pelas quais esse trabalho se manifesta. Eis aqui um ângulo essencial da argumentação marxiana que separa sua perspectiva analítica de toda a produção teórica da economia política. Bianchi refere-se amplamente à obra *A Ideologia Alemã*, de Marx e Engels, para indicar que, desde esse texto, está posta aquela distinção, que apresenta o trabalho humano como "fonte de vida", em tal perspectiva que o homem se apresenta como produtor de si e de sua realidade. Assim são os homens: "O que eles são coincide, pois, com sua produção, tanto com *o que* produzem como também com *o modo como* produzem. O que os indivíduos são, portanto, depende das condições materiais de sua produção".[6] Nessa linha de raciocínio, Bianchi apresenta os pressupostos de uma nova posição filosófica, de uma nova compreensão do valor e do trabalho – embora não apareça em todo o seu desenvolvimento, pois em *A Ideologia Alemã* o objetivo dos autores não se circunscreve exclusivamente a essas questões – completadas em *O Capital,* que incorpora as concepções sintéticas dos primeiros textos (decisivas para sua viragem ontológica), ampliando e concretando-as. De qualquer forma, em Bianchi não encontramos sequer menção aos textos que iremos abordar.

Além disso, queremos registrar a ausência de qualquer trabalho que examine a produção teórica originária de crítica à economia política e, portanto, apreenda a maneira como Marx a enfrentou, criticou e superou, a partir da nova posição recém-conquistada. Como procuraremos demonstrar, esse enfrentamento se assenta na radical oposição do pensamento de Marx ao dos pensadores da economia política, fundada no seu núcleo determinativo, qual seja, a concepção de homem, sua sociabilidade e sua produção do valor.

---

6   Marx, K. e Engels, F., *A Ideologia Alemã*. São Paulo: Boitempo, 2007, p. 87.

Natureza e autoconstrução humana

A primeira parte da nossa pesquisa nos levou a demarcar primeiramente, de maneira sintética, o tema que, entre os pensadores clássicos da filosofia política, funda e matriza as condições de sociabilidade do homem. Trata-se do *estado de natureza*, ou dos atributos determinados, em seu ser, pela natureza, e a partir dos quais sua sociabilidade torna-se exequível. A raiz antropológica que vai sendo construída na determinação do ser individual e genérico do homem, com base no *estado de natureza*, não abandonará mais as teorizações tanto da economia política quanto da filosofia política iluminista, até o aparecimento de Feuerbach e sua crítica à especulação hegeliana e, posteriormente, a virada crítico-ontológico radical de Marx. De maneira que as condições societárias *naturais* tornaram-se referência, ou uma espécie de *determinação originária* para a explicação das vicissitudes mundanas que os indivíduos vivenciarão. Isto se põe de tal forma que a efetivação de sua vida arrasta consigo as características originárias e forja a partir delas o arco de probabilidades (um certo grau de liberdade) dentro do qual se moldam, enriquecem e expandem. Não é demais registrar que moldagem, enriquecimento e expansão estão definidos por categorias socioeconômicas como mercado, propriedade privada, trabalho compulsório ou assalariado, estado contratualista, como expressão de uma relação potencializada naturalmente, que só pode encontrar explicação dentro desse quadro, inseparável dessa *essência natural* dos indivíduos.

Assim também todas as demais externalizações do homem passam a ser entendidas e explicadas por sua forma inversa e unilateral: *eles fazem o que são*, sua natureza lhes faculta tal e tal exteriorização, de maneira que não poderia senão efetivar a si, individualmente, e ao mundo, por sua sociabilidade, características herdadas da natureza, restando então a compreensão da realidade social tal qual é suposta: *natural*.

A naturalização do mundo socioeconômico operada pelos filósofos da política, especialmente Hobbes,[7] por sua originalidade, permeará a produção filosófica e econômica desde o mercantilismo, passando pelos movimentos revolucionários que definiram o iluminismo, ganhando finalmente assento institucional após as restaurações políticas.

---

7   Thomas Hobbes (1588-1679).

Karl Marx – A determinação ontonegativa originária do valor

Outra linha de procedimento ideológico que reafirmará essa naturalização virá do grupo de filósofos escoceses iniciado por Hutcheson[8] e desdobrado por Hume[9] e Smith. Para eles, o agir moral e desinteressado modifica na raiz a índole dos indivíduos. Estes se apresentam agora, socialmente, com sua natureza introjetada de sentimentos cuja forma mais definida é a moral; esta lhes permite agir socialmente com seus semelhantes de tal forma que, do conjunto de suas ações, só poderia resultar uma realidade social harmônica e progressiva correspondente à *natureza individual dos indivíduos*.

A determinação ontoprática

A insurgência teórico-ideológica contra essa forma de entendimento do mundo dos homens, do ser social, não teve eficácia antes de Marx. Com Hegel,[10] a especulação filosófica descortinou um posicionamento novo, mas subsumido à idealidade do espírito, de tal forma que permitiu a compreensão dos limites a que se pode chegar pela via da idealidade, e se as indicações da atividade humana como condição de sua autoprodução se tornaram referência para a apreensão da essência do ser social, sua negação é determinada pela conversão de si do homem em meio, em instrumento para consolidação daquela idealidade (espírito absoluto). Portanto, restou a crítica à especulação hegeliana, que revela o início de busca do ser social concreto, como foi então efetivada por Marx.

A demarcação marxiana em relação à naturalização dos indivíduos, à sua raiz antropológica, será radical. Seu posicionamento crítico é abrangente, e se a referência que ele toma, no plano da filosofia especulativa, é Hegel, cabe observar o fato de que embora este tenha levado ao limite último da idealidade formas humanas abstraídas da realidade concreta, foi estudado e criticado por Marx exatamente por essas posições.

Os enfrentamentos teóricos promovidos por Marx, assentados em seu posicionamento crítico, evocaram tais abordagens, que foram desenvolvendo-se no processo direto de sua análise. Observe-se inicialmente que Lukács, tratando-o como

---

8   Francis Hutcheson (1694-1746).

9   David Hume (1711-1776).

10   Georg Wilhelm Friedrich Hegel (1770-1830).

pensador de novo tipo, tem como alvo desvelar a base de sustentação do padrão de pensamento marxiano, único no gênero. Em sua *Ontologia do Ser Social,* o filósofo húngaro demonstra que a especificidade do pensamento de Marx reside na posição assumida diante da realidade objetiva. Marx expõe suas críticas à luz da raiz social de sua própria germinação, pois, ao contrário da tradição hegeliana, ele se pauta pela atividade real dos homens, por sua autoconstrução na realidade mundana; esta mesma realidade é que se torna a referência, incontornável, que interroga a razão, que questiona o pensamento a partir de sua base geradora. Esse tratamento lukacsiano, pioneiro nessa linha, padeceu forte isolamento, permitindo-nos dizer que sua recuperação da ontologia marxiana não recebeu aportes suficientes que favorecessem a compreensão de sua análise, a demonstração de como Marx refere-se, em toda sua obra, ao ser social como tema central.

Será em meio à escassez de abordagens desse padrão que despontarão os estudos de Chasin sobre a ontologia, respeitando particular e especialmente uma imperiosa determinação do filósofo húngaro: a necessidade de retomada da produção teórica do próprio Marx. Ao proceder dessa forma, dedicando-se a pesquisar os textos do período originário da produção marxiana, Chasin confirma aquela compreensão de Lukács sobre Marx, indicando a postura deste em tomar a realidade como decisiva fonte de pesquisa e verificação de seu próprio pensamento.

Ao afastar criticamente as aproximações do pensamento marxiano às posições metodológicas gnosio-epistêmicas, pela radical exterioridade que tal procedimento mantém em relação ao do filósofo alemão, Chasin está destacando a total isenção de Marx com relação a formas metodológicas apriorísticas para orientação de suas pesquisas. Ele afirma que, se há algum pressuposto em seu pensamento, ao enfrentar as concepções que dominam seu período, é de fato a realidade ativa dos homens ativos, isto é, o único *a priori* de Marx seria, então, a própria realidade social composta objetiva e subjetivamente pela ação humana.

Com o objetivo explícito de demarcar a postura teórica do pensador alemão, para então expor o percurso crítico da elaboração de suas concepções, Chasin inicia por afastar, também, os tratamentos responsáveis por uma difusão do pensamento de Marx em radical desacordo com sua própria perspectiva e tessitura, procedimentos analíticos que, ao contrário de evidenciar as qualidades e novidades e ainda destacar o padrão ontológico desenvolvido pelo pensador alemão, diluem suas diferenças revolucionárias e inovadoras na imputação de um *método* prévio de análise do real. Chasin destaca, entre as fontes de distorção, aquela que traça nexos de continuidade teórica através de uma suposta síntese que Marx teria operado, entre a filosofia alemã, a filosofia política francesa e a economia política inglesa. Esse tratamento analítico, que Chasin trata por *tríplice amálgama*, será submetido à análise crítica, visando ao esclarecimento dessa complexidade em que Marx foi enredado pela maioria de seus analistas, que procuram no pensador alemão essa síntese bem como seu *método* de análise. Certamente tal procedimento nunca foi identificado naquela produção teórica, o que pode nos levar a supor que as *formas metodológicas* postas por seus analistas devem ter origem em suas próprias ideologias. Por isso entendemos como necessário apresentar a abordagem de Chasin, ainda que de forma sintética, mas por meio da qual poderemos compreender a instalação de uma ontologia crítica e os indicativos iniciais da crítica à economia política.

Extraímos do texto *Marx – Estatuto Ontológico e Resolução Metodológica*,[11] de Chasin, sua exposição e fundamentação do percurso inicial da produção teórica marxiana. Apoiado na análise imanente de um conjunto de textos elaborados naquele momento, Chasin pôde explicitar o descabimento do *amálgama originário* como base da estruturação do pensamento próprio de Marx, a partir dos materiais empíricos da economia política clássica, o pensamento político do socialismo francês e o método filosófico hegeliano. Chasin indicou, amplamente, o modo específico como Marx faceou a prática, a filosofia e a ciência de seu tempo, operando uma crítica ontológica radical aos três planos. Ele inicia indicando que não por arbitrariedade, mas por força viva da luta teórico-ideológica que atravessava a Alemanha, Marx iniciou aquela inovação filosófico-analítica pela crítica ontológica da política, a partir da qual atinge a crítica da especulação e chega à da economia política, todas elas anguladas em sua nova posição ontológica.

Até meados de 1843, Marx mantém ainda uma ilusão democrática, não tendo verificado na realidade mesma algo que permitisse pôr em questão sua própria postura política. Dessa forma, o estado se manterá como referência para seu

---

11 Chasin, José, "Marx: Estatuto Ontológico e Resolução Metodológica". In: Teixeira, F., *Pensando com Marx. Uma leitura crítico-comentada de O Capital*. São Paulo: Ensaio, 1995.

posicionamento político, mas a insuficiência dessa posição vai se evidenciando conforme é posta à prova nas discussões sobre os interesses materiais, isto é, conforme vai se tornando claro que o modo como compreendia o estado, as relações entre este e o restante da vida material dos homens, entre a consciência política e a atividade vital, entre filosofia e mundo, não permitia resolver os problemas da própria vida aí suscitados.

A partir da análise dos textos de juventude escritos por Marx em 1843, Chasin vai demonstrar a superação de sua concepção marcada pela defesa democrático-radical do estado racional. A fim de compreender melhor essa ultrapassagem, Chasin faz uma digressão a Marx no momento em que este tem Feuerbach como referência às críticas à Hegel; residem nesse confronto de Marx com Feuerbach e Hegel as condições de gestação de uma nova ontologia na Alemanha. Esse momento constitui-se num parâmetro do qual Marx parte, avançando e aprofundando sua formação crítico-ontológica.

Chasin afirma, sobre Feuerbach, que este teve "a coragem de ser absolutamente negativo" ao expor a filosofia (em especial a de Hegel) à crítica radical ao determinar fundamentalmente que "'O ser é o limite do pensar'".[12] Donde parte Feuerbach? Apoiado em Lukács, Chasin responde essa questão observando que o pensamento na Alemanha, desde Hegel, movimentava-se numa dinâmica que levava da "'negação teórica da ontologia em Kant a uma ontologia universalmente explicitada em Hegel'".[13] Esse perfil do desenvolvimento filosófico, que se cristaliza na primeira metade do século XIX na Alemanha, evoca reações tais como a de Feuerbach, num padrão compatível, embora contraposto ao de Hegel no que respeita a essa ontologia "universalmente explicitada", e dirigido criticamente ao idealismo deste último.

Em seguida, Chasin expõe um conjunto de determinações com as quais uma *nova* posição ontológica começa a ser construída, agora sob a crítica feuerbachiana, em *Teses Provisórias para a Reforma da Filosofia*. Feuerbach, afirma Chasin, adverte que assim como na teologia a divindade é a quintessência ideal ou abstrata de todas as realidades, para Hegel essa essencialidade se dá no campo da lógica e a existência real do mundo será verificada ou resolvida nesse plano, do que resulta (na relação de ser e pensar) a conversão do ser em derivado, em predicado do pensar.

---

12 *Ibidem*, p. 349.

13 *Ibidem*, p. 347.

Assim, em Hegel, o pensamento é sujeito sem predicado ou sujeito e predicado de si mesmo, com o que se reafirma o caráter idealista da ontologia hegeliana.

Feuerbach agrega que quem não abandona a filosofia hegeliana mantém-se subsumido à doutrinação teológica, pois a lógica de Hegel é a reprodução da teologia sob forma racional. E avança na determinação dessa *nova* ontologia, rechaçando a velha filosofia, e com ela, a ontologia idealista: "'Se a *velha filosofia* tinha como ponto de partida a proposição: *sou um ser abstrato, um ser puramente pensante, o corpo não pertence à minha natureza*, ao contrário, a nova filosofia começa com a proposição: *sou um ser real, um ser sensível, cujo corpo pertence ao meu ser*; por certo, o corpo em sua totalidade é meu eu, meu próprio ser'",[14] além disso, continua Chasin, citando Feuerbach, "'Ser *in abstrato*, ser sem objetividade, sem efetividade, sem ser-para-si é, indubitavelmente nada; mas nesse nada expresso apenas a niilidade de minha abstração'".[15]

Aquela positividade afirmada por Feuerbach no balanço crítico à idealidade especulativa o conduz, como afirma Chasin, a dar continuidade à *nova* ontologia, e aprofundar sua própria posição. Afirma então Feuerbach: "'O real, *em sua realidade ou enquanto real, é o real enquanto objeto dos sentidos, é o sensível. Verdade, realidade e sensibilidade* são idênticas. Só um ser sensível é um ser verdadeiro, um ser real. Só mediante os *sentidos* se dá um *objeto* em sentido verdadeiro – e não mediante o pensar *por si mesmo*'",[16] e continua, "'A nova filosofia observa e considera o *ser* tal como é para nós, enquanto *seres não só pensantes*, mas também *realmente existentes* – por conseguinte, *o ser enquanto objeto do ser* – como objeto de si mesmo'".[17]

Essa trajetória feuerbachiana exposta por Chasin permite-lhe precisar que a "ontologia universalmente explicitada por Hegel" sofre uma "explícita negação /.../ por Feuerbach".[18] Certamente essa negação, muito sinteticamente indicada (já que se trata aqui apenas de alinhar alguns pontos dessa digressão feita por Chasin), será referência para as críticas de Marx com as quais se desenvolverá e

---

14 Feuerbach, *apud ibidem*, p. 349.

15 Feuerbach, *apud ibidem*, p. 349.

16 Feuerbach, *apud ibidem*, p. 350.

17 Feuerbach, *apud ibidem*, p. 350.

18 *Ibidem*, p. 350.

efetivará a nova ontologia, identificada por Chasin em sua abordagem dos textos originários de Marx.

Feuerbach constrói, com a crítica ao idealismo hegeliano, uma virada ontológica na direção do materialismo, e embora reconhecendo-lhe limitações em relação à riqueza intelectual de Hegel, Marx observa que: "Comparado a Hegel, Feuerbach é muito pobre. Contudo, depois de Hegel, ele assinalou uma época, já que realçou alguns pontos pouco agradáveis para a consciência e importantes para o progresso da crítica, que Hegel deixara em mística penumbra."[19] Esses pontos, que foram indicados por Chasin anteriormente, sofrerão o enfrentamento crítico de Marx, que os aborda em uma consistente síntese: "O principal defeito de todo o materialismo existente até agora – o de Feuerbach incluído – é que o objeto *(Gegenstand),* a realidade, o sensível, só é apreendido sob a forma do *objeto (Objekt)* ou da *contemplação;* mas não como *atividade humana, sensível,* como *prática,* não subjetivamente."[20]

Compreender por inteiro a refutação do velho materialismo significa, para Chasin, a centralização do homem em sua "atividade humana sensível": "Para esse materialismo a realidade é apenas exterioridade, multiverso contraposto ao sujeito, que este pode mentalizar, não havendo qualquer outro vínculo entre objetividade e subjetividade, que restam oclusas e imobilizadas no isolamento de suas distintas esferas. Essa concepção de mundo bipartido em objetos e intuições desconhece, portanto, a atividade, em especial a atividade sensível. Motivo pelo qual, explica Marx na continuidade da mesma tese, "Daí o lado *ativo,* em oposição ao materialismo, [ter sido] abstratamente desenvolvido pelo idealismo – que, naturalmente, não conhece a atividade real, sensível, como tal".[21] E, numa expressão fortemente conclusiva de Chasin, encontraremos a manifestação objetiva da realização crítica de Marx ao velho materialismo dando, por consequência, a abertura da nova ontologia materialista: "Em oposição e contraste, 'o ponto de vista do velho materialismo é a sociedade burguesa; o ponto de vista do novo é a sociedade humana, ou a humanidade socializada', isto

---

19 Chasin, José, *Marx: Estatuto Ontológico e Resolução Metodológica,* São Paulo: Boitempo, 2009, p. 96.

20 *Ibidem*, p. 96.

21 *Ibidem*, p. 97.

Karl Marx – A determinação ontonegativa originária do valor

é, da sociabilidade descoberta pela crítica da economia política, que desvenda o homem e seu mundo como *atividade sensível*. Não mais um ponto de vista estrangulado do *homem atomizado e negado,* mas da individualidade genérica que compreende as forças sociais como suas próprias forças pessoais."[22]

Vemos, então, a trajetória de Marx exposta por Chasin percorrer da crítica da politicidade à crítica da especulação (Feuerbach e Hegel) e alcançar a crítica da economia política, desfazendo qualquer noção de que ele tenha amalgamado três fontes de conhecimento na construção de sua consistência teórica, pois isso implicaria desconhecer exatamente a nova ontologia crítico-materialista.

A crítica originária da economia política

Reencontramos em seu trabalho de maturidade, *"Contribuição à crítica da economia política",* manifesta confirmação sobre os trabalhos de juventude indicando sua primeira abordagem: "O primeiro trabalho que empreendi para esclarecer as dúvidas que me assaltavam foi uma revisão crítica da *Filosofia do Direito,* de Hegel".[23] Daí em diante, como vimos, Marx irá deixar "algumas indicações sobre a sequência dos meus próprios estudos da economia política"[24] e irá validar, em 1859, os textos de juventude como expressões legítimas de sua crítica econômica *originária.*

As observações encontradas na *Contribuição,* de 1859, esclarecem o trajeto que trilhou e os fundamentos de que partiu ao abordar criticamente a economia política: as relações jurídicas e as formas de estado "não podem ser compreendidas por si mesmas, nem pela dita evolução geral do espírito humano", graças não a qualquer "razão de ordem epistêmica ou gnosiológica" (conforme observara Chasin),[25] mas porque de fato não existem daquele modo, e sim inseridas "nas

---

22 *Ibidem*, p. 108/109.

23 Marx, K., *Contribuição para a Crítica da Economia Política.* Lisboa: Editorial Estampa, 1973, p. 28.

24 *Ibidem*, p. 27.

25 No prefácio à *Burguesia e contra Revolução,* Cadernos da Série Pequeno Formato. São Paulo: Editora Ensaio, 1987, pag. 19, José Chasin expõe de forma sintética a validação marxiana de seus escritos juvenis, bem como o período de sua vigência: "Chega-se, agora, a 1847, ano da publicação de a *Miséria da Filosofia,* que Marx destaca no *Prefácio/59:*

condições materiais de existência". É o que se confirma em seguida, quando ele apresenta a "conclusão geral" a que chegou nos estudos da economia política, e na qual se destaca a afirmação de que "O modo de produção da vida material condiciona o desenvolvimento da vida social, política e intelectual em geral. Não é a consciência dos homens que determina o seu ser; é o seu ser social que, inversamente, determina a sua consciência".[26] Afirmação decisiva do modo de existência dos homens, do ser social tal como posto por si mesmo.

A crítica à economia política perfaz o percurso intelectual crítico, que tem seu início em 1844, e se completa, já na fase de maturidade, bem mais tarde, no final da década de cinquenta. Entretanto, o ângulo fundamental de compreensão desse momento, da atividade humana, desponta já nos finais da década de 40, mais exatamente em 1847, com o artigo *Trabalho Assalariado e Capital*, pois foi nesse texto que Marx aproximou-se das determinações socioeconômicas em que põe a distinção entre o trabalho e a capacidade de trabalho, bem como mostra a distinção entre o valor do salário e o valor que o trabalho dá em troca deste.

Não é difícil notar que Marx pretendeu dar conta criticamente da totalidade do ser social, conforme apresentado pelos clássicos da filosofia política e da filosofia em geral, bem como da economia política clássica. Mas com qual interesse? Nas leituras preliminares que vimos fazendo, a contraposição entre revolução política e revolução social, radical, nos parece indicar seu objetivo último. Se retomarmos uma observação feita em *Da Razão do Mundo ao Mundo sem Razão*,[27] de Chasin, encontraremos sem mediação, explicitamente, a posição finalística de Marx: quando indagado por um repórter do *Chicago Tribune*, em 1882, se a sua produção

---

'Os pontos decisivos de nossa opinião foram indicados cientificamente pela primeira vez, ainda que apenas de uma forma polémica, em meu escrito *Miséria da Filosofia,/.../* dirigido contra Proudhon.' E relaciona ainda, sumariamente, o '*Manifesto do Partido Comunista*, que Engels e eu redigimos em conjunto, e uma publicação minha, o *Discurso Sobre o Livre-Comércio*' e também uma 'dissertação escrita em alemão sobre o *Trabalho Assalariado e Capital*, onde sintetizei as minhas conferências sobre este tema feitas na União dos Trabalhadores Alemães de Bruxelas.' É nítido, portanto, que o itinerário de 42 a 47 perfila a constituição do ideário marxiano."

26 Marx, K., *idem, ibidem* p. 28.

27 Chasin, José, "Da Razão do Mundo ao Mundo sem Razão". In: *Ensaio* nº 11/12. São Paulo: Escrita, 1983.

teórica visava a colocar o proletariado no poder, ele responde franca e diretamente que, muito ao contrário, seu objetivo ao produzir o que produziu foi o de orientar cientificamente a emancipação humana. De maneira que a perspectiva ontológica que animou sua luta teórica esteve envolvida desde o início na potencialidade humana e possibilidade infinita de sua autoconstrução.

Desde seu texto de 1844, *Sobre A Questão Judaica*, encontramos a tematização clara sobre a diferença entre liberdade política e liberdade real, como condição necessária àquela emancipação: "Os limites da emancipação política aparecem imediatamente no fato de *o estado* poder se libertar de um constrangimento sem que o homem se encontre *realmente* liberto; de o estado conseguir ser um estado *livre* sem que o homem seja um *homem livre*".[28] Esta parcialidade ou limitação não constitui um defeito, uma imperfeição da política, mas, ao contrário, sua determinação essencial: "O estado elimina, à sua maneira, as distinções estabelecidas por *nascimento, posição social, educação e profissão*, ao decretar que nascimento, posição social, educação e profissão são distinções *não políticas*; ao proclamar, desconsiderando tais distinções, que todo membro do povo é *partícipe igualitário* da soberania popular, ao tratar a todos os integrantes da vida real do povo do ponto de vista do estado". Ou seja, "o estado permite que a propriedade privada, a educação e a profissão *atuem* a seu modo, a saber, como propriedade privada, educação e profissão, manifestando sua natureza *particular*".[29]

Assim, considerando a emancipação política um "avanço irrecusável", ele aponta a estreiteza de uma revolução apenas política, mostrando que ela se funda na cisão objetiva (decorrente de relações de produção definidas na divisão social do trabalho e na propriedade privada) de cada indivíduo em homem (burguês) de vida privada e cidadão de vida pública, o primeiro privado de sua condição genérica, social, e assim naturalizado, o segundo defraudado de suas qualidades individuais; esse divórcio entre indivíduo e gênero, essa cesura entre os indivíduos autoprodutores e as forças sociais, genéricas, por eles produzidas – transformam-nas em força política a eles contraposta. Nesse sentido, força política não é mais que coágulo de forças sociais, genéricas, usurpadas de seus produtores e concentradas fora deles.

---

28 Marx, K., "Sobre la Cuestión Judía". In: Marx, K., *Escritos de Juventud*. México: Fondo de Cultura Económica, 1987, p. 468.

29 *Ibidem*, p. 469.

"Só quando o real homem individual reincorpora a si o cidadão abstrato; quando, como indivíduo, em seu trabalho individual e em suas relações individuais se converte em *ser genérico*; e quando reconhece e organiza suas *próprias forças* como forças *sociais*, de maneira a nunca mais afastar de si força social sob a forma de força política, só então é levada a cabo a emancipação humana".[30] Nos termos de Chasin, esta é "construção da mundaneidade humana a partir da lógica inerente ao humano, ou seja, do *ser social*, cuja natureza própria ou 'segredo ontológico' é a *autoconstituição*".[31]

As críticas instauradas por Marx desde o início lançam-se contra a alienação, o estranhamento, emergidos com base na propriedade privada e pela divisão do trabalho, de tal forma que a *recuperação de si do próprio homem* coloca, desde aquele momento, a necessidade de ultrapassagem histórica dessas categorias sociais.

Portanto, Marx, logo de entrada, encara como necessária a apreensão do ser social a partir de suas condições reais de ser. Em *A Ideologia Alemã* encontramos várias passagens que ilustram essa sua conquista ontológica originária: "Os pressupostos de que partimos não são arbitrários, dogmas, mas pressupostos reais, de que só se pode abstrair na imaginação. São os indivíduos reais, sua ação e suas condições materiais de vida, tanto aquelas por eles já encontradas como as produzidas por sua própria ação".[32] E, mais adiante, diz ele que o "primeiro fato a constatar é, pois, a organização corporal destes indivíduos e, por meio dela, sua relação dada com o restante da natureza".[33] Marx reconhece os homens como seres naturais, que entretanto distinguem-se dos demais pelas determinações que indica, ainda em *A Ideologia Alemã*: "Pode-se distinguir os homens dos animais pela consciência, pela religião ou pelo que se queira. Mas eles mesmos começam a se distinguir dos animais tão logo começam a *produzir* seus meios de vida, passo que é condicionado por sua própria organização corporal. Ao produzir seus meios de

---

30   *Ibidem*, p. 484.

31   Chasin, J., "A Determinação Ontonegativa da Politicidade". In: *Ensaios Ad Hominem I – Tomo III: Política*. Santo André: Ad Hominem, 2000, p. 151. Observe-se por fim que o desvelamento deste segredo é o pressuposto incontornável do argumento marxiano, e sua desconsideração abre campo para (des)entendê-lo como uma antropologia.

32   Marx, K. *A Ideologia Alemã, op. cit.*, p. 86-87.

33   *Ibidem*, p. 87.

vida, os homens produzem, indiretamente, sua própria vida material".[34] Assim, o modo específico de sua atividade é determinante, e por ser atividade produtiva, é imediatamente atividade reflexiva, autoprodutiva, de tal maneira que, enquanto modo de produção, é "forma de exteriorizar sua vida, um determinado *modo de vida* desses indivíduos. Tal como os indivíduos exteriorizam sua vida, assim são eles. O que eles são coincide, pois, com sua produção, tanto com *o que* produzem, como também com o modo *como* produzem. O que os indivíduos são, portanto, depende das condições materiais de sua produção".[35] Indivíduos atuando em conjunto praticamente no mundo externalizam sua vida produzindo-a, ou seja, produzindo suas capacidades e as condições materiais em que estas se efetivam e se reproduzem; produzem seu modo de vida objetiva e subjetivamente, por sua atividade sensível.

Aqui se expõem com toda evidência posições opostas à especulação; Marx afirma como "primeiro ato histórico" tanto a "produção da própria vida material" quanto a "produção de novas necessidades", já que esta se realiza pela ação e pelo instrumento adquirido para satisfazer aquela. Vale dizer: produzir a vida material significa também produzir os carecimentos que impulsionam à ação, isto é, significa produzir a própria vida em toda a sua extensão. Ao que se deve acrescentar, como o faz Marx, a produção de outros homens, física e socialmente.

Estabelecida a centralidade da atividade produtiva, é possível compreender o tratamento marxiano da divisão social do trabalho, que "só se torna realmente divisão a partir do momento em que surge uma divisão entre trabalho material e [trabalho] espiritual",[36] isto é, quando estas atividades passam a caber a indivíduos diferentes. Trata-se da cisão da atividade especificamente humana – a separação entre os dois momentos da atividade que dá forma aos objetos, inclusive aos próprios homens: o momento da elaboração e projeção subjetiva dessa forma, e o de sua efetivação; portanto é a cisão dos próprios indivíduos que se manifestará dos mais diversos modos. E Marx acrescenta: "divisão do trabalho e propriedade pri-

---

34 *Ibidem*, p. 87.

35 *Ibidem*, p. 87.

36 *Ibidem*, p. 35.

vada são expressões idênticas – numa é dito com relação à própria atividade aquilo que, noutra, é dito com relação ao produto da atividade".[37]

Marx indica que a divisão social do trabalho resulta, por sua vez, da carência, do baixo desenvolvimento dessas mesmas forças sociais; é o caráter restrito das capacidades humanas que exige a divisão social do trabalho, a cisão entre essas forças, intelectual e material. O capital e o estado modernos que lhe correspondem, são as expressões máximas dessa cisão.

Observamos desta forma a trajetória explicitada por Marx, centrada na atividade humana sensível, referência fundamental na propositura superadora das contradições próprias da realidade do capital. Suas críticas a Feuerbach são indicativas dos limites desse, dos limites de sua compreensão sobre o histórico procedimento autoconstrutor e, portanto, da atividade prático-sensível. Postos em revista os limites feuerbachianos, é possível mostrar, como já foi indicado em Hegel, a ausência de compreensão, quando se trata da apreensão radical do ser social, de sua autoinstauração provocada pela reprodução e ampliação das carências no imediato dinamismo das relações metabólicas homem-natureza, homem-homem. Observe-se de passagem que, embora a natureza humana permaneça sob determinação natural, antropológica, Feuerbach alcançou a crítica desfetichizadora da religião e, nesse sentido, é uma versão nova e superior em relação ao "estado de natureza" hobbesiano, ou o "agir moral" de Hume e Smith; mas esta superioridade não derrota os fundamentos abstratos e alheios à autoinstauração do homem. Portanto, como afirmou e reafirmou Marx, as modificações provocadas nas carências, e as resoluções encontradas se convertendo em novas carências, só podem ocorrer sob a forma da atividade prático-sensível, da qual deriva a autoinstauração humana.

Mas os limites revelados pela própria realidade, em sua contraditoriedade, têm de ser suplantados e substituídos pela "sociedade humana ou humanidade socializada", pois "O trabalho, único vínculo que os indivíduos ainda mantêm com as forças produtivas e com sua própria existência, perdeu para eles toda aparência de autoatividade e só conserva sua vida definhando-a", concluindo Marx em seguida: "Chegou-se a tal ponto, portanto, que os indivíduos devem apropriar-se da tota-

---

37 *Ibidem*, p. 37.

Em sua crítica da política, Marx chega à determinação ontonegativa da politicidade, isto é, à reprodução intelectual dessa condição real das instituições e relações políticas, e a consequente identificação, enquanto alternativa gestada pela ampliação das capacidades produtivas sob a regência do capital, de uma revolução que liquide a politicidade ao suprimir todo o modo de vida atual. A determinação ontonegativa da politicidade não significava a recusa liminar de qualquer atuação, de qualquer pugna em torno do estado – de qualquer luta política –, mas sim uma também radical alteração nos modos, meios e objetivos dessa luta. Uma vez que se dirige à abolição da politicidade, não pode restringir-se à esfera ou à lógica da própria política, que tende à reprodução de si mesma e da sociedade a partir da qual surge e dela se nutre. A atuação, ainda que referida às instituições políticas ou as tendo como foco, deve buscar suas raízes sociais e transformá-las: deve ser metapolítica, como afirma Chasin. Nesse sentido, nem a análise da realidade, nem as propostas, nem as formas de organização ou de luta, e muito menos os objetivos desta, podem estar restritos à esfera positiva da política.

A exemplo da crítica à política levada a cabo por Marx, pretendemos aqui expor os passos iniciais de sua terceira crítica ontológica, a crítica à economia política, cuja determinação central é ontonegatividade do valor. Pretendemos demonstrar que o valor encontra-se como mediação de toda a atividade vital, esvaziando seus conteúdos, convertendo a ação humano-sensível em estranhamento e alienação, resultando, de resto, a autoalienação dos homens com respeito a eles mesmos, a seu gênero e ao mundo posto por eles.

Como resultado das críticas ontológicas da política e da especulação, Marx chega à necessidade de buscar os fundamentos últimos da realidade na anatomia da sociedade civil, isto é, na economia política. Observemos de passagem o quanto é simplista a hipótese de que a necessidade de enfrentamento crítico à economia política tenha se fundado nas leituras que Marx fez do "texto genial de Engels" com o título de *Esboço de uma crítica da economia política*. Ainda que este texto tenha servido de guia para que Marx perseguisse o pensamento econômico, vale apontar que suas críticas à economia política vão muito à frente, como foi apontado por

---

38 *Ibidem*, p. 73.

Chasin: "há que sublinhar que não se trata de uma aquisição abrupta, nem unilateralizante, mas de uma configuração resolutiva cuja possibilidade principiou a ser entreaberta quando os 'apuros' diante dos 'interesses materiais' foram assumidos como 'dúvidas' no 'gabinete de estudos', e de modo mais efetivo com o teor e pela natureza de seus primeiros resultados: a crítica da política, que desvenda o caráter determinante da *sociedade civil*, e o concomitante rechaço da especulatividade, que leva ao patamar da *crítica ontológica*".[39]

A crítica ontológica à economia política beneficiou-se das duas primeiras, e nunca se desvinculou delas. É da integração das três que resultou o caráter e o teor do novo patamar de inteligibilidade proporcionado pela síntese filosófico-científica engendrada pela reflexão marxiana. Como mostrou Lukács: [com Marx], "pela primeira vez na história da filosofia, as categorias econômicas aparecem como as categorias da produção e da reprodução da vida humana, tornando assim possível uma descrição ontológica do ser social sobre bases materialistas".[40] É na malha categorial da produção e reprodução da vida humana que Marx encontra a raiz arquitetônica de seu pensamento, tal como enuncia em *A Ideologia Alemã*: reorientação da filosofia para os homens reais e ativos, em direção à atividade prática, ao processo prático de desenvolvimento dos homens.

De maneira que a crítica ontológica da economia política faz avançar para a universalização do conhecimento, tal qual pode se verificar na afirmação de que "Conhecemos uma única ciência, a ciência da história. A história pode ser examinada de dois lados: dividida em história da natureza e história dos homens. Os dois lados não podem, no entanto, ser separados; enquanto existirem homens, história da natureza e história dos homens se condicionarão reciprocamente".[41]

Desde os textos de 1843, é registrado o rompimento de Marx com as concepções que tratam como excludente natureza e sociedade, pondo em primeiro plano o metabolismo humano-societário que as relaciona, aparecendo a

---

39 Chasin, José, "Marx: Estatuto Ontológico e Resolução Metodológica", *op. cit.*, p. 378.

40 Lukács, G., *Os Princípios Ontológicos Fundamentais de Marx*, (capítulo IV da Primeira Parte: A Situação Atual dos Problemas, da *Ontologia do Ser Social*). São Paulo: Ciências Humanas, 1979, p. 14-15.

41 Marx, K. e Engels, F., *A Ideologia Alemã, op. cit.*, p. 86.

natureza como plataforma natural que a sociabilidade transforma em sua auto-edificação cada vez mais social, pelo constante afastamento das barreiras naturais. Embora a presença das condições naturais seja ineludivelmente necessária à infinitude da autoconstrução humana, estas deixaram de ser determinantes frente à instauração dos pressupostos sociais de sua produção e reprodução.

Marx também indica, em sua crítica originária da economia política, limitação desta quanto às positividades do trabalho, restringindo-as à reprodução da propriedade privada, do capital: "A essência subjetiva da propriedade privada, a propriedade privada como atividade para si, como sujeito, como pessoa, é o trabalho".[42] A economia política ilustrada reconhece positivamente o trabalho; mas não o desvenda, nem o explica, por isso o vê unilateralmente, só pelo lado positivo, como essência subjetiva da riqueza: "A economia política parte do trabalho como da verdadeira alma da produção, mas nada atribui ao trabalho e tudo atribui à propriedade privada. Esta aparente contradição é a contradição do trabalho estranhado consigo mesmo /.../, [e] a economia política se limita a enunciar as leis do trabalho estranhado".[43]

A crítica da economia política denuncia a estreiteza global de seu porte analítico: "A economia política parte do fato da propriedade privada, mas não a explica; capta seu processo material em fórmulas abstratas, que vigem para ela como leis, mas não as compreende, não mostra como emergem da essência da propriedade privada; não explica o fundamento da divisão entre capital e trabalho, capital e terra; compreende concorrência, divisão do trabalho, divisão da propriedade territorial etc. como fatos acidentais, deliberados e impostos à força".[44]

Marx vai indicando ao mesmo tempo a importância da economia política e seus limites, a partir dos quais ele angula suas críticas. Parte, como afirma, "de um fato econômico atual: o trabalhador empobrece quanto mais riqueza produz; com a *valorização* do mundo das coisas, aumenta em proporção direta a *desvalorização*

---

42 Marx, K., *Manuscritos Econômico-Filosóficos*, traduzidos por Mônica H. Costa, e apresentados como anexo de sua dissertação de mestrado "A diferença entre as categorias Lebensäusserung, Entäusserung, Entfremdung e Veräusserung nos *Manuscritos Econômico-Filosóficos* de Karl Marx de 1844", UFMG, 1999, p. 31-a.

43 *Ibidem*, p. 27-a.

44 *Ibidem*.

do mundo dos homens".[45] E mais: o trabalho, tal como se põe "na economia política efetiva, aparece como desefetivação do trabalhador. Estranhamento do trabalhador no objeto; quanto mais produz menos tem para consumir, quanto mais valores cria, mais sem valor e sem dignidade se torna, quanto mais poderoso o trabalho, mais impotente o trabalhador, quanto mais rico de espírito o trabalho, tanto mais insípido e servo da natureza o trabalhador".[46]

O pensador alemão assevera também que a riqueza que se encontra fora do homem e independente dele é superada, na economia política, incorporando a propriedade privada ao homem e reconhecendo o homem como sua essência: o homem é posto sob a determinação da propriedade privada. É o que lemos em suas anotações sobre economia política em 1844, ao se referir ao valor como automovimento (nas trocas) da propriedade privada: "Com efeito, o movimento mediador do homem que troca não é um movimento humano, uma *relação humana*; é a *relação abstrata* da propriedade privada com a propriedade privada: esta relação *abstrata* é o *valor*, cuja existência como valor é o dinheiro. O fato de que as *coisas* percam sua significação de propriedade pessoal, humana, se deve a que os homens que trocam não se comportam entre si como homens".[47]

Daí, sob aparência de um reconhecimento do homem, a economia política é a negação do homem, pois ele se torna o ser tenso da propriedade privada. O que antes era ser-exterior-a-si, real exteriorização do homem, se converteu na ação de se exteriorizar, de se estranhar. Entendido como essência da riqueza, contraditoriamente subsumida à propriedade privada, o trabalho revela sua face negativa, como atividade desefetivadora do agente produtor.

É evidente, pois, tanto a radicalidade da crítica desencadeada por Marx, quanto que esta se põe originariamente desde 1844, recusando a posição teórica da economia política e verificando as possibilidades objetivas de sua superação.

---

45 *Ibidem*, p. 23.

46 *Ibidem*, p. 23.

47 Marx, K., *Cuadernos de Paris, op. cit.*, p. 128-129.

Composição formal do trabalho

Pretendemos aqui, como contribuição para a apreensão sempre mais adequada do pensamento de Marx, submeter à análise os textos já indicados, a fim de expor os passos dados por Marx na constituição de sua crítica à economia política, demonstrando seu afastamento e superioridade em relação aos maiores pensadores da economia política, como Smith e Ricardo; sua fundamentação do caráter ontonegativo do valor, e sua fundamentação sobre a determinação material e ativa da histórica autoconstrução humana.

A fim de atender a esse objetivo, organizamos este trabalho do seguinte modo: a Parte I, composta por dois capítulos, expõe a concepção dos pensadores clássicos da política e da economia acerca do homem e da sociabilidade que lhe corresponde, tendo sempre como sustentação o dinamismo social e objetivo do capital. No capítulo 1 abordaremos o pensamento racionalista de Hobbes, Grotius[48] e Pufendorf,[49] do qual nasce a *determinação natural* ou *o estado de natureza* como fundamentação do agir humano, de suas características políticas e econômicas. Com Locke,[50] buscamos indicar o início do declínio da concepção racionalista e a inserção do empirismo, bem como uma alteração significativa no perfil natural dos indivíduos em relação aos racionalistas. Ainda dentro desse capítulo, a presença de Hutcheson, Hume e Smith[51] marca a dominação do empirismo sensualista, e, portanto, um novo padrão de explicação do agir humano, um agir de feitio marcadamente econômico, mas com determinações *antropológicas* tais que, a exemplo daqueles primeiros, matrizam as relações sociais fundamentais. Porém, se no primeiro caso trata-se da "luta de todos contra todos", no segundo, ao contrário, uma moralidade positiva, de origem sensualista, arrasta os homens a afastar-se do mal, e de se relacionarem pelo bem mútuo. Essas modificações de concepção sobre a essencialidade humana deitam suas raízes nas transformações socioeconômicas, particularmente naquelas que determinam o desenvolvimento material da vida, desde o período inicial da acumulação primitiva de capital, período mercantilista, até a liberação plena da

---

48   Hugo Grotius (1583-1645).

49   Samuel Pufendorf (1632-1694).

50   John Locke (1632-1704).

51   Adam Smith (1723-1790).

propriedade privada, o assalariamento, a transição da manufatura para a indústria, enfim, o amadurecimento do capital como relação fundamental. Não nos ateremos ao desenrolar da história, na qual e pela qual esses pensadores se manifestam, senão àquilo que se torna absolutamente necessário, pois nosso objetivo, mais modesto, é o de verificar em sua produção teórica tanto sua compreensão sobre a essencialidade *natural* dos homens quanto a justificação e importância que conferem ao valor econômico, que está na base de um capital que vem se plenificando.

Da mesma maneira, no segundo capítulo, pressupondo as determinações do agir *natural* dos homens, seja com base no *estado de natureza*, seja com base *na moral sensualista*, ambas de fundo concepcional antropológico, nos ateremos especificamente à explicação econômica, ao valor, e embora os pensadores aqui tratados, com exceção de Smith, não se remetam diretamente aos fundamentos da essencialidade humana, isso em nada altera o fato de que tais conceituações sejam as que dominam *a economia política*, já que são elas que estão, paralelamente, marcando o entendimento que se tem do homem e sua sociabilidade.

A Parte II, composta por quatro capítulos, define-se pela *crítica da economia política* de Marx, demonstrada através da análise imanente de quatro de seus textos, que compreendem o que tratamos aqui por crítica originária. Importa ressaltar que Marx, ao empreender sua análise crítica, possibilitada pelo amadurecimento e agudização das relações e contradições inerentes ao capital, desmonta radicalmente as concepções que afirmam uma fundamentação natural dos indivíduos, de raiz antropológica, expondo, pela crítica, o potencial de uma ordem humano-societária fundada na atividade autoconstrutora dos indivíduos. Com base nessa nova ontologia, ele explora, sem limites formais, as relações de estranhamento e alienação que a base econômica do capital cria como mediação no âmbito da sociabilidade humana, expondo o caráter ontonegativo do valor.

PARTE I

A Economia Política:
essência natural do indivíduo
e positividade do valor

CAPÍTULO 1

A "essência natural" do indivíduo

Introdução

Procuramos mostrar, neste capítulo, a produção intelectual dos pensadores modernos, clássicos na fundamentação tanto da sociabilidade política quanto na definição dessa sociabilidade a partir de um *estado de natureza* que irá refletir-se numa *antropologização*, ou numa *essência natural* dos indivíduos. Eles formulam suas concepções de um extrato natural na determinação da atividade humana de tal forma que a organização e ordenação do plano social e a formatação da vida coletiva estarão sujeitas a essa determinação basilar legada pela natureza.

Apoiada nessa explicação da sociabilidade humana emerge sua concepção de valor, na economia política, como categoria positiva, como resultante destas condições humanas e, portanto, intrínseca ao *ser natural dos homens*, já que se manifesta supostamente no cumprimento dos designativos de um homem naturalmente proprietário privado, aquisitor e racionalmente egoísta, tipo exemplar encontrado na filosofia política de Hobbes, ou então propenso naturalmente às trocas, à divisão do trabalho, com sentimentos morais naturais, inclinado moralmente à prática das virtudes em oposição aos vícios, como na economia política dos empiristas escoceses.

Queremos destacar também o fato de termos privilegiado o iluminismo inglês e escocês, expondo o pensamento fisiocrático, oriundo do pensamento iluminista francês, apenas numa reafirmação do alvo que pretendemos atingir, isto é, a busca das preocupações com o valor econômico, tema central das atividades mercantis e que virá a dominar a economia política. O último iluminista de que trataremos não provém de nenhum dos países indicados, mas da Prússia; Hegel foi leitor cuidadoso da produção teórico-econômica dos ingleses e escoceses, e mostrou, com base na ciência econômica, a atividade autoconstrutora do homem, fornecendo-nos elementos relevantes de uma ontologia do ser social, que, embora construída no interior do universo da idealidade filosófica, expôs nexos fundamentais, idealistas, daquela autoconstrução. Nesse percurso, procuramos caracterizar também a existência de certa aproximação dos demais pensadores anteriores a Hegel a uma ontologia do ser social, quando da abordagem da atividade humano-societária dos indivíduos. Atribuímos essa caracterização às inclinações intelectuais que, desde Hobbes até Ricardo, mostram-se fortemente interessadas no desvendamento da produção material da vida humana, com base no trabalho, ainda que abordada sob o prisma do valor. Suas formulações, quando voltadas mais especificamente à vida política e à sociabilidade humanas, são arquitetadas sobre a base desse *estado de natureza*, que demonstraremos mais à frente.

Procuramos demonstrar que as condições *naturais* dos indivíduos, nas teorizações dos autores abordados, não são e nem permanecem as mesmas para todos os pensadores investigados, isto é, as características dos indivíduos tidas por naturais *sofrem mudanças*, ou são *atualizadas* conforme convenha à necessidade teórica de cada um, em seu momento e condição socioeconômica.

Observemos, igualmente, que nossa abordagem não implica qualquer pretensão analítica sobre a reflexão filosófica geral de cada autor, além dos limites aqui indicados, e que a escolha do período pré-capitalista, mercantilista, como ponto de partida para exame das reflexões sobre o tema é apenas confirmação do reconhecido fato de que o valor realiza, nesse período, os passos mais consistentes para sua consolidação e consolidação histórica do capital, portanto para sua penetração e miscibilidade na vida humana, com o que ganhará posição dominante no seio da sociedade moderna. Assim como não buscamos uma abordagem geral de sua filosofia, não buscamos a explicação das razões que levaram os pensadores, aqui selecionados, a se posicionarem dessa maneira; nosso objetivo, bem mais modesto, é apenas o de expor as concepções indicadas, para poder demonstrar que há nexos e suturas de suas teorizações, entre as *condições naturais* como essencialidade humana e a concepção positiva de valor que daí deriva, que compatibilizam suas concepções antropológicas e econômicas, sendo desfeitas tão somente no quadro da originária crítica da economia política.

Destacamos três momentos da trajetória intelectual desses pensadores. No *primeiro*, a prioridade teórico-filosófica é a de explicar a especificidade da *natureza humana* como fundamento e base da estruturação do estado, da propriedade privada e das classes sociais, que encerram sua sociabilidade; desde este momento, o trabalho já figura como atividade decisiva na vida societária; no *segundo* momento, contando já com o estado moderno efetivado, e o corolário categorial correspondente, explicitam-se as preocupações com o agir humano, com os atributos morais, agora convertidos em *nova e atual condição natural* para explicação e fundamento de sua sociabilidade econômica; finalmente, o *terceiro* momento reflete um salto à frente dessas formulações, ainda que subsumido a uma idealidade objetiva, como já dissemos, mas tendo o trabalho na base da autoconstrução dos indivíduos.

A separação entre esses momentos tem como base a diversificação de abordagem que os autores revelaram ao se posicionarem acerca das condições de sociabilidade dos indivíduos, sociabilidade essa que se mantém caracterizada por categorias políticas e mercantis objetivadas pelos indivíduos no processo de desenvolvimento societário. No conjunto, esses pensadores tornaram-se clássicos na elaboração de uma "essência" humana natural e individual. Com Hegel, o diferencial que procuramos demonstrar é que, apesar de submetido às teorizações da economia política clássica, no plano filosófico avança para a definição de uma sociabilidade humana, de uma ontologia do ser social, ao fundamentar-se na atividade prática e objetiva do homem; porém, ao manter uma subsunção ao espírito absoluto, deixa apontados traços de uma subsunção igualmente antropológica.

O pensamento social (político e econômico) que ocupará os séculos XVII e XVIII tem em seu centro a concepção de um ser humano de origem natural e individual. Os limites socioeconômicos e o caráter peculiarmente transitório, ordenado pelo capital financeiro-comercial, pré-industrial, impedem uma definição concreta de um indivíduo concreto no bojo da ordem societária que lhe corresponde, resultando então essa definição de indivíduo sob determinação natural, indivíduo abstrato, tanto em sua individualidade quanto em seu gênero, de uma etapa que, ao reduzir o dinamismo renascentista, projeta a modernidade sob o impulso econômico mercantilista de idealidade iluminista. Iniciamos lembrando que a luta contra os dogmas religiosos, a luta contra o poder temporal despótico, a incorporação cotidiana de um procedimento humano cada vez mais dependente de formas definitivamente novas, como o mercado e as trocas, põem no centro a propriedade privada individual como referência de ação. À individualidade nascente não corresponde mais o status que a antiga comunidade criara e reproduzira nos homens como "parcelas do processo coletivo"; naquela fase, a regulação da produção e das trocas se põe, tanto do ângulo prático imediato quanto concepcional, ideológico, como expressão de indivíduos reconhecidos socialmente por sua direta relação e identidade com aquelas operações.

O mercado, as trocas, a propriedade privada fazem desvanecer as antigas identidades comunitárias processando, no âmbito das relações mercantis, a supressão da consciência cotidiana de si, de homem comunitário, na medida em que a regência social vai se definindo sob a responsabilidade do "jogo cego da infinitude de indivíduos autônomos", que foram perdendo vínculo e laço de referência comunitária. Goldmann dirá que "No contexto de desenvolvimento da economia de mercado, o indivíduo – que não constituía até então mais que um elemento parcial no processo global de produção e circulação de bens – aparece, de repente, frente à sua própria consciência e a de seus contemporâneos, como um elemento autônomo, uma espécie de mônada, um *começo absoluto*".[1] Desta forma, os indivíduos passam a regular seu mundo e sua conduta pelo conhecimento que passam a ter do próprio mercado, e não mais em "função das autoridades ou valores supraindividuais".

O *individualismo* que resulta dessas transformações históricas provoca uma mudança no trato filosófico-social, moral, no trato do valor-econômico, agora sob impulso e norteamento de ações reconhecidamente individuais. Ao se referir aos pensadores dos séculos XVII e XVIII, no que toca a essa questão, Goldmann afirmará que "Estes filósofos vão se deparar com o problema da moral – onde se verão às voltas com uma dificuldade básica: com efeito, se se proclama a autonomia radical da Razão – negando, virtualmente, a autoridade de qualquer instância supraindividual – as regras de conduta justificar-se-iam apenas por serem aceitas

---

1   Goldmann, Lucien, "O Pensamento da Época das Luzes", mimeo, trad. de Carmen Sílvia Natale e Elias Tomé Saliba, do original francês "La Pensée des Lumières". In: *Annales*, E.S.C., 22e. ann., nº 4, julho-agosto. Paris: Colin, 1967, p. 753-779.

pelos indivíduos, de maneira contingente ou necessária, ou, ainda, estabelecidas conforme os interesses destes".[2]

Goldmann tece a contradição entre a resolução moral no plano da individualidade e as regras universais da conduta humana. Ele mostra que, desde Descartes, essa contradição esteve no centro das especulações filosóficas sobre a "conduta universal". Apresentando a argumentação cartesiana que aflora essa contradição, Goldmann lembra que, em resposta à carta da princesa Elizabeth (1644), o filósofo racionalista explica: "Existe ainda uma verdade cujo conhecimento me parece muito importante, ou seja: embora cada um de nós esteja separado dos outros e possua interesses distintos do resto do mundo – deve-se acreditar que é impossível viver só e que cada um faz parte de certo estado, de certa sociedade, certa família, à qual se está de alguma forma ligado – seja pela situação geográfica, por juramento de nascença"; e completa, em tom de sugestão, dizendo: "É sempre melhor dar preferência aos interesses do todo no qual estamos envolvidos, do que aos interesses do indivíduo em particular".[3]

A arquitetônica racionalista cartesiana apontada por Goldmann indica ainda outra contradição ao manifestar-se à mesma princesa, em outra carta, afirmando: "Creio ser muito difícil medir exatamente até onde a razão deva ordenar nossa conduta pelo interesse da coletividade /.../: basta satisfazer sua consciência e, para tanto, seguir sua inclinação natural".[4] Em seguida, continua o filósofo: "Porque Deus estabeleceu de tal forma a ordem das coisas e reuniu os homens numa sociedade solidária que, ainda que cada um produzisse para si mesmo – sem nenhum senso de caridade pelos outros – não deixaria de dedicar-se, naturalmente, em prol de todos...";[5] certamente não foi apresentado por Descartes o fundamento de uma tal derivação do indivíduo para o gênero.

Dessa forma, segue a contradição entre indivíduo e sociedade (generidade), cujo ponto de partida, o indivíduo, em sua individualidade, como um "começo absoluto", dificulta sobremaneira ou até impede a determinação de uma "conduta universal", e retém sob rígidos limites as formulações que buscam definir, em

---

2   *Ibidem*, p. 7.

3   *Ibidem*, p. 8.

4   *Ibidem*, p. 8.

5   *Ibidem*, p. 8.

moldes aceitáveis, essa bifurcação da moral. As formulações tendem, em geral, a definições de um agir individual, mesmo egoísta que, embora sem preocupações com o todo, resulta sempre num afinar-se com os interesses gerais. Nesse sentido é que Goldmann expõe o *defeito do individualismo*, que dominou os séculos XVII e XVIII na Europa. É certo que as condições sociais para compreensão dessa contradição dependiam, em grande parte, do desenvolvimento das forças produtivas industriais que resultariam efetivas somente no início do sec. XIX, o que significa que de fato aqueles autores estiveram todos subsumidos a essa contradição sem possibilidade histórica de resolvê-la.

É importante destacar que essa abordagem, indicando-nos o *defeito do individualismo*, é uma referência incontornável para o objetivo que aqui perseguimos, qual seja, o de refletir, junto com os precursores da economia política, o padrão humanístico que emerge nas suas tematizações, esse padrão estará na base de sua teoria social mais para justificá-la do que para mostrar-se como seu reflexo. Desta forma, é o individualismo que se coloca como a característica central dos indivíduos, presente nas manifestações filosóficas, políticas e morais, em todas as linhas teóricas traçadas nos séculos XVII e XVIII. Essa concepção será incorporada na economia política, obviamente com definições apropriadas ao contexto, mas sem negar, muito ao contrário, os fundamentos naturais dos indivíduos, que se encontram eximidos da responsabilidade por sua autoconstrução. Por outro lado, a abordagem filosófica liberal, que constrói sua apreensão dos indivíduos a partir dos limites individuais, decalca nestes características evidenciadas pela diversidade humano-societária de um definido momento histórico, atribuindo-as à natureza humana, como se fossem propriedades intrínsecas aos homens e independentes do processo sócio-histórico que as gerou e desenvolveu. Assim como as individualidades vão sendo definidas abstratamente, por sua origem natural e a-histórica, assim também as categorias sociais vão sendo naturalizadas de maneira dissociada da forma social que as geraram. A título de exemplo, as análises marxianas sobre a *fisiocracia* mostram a construção das categorias econômicas, como trabalho, meios de produção etc., no bojo de concepções a-históricas. Marx, em sua obra de maturidade, assim se refere a essa postura: "Não se pode censurar os fisiocratas por terem como todos os seus sucessores considerado como capital estes modos materiais de existência, instrumentos, matérias-primas etc., separados das condições sociais em que aparecem na produção capitalista, ou seja, na forma em que genericamente são elementos do processo de trabalho, dissociados da forma social, erigindo assim o modo capitalista de produção em modo eterno e natural de produção".[6]

Assim também, a abstração dos indivíduos reais e concretos da forma social que lhes é concernente permitiu essa formulação de um indivíduo isolado, fundado em uma natureza humana dissociada de determinações históricas, que, além de obscurecer a gênese dessas próprias características históricas, impede o reconhecimento de sua generidade, de sua essência social. As características dos indivíduos construídas nesse procedimento teórico refletem, como não poderia deixar de ser, o homem moderno, sua forma de ser sob o capital capitalista em construção, suposto, porém, como derivado da natureza; assim, mostrar-se-á desistoricizado e naturalizado, permitindo ser tratado como modo perpétuo de ser do homem, que portaria desde sua origem determinadas características, sejam racionais ou empíricas, mas intrínsecas, por dotação natural, ao seu ser. É certo que, embora centrando a vida societária no indivíduo, a tessitura social não fora suprimida de suas formulações teóricas, tendo sempre como móbil aquela base natural construída abstratamente; mas aí fica o registro referencial dos limites ontológicos dessa abordagem, isto é, a determinação natural da essencialidade humana.

1.1 Hobbes: o moderno estado de natureza

As transformações operadas pelo mercantilismo permitiram a apreensão intelectual de sua dinâmica através das categorias que foram se objetivando nesse período, tais como: o trabalho assalariado, o comércio, a propriedade privada etc. Os autores que se destacaram nessa empreitada teórica orientaram suas primeiras pesquisas e elaborações filosófico-políticas pela concepção de que os indivíduos encontram-se subsumidos, em suas qualidades essenciais de homem, a condições naturais, o *estado de natureza*, determinantes em seu proceder social. Mesmo a razão, também como qualidade intrínseca aos indivíduos, decide sobre o procedimento humano, mas numa tal consonância com seu ser natural, que um dos mais importantes representantes da teoria política do período, Hobbes, que se dedicava ao estudo da

---

6   Marx, Karl, *Teorias da Mais-Valia*. Rio de Janeiro: Civilização Brasileira, 1989, Livro I, cap. II, p. 19.

ciência matemática, reafirma essa condição dizendo: "'Deus não poderia modificar as normas de conformidade e desconformidade dos atos humanos com a natureza, tanto quanto não poderia alterar a posição na qual dois e dois são quatro'".[7]

Antes de Hobbes, contudo, Hugo Grotius já enveredara pelo direito natural, ao tratar da expansão socioeconômica que caracterizava o período. A mais importante produção teórica de Grotius se liga aos interesses comerciais e marítimos holandeses, daí sua preocupação com o direito natural ter-se expandido para o direito internacional, criando as bases, por exemplo, para a regulação da guerra em *De Jure Bellis Ac Pacis* (Os direitos da guerra e da paz), sua mais difundida obra.

O ponto de partida de Grotius o leva a buscar o direito na natureza humana, "tal qual Deus a criou", nos atributos naturais dos indivíduos. Estes, que não podem ser mudados nem por Deus, podem, contudo, ser revelados pela razão e pelos princípios que governam as nações: trata-se do "respeito à vida e à propriedade". Com base nestes princípios, ele divisa a propriedade individual da do soberano, que é a da autoridade pública. Esta se funda no contrato, expressão que caracteriza o nexo entre as *condições de natureza* dos indivíduos e a garantia de sua sociabilidade, pela via pública de instalação do estado. Grotius define tanto o estado quanto o direito universal a partir do direito natural; ou seja, o fundamento último do direito universal é a propriedade da própria pessoa física, que implica na inalienabilidade do corpo. Grotius antecipa nesta formulação a concepção que estará na base da declaração do *habeas corpus*, na Inglaterra do final do século XVII. Com isto, a conservação da vida, que detemos como propriedade primeira, não pode ser abdicada; além disso, por determos na alma o livre-arbítrio, decidimos a escolha dos meios para sua consecução; só assim compreende-se a entrega voluntária da direção de nossas ações a outrem: o soberano. É desta forma que Grotius entende o estado posto pelo contrato, pois o "instinto natural à conservação da vida", além de carecer de instituição que a proteja e garanta o direito natural de inalienabilidade, fornece, para afirmação do contrato, sua plena legitimidade.

Quanto ao direito à propriedade não humana (propriedade privada individual, a terra), Grotius lança mão dos direitos subjetivos de Deus, afirmando que este doou a

---

7   Chatelet, François, *Historia das Ideias Políticas*. Rio de Janeiro: Zahar, 1985, p. 50, 51 e seguintes.

terra, criando-a como propriedade indivisa de todo o gênero humano, *mas não uma propriedade coletiva.* Excluída por determinação divina (a propriedade coletiva), restou aos indivíduos remediar os inconvenientes desta forma da propriedade, buscando como solução sua partilha "deixando o restante, não apropriado, ao primeiro ocupante". A partir daí, a ocorrência de uma infinidade de transações e relações de propriedade deu origem a todas as de que se tem conhecimento. O direito natural obriga a respeitar todos os direitos subjetivos que resultaram das sucessivas alienações.

Observe-se que Grotius opõe a propriedade privada à coletiva, obviamente feudal, fase em que se conta ainda com laços comunitários. Essa posição do autor é reveladora quanto à referência social e histórica da qual emergem suas concepções; trata-se de momento privilegiado de assentamento da propriedade privada, momento que ele compartilha com Hobbes, como veremos adiante.[8]

É importante destacar que a produção teórica de Grotius sobre direito, especialmente o internacional, nasce na fase de incursões comerciais da Companhia das Índias Orientais Holandesa, das quais participou, com o compromisso de fundamentar juridicamente essas operações. Neste empreendimento, Grotius desenvolveu também o direito internacional e o comercial. Sobre este último, afirma Jelerup que "é, portanto, bastante apropriado que, mais tarde, ele viesse a ser elogiado por célebres livres-cambistas e estrategistas do Império Britânico como Adam Smith e John Stuart Mill".[9] Jelerup aponta o trabalho de Grotius, acima citado, publicado em 1625, como o que levou o direito internacional a um padrão desconhecido na época, e é até hoje mencionado quando este tema é reposto.

O perfil teórico de Grotius reflete bastante bem as características do mercantilismo em expansão. No tratamento sobre o livre comércio, ele propôs procedimentos contrários aos interesses de países que se mantiveram protecionistas; desenvolveu teorias sobre a ocupação de terras desertas, firmando os direitos de proteção à sua ocupação etc.

O tema central do direito alcança a estrutura política, particularmente quando de sua defesa do estado absolutista e do poder onipresente do soberano; conforme

---

8   Matheron, Alexandre, "Spinoza e a Problemática Jurídica de Grotius", in *Philosophie*, nº 4, l984 (Tradução de Mauricio Rocha).

9   Jelerup, Torbjorn, "A Paz de Westfália", EIR, ano 9, Suplemento mensal, outubro de 2002.

Jelerup, para Grotius, "o soberano tinha permissão de matar e rapinar pessoas inocentes, mesmo durante a paz";[10] esse poder não se limitava ao país de origem do soberano, mas às suas conquistas, conforme as normas do direito internacional: "Se você fosse um civil inocente atacado, justamente, dessa forma, deveria aceitar a guerra como um estado das coisas e buscar conforto nas orações a Deus, porque você não teria permissão para desobedecer a nenhum soberano, o seu ou o que pilha o país inimigo".[11] Para Grotius, era necessário suportar "a rapacidade e a luxúria dos governantes" tal qual se suporta as intempéries climáticas: as chuvas excessivas, as secas tórridas, ou outra calamidade natural qualquer.

Grotius manteve-se muito próximo de Hobbes no plano da filosofia política; no período que esteve exilado em Paris, tornou-se seu mais influente amigo. Eles concordavam que o amor cristão deveria ser purgado da política, pois não estava reservado aos indivíduos o exercício da bondade cristã, já que o mundo estava à mercê do constante litígio entre eles. Também não cabia o exercício da liberdade, embora o livre arbítrio fosse natural à alma humana, pois os indivíduos desistiram do seu direito natural à liberdade quando criaram o contrato para instalação do estado civil, outorgando "todos os direitos ao soberano do estado, em troca de proteção".[12]

Vemos que os fundamentos naturais dos indivíduos, a expansão mercantilista, a propriedade privada, a delegação do poder dos indivíduos, por meio do contrato, à soberania inquestionável e absolutista do estado e o *habeas corpus* são temas cuja contemporaneidade Grotius divide com Hobbes. Este, por seu lado, irá aprofundar os temas até aí propostos e afirmar posições, definindo mais e melhor que o primeiro o quadro categorial que se desenha nesse período; ao mesmo tempo, Hobbes estará dando maior visibilidade ao estado de natureza dos indivíduos, revelando com mais consistência os fundamentos naturais que permeiam as explicações da sociabilidade humana.

Hobbes desenvolverá sua teoria sobre o estado fundando-a no estado de natureza com o objetivo precípuo de sugerir o aprimoramento do governo civil. Para isso, envidará esforços teóricos, ao máximo, visando a convencer as autoridades

---

10 *Ibidem.*

11 *Ibidem.*

12 *Ibidem.*

competentes de que esse arranjo do poder é necessário e fundamental para que se possa encaminhar as condições exigidas pelo progresso socioeconômico.

É importante que se inicie indicando o ponto de partida de Hobbes: ele deposita no estado as condições e possibilidades de "riqueza e prosperidade dos membros individuais" da comunidade; ao mesmo tempo, esse progresso constituiu-se na força que nutre o próprio estado, que com isso atua na busca da "saúde do povo" por meio da "justiça e das leis" e contra a "guerra civil". Eis então a questão central de Hobbes na defesa do estado absolutista: a "luta" contra a "guerra civil", que acarreta o tempo todo a morte dos indivíduos. Seus argumentos para sustentar essa perspectiva remontam à igualdade dos homens, cuja origem é o estado de natureza, e, se uns são fisicamente mais fortes, outros contam com uma astúcia mais pronunciada, e assim por diante, o que define suas diferenças naturais relativas.

Contudo, as paixões humanas são semelhantes em todos os indivíduos (desejo, medo, esperança), diferenciando-se apenas quanto ao objeto. Dessa igualdade derivam disputas, concorrências, oposições tais que impulsionam os homens a despojar outros, invadir territórios de outros domínios etc. Frente a esse procedimento que se generaliza, surge a desconfiança de uns em relação aos outros, antecipando sua ação preventiva tanto no plano da força quanto no da astúcia. Esse quadro reproduz e acentua a constante situação de vulnerabilidade em que se encontram os homens. Hobbes mostra tal condição ao ponderar que "se alguém planta, semeia, constrói ou possui um lugar conveniente, é provavelmente de esperar que outros venham preparados com forças conjugadas, para desapossá-lo e privá-lo, não apenas do fruto do seu trabalho, mas também de sua vida e de sua liberdade. Por sua vez, o invasor ficará no mesmo perigo em relação aos outros".[13]

Esse perfil humano de raiz natural, sempre comprometido com o procedimento egoísta e aquisitor, terá lugar, igualmente, nas argumentações hobbesianas sobre as causas da discórdia humana desde seu estado de natureza, em que viceja a competição, a desconfiança e a busca de glória. Da primeira categoria deriva a *luta por lucro*, um estado de violência na direção de tornar o indivíduo senhor de seus bens e de sua família; da segunda, a luta por segurança, um estado de violência visando a defender a si e à sua família da agressão alheia; e, da terceira, a luta por

---

13 Hobbes, Thomas, *Leviatã ou Matéria, Forma e Poder de um Estado Eclesiástico e Civil*. São Paulo: Abril Cultural, 1974, p. 79.

reputação, sendo a violência acionada mesmo frente a "ninharias", como sorriso (ou sua ausência), atenção, opinião, desprezo etc., a si e aos seus familiares.

Torna-se evidente nessas condições que, para Hobbes, o indivíduo se afigura um ser de estatura humana restrita, pois suas motivações à ação definem-se dentro dos limites de seu *egoísmo*, não podendo prosperar a indústria, a produção, o conhecimento, a arte etc., pois viceja apenas o *temor*, a morte violenta; sua vida é pobre, sórdida e curta, sujeita o tempo todo à guerra, isto é, à "natureza de guerra".

Cabe observar que esta condição do homem, definida por Hobbes a partir do seu estado natural, expressa-se por uma horrorosa "artimanha racionalista", que visa a inserir o estado absolutista como elemento resolutivo, mas com o uso dos mesmos meios expressos socialmente. Chasin explica essa questão central do pensamento hobbesiano nos seguintes termos: "Por outro lado, a maldade natural, o egoísmo, aparece sob versão descriminada, mitigado como pecado sem culpa; mas essa neutralidade não o redime por completo, a não ser que passe aos cuidados do Leviatã, que lhe veste a camisa de força que o protege de sua vocação suicida. É, pois, uma neutralidade *sui generis,* uma estranha essência de um ser incapaz de subsistir por si. Ou seja, é um ser que tem por mal a si mesmo, que insubsiste em sua essência e que depende, por isso mesmo, de uma exterioridade artificial. Numa palavra, o suposto hobbesiano do homem em estado natural é mais do que uma artimanha racionalista; mesmo que não admitido por seu criador, é uma versão formal do homem efetivo engendrado pela ordem humano-societária do capital. E enquanto tal um pecador perdoado, o que não abole o pecado, nem elimina o fato de que é o mal que exige a solução salvacionista do estado".[14]

De outro lado, Hobbes afirma que as paixões humanas *naturalmente determinadas* não podem tornar-se a causa geradora desse "estado de guerra", pois seus desejos não são e nem podem ser tomados como pecado, assim como também essa situação de "guerra de todos contra todos" não pode conter qualquer referência à justiça ou injustiça, pois o direito natural é prescrito igualmente a todos, decorrendo daí que todos têm direito a tudo, o que justifica plenamente o procedimento belicoso do homem de natureza. Deduz-se com base nisso a impossibilidade de assegurar a propriedade privada individual, pois o "isto é meu"

---

14 Chasin, José, "O Futuro Ausente". In: *Ensaios Ad Hominem 1 – Tomo III: Política*. Santo André: Ad Hominem, 2000, p. 242.

ou "isto é seu" não são passíveis de determinação, e abandonado à sua sorte natural o homem apenas revela aquela sua *condição miserável*. Contudo, Hobbes indica, como adepto do racionalismo moderno, a presença da *razão* como atributo natural capaz de mediar o impulso inato do homem. De forma que a associação de suas *paixões* e sua *razão* pode arrancá-lo a essa situação. Apoiados nas paixões, os homens podem perspectivar a paz, ultrapassar o *estado de guerra*: diante do *medo à morte violenta* ou então pela *esperança* de consegui-la por meio do trabalho. Não se trata de eliminar seu egoísmo, mas de mediá-lo com a razão de maneira a criar as condições para sua sociabilidade, isto é, a preservação da vida e da propriedade.

A razão se revela por meio das *leis de natureza*, através do conjunto de preceitos e regras, isto é, obrigações incontornáveis, mediante as quais se proíbe aos homens fazer tudo o que possa destruir sua vida ou privá-los dos meios necessários à preservação. Hobbes destaca ainda que, uma vez acionadas as leis naturais pela razão, se põe a caminho o corolário natural que é o *direito*, identificado objetivamente com a *liberdade*. Cabe ressaltar, de passagem, que, com o artifício hobbesiano do estado de natureza, fica induzido desde logo o direito à propriedade privada individual, portanto à forma burguesa de propriedade, bem como algumas características centrais dessa forma social moderna, como a concorrência, o mercado, trabalho assalariado etc., mas, acima de tudo, a liberdade, sem a qual essas categorias não podem se realizar, o que nos coloca diante de um quadro de perspectiva liberal autêntica, delineado com maestria sob o prisma jusnaturalista.

Observe-se ainda que, para Hobbes, o estado é uma *força externa* criada pela razão que, utilizando o contrato como instrumento, abre caminho para a superação dos conflitos *naturais* e, portanto, para a realização da paz, paz essa que corresponde à necessidade essencial à existência humana, sob a ordem liberal burguesa.

Na teoria hobbesiana, a razão, associada às paixões, põe-se como condição de ir além do estado de natureza; por exemplo, "as ajudas e vantagens da guerra" só devem ser acionadas se o esforço feito na perseguição da paz não for suficiente, ou seja, a guerra agora, como instrumento da razão, só pode ser acionada contra a própria guerra.

Com base nessa trajetória teórica, Hobbes empreende uma complexa explicação da fenomênica renúncia ao *direito natural*, operada pelos homens na sua luta pela sobrevivência. Assim, renunciar ao direito a alguma coisa é o mesmo que se privar da liberdade de negar ao outro o benefício de seu próprio direito à mesma coisa, ou ainda, quem renuncia ao seu direito não dá a outro algo que este não tenha, já que todos têm direito a tudo, apenas afasta-se do caminho do outro. A renúncia ou transferência conserva o egoísmo, pois se trata de ato voluntário, mas, com vistas à reciprocidade, ou seja, "os atos voluntários dos homens" têm como objetivo "algum bem para si mesmo". Hobbes extrai daí duas consequências: 1) a transferência mútua de direito é concebida no plano das trocas, do mercado, da "compra e venda com dinheiro à vista"; o que nos mostra que a origem dessa posição de Hobbes reflete condições socioeconômicas já objetivadas naquele ascendente mundo mercantil, burguês; 2) é essa transferência mútua que Hobbes trata por *contrato*; é uma concepção de vanguarda, fundada na mútua alienação e refletindo uma possibilidade congruente à das trocas mercantis. O autor ingressará com essas concepções no campo teórico da política, que receberá o máximo de positividade, já que, neste caso, converte-se em condição natural de sociabilidade do homem. É possível verificar que nesta posição de Hobbes "há uma desvalorização do homem em benefício da afirmação ilimitada da política".[15]

Ele arrola em sua demonstração tipos de procedimento dentro do quadro da transferência de direitos, sempre fundados no jusnaturalismo, mas que não necessariamente implicam a mutualidade: por exemplo, as ações que esperam como retorno a amizade, a reputação, até recompensa do céu etc. são doação, dívida ou graça; além disso, afirma Hobbes que os acordos definidos em palavras constituem compromisso de promessa, indiferentemente se as palavras são do tempo presente, passado ou futuro, pois quem promete por ter recebido benefício em função da promessa deve cumpri-la, já que o outro cumpriu sua parte entendendo que o primeiro cumpriria a sua; é por esse motivo que na compra e na venda, e em outros atos de contrato, uma promessa é equivalente a um pacto, e, portanto, seu cumprimento é obrigatório. Hobbes conecta, desta forma, as relações jurídicas, o direito, a propriedade, às relações de compra e venda, portanto às relações de alienação que vão caracterizando esse período. Outro aspecto dessa mesma questão é que a transferência de direito é transferência dos meios de gozá-lo, portanto a transferência implica os meios de sua fruição. Hobbes exemplifica com um elemento

---

15 *Ibidem*, p. 242.

Karl Marx – A determinação ontonegativa originária do valor 53

como a *terra*, ao ser transferida com tudo o que nela consta, ou então o moinho, que leva com ele as condições que o fazem girar. Fica implícito que a relação de compra e venda de *trabalho* submete-se às mesmas determinações da alienação, ou da transferência de direito mútuo e das condições para sua fruição.

Hobbes traça os caminhos teóricos que lhe permitem explicar a instalação da propriedade privada individual ressaltando que, para tanto, é necessário ultrapassar o estado natural, a guerra, e compor, a partir da razão posta pelas leis de natureza, as condições políticas, o poder, como força externa ao homem, responsável também pela legitimação da propriedade.

Desta forma, as categorias que ordenam o mundo burguês – como propriedade privada, relações mercantis, trabalho assalariado etc. – devem ser tratadas como superiores às que o autor demonstrou como condição humana. Hobbes, como vimos, entende que a condição do homem "é uma condição de guerra de todos contra todos /.../ não havendo nada de que não possa lançar mão, que não possa servir-lhe de ajuda para a preservação da vida contra seus inimigos".[16] Porém, não se trata de uma condição *absoluta* de natureza, pois esta natureza conta com uma *lei natural* que proíbe "a um homem fazer tudo o que possa destruir sua vida ou privá-lo dos meios necessários para preservá-la".[17] Por outro lado, "enquanto durar esse direito de cada homem a todas as coisas, não poderá haver para nenhum homem /.../ a segurança de viver todo o tempo que geralmente a natureza permite aos homens viver".[18] A reprodução constante da violência impede a instalação inclusive da propriedade privada, ainda que essa seja por determinação natural um direito de todos os homens; e assim é pois, "onde não foi estabelecido um poder coercitivo, isto é, onde não há Estado, não há propriedade, pois todos os homens têm direito a todas as coisas".[19] Assim, é de necessidade máxima a presença de um organismo que proteja e garanta a reprodução deste conjunto novo de atividades humanas, portanto a instalação de um poder que exerça sobre os indivíduos um rigoroso controle de suas atitudes ou conduta frente a outros. E esse direito só pode efetivar-se sem ferir os direitos naturais do homem, ou seja, apoiando-se na

---

16   Hobbes, Thomas, *op. cit.*, p. 82.

17   *Ibidem*, p. 82.

18   *Ibidem*, p. 82.

19   *Ibidem*, p. 90.

"lei de natureza pela qual somos obrigados a transferir aos outros aqueles direitos que, ao serem conservados, impedem a paz da humanidade".[20]

Nesse ponto, Hobbes expõe a *lei de natureza* evidenciando o contraponto que a liberdade natural enfrenta quando se trata da preservação do homem e, portanto, da condição de realização da própria liberdade: "Renunciar ao direito a alguma coisa é o mesmo que *se privar* da *liberdade* de negar ao outro o benefício de seu próprio direito à mesma coisa. Pois quem abandona ou renuncia a seu direito não dá a qualquer outro homem um direito que este já não tivesse antes, porque não há nada a que um homem não tenha direito por natureza".[21] Mas essa abdicação do homem em favor da realização do direito do outro implica também numa restrição, cujo fundamento Hobbes vai buscar no Evangelho: "Faze aos outros o que queres que te façam a ti",[22] concluindo daí que "a consequência que redunda para um homem da desistência de outro a seu direito é simplesmente uma diminuição equivalente dos impedimentos ao uso de seu próprio direito original".[23] Ou seja, uma disposição à paz, ao cumprimento da *lei*, ao lado do interesse no exercício livre do seu *direito*, "pois o direito consiste na liberdade de fazer ou omitir, ao passo que a lei determina ou obriga a uma dessas duas coisas".[24] Desta forma, Hobbes expõe os fundamentos necessários à *celebração de pactos*, com discernimento e consequente realização da justiça, pois "a justiça é a vontade constante de dar a cada um o que é seu";[25] à justiça cumpre realizar a apropriação e garantir que esta se efetive sem violência, sem restabelecimento da condição natural de "guerra de todos contra todos". Mas sua consecução implica no cumprimento dos pactos celebrados, "portanto, para que as palavras 'justo' e 'injusto' possam ter lugar, é necessário alguma espécie de poder coercitivo, capaz de obrigar igualmente os homens ao cumprimento de seus pactos, mediante o terror de algum castigo que seja superior ao benefício que esperam tirar do rompimento do pacto".[26] Hobbes indica assim

---

20 *Ibidem*, p. 90.

21 *Ibidem*, p. 82.

22 *Ibidem*, p. 83.

23 *Ibidem*, p. 83.

24 *Ibidem*, p. 83.

25 *Ibidem*, p. 83.

26 *Ibidem*, p. 90.

que o poder deve constituir-se coercitivamente e com dispositivo de violência, sem o qual a coerção não pode funcionar, o que significa dizer que o jusnaturalismo demanda condições sociais para se efetivar. Assim, o estado se mostra como uma instituição que, instalada sob a deliberação contratual, permite finalmente o exercício do direito natural, como, por exemplo, o da propriedade privada: "De modo que a natureza da justiça consiste no cumprimento dos pactos válidos, mas esta validade só começa com a instituição de um poder civil suficiente para obrigar os homens a cumpri-los, e é também só aí que começa a haver propriedade".[27] Essa ordem só pode ser lograda assumindo-se a instalação de um poder civil, do estado, através de pacto celebrado entre os homens, mas assegurado por coerção, se necessário lançando mão de meios aterrorizantes e punitivos. De qualquer forma, Hobbes já faz constar os elementos decisivos da nascente concepção burguesa do direito natural, além de sua regulação e garantia por meio do *estado absolutista*.

De outro lado, a legitimação do poder público, com Hobbes, é resolvida na *representação política*, pois esta é o *corpo da pessoa pública*, a *vontade do sujeito coletivo*. Essa unidade do múltiplo (pessoa pública/sujeito coletivo) é operada pela encarnação do poder em apenas *um representante*, que expressa a vontade de todos. Desta maneira, o poder define autonomia e sua justiça, já que é exercido sem mediações por refletir diretamente em sua pessoa, como representante, todo o poder delegado pelos indivíduos. Neste ponto, Hobbes nos indica que a legitimidade desse poder encontra-se coberta de garantias para o exercício da justiça, pois o *ator* (que representa todos os súditos) pode agir com isenção, pois representa absolutamente o *autor* (conjunto dos súditos) que dá fundamento ao primeiro, e não pode, após as delegações contratuais, reclamar qualquer outro direito. A legitimidade consiste, para Hobbes, em que o representante, o *ator*, represente o *autor*, que dá base ao seu agir, pois recebe o poder delegado por todos sem qualquer condicionamento que não seja o de exercer de forma absoluta a justiça, e é isso que torna seu poder absolutamente legítimo. Marx havia observado sobre esse ponto em Hobbes que a *distribuição* da propriedade da terra estará subordinada ao soberano, ao estado absolutista, pois para Hobbes o soberano é depositário absoluto de todo o poder, não havendo possibilidade da existência de qualquer instância mediadora

---

27 *Ibidem*, p. 90.

nesse estado de "guerra de todos contra todos"; assim é o próprio soberano que deve arbitrar sobre a distribuição da propriedade.

De forma que o caráter *egoísta* e *individualista* que ressaltamos antes, de cunho jusnaturalista e liberal refletido nas concepções de Hobbes tem suas raízes no *estado de natureza*. Contudo não se pode ser partidário da ideia de que essas adjetivações sejam pura criação ilusória ou arbitrária do autor, pois o momento histórico do qual são oriundas compõe-se de relações burguesas de propriedade e produção em ascendência; comporta já a divisão do trabalho e o assalariamento, um mercado interno e internacional e o estado, que responde pela maior parte dessas demandas. Portanto, essa adjetivação e tipologia construídas em seu corpo teórico-filosófico referendam os comportamentos e posturas das individualidades que dominaram o período mercantilista. Essa posição hobbesiana permite-nos vislumbrar alguns traços da política na sociedade moderna, em oposição ao estreitamento político do antigo regime, em que o exercício do poder é senhorial e direto, não cabendo qualquer delegação ou alienação de poder por meio de contrato, não havendo com isso a possibilidade de um depositário, o soberano absoluto, que possa exercer o poder em nome dos súditos, protegendo sua vida e suas propriedades.[28]

Por outro lado, esse período está delineando a atividade produtiva por meio do assalariamento, colocando em evidência o trabalho, que permitirá a Hobbes indicá-lo como única fonte de toda a riqueza, "excetuadas as dádivas da natureza, consumíveis tal como se encontram. Deus (a natureza) '*dá grátis ou vende à espécie humana por trabalho*'".[29]

É possível também perceber alguns traços da economia-política na sociedade moderna, em oposição ao estreitamento político-econômico do antigo regime, em que o exercício do poder, sendo senhorial e direto, não vedava a ação do livre comércio, da formação de qualquer propriedade para além dos domínios secular-comunitários. Assim, fica, desde logo, indicada por Hobbes a existência de uma divisão do trabalho, que vai se desenvolvendo dentro da ordem produtiva e competitiva da qual derivam as desigualdades econômicas.

---

28 Vale lembrar que, pouco mais tarde, na França, os fisiocratas Quesnay, Turgot, Mirabeau afirmarão que a produção e o excedente são uma dádiva da natureza, mas que esta só se revela se o homem a trabalhar.

29 Marx, Karl, *Teorias da Mais-Valia*. Rio de Janeiro: Civilização Brasileira, 1980, p. 354.

Hobbes anuncia uma nova ordem de operações socioeconômicas desentranhando-se sob a forma da competição, e que resulta responsável por uma distribuição desigual das propriedades e do produto do trabalho, pois, na medida em que as terras livres se tornam escassas, vão, concomitantemente, concentrando-se em mãos de grupos de pessoas tanto as terras quanto os capitais, assim, aqueles que por qualquer razão não tiveram as condições de lutar, ou simplesmente não foram vitoriosos nas lutas concorrenciais, estarão em desvantagem na distribuição da riqueza. Assim, os assalariados não podem alcançar em salário o que lhes seria possível numa produção independente em suas próprias terras, ou seja, os lucros do capital, o que, pelo contrário, só pode ocorrer com os proprietários privados. Hobbes tributa diretamente à competitividade a instalação da desigualdade. Esta impede o acesso de alguns indivíduos à propriedade e, portanto, aos meios sobre os quais recairia sua capacidade de trabalho e direta fruição de seus benefícios.

Dentro deste quadro exposto por Hobbes, encontramos não mais a incipiente sociedade de mercado restrito e restritivo, mas uma sociedade ativa em seu dinamismo de trocas, na determinação dos participantes na concorrência e na definição privada de preços. Como resposta a isso, o estado já não exprime a mesma intensidade de seu absolutismo quanto aquele que esteve nas bases do mercantilismo, concentrando em si o poder de interferir diretamente nas competições com outros estados ou mesmo com a iniciativa privada. O estado agora reconhece, conforme indica Hobbes, o poder dos proprietários, suas condições e meios de expandir suas riquezas privadas. Os que querem adquirir mais podem fazê-lo através do mercado, que vai se tornando o campo ou a esfera legítima de realização de suas aquisições e enriquecimento. Ao estado compete interferir nas operações mercantis, mas em favor das novas relações, pois responde também a demandas privadas cada vez mais presentes no mercado. O estado vem sofrendo, "silenciosamente", modificações frente à expansão do mercado, dos negócios privados, de forma a compartir agora seu poder com os indivíduos proprietários. Há, nesse momento, uma "emersão burguesa", uma espécie de "terceiro estado", um vir-a-ser parlamento moderno, intuído, por Hobbes, que não nutre qualquer simpatia pela nova classe.

Muito embora Hobbes reflita o momento mercantil adequadamente nas suas explicações sobre as inclinações do homem, é preciso insistir no fato de que ele vê na instituição política, no estado absolutista, a condição essencial para a emersão das atividades econômicas, uma vez que só a força, a violência, pode combater a própria violência e conduzir os homens à tranquilidade da república.

Destaque-se que ele mantém presente como objetivo maior a retomada da república, sem que tal fato possa ter efetividade, visto o avançado das forças produtivas e das relações sociais. Isto revela o contraponto de uma expectativa frustrada e o reconhecimento dos novos tempos, pois, como afirma Châtelet, Hobbes toma em consideração as "transformações que afetam as condições de produção agrícola e manufatureira, o comércio e o mercado de trabalho",[30] e submete o novo potencial econômico, que floresce com os desdobramentos da expansão mercantilista, ao estado, pois, para ser realizada, essa perspectiva de prosperidade "impõe ao soberano conceder aos súditos as propriedades particulares suficientes; ao mesmo tempo vigiar para que tal distribuição das propriedades não seja transformada pela avidez de alguns".[31]

Confirma-se assim a defesa da propriedade privada e do trabalho como condição para o gozo e a satisfação do homem, em sua individualidade, agora, para além da conservação da vida, para a realização da liberdade. O mesmo autor observa ainda sobre essa postura de Hobbes que "Assim 'as cercas, feitas não para deter os viajantes, mas para conservá-los no caminho'. Portanto, a liberdade dos súditos, /.../ lhes está assegurada pelo silêncio – desejável – da lei".[32] Significa dizer que se o novo, a liberdade, é desejável, o é também o seu controle dentro dos limites da lei.

É necessário frisar mais uma vez que o indivíduo, tal como refletido e descrito na filosofia hobbesiana, é, acima de tudo, um indivíduo egoísta, possessivo, que funda sua ação nos interesses privados, mesmo diante das condições necessárias para o convívio social, como é o caso do estado, conforme indica Macpherson. A ação desse indivíduo, que Hobbes assemelhou a uma máquina, que responde ao dinamismo de causa-efeito, só pode realizar-se numa sociedade modelar, mecanicamente ordenada para responder ao caráter aquisitor sem qualquer *dever ser moral*. Nessas condições, o mercado revela-se aos olhos de Hobbes como *locus* ideal de vigência do egoísmo racional, com regras autoengendradas, reconhecidas e respeitadas dentro das cir-

---

30 Chatelet, François, *História das Ideias Políticas*. Rio de Janeiro: Zahar, 1985, p. 54.

31 *Ibidem, op. cit.*, p. 77.

32 *Ibidem*, p. 77.

cunstâncias postas. Há, portanto, uma evidente correlação de poder entre o estado e o mercado em Hobbes; em ambos os casos a alienação se efetiva, mas enquanto no primeiro o direito aliena para igualar os indivíduos, como vimos, no segundo a alienação é o instrumento da desigualação econômica.[33]

Tal desigualação não move qualquer crítica moral ou clamor de justiça, como nos indica Macpherson: "'Como se houvesse injustiça ao se vender mais caro do que se compra; ou dar a um homem mais do que ele merece'";[34] além disso, o mercado ou as "sociedades de mercado competitivo são reais",[35] e "a menos que alguns indivíduos tenham mais posses do que outros /.../, ou tenham capacidade de adquirir mais do que os outros, não poderia haver acumulação de capital sem o qual não poderia haver emprego generalizado da mão de obra",[36] donde conclui Hobbes que o mercado é salutar e necessário para se aplicar as capacidades de trabalho, para fazer avançar o assalariamento, para a efetivação da nova sociabilidade.

Essa concepção, que coloca o mercado em destaque, que atribui a essa esfera de ação econômica uma condição de excepcional superioridade em relação ao passado, expressa o lado progressista do período mercantilista, reconhecido por Hobbes. Vale notar nesse momento que essa expansão, juntamente com o jusnaturalismo, com o estado absolutista, vai caracterizar as mudanças socioeconômicas para toda a Europa, e que nesse ponto a Inglaterra, por ser o país mais desenvolvido em termos da acumulação primitiva de capital, expressou, através de Hobbes, a concepção mais adequada dessa transição.

Atendo-se um pouco mais ao plano econômico, Macpherson, ao estudar as abordagens teóricas de Harrington, nota o nexo estabelecido por ele entre economia e política, e observa que Harrington tinha certa clareza dos procedimentos mercantis, acatava-os como condição para o desenvolvimento, ao defender, por exemplo, a usura, a acumulação de riqueza em dinheiro. Afirmava que o capital-

---

33 Observemos de passagem que serve para Hobbes, sobre o mercado, o reconhecimento de Marx sobre as ideias jurídicas apontadas por Locke, ao mostrar que este havia expressado de forma original e clássica as novas formas do direito. Por seu lado, as leis que regem o mercado da nascente sociedade burguesa serão também abordadas com originalidade clássica por Hobbes.

34 Hobbes, *apud* Macpherson, C. B., *op. cit.*, p. 73.

35 *Ibidem*, p. 71.

36 *Ibidem*, p. 71.

dinheiro era necessário para estar à disposição do comércio; e, mesmo que ninguém arriscasse seu dinheiro sem lucro, a usura "'está longe de ser destrutiva'", dizia ele, pois, além de ser "'de grande proveito para a humanidade'", traz "'um grande lucro para o público'"[37] ao colocar o dinheiro em circulação. Ou seja, o procedimento subsumido ao mercado é o procedimento adequado, é aquele que nasce com a perspectiva burguesa mercantil e que beneficia a humanidade. Também sobre o trabalho Harrington acompanha e apoia integralmente os clássicos do jusnaturalismo. Muito embora trate o trabalho distribuindo-o entre ação militar e pacífica, afirma que a propriedade da terra pelo trabalho, como uma "'doação da natureza ao homem'", "'vem como /.../ venda mediante o trabalho /.../. Das várias espécies e sucessos desse trabalho, seja pelas armas, ou por outros exercícios, da mente ou do corpo, deriva natural equidade de domínio ou propriedade'".[38] Harrington extrai como consequência dessa situação que as fortunas são oriundas do trabalho (militar ou pacífico, o que torna implícito o domínio de terras pelas armas), afirmando que "'de todas as coisas, o trabalho é a mais acumuladora. A acumulação de todas as coisas odeia o nivelamento: sendo portanto a renda do povo, a renda do trabalho... não se pode achar [ninguém no mundo] que tenha sido nivelador'".[39] Fica assentada, como mostra Macpherson, sua plena aceitação dos valores jusnaturalistas e burgueses mercantis, contrários aos limites feudais. Também com respeito ao mercado internacional, Harrington percebe naquele período a importância de certa especificação na produção para o mercado externo, que se converte naquilo que mais tarde foi tratado por David Ricardo como "vantagens comparativas". Harrington mostra-se preocupado com a economia política em florescimento, pois trata da renda fundiária como resultante da aplicação de algum capital. Além disso, ele pensa que a expansão produtiva não deve "'impedir o trabalho e o mérito [do povo] de alcançar riqueza, poder e honra'".[40] De forma que é sempre necessária alguma lei agrária para regular a distribuição de terra, e tanto os usurários quanto os arrendatários se tornam sumamente importantes no processo de formação da riqueza, já que estes últimos estimulam a produção

---

37 Harrington, *apud* Macpherson, C. B., *op. cit.*

38 *Ibidem*, p. 190.

39 *Ibidem*, p. 186-7.

40 *Ibidem*, p. 188.

diligente, pois a função econômica do latifundiário é a de obrigar os "inquilinos" à diligência. No plano externo, a conquista de novas províncias pelas armas deve servir de benesses aos militares e plataforma de trabalho para os povos conquistadores. Assim, também as colônias são levadas em conta em sua perspectiva econômica, e a Irlanda serve-lhe como bom exemplo para a expansão de capital em favor da Inglaterra.

O quadro social que Harrington traça reflete uma sociedade fundada na propriedade privada, com empreendedores como agricultores, comerciantes, banqueiros, latifundiários, incluindo-se a nobreza-fidalga ligada ao capital de empréstimo, todos afinados com o poder, que excluía da cidadania os assalariados e empregados. Estes excluídos do direito à participação política eram tratados por Harrington na categoria de inimigos, pois, como ele dizia: "'as causas de comoção dentro da comunidade ou são internas ou externas. As externas vêm dos inimigos, dos vassalos ou dos empregados'".[41] Vemos nessa digressão sobre as concepções de Harrington, contemporâneo de Hobbes, uma compreensão do mundo mercantilista sumamente político-econômica, sem preocupações filosóficas, mas convergente com o pensamento hobbesiano no que respeita às estruturas econômicas modernas em construção. A importância da digressão reside, no fundamental, em indicar a forte identidade entre as concepções político-econômicas de ambos, ainda que em Harrington o jusnaturalismo esteja apenas incorporado, sem discussão sobre sua constituição e fundamento.

Na Alemanha, ao contrário, seu atraso pode ser refletido nas formulações do filósofo do direito alemão Samuel Puffendorf, que opera uma subjetivação da vida real ao bifurcá-la em ações externas e internas, reservando estas últimas à perscrutação da Teologia Moral. Trata do jusnaturalismo alicerçando as concepções de homem e seguindo a tradição hobbesiana, mas cria um forte reducionismo ao afirmar ser o homem "'um animal nu, mudo, impotente, capaz de matar a fome somente com raízes e ervas, de aplacar a sede somente com a água dos riachos, de abrigar-se das injúrias do tempo somente refugiando-se nas grutas, exposto às feras e aterrorizado por qualquer evento'".[42] Esse autor, embora aproxime muito

---

41 *Ibidem*, p. 193.

42 Pufendorf, *apud* Scatolla, Merio, "Ordem e *Imperium*: das políticas aristotélicas do começo do XVII ao direito natural de Pufendorf". In: Giuseppe Duso (org.), *O Poder,*

mais o homem dos limites da animalidade do que Hobbes, só entende ser possível a superação dessa condição de existência humana lançando-o para as malhas do estado contratual, portanto com a instalação do estado.

Pufendorf supõe que esse ser não contempla, desde seu estado natural, uma elevação espiritual, pois age francamente no atendimento de suas demandas naturais como sede, fome e apetite sexual etc. Além disso, limita-se à autoconservação individual, restrito a um plano utilitarista, revelando seu caráter egoísta e individualista, "'inclinado e capaz de infligir prejuízos aos outros'".[43] Dotado naturalmente de razão, ele não cumpre necessariamente seus ditames, embora sua sociabilidade dela dependa. Nas palavras de Pufendorf, é possível verificar seu distanciamento da concepção inglesa de Hobbes: "'Não é suficiente /.../ que o homem é levado pela própria natureza a entrar em sociedade e que ele não pode e não quer ficar fora dela. Pois, com efeito, o homem é, com toda a evidência, um animal que ama a si mesmo e a seu proveito sobre todas as outras coisas: mesmo que ele busque espontaneamente a sociedade, deve ter certeza de auferir alguma vantagem'".[44] Esse autor demarca-se de Hobbes ao acentuar o caráter egoísta do indivíduo e reduzir-lhe as positividades atribuídas pelo primeiro, pois não há um ato sequer que não deite suas raízes no atributo egoísta que, em Pufendorf, inclina-se para a mesquinhez. Se há semelhança entre ambos quanto à forma de proceder dos indivíduos na instalação *contratual* do estado, pois esta é a maneira possível de preservar a vida, há, entretanto, por parte de Pufendorf o acréscimo de que eles agem assim também por ardente desejo de poder, e certamente no plano da radical individualidade natural. Destaque-se o fato de que Pufendorf reflete no interior do estado e da economia que se desenvolvem na Alemanha, e que esta não conta com os desdobramentos que ocorreram na Inglaterra. Sua teorização reduz-se a reprodução de ângulos e aspectos das reflexões hobbesianas sem, contudo, expressar os elementos concretos daquela realidade social.

Por fim, ao destacar as condições políticas que se erguem, no século XVII, para a instalação do poder contratual, Duso ilumina um aspecto da teoria política hobbesiana que nos permite compreender melhor em que sentido ela alcança a

---

História da Filosofia Política Moderna. Rio de Janeiro: Vozes, 2005, p. 95ss.

43 *Ibidem*, p. 104.

44 Scatolla, M., *op. cit.*, p. 106.

atualidade, bem como a essência de sua ruptura com as formas políticas que estiveram presentes desde Aristóteles até finais da Idade Média. Afirma Duso que então "nasce a política no sentido específico moderno de teoria do poder, e formam-se os principais conceitos políticos que chegam até os dias atuais".[45]

O indivíduo hobbesiano, essencialmente liberal, dotado de razão por natureza, torna-se preponderante, pois se constitui na base fundante da sua própria sociabilidade; o cenário dessa fundação é o contrato social, a razão natural, transformados em poder, o estado, que ultrapassa os próprios indivíduos. Duso contrapõe ao poder da tradição aristotélica e medieval essa moderna forma, como corpo político fundado na igualdade dos indivíduos, submetidos plenamente ao contrato social, operação que exige a "renúncia" ou "transferência" de seu "poder" individual, isto é, a alienação plena desse poder, pois se ocorre a qualquer indivíduo sua retenção, diferentemente de outros, de uma "dose" de poder, está desfeita a igualdade dos indivíduos frente à lei. Duso mostra que, ao contrário, naquela tradição a transferência de poder vinha de grupos associados, que o retinham consigo sem intervenção de qualquer forma contratual. A transferência não era mais do que o reconhecimento de um poder pré-existente que governava e se constituía como tal na comunidade. Na forma moderna, porém, o poder civil implantado pela soberania da razão converte-se em único, abstrato, por meio da alienação do poder individual. Essa alienação é supostamente voluntária, o que permite sua legitimação. Na tradição anterior, essa legitimação não era necessária, pois o grupo dominante não devia qualquer explicação aos dominados, "assim como não era necessário explicar o comando dos membros do corpo pela cabeça"; da mesma maneira, não estava presente qualquer alienação do poder, já que sua abstração não encontrava fundamento social, ou seja, da evidente presença ativa, comunitária, dos seus membros fluía uma identificação entre os grupos que detinham o poder e o estado. Não poderia existir, no grau em que se põe na modernidade, uma distinção entre vida pública e vida privada, e, portanto, uma dupla abstração: a que se origina do conceito de indivíduo como ser isolado, que se aliena de seu poder, e a que caracteriza o estado como poder universal capaz de igualizar os distintos indivíduos, abstraindo-lhes sua real coletividade.

---

45 Duso, G., *op. cit.*, p. 113.

1.2 Locke: cidadão, a diligência
e a propriedade natural

Tendo vivido no período da consolidação revolucionária da burguesia inglesa, John Locke (embora sofrendo pressões políticas por parte de Carlos II, dada sua proximidade com o conde Shaftesbury, que, como ele, apoiava o partido do parlamento) experimenta os impactos da evolução social que caracteriza a complementação política inglesa, como a instalação parlamentar, o surgimento da cidadania e a criação do *habeas corpus*, o que lhe permite formar uma noção de mundo bastante distinta da de seus antecessores.

Locke afasta-se das posições teóricas de Hobbes, Grotius e outros ao adotar o procedimento empirista em suas pesquisas,[46] ainda que mantendo, como aqueles, o racionalismo como um dos meios de acesso ao conhecimento. Contudo, torna-se cético quanto às possibilidades de domínio, pela consciência, da essência do mundo externo e objetivo, tal qual o concebe. Alexis Tadié expõe adequadamente essa posição lockeana afirmando: "De fato, como mostraram recentes estudos, sua filosofia é em um sentido empírica, mas também realista. Locke crê na existência de um mundo exterior, que podemos parcialmente conhecer, mas ao mesmo tempo permanece cético com relação a nossa capacidade de adquirir sobre esse mundo um conhecimento certo, tanto em matéria de religião como de ciência".[47]

Ele situa-se, em termos epistemológicos, numa posição eclética, já que concilia empirismo e racionalismo, conforme nos informa Tadié: "Locke é ao mesmo tempo um racionalista e um empirista, mas defende versões fracas dessas doutrinas. Segundo o racionalismo, o mundo é acessível ao conhecimento, mas Locke sustenta que uma parte dos fenômenos se furta a ele (em particular, tudo o que se relaciona à filosofia da natureza). De outro lado, o empirismo de Locke não se baseia em uma defesa apaixonada do papel da experiência na formação do conhecimento. Os pontos essenciais de sua versão do empirismo são a recusa do

---

46 É no campo da medicina, formação a que adere para aplicar-se em pesquisa, que Locke põe em andamento seu interesse pelo empirismo-gnosiológico; a primeira manifestação que evidencia essa sua inclinação é revelada em sua obra menor *Ensaios sobre a Lei da Natureza*, em que questiona os dogmas naturalistas de origem aristotélica, dando peso e valor às experimentações empíricas.

47 Tadié, Alexis, *Locke*. São Paulo: Estação Liberdade, 2005, p. 21.

inatismo e a tese que requer o acordo entre as proposições do conhecimento e o mundo exterior".[48]

A razão é explicada por Locke também como propriedade intrínseca dos indivíduos, adquirida por doação natural, divina, tanto quanto os sentidos, as paixões, e irá articular-se com estes, se os indivíduos souberem dela se aproveitar, com vistas ao conhecimento.

É importante destacar que Locke dá continuidade às determinações naturais dos indivíduos definidas por Hobbes, seu antecessor, mas as especifica, e por isso acaba alterando-as, dando uma nova explicação aos desígnios naturais dos indivíduos. Assim, a Lei Natural estará na base da liberdade dos indivíduos e lhas garante; essa garantia não se limita à liberdade, sendo extensiva também à igualdade, de forma que a liberdade e a igualdade como propriedade dos indivíduos estarão asseguradas pela lei natural.

De outro lado, essa igualdade e liberdade refletem uma demarcação pretendida por Locke quanto ao poder absoluto argumentado por Hobbes, pois enquanto neste o poder absoluto é condição incontornável à existência e sociabilidade dos homens, para Locke, ao contrário, o originário estado de natureza dos indivíduos conta com dispositivo moral e com a razão, oferecendo condições para um agir essencialmente distinto daquele suposto pelo filósofo precedente.

Cabe registrar, pois, que Locke provoca uma inversão naquelas tendências filosóficas ao abordar com seu instrumental empírico=racionalista o estatuto humano; ele opera uma verdadeira *atualização* no estado de natureza, que determina o ser e agir dos indivíduos, ao considerar a moral, a igualdade, a liberdade, como condições naturais destes. Contudo, a necessidade de justificar o poder político, a nova sociedade política, leva-o a considerar o *resíduo de discórdia* oriundo do período anterior, ao mesmo tempo expor a contradição central do liberalismo, o agir com liberdade individual, decidindo sobre seu próprio interesse e ao mesmo tempo com imparcialidade. É nestas condições que o *contrato* aparece como necessário para dar fundamento à sociedade política, definindo regras e leis de comportamento social. Assim, diz Tadié: "A sociedade política é entendida como a preservação da lei natural e, em particular /.../, como a preservação da propriedade de cada um. Ela está fundada sobre a existência de um contrato. Esse contrato

---

48 *Ibidem*, p. 161-162.

põe fim ao estado de natureza e proclama a entrada dos homens, por acordo mútuo, na sociedade política".[49]

Locke procura explicar como os homens chegam a ter uma propriedade em várias partes "daquilo que Deus deu à humanidade", tornando patente a origem divina e, portanto, natural da propriedade. Esse ponto de referência argumentativo de Locke tem grande proximidade com o de Hobbes: a doação natural (divina) das propriedades. Porém não converge quanto "ao direito de todos a todas as coisas igualmente"; Locke admite que tudo o que é natural, ou então produzido espontaneamente pela natureza, pertence em comum à humanidade; mas, quando sua discussão diz respeito ao conteúdo da propriedade, o sentido que lhe atribui implica em condições sociais que não foram observadas por Hobbes. A propriedade privada em Locke reflete uma compreensão que não está presente naquele quando afirma que cada homem (frente à terra que é comum a todos) tem uma propriedade *em sua própria pessoa*.[50] O que quer dizer que não há quem não tenha, desde as condições naturais do homem, uma propriedade. Locke incorpora em sua teoria a emancipação dos servos, a instalação do *habeas corpus*, referências sociais que lhe conferem esse padrão de pensamento mais avançado e consentâneo à modernidade em relação aos anteriores. Nessa mesma perspectiva de entendimento, Locke destaca o *trabalho* como componente das condições de apropriação dos bens naturais; diz ele: "desde que esse trabalho é propriedade exclusiva do trabalhador, nenhum outro homem pode ter direito ao que se juntou". Contudo, ele observa que essa apropriação não pode privar outros de benefício, propondo que essa prática "não deve servir ao apetite voraz de alguns que podem tentar obter benefício sobre o trabalho já realizado de outros", e que, portanto, constitui-se em sua posse exclusiva, e completa: "Deus deu o mundo em comum aos homens; /.../ Deu-o para uso diligente e racional – e o trabalho tinha de servir-lhe para o direito de posse – não à fantasia e ambição de brigões e altercadores".[51] Então não cabe, como afirma Locke, questionar "Quando começaram a pertencer-lhe"[52] os

---

49 *Ibidem*, p. 53.

50 Vale adicionar que Grotius formulara essa proposição aproximadamente cinquenta anos antes de Locke.

51 *Ibidem*, p. 53.

52 *Ibidem*, p. 52.

bens terrenos. Dessa maneira, Locke vai dando conteúdo ao argumento de que o trabalho deve ser considerado também como fonte da riqueza, ao lado da dádiva natural encontrada pelos homens e sobre a qual recai o próprio trabalho. "Aquele que se deparasse com um trecho igualmente bom para melhorar, como os que estavam já ocupados, não precisava queixar-se, nem deveria meter-se com o que estava melhorado pelo trabalho de outrem; se o fizesse, seria evidente que desejava o benefício dos esforços de outrem a que não tinha direito e não o terreno que Deus lhe dera em comum com outros para trabalhar".[53]

Com esses argumentos, Locke nos coloca diante da organização social moderna em que seus membros são, desde sua condição natural/divina, proprietários individuais privados. Além dessa, é também sua qualidade natural, intrínseca ao seu ser natural, a atividade do trabalho, que permite a junção de propriedades, já que é atividade de um corpo que é seu, de acordo com as determinações indicadas. De qualquer maneira, o trabalho passa a ocupar, de forma acentuada, a argumentação de Locke, sugerindo que a sociedade mercantilista, neste período de acumulação primitiva do capital, tem parte de sua regência expressa no trabalho.

Por outro lado, e em conjunto com essa "condição natural", encontra-se a liberdade de cada indivíduo, cuja garantia depende de sua sociabilidade, para realização e fruição dos bens, mas isso impõe condições para que essa realização e fruição estejam asseguradas, o que leva os indivíduos a abrir mão de tal liberdade e sujeitar-se "ao domínio e controle de qualquer outro poder". Então, diz ele, "não é sem razão que [o homem] procura de boa vontade juntar-se em sociedade com outros que estão já unidos ou pretendem unir-se, para mútua conservação da vida, da liberdade e dos bens a que chamo de 'propriedade'".[54] Ele argumenta sobre os motivos dessa sociabilidade e do estabelecimento do contrato: garantir a fruição da propriedade privada, que só em sociedade pode se cumprir, através da instalação de condições políticas, do estado e do poder legislativo; *forma* adequada para evitar a "violação da propriedade do outro", a "molestação mútua" etc. Essa forma, posta nas mãos dos homens, "seria vã se não houvesse ninguém capaz de executá-la", no sentido de cumprir a justiça, isto é, preservar o inocente e restringir o ofensor. Locke observa, contra Hobbes, que o estado de liberdade

---

53 *Ibidem*, p. 53.

54 *Ibidem*, p. 88.

não é licenciosidade, não incorpora o arbítrio e que a subordinação do homem ao poder absoluto só pode ocorrer se se quiser escravizar outrem, revitalizando necessariamente um "estado de guerra" que ameaça a existência do homem; mas um tal estado não se encontra "conforme a razão", exige um poder absoluto, que impede um governo pela razão, um governo "sem um superior comum na terra que possua autoridade para julgar entre eles".[55] Ao contrário, com base na razão, "o grande objetivo da entrada do homem em sociedade" pressupõe a presença de um poder capaz de instalar "a primeira lei positiva fundamental de todas as comunidades", que é o "poder legislativo": "Esse poder legislativo não é somente o poder supremo da comunidade, mas sagrado e inalterável nas mãos em que a comunidade uma vez o colocou".[56]

Desta forma, a perspectiva política de Locke apresenta-se bem avançada em relação à de Hobbes, e embora se possa notar em sua explicação e fundamentação sobre a sociedade moderna que existem alguns pontos de convergência entre eles quanto à concepção natural de homem, comum a ambos, o jusnaturalismo e a propriedade individual, no plano da política e da moral suas divergências são bem acentuadas. Vale observar que o acolhimento do poder legislativo, do poder parlamentário, refletindo a presença da burguesia mais avançada, na compartição do poder, a emersão daquela "espécie" de terceiro estado, a efetivação da propriedade privada, tudo isso fornece o conteúdo das teorizações de Locke.

Outro ângulo de decisiva importância na trajetória da filosofia política empreendida por Locke reside na inclusão do proceder moral, tema que afastará, cada vez mais, a filosofia de Hobbes da sua, e demarcará o início do pensamento empiristamoralista que dominara o século XVIII. Hobbes não tem preocupações com a moral, mas não deixa de indicar o lugar que lhe cabe na sociedade; ele agrega que a cobiça, assim como outros predicados dos homens, visam sempre ao benefício próprio, pois "o objeto de todos os atos voluntários é sempre o benefício de cada um", mas que a conservação de si como lei de natureza exige um esforço de cada homem no sentido não só do seu direito e conservação, como também um desdobrar-se na conservação da sociedade humana, sem a qual a existência individual está ameaçada; só aí é que cabe, para Hobbes, o princípio *moral.* Locke, ao contrário, prevalece-se da moral,

---

55 *Ibidem*, p. 47.

56 *Ibidem*, p. 92.

e acaba por estabelecer princípios de procedimentos suficientemente severos para a condução social da vida, especialmente ao tratar dos desempregados e seus descendentes, objeto de preocupação para os novos seguimentos emergentes, trazidos para o interior de sua filosofia.

Observemos que ele afirma respaldarem-se na moral os benefícios proporcionados pela propriedade privada, pela liberdade dentro dos limites da lei, pela utilização da força de trabalho, pela acumulação de riqueza, pela cobiça e a ambição; e se em Hobbes a ausência de preceitos morais franqueia a acumulação de riqueza sem limites, com Locke, a intervenção da moral pende na direção do controle e até castigo dos que vivem na pobreza, coloca o estado numa relação austera para com eles.

Macpherson indica essa posição de Locke citando que "Os filhos dos desempregados 'acima dos três anos de idade' eram um ônus desnecessário para a nação, deveriam ser obrigados a trabalhar, e poderiam ser obrigados a ganhar mais que seu próprio sustento",[57] posição que se justificava a partir de preceitos morais, como propõe Macpherson ao afirmar que: "A multiplicação dos desempregados, escreveu Locke em 1697, na sua qualidade de membro da Comissão de Comércio, era causada por 'nada mais que relaxamento da disciplina e corrupção dos costumes'",[58] condição que preocupa Locke, mas com vistas ao melhor aproveitamento da força de trabalho potencial de que essa camada social dispõe, preocupação inexistente em Hobbes. As palavras de Locke citadas por Macpherson ilustram essa observação: "O assalariado 'apenas vive da mão para a boca'": "'o quinhão do trabalhador [na renda nacional] raramente sendo mais do que para a mera subsistência, jamais deixa a essa categoria humana tempo, ou oportunidade para elevar seus pensamentos acima disso, ou para lutar como pelo deles os ricos'",[59] Dessa forma, Locke vai induzindo a pensar na incapacidade racional dos assalariados, e portanto na impossibilidade de "ação política" que reúna condições de "governar suas vidas por princípios morais que Locke supunha serem devidos à razão".[60] Neste ponto, a desigualdade não é efeito natural, mas social, e é inevitável, pois Locke "toma como

---

57 Macpherson, C. B., *op. cit.*, p. 234.

58 *Ibidem,* p. 234.

59 *Ibidem,* p. 235.

60 *Ibidem,* p. 235.

subentendido que os assalariados não têm propriedade a que possam recorrer, mas que é inteiramente dependente de seus salários, e que /.../ seus salários são, em geral, de mera subsistência".[61]

Embora a justificativa para o assalariamento fosse a ausência de propriedade dos pobres, esta ausência explica-se pelos *direitos naturais desiguais*, imperscrutáveis, e ainda que Locke não tenha ido além dessa tautologia, era objetivamente sabido o interesse pela *mercadoria-trabalho*. Macpherson cita um destacado intelectual, contemporâneo de Locke, cuja manifestação a esse respeito ajuda a confirmar essa questão: "O ponto de vista geral foi excelentemente colocado por William Petty: 'O povo é /.../ a mercadoria principal, a mais fundamental e preciosa, da qual se podem extrair toda espécie de manufaturas, navegação, riquezas, conquistas e de sólido domínio. E esse material essencial, sendo em si mesmo cru e ainda não digerido, está confiado às mãos das autoridades supremas, cuja prudência e arbítrio é de aperfeiçoá-lo, administrá-lo e moldá-lo para proveito maior ou menor'".[62]

Aqui se põe com maior clareza o *problema da moral*, levantado por Locke, frente aos trabalhadores pobres que, por isso mesmo, encontram-se abaixo do padrão moral vigente, e como essa situação não encontra qualquer possibilidade de solução, era necessário submeter essa classe a "'uma religião adequada às capacidades vulgares; /.../ a maior parte dessa humanidade não tem lazer para o estudo e a lógica, e as distinções extrafinas das escolas. Quando a mão está acostumada ao arado ou à espada, a cabeça raramente é elevada para as ideias sublimes, ou exercitadas em misterioso raciocínio'".[63] Assim, o trabalho dos que não possuem propriedade, dos pobres, impede-os de alcançar a racionalidade exigida ao exercício intelectual da política; então o cristianismo, como doutrina, seria sumamente

---

61 Observemos ademais que essa noção de salário como "mera subsistência", ou o mínimo necessário à reprodução da capacidade de trabalho, será o fundamento das teses econômicas fisiocráticas que se desenvolveram na França no séc. XVIII, particularmente nas mãos de François Quesnay. A teoria econômica fisiocrática, que se desenvolve no âmbito do iluminismo (será registrada na Enciclopédia, centro de registro e difusão do conhecimento científico do período iluminista) consistirá na primeira manifestação sistemática da economia, imediatamente anterior à produção de *A riqueza das nações* por Adam Smith.

62 Macpherson, C. B., *op. cit.*, p. 240.

63 *Ibidem*, p. 236.

útil para ocupar essas consciências com determinações "sobrenaturais", com o maniqueísmo das recompensas e punições.

Por outro lado, Macpherson faz uma importante observação em sua análise sobre o pensamento de Locke, explicitando que parte de sua argumentação funda-se em suposições que ele converte, no seu discurso, em premissas necessárias para consecução de suas proposituras e conclusões, "sem que ele se tornasse cônscio de um problema de coerência".[64] Ele nos indica que Locke opera em sua teorização a passagem de um direito natural fundado na igualdade dos indivíduos livres para uma situação real de desigualdade, como a que apresentou sobre o trabalho e a ausência da propriedade privada na sociedade civil moderna. Ele sustenta em sua análise que Locke reflete a diferenciação real da sua sociedade civil "transformando-a em suposição implícita de direitos diferenciados *naturais*", e que "insiste em que a diferenciação de propriedade é *natural*, ou seja, que se verifica 'fora dos limites da sociedade e sem pacto'", pois "a sociedade civil é instaurada para proteger posses desiguais, que já deram origem, no estado de natureza, aos direitos desiguais".[65] Contudo, Locke intervém em todos os momentos com a "racionalidade e diligência" como fundamento da propriedade, como seu complemento necessário. De fato há em Locke uma manipulação teórica necessária para sustentar a presença de uma mediação que altera, no mundo prático imediato, as relações de propriedade e justiça por ele pretendidas. Trata-se da alteração dessas relações em presença do dinheiro; antes e depois de sua presença a conduta *moral* não permanece a mesma, o que não se apresenta como obstáculo para o exercício da moral, pois "passou a ser moralmente e convenientemente racional a apropriação de terras em quantidades maiores do que as que poderiam ser utilizadas para produzir um suprimento de bens de consumo para si próprio e para sua família; ou seja, passou a ser racional apropriar terras para utilizá-las como capital, o que implica a apropriação dos produtos do trabalho de outrem, isto é, do trabalho de quem não tem terra própria".[66] Antes dessa nova situação de apropriação do produto do trabalho alheio, isto é, do excedente, Locke tratava como irracional a apropriação de terras e produtos por esta oferecidos para além do que fosse utilizado pelo indivíduo,

---

64 *Ibidem*, p. 241.

65 *Ibidem*, p. 243.

66 *Ibidem*, p. 246.

pois isso consistia em desperdício. Mas no desenvolvimento de sua argumentação, com a presença do dinheiro, do capital, desponta uma racionalidade oposta, que justifica a possibilidade cada vez maior de ampliação da propriedade e da riqueza individuais privadas, e portanto da desigualdade, pois "transfere o lucro que era a recompensa do trabalho de um homem, para o bolso de outro".[67]

De forma que, por trás da manipulação teórica, encontramos as reais condições da sociedade mercantilista, onde as operações socioeconômicas e políticas são conduzidas por um homem-natural, aquisitor e egoísta, que busca a garantia de sua propriedade e a ampliação de sua riqueza. Homem naturalmente possessivo, que se submete a uma sociabilidade política, contratual, delegando seu poder com vistas às garantias acima mencionadas. De fato a sociabilidade definida por Locke é efetivamente mercantil, já que na origem esse indivíduo conta com a condição natural de ser proprietário. Desta forma, o estado garante a realização desse indivíduo no processo de troca, ou na liberdade de alienar mutuamente quer sejam os produtos de sua propriedade, quer seja a capacidade de trabalho de outros que não se tornaram proprietários.

Macpherson mostra, por outro lado, que existe forte proximidade entre Hobbes e Locke no quesito liberdade do indivíduo no mercado, afirmando que "Com Locke estamos novamente no domínio dos direitos e deveres morais derivados da suposta natureza humana e da sociedade. Como em Hobbes, a dedução de Locke parte do individual e se movimenta para a sociedade e o estado, mas, novamente como em Hobbes, o indivíduo pelo qual começa já foi criado à imagem do homem de mercado".[68]

De maneira geral, foi possível aqui expor o núcleo das concepções de Locke sobre a propriedade privada e outras categorias político-econômicas nascentes, bem como a concepção de indivíduo natural suposto por ele; buscamos registrar os traços da sociedade mercantilista, tal qual foi por ele concebida. Vimos que o jusnaturalismo dominou o fundamento tanto da propriedade privada quanto do indivíduo, indivíduo possessivo, egoísta, como nos mostrou Macpherson, por sua evidência na produção intelectual desse pensador. Importa ressaltar, por fim, que com Locke avançamos na determinação do estatuto natural do indivíduo

---

67 Marx, K., *op. cit.*, p. 356-7.

68 Macpherson, C. B, *op. cit.,* p. 281.

mercantilista, avanço permitido pelas peculiaridades observadas por esse filósofo, que revelam, com mais adequação que os pensadores precedentes, a condição sem a qual as diferenças sociais, a alienação, a propriedade privada etc. não poderiam ter qualquer justificativa.

Com o fim do mercantilismo e com as preparações para o processo de industrialização, vemos operarem-se mudanças concepcionais bastante importantes. Já com Locke e a instalação político-jurídica do *habeas corpus*, portanto com a disseminação política do homem como cidadão, com a presença do parlamento como mediação no exercício do poder, por ele defendida, fica exposto o *télos* de uma sociedade onde vigora o individualismo e a propriedade privada, o mercado e a acumulação de capital, sob uma orientação que inclui prescrições morais contrárias àquela em que os indivíduos encontram-se em "estado de guerra", conforme Hobbes. A perspectiva moral que vai se armando, particularmente com Hume e Smith, procura argumentar que os indivíduos são naturalmente inclinados a dar preferência ao bem e repelir o mal. No horizonte da filosofia moral destes últimos, não se encontram argumentos e justificativas pronunciadas incisivamente, como ocorre com os filósofos abordados anteriormente, sobre a origem da propriedade privada, das trocas e do mercado, do assalariamento e outros temas. Parece-nos que os argumentos dos antecessores bastaram para evitar que estes, que ascenderam posteriormente, voltassem a especular sobre os fundamentos daquelas categorias sociais em desenvolvimento. Ao contrário, o limite máximo de crítica dirigida particularmente a Hobbes (e que teve início com Locke) remete às características negativas que o homem de natureza hobbesiano expressa. A questão para a filosofia moral que irá dominar em Hume e Smith, no século XVIII, reside em dar fundamentos naturais à benignidade humana, portanto dar sustentação àquelas categorias sociais com base em características naturais do homem opostas às que dominaram o século anterior.

1.3. Hume e Smith: os sentimentos naturais como base da ação econômica.

Antes de examinarmos mais especificamente os autores mais relevantes da filosofia moral que estará na base da economia política é importante destacar que tanto Hume quanto Smith participam das discussões de ponta do pensamento filosófico na Escócia, no período de sua formação intelectual.

O ambiente acadêmico frequentado por eles havia internalizado naquele país as concepções iluministas, que ali se aclimataram, tornando-se a Glasgow College o centro propulsor das novas orientações intelectuais, que se demarcavam das inclinações teóricas que permaneciam em vigência na Universidade de Oxford, de fundo conservador apoiado na ortodoxia calvinista. Oxford havia entrado em decadência, enquanto Glasgow despontava com pesquisas e debates renovadores sobre o pensamento humano, tendo Francis Hutcheson como expoente da empreitada teórica de vanguarda.

As influências de Hutcheson sobre Smith, em particular, permitiram a afirmação de que "a afinidade entre a filosofia de Hutcheson e os conceitos em que se baseiam os dois trabalhos de Smith é flagrante";[69] além disso, o professor de Hume e Smith também analisou categorias centrais da economia, transmitindo-as através de preleção sobre jurisprudência. "'Suas observações sobre o valor parecem um anteprojeto do famoso trecho de Smith sobre valor de uso e valor de troca.'"[70] E, num arremate dessa asserção, encontramos, conclusivamente, que "'Hutcheson foi um professor fervoroso e devotado [cuja] maior influência como pensador sobre economia foi exercida através de seus dois grandes discípulos, David Hume e Adam Smith'".[71]

Desta forma, Hume e Smith estiveram sob forte e direta influência de Hutcheson; indicaremos em seguida alguns pontos para os quais convergiram os dois filósofos escoceses, dentro do quadro da filosofia moral em construção.

Observemos de entrada que "no século XVIII, Hutcheson foi o primeiro pensador de seu país que extrapolou as fronteiras de sua pátria e de cujas obras, já em vida, havia traduções para o alemão e o francês e, logo a seguir, reimpressões nas colônias americanas. Nesse século, a Escócia produziu pensadores importantes, como Adam Smith, David Hume, Thomas Reid e Adam Ferguson, por exemplo.

---

69 Bell, John Fred, *História do Pensamento Econômico*. Rio de Janeiro: Zahar, 1982, p. 146.

70 Rae, John, *Life of Adam Smith*, *apud* Bell, J. F., *op. cit.*, p. 146.

71 Hollander, J. H., "The Dawn of Science", *apud ibidem*, p. 146.

Mas Hutcheson é o pai do *Iluminismo Escocês,* em última instância porque muitos dos outros filósofos copiavam suas ideias ou partiam delas".[72]

Em linhas gerais, a construção teórica da nova perspectiva moral, na Escócia, colocou seu iniciador na contramão do pensamento liberal essencialmente mercantilista, cujos temas mais característicos do período eram, em termos de filosofia política, o contrato, o estado absolutista, o direito natural, a propriedade privada etc., mas todos centrados no individualismo possessivo, no indivíduo egoísta e racional. "A controvérsia que se depreende ocorreu nos séculos XVII e XVIII entre /.../ as filosofias da moral egoístas e seus antagonistas. Uma corrente era defendida por autores como, por exemplo, Hobbes e Mandeville (autor *da fábula das abelhas);* à outra corrente associam-se nomes como Cumberland, Shaftesbury e o próprio Hutcheson."[73] Essa trajetória teórica coloca este último na vanguarda do empirismo sensualista, com avançada demarcação do racionalismo hobbesiano. Contudo, o empirismo iniciado com Locke e levado à frente por Hutcheson não se encontra fundado numa análise consistente a ponto de poder explicar os nexos determinativos da totalidade social; Lukács aponta os limites nos quais se enreda o empirismo, observando que, nele, "está por vezes contido um ontologismo ingênuno, isto é, uma valorização instintiva da realidade imediatamente dada, das coisas singulares e das relações de fácil percepção. Ora, dado que essa atitude diante da realidade, embora justa, é apenas periférica, é fácil que o empirista – quando se aventura a sair só um pouco do que lhe é familiar – termine por cair na armadilha das mais fantasiosas aventuras intelectuais".[74] Entretanto, a positividade, em termos de evolução do conhecimento da realidade, operada pelo empirismo moralista reside em ter enfrentado particularmente o racionalismo hobbesiano. "Tendo em vista esse antagonismo ao racionalismo, a posição de Hutcheson é muitas vezes considerada uma *ética das sensações.* Nesse contexto, ele fala algumas vezes em *feeling.* No âmbito alemão, ninguém menos do que Lessing aproximou-se dessa interpretação. Foi ele quem verteu para o alemão *System of Moral*

---

72 Leidhold, Wolfgang, "Francis Hutcheson, ser humano, moral e política". In: Kreimendahl, Lothar (org.), *Filósofos do século XVIII,* Col. História da Filosofia nº6. São Leopoldo: Unisinos, 2000, p. 112.

73 *Ibidem,* p. 116.

74 Lukács, G., *Ontologia do Ser Social – Os Princípios Ontológicos Fundamentais de Marx.* São Paulo: Ciências Humanas, 1979, p. 28.

Philosophy de Hutcheson em 1756, utilizando para *moral sense* a expressão *moraliches Gefühl*. Dessa forma, passou ao leitor alemão, por exemplo, Kant, uma noção de ética das sensações",[75] o que nos permite também compreender o alcance, importância e difusão do seu pensamento.

Hutcheson pauta-se, em termos gnosiológicos, no empirismo lockeano, posição que lhe confere plena distinção em relação ao racionalismo da concepção liberal da primeira fase, que forneceu os argumentos para a fundação do direito natural: "Apesar de Hutcheson orientar-se em amplos aspectos na sistemática de Pufendorf ele exclui um direito natural, fundamentado no puramente racional como sendo uma possibilidade teórica da fundamentação da moral".[76]

Por outro lado, ele não encontra outro recurso teórico para definir a característica humana por excelência – ser que conhece – que não a *capacitação natural do homem* de um senso de percepção que permite a apropriação, pelos indivíduos, das ideias que os objetos lhes trazem. Nesse bojo, estará o senso moral, que ele manterá no centro de suas ocupações intelectuais: "Já aqui fica claro que Hutcheson não pensa apenas nos sentidos corpóreos e os devidos órgãos dos sentidos, como olhos e ouvidos. Ele explica que um sentido é toda a capacidade natural de percepção ou determinação do espírito /.../, por meio da qual, quando da presença do respectivo objeto, necessariamente recebemos determinadas ideias *(ideas)*".[77]

É aquela *capacitação natural*, portanto, que se torna a condição original da formação da ideia; ao lado de sua recusa do racionalismo está o acolhimento do conceito de experiência de Locke: "Não se pode deixar de mencionar que, na época de Hutcheson, o contraponto ao método racionalista era o empírico, enquanto os pares opostos razão-sensação ou inteligência-sentimento somente foram estabelecidos na segunda metade do século XVIII no contexto da sentimentalidade".[78]

---

75   Leidhold, Wolfgang, "Francis Hutcheson, ser humano, moral e política", *op. cit.*, p. 119.

76   *Ibidem*, p. 118.

77   *Ibidem*, p. 117.

78   *Ibidem*, p. 119.

A inclinação de Hutcheson pelo agir desinteressado, que viria a ser um dos temas centrais da filosofia moral de Smith, caracteriza a especulação filosófica desse autor. De acordo com Leidhold, ele afirma que "o senso moral percebe os objetos morais e os distingue, mas não fornece nenhum motivo para a ação. A ação moral /.../ é movida pelo amor, que é a própria *causa efficiens* dessa ação moral, e somente então é aprovada ou desaprovada /.../ pela percepção mediante o senso moral".[79]

Com essa linha de pensamento, Hutcheson reserva um papel relativamente instrumental à razão, fazendo com que seus objetos derivem "dos sentidos, entre outros, do senso moral", e, como vimos, o amor desponta como o móbil da ação moral; mas sendo o amor sempre *desinteressado*, o agir com base nesse sentimento torna-se um bem querer (em geral), ou então um gostar, uma estima (em particular), o que "torna compreensível a ação moral", a propensão às virtudes, o bem etc.

Por outro lado, o homem moral de origem natural traz consigo as características sociais que determinam sua correspondência ao homem social. Desta forma, sua sociabilidade deita raízes nesse estado originário natural, e não na política, como em Hobbes. A política não é expressão de virtude, e o estado é necessário frente às "fraquezas da natureza humana". Importa notar que a política, como necessidade, busca corrigir as imperfeições naturais dos indivíduos através de um sistema de regras e leis sancionadas pelo poder público, mas aceitas pelo senso moral. Esse sistema, embora não se identifique diretamente com o da moral, graças a seu caráter pragmático, considera que "Quem por medo da punição deixa de fazer algo errado ou por causa dela pratica o bem", tem, contudo, em sua base, "Os princípios políticos correspondentes – como felicidade, justiça e liberdade – [...] fundamentados por Hutcheson em sua própria filosofia da moral, ou seja, na índole naturalmente social e moral dos seres humanos".[80]

Sinteticamente, Hutcheson abre a contenda de oposição ao racionalismo hobbesiano e de seus contemporâneos, como Pufendorf e Grotius, por exemplo, mas mantém, em termos de determinação do indivíduo moral e não egoísta, em sua teorização, uma origem natural cujas características individuais e sociais já estão

---

79 *Ibidem*, p. 119

80 *Ibidem*, p. 126.

nele conformadas. E, por outro lado, para Hutcheson a política, não sendo o instrumento que garante a existência dos indivíduos naturalmente egoístas, como fundamentam os racionalistas Hobbes, Grotius e Pufendorf, cumpre um papel subsidiário, operando correções nas imperfeições naturais dos indivíduos.

Dessa tradição filosófica que persegue como objetivo as virtudes humanas, a constituição moral, origina-se o pensamento de David Hume. Nascido menos de uma década depois da morte de Locke, mantê-lo-á ao lado de Hutcheson como referência para a construção gnosiológica de seu empirismo, mas, diferentemente daquele, estará mais inclinado a tratar dos princípios da moral, tematização à qual se dedica apoiado no orientador Hutcheson. Este e Hume instigarão Adam Smith a tratar, a partir também das supostas características naturais, das inclinações morais que impulsionam os indivíduos na promoção das virtudes e rejeição dos vícios.

Em suas análises sobre "os princípios da moral",[81] David Hume evidencia as virtudes como referência incondicional do agir humano. Esse agir virtuoso é tema central de suas análises, nas quais figuram com destaque a justiça e a benevolência como características dos indivíduos que ele buscará explicar. Sua asserção sobre a virtude implica tratar-se de algo desejável por si mesmo, sem retribuição ou recompensa, simplesmente pela satisfação imediata que comunica. Refuta Hobbes, considerando que sua base teórica apoia-se num *estado de natureza* restrito a uma ficção *filosófica*, afirmando que "na origem primordial dos seres humanos – somos informados – sua ignorância e natureza selvagem eram tão predominantes que eles não podiam confiar uns nos outros, mas cada qual dependia de si mesmo e de sua própria força ou astúcia para sua proteção e segurança. Não se ouvira falar de qualquer lei, nenhuma regra de justiça era conhecida, nenhuma distinção de propriedade levada em conta. O poder era a única medida do direito, e uma guerra permanente de todos contra todos era o resultado do egoísmo incontrolado e da barbárie dos homens".[82]

A origem do estado não encontra outra razão (como em Locke igualmente) além da compreensão dos indivíduos de que o melhor caminho para garantir a pro-

---

81 Hume, David, *Uma Investigação Sobre o Princípio da Moral*. Campinas: Ed. da Unicamp, 1995.

82 *Ibidem*, p. 587.

priedade é o contrato; o estado, o poder político, e, portanto, a justiça encontram seu conteúdo essencial na propriedade privada. De maneira que, ao contrário de Hobbes, em que a emersão do estado reflete questões vitais, dada a natureza egoísta, amedrontada dos indivíduos, em Hume o sentimento desempenha um papel decisivo, o que percebemos ao ler nele que "portanto o mesmo amor a si próprio que torna os homens tão incômodos uns para os outros, toma uma direção nova e mais conveniente, produz as regras da justiça".[83] De outro lado, o direito natural é acolhido por Hume somente nos limites daquelas condições originárias de sociabilidade, tal qual Hobbes indicara; Hume expressa esse acolhimento dizendo que: "O governo, quando se estabelece pela primeira vez, deriva sua obrigação desse direito natural".[84] Hume nos leva à compreensão de que há uma transformação nos indivíduos, os quais passam a operar socialmente com base no sentimento *amoroso*, capaz de justiça, coisa impossível em seu *estado de natureza,* o que é bastante evidente em suas formulações teóricas. O que, contudo, não se torna evidente é como se introjeta esse *amor* na natureza humana?

Por outro lado, Hume entende que a justiça e a propriedade privada estão correlacionadas, uma vez que a primeira encontra seu conteúdo na segunda. Ele simula algumas situações sociais distintas e contrapostas, visando a mostrar que a implantação da justiça e, portanto, da propriedade privada encontram-se sujeitas a essas situações. Num primeiro caso, obviamente ficcional, ele considera a possibilidade de uma sociedade fundada na abundância, concluindo que aí não caberia qualquer tipo de justiça, uma vez que nenhum tipo de propriedade teria lugar, pois todos teriam tudo e não se justificaria a presença da justiça no "catálogo de virtudes" vigente. Noutro caso, a hipótese de Hume é de que, encontrando-se os homens em plena carência, mas com o espírito humano engrandecido, evidenciar-se-iam sentimentos amigáveis e generosos, capazes de reduzir proporcionalmente os interesses pessoais, individuais, o que permitiria a doação de "prestação de serviço de outro" com boa e espontânea vontade. Nestas condições não seria necessário, nem possível, dividir os campos, ou terrenos, pois a alma humana não teria divisado interesses; novamente a justiça não se colocaria, pois seria totalmente

---

83 *Ibidem*, p. 587.

84 Hume, D., *Tratado da Natureza Humana – Uma tentativa de introduzir o método experimental nos assuntos morais.* São Paulo: Ed. da Unesp, 2001, p. 580.

desnecessária. Nota-se que essa virtude, a justiça, em ambos os casos (ficcionais) tornou-se desnecessária, pois ambos definem-se por condições tais que, seja na abundância ou na pauperidade material com elevação espiritual, patenteia-se a ausência de propriedade, ou seja, está excluído o conteúdo da justiça, o que a torna simplesmente inútil. Portanto é nesse sentido que a utilidade pública define essa virtude. Hume alude também a experiências sociais que não se definem por estas situações dizendo: "pode-se observar que, durante o ardor do fanatismo nascente – quando cada princípio é inflamado até a loucura – a comunidade dos bens foi frequentemente ensaiada, e apenas a experiência de seus inconvenientes, pelo egoísmo restabelecido ou disfarçado dos homens, pode fazer com que os imprudentes fanáticos adotassem de volta as ideias de justiça e de propriedade privada. É certo, portanto, que esta virtude deriva sua existência inteiramente de seu indispensável *uso* para o relacionamento humano e a vida em sociedade".[85] Com esta simulação, Hume revela então que essa virtude, a justiça, tendo como conteúdo a propriedade privada, torna-se indispensável à sociabilidade, pois regula a relação de propriedade entre os indivíduos. Desta forma, Hume nos induz a entender a virtude da justiça num patamar de equilíbrio na distribuição da propriedade privada: "produza-se extrema abundância ou extrema penúria, implante-se no coração humano uma perfeita moderação e humanidade ou perfeita rapacidade e malícia: ao tornar a justiça totalmente inútil, destrói-se com isso totalmente sua essência e suspende-se sua obrigatoriedade sobre os seres humanos",[86] pois a "condição ordinária da humanidade é um meio-termo entre todos esses extremos",[87] e embora sejamos "naturalmente parciais para conosco e nossos amigos", podemos compreender os benefícios da equidade e justiça. Depreende-se que essa virtude encontra-se alojada na prática humana, ao mesmo tempo em que corresponde a uma sentimentalidade espontânea e natural dos indivíduos.

Essa intersecção de condições naturais e sociais repõe-se em vários momentos da filosofia humeana, particularmente no que consiste na utilidade da categoria em questão. Assim, os prazeres que sentimos são-nos *doados pela natureza*; mas, se formos diligentes com o trabalho, podemos ampliar os prazeres à abundância;

---

85 Hume, D., *Uma Investigação Sobre o Princípio da Moral, op. cit.*, p. 39.

86 *Ibidem*, p. 42.

87 *Ibidem*, p. 42.

Karl Marx – A determinação ontonegativa originária do valor

assim é com a justiça, como vínhamos mostrando anteriormente; nas palavras de Hume, ao mostrar a importância de seu *uso*: "daqui a justiça deriva sua utilidade para o público /.../ seu mérito e seu caráter moralmente obrigatório".

A abordagem acerca da propriedade privada, incluída a defesa da diferenciação entre os homens, coloca Hume próximo de Locke e distante de Hobbes, pois ele não acata o vínculo hobbesiano entre propriedade privada e direito natural. Sua identidade com o primeiro é verificada "quando declara que a propriedade está fortalecida por decorrer naturalmente de uma associação de ideias: 'Quando um homem exerce a grande custo a sua indústria sobre um objeto que anteriormente não pertencia a ninguém... as mudanças que opera introduzem uma relação entre ele e esse objeto e leva-nos a nós naturalmente a atribuir-lho por uma relação nova a que chamamos propriedade'".[88] Certamente, a defesa da propriedade privada em Hume confirma o momento histórico de vigência de suas considerações filosóficas, assim como da afirmação da individualidade singular dos homens: "Quem deixaria de ver, por exemplo, que tudo aquilo que é produzido ou aperfeiçoado pela arte e trabalho de um homem deve ser-lhe assegurado para sempre, a fim de dar encorajamento a esses *úteis* hábitos e realizações? Ou ainda que a propriedade deve passar por herança para os filhos e parentes, tendo em vista o mesmo útil propósito? Que ela deve ser alienada sob consentimento a fim de gerar aquele comércio e intercâmbio que é tão benéfico para a sociedade humana?"[89]

Por outro lado, o tratamento que dá à propriedade exclui a igualização e coletivização; posiciona-se criticamente em relação aos "Levellers", que trata como "fanáticos políticos", pois reivindicavam uma distribuição igualitária da propriedade. Embora, diz ele, na antiga Roma tenha se executado parcialmente alguma medida nessa direção, só de Esparta se tem notícia sobre consequências benéficas e úteis desse procedimento. De forma que, "Por mais iguais que se façam as posses, os diferentes graus de habilidade, atenção e diligência dos homens irão imediatamente romper essa igualdade",[90] o que confirma sua concepção sobre a desigualdade dos indivíduos. Além disso, uma vez alcançado um certo grau de organização social, a imposição

---

88 Hume, D., *apud* Denis, Henri, *História do Pensamento Econômico*. Lisboa: Livros Horizonte, 1990, p. 154.

89 Hume, D., *Uma Investigação sobre o Princípio da Moral, op. cit.*, p. 61.

90 *Ibidem*, p. 50.

de uma igualização só moveria o nível social para baixo. Portanto, para que se estabeleçam leis reguladoras da justiça e propriedade, devemos nos familiarizar com a *natureza humana*, diz ele, acrescentando que: "Quanto mais variamos nossos pontos de vista sobre a *natureza humana* /.../ mais nos convencemos de que a origem aqui atribuída à virtude da justiça é verdadeira e satisfatória".[91]

Apesar do caráter individual dos homens e abstrato da lei, ela é a segurança do povo, e se é seguida é porque o interesse público e a segurança o requerem. A lei se define pela utilidade, como vimos, e Hume procura sustentar suas convicções políticas em Montesquieu, de *O Espírito das Leis*. Perguntando: qual é a propriedade de um homem? Responde em seguida: qualquer coisa que só ele pode utilizar legalmente; e sua distinção é respeitada, pois, todos os indivíduos se subordinam ao interesse e felicidade humanos.

Por fim, em sua argumentação contra os direitos naturais hobbesianos, ele afirma: "não é preciso mencionar as mudanças que todas as *regras de propriedade* sofrem em função das sutis inflexões e associações da imaginação, e dos refinamentos e abstrações dos tópicos legais e argumentos jurídicos. Não há possibilidade de se reconciliar esta observação com a ideia de instintos originários".[92]

A propriedade privada vai se convertendo, nos argumentos de Hume, em meio, em instrumento de benefício social, ao lado do trabalho, que consolida essa forma de propriedade.

A forma social que vai se caracterizando em Hume, com instituições e mercado ligeiramente desenvolvidos, indicam que suas reflexões emergem dum período em que o liberalismo está efetivado (século XVIII), através das múltiplas modalidades socioeconômicas, como a propriedade privada, o mercado, o trabalho assalariado, e, no contexto moral, o individualismo e as virtudes naturais. Estas últimas, individualismo e virtude moral, encontram-se na base e fundamento dessa organização social, pois "A diferença que a natureza estabeleceu entre um ser humano e outro é tão vasta e, além disso, tão mais ampliada pela educação, pelo exemplo, pelo hábito que, quando os extremos opostos são trazidos simultanea-

---

91   *Ibidem*, p. 43

92   *Ibidem*, p. 62.

Karl Marx – A determinação ontonegativa originária do valor

mente à nossa consideração",[93] quase não mais notamos a raiz natural e originária de suas distinções.[94]

É necessário ponderar que, em sua reflexão, ganham peso e importância as articulações sociais de toda ordem, sejam econômicas, políticas ou morais, na conformação das individualidades. Sensivelmente mais acentuadas que em Locke, as condições sociais em Hume desempenham papel destacado no aprofundamento das características individuais dos homens; o impacto educacional, os hábitos etc., diferentemente dos limites singulares do indivíduo lockeano, neutro e "puro", causam modificações, que, embora não suprimam sua "essência" natural, podem trazer a ela características socialmente mais adequadas. Persiste, contudo, o fundamento natural do homem no seu agir, no seu proceder, que encontramos como objeto nuclear de sua teoria: posicionamento moral dos indivíduos com propensão a dar preferência às virtudes em relação aos vícios, não com base na razão, mas sim nas paixões; nas palavras de Hume: "Ora, como a virtude é um fim, e é desejável por si mesma, sem retribuição ou recompensa, simplesmente pela satisfação imediata que comunica, é necessário que tenha algum sentimento tocado por ela, algum gosto, sensação, ou o que quiser chamá-lo, que distingue entre o bem e o mal morais, e adere ao primeiro ao mesmo tempo em que rejeita o segundo".[95]

Hume alavanca teoricamente uma polêmica (que terá um desfecho de grande relevância para a especulação filosófica, especialmente na pena de Kant) dentro da qual sustenta seu empirismo, tomando partido do sensualismo na definição da razão frente à virtude e ao vício. Argumenta Hume: "Surgiu recentemente uma controvérsia que é bem mais digna de investigação e diz respeito aos fundamentos gerais da moral, a saber: se eles derivam da razão ou do sentimento".[96] Ele distinguirá em sua argumentação que a subjetividade como determinação e valoração das coisas opõe-se à verdade científica e objetivamente determinável, afirmando que só essa verdade

---

93 *Ibidem*, p. 20.

94 Hume arca com o conflito conceitual em afirmar, de um lado, esse caráter individual *naturalmente* distintivo do homem; por outro lado, não se constrange, contudo, em valer-se de concepções universais como "gênero humano", "felicidade humana" etc., sem fundá-los na *natureza*, como conviria à congruência teórica.

95 *Ibidem*, p. 184

96 *Ibidem*, p. 20.

(científica e racional) é passível de ser debatida, enquanto a sensualidade, por exemplo, o gosto, não o é. As proposições da geometria, da física, por exemplo, podem ser debatidas, mas a harmonia do verso, a ternura da paixão, o brilho do talento, ou a beleza de uma pessoa, coisas que produzem prazer imediato, não são debatidas, não estão postos conforme a razão. A revelação da verdade não aciona afetos ou sentimentos, logo não influencia o comportamento humano. A honra, a imparcialidade, a decência, a nobreza, a generosidade nos animam a abraçar, sustentar, defender. Com isto Hume acentua a posição dicotômica entre razão e paixão, acrescentando que a moral só é afetada pela segunda.

Assim, coisa inteligível, evidência, probabilidade e verdade criam a "fria aquiescência do entendimento", ou satisfazem curiosidade, ou então põem fim às indagações, diz Hume. E mais, exclua-se a *propensão* à virtude e repugnância aos vícios, sentimentos vividos, e a moral perde seu papel, pois os homens tornar-se-ão indiferentes diante das verdadeiras distinções; a *razão* e o *sentimento* confluem para as decisões morais, contudo a propensão à virtude e rejeição ao vício devem se apoiar em algum *sentido interior dos homens*, algum sentimento que a "natureza tornou universal na espécie inteira"; além disso, ainda que a razão seja suficiente para reconhecer a tendência *útil* ou *nociva* dos atributos e ações, sozinha não é capaz de fornecer os sentidos da censura e da aprovação moral.

Vale destacar aqui um aspecto dessa polêmica de Hume e Kant para tornar mais visível as concepções do primeiro. Numa linha totalmente oposta, Kant posicionará a razão como fundamento do agir e da prática. Ele distingue duas expressões de bem, dizendo que a moral é um *bem absoluto* que se põe por inclinações naturais, não instrumental nem relativa, ao contrário do *bem natural*, que se coloca como meio, como instrumento frente ao fim último, de forma que a razão empírica, respeitante ao segundo bem, trata dos meios, enquanto que a finalidade remonta à razão pura em sua objetividade.

Kant encaminha uma resposta ao empirismo, motivado por Hume e tomando suas formulações como referências para os seus argumentos. A preocupação do filósofo alemão é a de mostrar que a razão pura é prática, caso contrário a liberdade não se poderia efetivar. Kant entende, ao contrário do adversário empirista, que as determinações naturais restringem a ação humana, constrangem-na no plano natural, no plano dos sentidos; se o homem se deter aí, permanecerá num mundo cuja razão será instrumental, pois utilizada como meio para as inclinações naturais;

se assim fosse, o homem não se elevaria em dignidade em relação aos animais. É a dotação da razão pura que permite primeiramente discernir entre bem e mal, e verificar, além disso, o que *é* ou *não é* intrinsecamente bom ou mau.[97]

Kant trabalha com bastante rigidez em termos das leis que regem a razão pura, afirmando que esta é "prática em si própria, e ela dá ao homem uma lei universal, a qual chamamos de lei moral".[98] A moral é, pois, derivada da razão pura, como vemos na argumentação que segue: "Não resta dúvida de que o homem precisa da razão (desde que é parte do mundo sensual) para considerar o que lhe é, e não lhe é, bom. Mas ele tem a sua razão para um propósito ainda mais elevado, a saber, para considerar aquilo que é, intrinsecamente, bom ou mal. Isto somente uma razão pura, não servil à sensualidade, pode julgar. Somente a razão pura pode distinguir esta avaliação moral da puramente sensual, e pode fazer a primeira condição suprema do bem e do mal".[99]

Nessa formulação, Kant expõe uma postura contrária às determinações empíricas e sensuais da moral ditada por Hume. Ele desdobra seus argumentos mostrando que nosso agir pode levar-nos a uma posição contrária ao nosso interesse, já que nossa orientação "é a consciência da obrigação de executar as ordens da lei moral. Não temos uma faculdade independente, seja intuição ou sentido moral, que nos ofereça o conceito do bem como algo que deva ser alcançado. O modo em que a preocupação moral surge é a consciência da obrigação moral, que é expressa pela lei e seu imperativo, e não a intuição, ou mesmo crença, de que algo a ser alcançado, ou realizado, através de ação, seja bom".[100] Portanto, com Kant esse agir moral fundado na razão pura, prática, oferece-nos a condição de nossa elevação para além dos limites naturais, já que é esse agir que opera livremente, que franqueia a liberdade. Nesse sentido, o fato de agirmos contrariamente aos nossos interesses só mostra que a liberdade é possível, já que, e por isso mesmo, podemos agir fora do círculo restringente do empirismo sensualista, dos limites

---

97 Chaves, Eduardo O. C., *David Hume e a Questão Básica da Crítica da Razão Prática.* Acessado em www.chf.ufsc.br/~wfil/hume2.htm.

98 *Ibidem*, p. 12.

99 *Ibidem*, p. 13.

100 *Ibidem*, p. 12.

naturais; temos, com isso, uma posição filosófica em Kant que aponta, dentro do iluminismo, para a superação da contradição razão/paixão.

É evidente o contraponto entre esses filósofos modernos: sua compreensão sobre o par razão/sentimento os separa. Só para enfatizar, Hume apoia seu argumento sobre a ação volitiva, ou simplesmente o agir humano, na natureza passional dos indivíduos; ao contrário de Kant, Hume entende que a razão é escrava da paixão, é "inerte ou desengajada", e nada pode propor à paixão.

Hume lança mão de outra referência para sustentar a diferença entre *razão* e *paixão*. Ele afirma que esta última tem toda a responsabilidade na escolha dos indivíduos sobre o agir moral, e é ela que se manifesta precisamente sobre o gosto estético. E, como exemplo, refere-se à literatura grega antiga, argumentando que o "orador pode retratar /.../ a cólera, a insolência /.../, a mansidão, o sofrimento, a mágoa e a inocência. Mas se não sentirmos crescer em nós a indignação ou a compaixão /.../ seria vão perguntar-lhe em que consiste a ofensa ou a torpeza contra a qual tão veementemente declama".[101]

Observamos que tanto Hume quanto Kant entendem as individualidades humanas com base nos padrões conceituais do liberalismo que dominam o séc. XVIII, ou seja, sob a forma do individualismo. Contraditoriamente, no entanto, esses indivíduos estarão sujeitos a leis universais igualmente, que os submetem e regem. Hume, por exemplo, que acentua à radicalidade as diferenças entre os indivíduos desde sua origem natural, afirma que o sentimento interno desses mesmos indivíduos, que decide no plano moral seu agir, é produto que a "natureza tornou universal na espécie inteira". Por seu lado, Kant afirma que a "razão pura que é prática em si, dá ao homem uma lei universal que é a moral". De maneira que em ambos os casos passa-se dos indivíduos singularmente definidos para determinações universais, pura e simplesmente, sendo que em Hume o gosto estético será a base para a argumentação que define a passagem do singular (indivíduo) para o universal (sociedade).

Hume argumenta que nossas indignações ou compaixões ficam sujeitas aos sentimentos internos, já que nem a razão, nem a ciência reúnem condições para definir sua consistência: "Em todas as ciências, nosso intelecto parte de relações conhecidas para investigar as desconhecidas. Mas em todas as decisões relativas ao

---

101 Hume, D., *Uma Investigação sobre o Princípio da Moral, op. cit.*, p. 182.

Karl Marx – A determinação ontonegativa originária do valor 87

gosto ou à beleza exterior, as relações estão todas de antemão patentes ao olhar, e a partir daí passamos a experimentar um sentimento de satisfação ou desagrado, conforme a natureza do objeto e as capacidades de nossos órgãos de sentidos".[102]

Nessa reafirmação da diferença essencial entre razão e paixão, Hume desdobra suas proposições buscando garantir a coerência interna de seus argumentos. Afirma que a *razão* (fria e desinteressada) fornece o conhecimento do que é verdadeiro ou falso, frente aos objetos tais como são, sem dar-lhes qualquer significado, ao passo que o *gosto* fornece o sentimento de beleza ou fealdade, de virtude ou vício. O *gosto* tem a capacidade de criar, ornar, macular todos os objetos naturais com as cores que toma emprestadas ao sentimento interno. Além disso, por produzir prazer e sofrimento, o *gosto* gera o motivo para a ação. Assim, os fins últimos das ações humanas não podem ser explicados pela razão, pois a teleologia não é racional, à medida que tem sua origem na mobilidade interna sensorial, sem qualquer dependência das faculdades intelectuais. E, conclusivamente, dirá sobre a *razão* e o *gosto* que "a norma da primeira, fundada na natureza das coisas, é eterna e inflexível, até mesmo pela vontade do Ser Supremo; a norma do segundo, originária da estrutura e constituição interna dos animais, deriva-se em última instância daquela Vontade Suprema, que outorgou a cada ser sua particular natureza e arranjou as diversas classes e ordens de existência".[103]

Hume expõe sua posição sobre a raiz natural da subjetividade dos indivíduos, subjetividade essa outorgada pela "vontade suprema", logo externa à sociedade, indicando também que a razão não se encontra em posição de decidir, em última instância, o significado objetivo das coisas conhecidas, pois tal responsabilidade reside naquela subjetividade, seus desejos e paixões, doados pela natureza.

De maneira que a polêmica com Kant levou Hume a acirrar seus argumentos em favor dos sentimentos naturais como fundamento do agir moral e como primado da escolha estética, de tal forma que a razão, diante disso, está recolhida à frieza e desinteresse, à inércia e desengajamento.

---

102 *Ibidem*, p. 181.

103 *Ibidem*, p. 185.

De posse desses argumentos em favor das paixões e do gosto estético como faculdades naturais e fundamentais dos indivíduos, Luc Ferry[104] estabelece uma relação crítica com Hume, em particular na questão estética e do contraditório relativismo e universalismo que aí aparece. Ferry se vale da abordagem de Cassirer, segundo o qual para Hume "não cabe ao sentimento justificar-se diante da razão /.../ é a razão que agora é intimada perante o fórum da sensação, da impressão pura, a responder por suas pretensões". E completa dizendo que essas pretensões propõem que "As impressões sensíveis estão na origem de todas as ideias".[105]

Na reafirmação da origem *sensualista* das ideias, Ferry cita o ensaio de Hume *O Cético*, no qual as noções do valor e da beleza encontram-se sujeitas ao relativismo da experimentação individualista, particular: "'Cada espírito percebe uma beleza diferente', de sorte que 'procurar a beleza ou a feiura reais é uma busca infrutífera, tanto quanto pretender apontar o que realmente é doce e o que realmente é amargo'".[106] De forma que, de um lado, surge em Hume um relativismo afirmado no fato de que a percepção de cada indivíduo define o diferencial de beleza e fealdade, e, de outro, esses atributos das coisas manifestam-se como determinações destas mesmas individualidades em suas diferenças, embora suscitadas pelas impressões que as coisas lhes causam. Assim, o juízo estético, que se encontra duplamente orientado – pela particularidade do objeto e pela particularidade do sujeito –, encontra sua resolução na ordem psíquica dos *indivíduos ativos* nesse julgamento. Nesta trajetória analítica, Ferry conclui em termos da concepção humeana de sentimento, que: "Se a verdade reside em última análise no que *experimento* dentro de minha consciência, o sentimento é o mais *autêntico* estado do sujeito, já que não remete a nada além de si mesmo e não acena para nenhuma exterioridade".[107]

Ferry observa que, com base nessa posição, Hume propõe uma superioridade da arte em face da ciência, supondo a primeira como expressão de uma pureza inquestionável, e assim define essa propositura: "Todo sentimento é justo /.../ porque o sentimento não se refere a nada além de si mesmo e é sempre real /.../.

---

104 Ferry, Luc, *Homo Aestheticus – A Invenção do Gosto na Era Democrática*. São Paulo: Ensaio, 1994.

105 *Ibidem*, p. 84.

106 *Ibidem*, p. 84.

107 *Ibidem*, p. 85.

Em compensação, todas as determinações do entendimento não são justas porque se referem a algo que está além delas mesmas".[108] Vemos, portanto, um Hume que demarca claramente o objeto de observação, que é referência para a subjetividade que julga, e essa mesma subjetividade, que se define na interioridade psíquica e no sentimento puro dos indivíduos, que define em última instância sobre o significado ou qualidade das coisas, mas independentemente delas próprias. Nesse ponto, a variedade dos gostos fica patenteada nas impressões particulares dos indivíduos, conforme a encontramos na seguinte afirmação de Hume: "a beleza não é uma qualidade inerente às coisas, mas existe somente no espírito que as contempla".[109] Hume arca com uma radical subjetivação dos significados ao tratar também o gosto como juiz interno. Por outro lado, contradiz essa individualização e subjetivação dos gostos com uma expressão que indica transcendência aos indivíduos, podendo chegar à situação em que "'todos os gostos se equivalem". Ferry acentua essa contradição citando outra formulação de Hume sobre o tema: "'O gosto de todos os indivíduos não é igualmente válido', /.../ mas existem regras da arte e que essas regras traduzem um acordo 'acerca do que agradou universalmente em todos os países e em todas as épocas'".[110] Assim, a transcendência e o universalismo coincidem; vejamos um exemplo de Hume, também citado por Ferry: "O mesmo Homero, que deliciava Atenas e Roma há dois mil anos, ainda é admirado em Paris e Londres". Desta forma, o que se verifica através dessas observações de Ferry é que a trajetória humeana opera uma transição contraditória, uma estranha passagem do relativismo a um "valor universal de 'bom gosto'".[111]

Em Hume, os sentimentos naturais e subjetivos dos indivíduos são o árbitro das qualidades dos objetos estéticos. Não é a razão que arbitra sobre a beleza ou fealdade, mas os sentimentos. A razão exerce um papel nas definições e escolhas, mas subsumida a inclinações, interesses e vontades fundados nos sentimentos, nas paixões naturais. E quando Hume nos indica que diante das belas artes empregamos "muito raciocínio para experimentar o sentimento adequado", é o "sentimento adequado" que está em questão, o raciocínio posa certamente como auxiliar e

---

108 Hume, D., *apud ibidem*, p. 85.

109 Hume, D., *apud ibidem*, p. 86.

110 *Ibidem*, p. 87.

111 *Ibidem*, p. 87.

instrumental. De maneira que se percebe naquela dicotomização entre paixão e razão que Hume procurou determinar a base e fundamento do agir moral nas paixões, no sentimento. A razão não determina a volição, portanto ela não participa na vida ativa diretamente, apenas mostra os meios para atingir a felicidade e evitar o sofrimento. Hume opera uma dupla exclusão, exclui a moral da razão, e a razão da moral, e assim como a razão não cria ou impulsiona os atos volitivos, também não pode impedi-los, pois "A natureza, através de uma necessidade absoluta e incontornável, nos determinou a fazer juízos, bem como respirar e sentir".[112] Basta "Um leve conhecimento dos assuntos humanos /.../ para se perceber que o senso da moralidade é um princípio inerente à alma e um dos elementos mais poderosos de sua composição".[113]

De fato, para Hume, o sentido moral, o agir social, a sociabilidade e os impulsos necessários a esse proceder humano encontram sua resolução na *natureza humana*. Enfaticamente, ele diz, utilizando uma categoria moral que estará presente em toda a *Teoria dos Sentimentos Morais* de seu amigo Adam Smith: "Temos a certeza de que a *simpatia* é um princípio muito poderoso na natureza humana".[114]

Vimos anteriormente que Hume se distancia das formulações hobbesianas de *estado de natureza* e *direito natural*, como expressões definitivas e inflexíveis, determinações que refletem leis naturais, a exemplo da matemática, ou outra ciência congênere, que certamente estão fora do universo concepcional e analítico de Hume sobre a moral e o procedimento humano-societário. Contudo, embora negue aquelas determinações intelectuais, Hume não desvincula as suas das condições naturais, como observamos, fundando o caráter social e moral do homem na *natureza humana*.

Considerando o posicionamento crítico de Hume às concepções hobbesianas, vemos que são inegavelmente radicais as distinções entre as formulações originárias do *estado de natureza* e a concepção de moral dos indivíduos em Hume, principalmente quanto à diversidade subjetiva individual expressa por este; enquanto com

---

112 Chaves, Eduardo O.C., *David Hume e a Questão Básica da Crítica da Razão Prática*. Acessado em www.chf.ufsc.br/~wfil/hume2.htm.

113 Hume, D., *Tratado da Natureza Humana – Uma tentativa de introduzir o método experimental nos assuntos morais, op. cit.*, p. 658.

114 *Ibidem*, p. 657.

Hobbes temos indivíduos estruturados em seu *estado de natureza*, por princípios e interesses coincidentes, o que gera a "guerra de todos contra todos", o ponto de partida de Hume é oposto, pois os indivíduos nascem com determinações subjetivas e naturais plenamente diversificadas; porém é o senso moral proveniente dos sentimentos próprios da *natureza humana* que lhes permite a seletividade entre virtudes e vícios, entre o bem e o mal. O mais importante é que Hume deriva daí uma inclinação universalizante, pois, na decisão pela virtude e pelo bem, se expressa um sentimento que a "natureza generalizou nos indivíduos": "Esse sentimento não pode ser senão um interesse pela felicidade dos seres humanos e uma indignação perante sua desgraça, já que estes são os diferentes fins que a virtude e o vício têm tendência a promover".[115]

Observamos que nossa preocupação central, a de identificar os fundamentos concepcionais de homem expostos nas teorias dos autores aqui tratados, favorece o entendimento da economia política clássica, que é, no final das contas, o objetivo aqui perseguido; entendemos que o desenvolvimento do pensamento de Adam Smith acompanha, no essencial, os princípios moralistas tanto de Hutcheson quanto de Hume, e que esses princípios, que fundamentam o agir dos indivíduos, reaparecendo nas análises smithianas da moral, se estenderão subjacentes aos trabalhos de economia de sua empreitada.

Pensador contemporâneo e fortemente ligado a Hume, como também a Hutcheson, Smith herdará em sua produção econômica e filosófica concepções teóricas provindas de ambos. Coutinho observa: "Já o liberalismo inglês é não só aquele permitido por uma sociedade que estabelecera formas avançadas de controle do poder público ainda no século XVII, como expressão de uma economia em que os interesses mercantis são dominantes, e os interesses manufatureiros desenvolvem-se com rapidez. Nessa sociedade, a coisa pública e as prerrogativas dos capitais privados encontram-se satisfatoriamente demarcadas, e os pensadores podem dar-se ao refinamento de fundar uma ideologia – o liberalismo – em raízes profundas. Deste ponto de vista, Smith é o continuar de uma tradição de filósofos-economistas [liberais] que remonta a Locke, Hutcheson e Hume".[116]

---

115 Hume, D., *Uma Investigação Sobre os Princípios da Moral, op. cit.*, p. 59

116 Coutinho, Maurício Chalfin, *Lições de Economia Política Clássica*. São Paulo: Hucitec e Ed. Unicamp, 1993, p. 99.

Eric Holl apresenta de forma sintética essa herança ideológica de Smith ao analisar *A Riqueza das Nações*, obra capital desse autor, mostrando que parte dos seus fundamentos filosóficos está presente: "Uma ou outra vez Smith aproveita um argumento qualquer para acentuar a bondade suprema da ordem natural e para assinalar as imperfeições inevitáveis das instituições humanas. Ponham-se de lado as preferências e limitações artificiais, diz, e se estabelecerá por si mesmo 'o sistema óbvio e simples da liberdade natural'. Diz também que 'as inclinações naturais do homem estimulam /.../ essa ordem de coisas que a necessidade impõe'".[117] Holl indica também que, com Smith, o recurso às determinações naturais se coloca como pressuposto do multiverso dinâmico dos homens, de sorte que, mesmo sofrendo alguma mudança quando no plano social, o sistema natural estará sempre na base das próprias relações humanas e sociais.

Na confirmação das indicações proporcionadas por Holl, apontamos como exemplo o entendimento de Smith sobre a divisão do trabalho: "Essa divisão do trabalho, da qual derivam tantas vantagens, não é em sua origem o efeito de uma sabedoria humana qualquer, que preveria e visaria esta riqueza geral à qual dá origem", ao contrário, "Ela é consequência necessária, embora muito lenta e gradual, de certa tendência ou propensão existente na natureza humana que não tem em vista essa utilidade extensa, ou seja: a propensão a intercambiar, permutar ou trocar uma coisa pela outra".[118]

Desta maneira, a divisão do trabalho está conectada incontornavelmente à propensão humana às trocas, definida naturalmente nos indivíduos. Projetando suas pesquisas numa direção comum à que propomos, encontramos em Coutinho, analista de Smith de grande acuidade, indicações da importância desse tema, quando de sua leitura e análise das *Lectures on Jurisprudence*. Coutinho cita a formulação smithiana retirada das *Lectures*: "A divisão do trabalho, entretanto, não é efeito de nenhuma política, mas consequência necessária de uma disposição natural peculiar aos homens, isto é, disposição à troca, ao escambo e ao comércio; e como esta disposição é peculiar ao homem, assim também a consequência dela, a

---

117 Holl, Eric, *História das Doutrinas Econômicas*. São Paulo: Cia. Editora Nacional, 3ª ed., 1972, p. 135.

118 Smith, Adam, *A Riqueza das Nações*. São Paulo: Nova Cultural, 2ª ed., 1985, p. 49.

divisão do trabalho entre as diferentes pessoas agindo em acordo".[119] Tendo como apoio essa concepção sobre a divisão do trabalho, Smith expõe os desdobramentos sociais desse fenômeno de origem natural principalmente na determinação das distinções particulares dos indivíduos. Ele indica que as trocas expandem a divisão do trabalho, gerando novas necessidades, novas atividades, novas habilidades etc., de forma que a diversidade de habilidades que se põe socialmente é incrementada para além dos "talentos naturais" dos indivíduos: "A diferença entre as personalidades mais diferentes, entre um filósofo e um carregador comum da rua, por exemplo, parece não provir tanto da natureza, mas antes do hábito, do costume, da educação ou formação".[120] Smith aborda essa questão da formação das habilidades conciliando, até certo ponto, os talentos individuais, como propensão natural, por um lado, e a educação e formação social, por outro, ao discutir a origem de suas diferenças dos talentos; ele afirma que, até dado período da vida, antes da maturidade, as diferenças de talentos ainda não são sentidas, mas é quando "esses jovens começam a engajar-se em ocupações distintas" que iniciamos por perceber a diferença de talentos, que as atividades, o intercâmbio, a divisão do trabalho etc., estimularam.

Na *Teoria dos Sentimentos Morais*, Smith discutirá fundamentalmente os ângulos e aspectos que definem com melhor adequação os procedimentos dos indivíduos, seu agir moral e sua preferência natural pelas virtudes, dando continuidade aos ensinamentos de Hutcheson, e em constante diálogo com Hume.

Smith demarca-se também com radicalidade das teses hobbesianas que conferem aos indivíduos um egoísmo natural e racional; ao contrário, toma como fundamento do agir os sentimentos, dizendo que: "Por mais egoísta que se suponha o homem, evidentemente *há princípios em sua natureza* que o fazem interessar-se pela sorte de outros e consideram a felicidade deles necessária para si mesmo, embora nada extraia disso senão o prazer de assistir a ela",[121] de maneira que, com base nisso, define o procedimento de aprovação ou desaprovação, de virtudes e vícios, como resolutivos nos sentimentos naturais.

---

119 Coutinho, Maurício C., *op. cit.*, p. 108.

120 Smith, A., *A Riqueza das Nações*, *op. cit.*, p. 51.

121 Smith, Adam, *Teoria dos Sentimentos Morais*. São Paulo: Martins Fontes, 2002, p. 5. Grifo nosso.

Smith entende que as manifestações humanas de compaixão e piedade são emoções sentidas frente às desgraças alheias; os indivíduos ficam tristes frente à tristeza alheia. Esses e outros sentimentos e paixões, diz, são originários da natureza humana; não que uns possam sentir o que os outros sentem, mas é possível "formar a ideia" de como nos sentiríamos se tal ou qual situação nos atingisse. Por outro lado, "nossa imaginação apenas reproduz as impressões de nossos sentidos e não as alheias".[122]

Depois de discorrer sobre o que supõe ser característico dos indivíduos no sentido virtuoso das paixões e excluir o sentido de egoísmo talhado pelo pensamento de Hobbes, ele afirma: "A simpatia, no entanto, de maneira alguma pode ser considerada um princípio egoísta",[123] pois se manifesta quando tomamos para nós a dor do alheio, não por trocarmos nossa situação com a situação do outro (que sofre), mas porque trocamos de pessoa; sofremos por nos colocarmos tal como o outro, com o seu caráter; é uma troca manifestada pela simpatia. Ele reafirma seu rechaço às concepções de Hobbes ao refutar a noção de que evitamos os sofrimentos em resposta ao *amor* que temos por nós mesmos, pois, se assim fosse, estaríamos então aceitando o egoísmo hobbesiano.

Certamente Smith discorda da noção hobbesiana de uma sociabilidade fundada no *amor por si próprio*, mas não nega esse *amor*, ao contrário, entende que o agir com base nessa consideração beneficia a si e aos demais com quem se solidariza.

Em sua análise crítica do conceito de *estado de natureza*, Smith mostra que o objetivo do filósofo inglês, ao elaborá-lo, residia na sua busca de solução dos conflitos, das guerras que dominavam o panorama inglês, e a subsunção dos indivíduos à ordem civil. Mas era necessário ir além de Hobbes e superar aquela concepção de indivíduo como indiferente ao certo e errado, do indivíduo amoral; agora, frente a uma nova realidade, onde a guerra não é mais o núcleo ativo da sociedade, Smith propõe um indivíduo moralmente virtuoso, que encontraremos na base de sua *Teoria dos Sentimentos Morais*.

Polemizando com Hobbes, assevera que, se a harmonia social carecia de uma lei social, do estado, ou de forças externas aos indivíduos para efetivar-se, estaria aí implicado o fato de que o *certo* e o *errado* registrados na lei, previamente

---

122 *Ibidem*, p. 6.

123 *Ibidem*, p. 349.

estabelecida, funcionariam tal qual o *falso* e o *verdadeiro*, de raiz racional. Contudo, embora a virtude consista em estar em conformidade com a razão, o máximo que se pode afirmar, diz Smith, é que essa faculdade (da razão) é causa e não princípio da aprovação e desaprovação. E numa articulação teórica que reduz a experiência como base e fundamento das regras de julgamento moral, Smith afirma que seria absurdo supor que as *primeiras* noções de certo e errado tenham origem na experiência; em vez desta, as percepções primárias das quais se originam *qualquer regra* têm sua origem nos sentimentos.

Ao tratar da noção de que a virtude é desejável em si enquanto o vício é objeto de aversão, Smith indica que a origem do desejo ou da aversão funda-se nos sentimentos e não na razão. E, como vimos, aquela noção se encontra também em Hume, e coube a Hutcheson o mérito de ser o primeiro a demonstrar que, embora as distinções morais procedam da razão, fundamentam-se, originariamente, nos sentimentos – o que indica que sua parametração teórico-ideológica mantém-se colada à desses autores.

Mantendo ainda sob mira as teses de Hobbes, contra o qual vem tecendo demarcações teórico-ideológicas, ele afirma que: "De acordo com Hobbes e muitos dos seus seguidores (dentre eles Mandeville e Pufendorf), o homem é impelido a buscar refúgio na sociedade não por amor natural à sua própria espécie, mas porque, faltando-lhe ajuda de outros, é incapaz de subsistir com conforto e segurança".[124] Ao contrário de Hobbes, sustenta a existência de nexo entre os indivíduos com base numa subjetiva *solidariedade* provinda dos sentimentos de aprovação ou desaprovação moral: "A humanidade consiste meramente na refinada solidariedade que o espectador nutre pelos sentimentos das pessoas principalmente afetadas, afligindo-se pelos sofrimentos delas, ressentindo-se com as ofensas que lhes fazem e alegrando-se com sua boa sorte. As ações mais humanas não exigem abnegação nem autodomínio nem um grande esforço do senso de conveniência. Consiste simplesmente em fazer o que essa refinada simpatia por si só nos incita a realizar".[125] E, reforçando as determinações naturais do agir humano, Smith dirá que a "natureza, ao que parece, ajustou de modo tão feliz nosso sentimento de aprovação e desaprovação à conveniência do indivíduo e da sociedade que após o

---

124 *Ibidem*, p. 392.

125 *Ibidem*, p. 233.

mais rigoroso exame se descobrirá, creio eu, que se trata de uma regra universal".[126]
Vale observar que também em Smith, como ocorre com Hume (o que parece ser uma característica do século XVIII), *os indivíduos* registram naturalmente uma trajetória em direção a leis e regras universais de conduta, com base pura e simplesmente na suposição de que a natureza tenha providenciado tal condição.

Smith nos mostra, por fim, que a sociedade promove o que atende aos interesses individuais, de forma que, se se destrói a sociedade, estar-se-á em contradição com os fins naturais dos indivíduos. Nesse sentido, a conservação da sociedade se dá, não pela determinação externa, o estado, o contrato, como quiseram Hobbes e outros, mas pelo reconhecimento natural de que a *virtude*, por ser agradável por si só, permite prever a prosperidade e, portanto, conservar a sociedade; ao contrário, o *vício*, por ser ofensivo, perturba, cria a desordem e a ruína social do homem. Além disso, convém aqui atentar para a seguinte questão: a posição filosófica de Smith sobre o *agir desinteressado* do indivíduo, encontrada também em Hutcheson, com a qual este se demarca rigorosamente de Hobbes, expressa adequadamente o caráter moral-natural dos indivíduos elaborado em suas teorizações.

Queremos reenfatizar que a restrita abordagem do quadro filosófico de Smith cumpre nosso propósito aqui já indicado, que é o de pôr em relevo a concepção de indivíduo por ele elaborada, com vistas a encetá-lo na realidade socioeconômica onde irá evidenciar suas qualidades naturais, mesclando-as com costumes, hábitos e educação no sentido de seu aperfeiçoamento. De forma que ficam excluídas quaisquer preocupações com o construto filosófico de Smith, para além do propósito apontado. Assim, com base nessa concepção humana, Smith irá trafegar no campo da economia, levando, subjacente aos seus argumentos nucleares (divisão do trabalho, mercado, mão invisível, concepção de valor etc.), uma compreensão sobre os indivíduos oriunda do quadro concepcional exposto principalmente em *A Teoria dos Sentimentos Morais*, cujas raízes alcançam os empiristas Hume e Hutcheson. Coutinho esboça uma versão confluente com a perspectiva acima, na explicação dessa transição encontrada em Smith, das concepções de indivíduo para a economia política. Afirma ele que: "A simpatia – sentimento que permite transferir paixões – e a imaginação definem a sociabilidade do homem, cujo desejo de merecer aprovação conduz a uma mansuetude natural. A sociabilidade

---

126 *Ibidem*, p. 230.

natural, contemplada na ética, não aponta nem para a sociabilidade política nem (diretamente) para a sociabilidade econômica. A sociabilidade política resulta de um cálculo da razão, e implica necessariamente coerção. O estudo das relações de propriedade e das formas de sociabilidade política e de organização do Estado será levado a efeito sob o título de Jurisprudência. Já a sociabilidade econômica, embora relacionada às formas de propriedade e, em decorrência, à organização do Estado, resulta de um instinto aquisitivo primário igualmente inerente à natureza humana, distinto do desejo de merecer aprovação. Deste modo, o caminho que leva da ética à economia passa pela conciliação entre dois impulsos primários inerentes à natureza humana: o desejo de obter aprovação e o desejo de progredir (ou obter riqueza)".[127]

Maurice Dobb, pautando-se no mesmo tema, expõe uma preocupação quanto à migração de suas posturas filosófico-morais para a econômica. Centrado na formulação econômica de Smith sobre a conhecida "mão invisível", afirma: "Tal como na conhecida frase de Hegel, 'das ações dos homens resulta algo diferente daquilo que eles conscientemente quiseram e pretenderam'", também em Smith "a ideia da força potencialmente criadora do interesse individual", posta em movimento pelo agir humano, "relembra os 'vícios privados e virtudes públicas' da fábula das abelhas de Mandeville".[128] Contudo, afirma Dobb, Smith rejeitou francamente essa noção, pois o agir moral, o móbil humano, não pode ser tratado por vício, já que se trata de agir naturalmente virtuoso.

Dobb expõe em seu trabalho a controvérsia sobre aquela migração, arcando plenamente com o "espírito liberal" de Smith ao afirmar que "A verdadeira finalidade dessa suposta ordem natural (usando as palavras de Dugal Stewart em *Memória de Adam Smith*) era 'permitir que cada homem, contanto que respeite a ordem da justiça, lute pelo seu próprio interesse à sua própria maneira, e aplique sua indústria e o seu capital na mais livre concorrência com os seus concidadãos'".[129]

Ele aponta também outra posição (citada em pé de página): "J. K. Ingram disse do 'sistema de liberdade natural' de Smith que 'esta teoria, evidentemente, não

---

127 Coutinho, M. C., *op. cit.*, p. 101.

128 Dobb, Maurice, *Teorias do Valor e da Distribuição desde Adam Smith*. Lisboa: Presença, 1973, p. 55.

129 *Ibidem*, p. 57.

é apresentada explicitamente como fundamento das suas doutrinas econômicas, mas é realmente o substrato em que elas se assentam'".[130] Vê-se que, enquanto a formulação de Dobb, apoiado no biógrafo e amigo pessoal de Smith, converte "a suposta ordem natural" em instrumento do agir econômico, a segunda formulação, de Ingram, consente em ser o plano moral, natural do indivíduo o "substrato" de sua teoria econômica. Põem-se diferentemente as posições de Dobb e Ingram. Enquanto, para o primeiro, o construto smithiano tem um caráter mais instrumental para as forças econômicas; para o segundo, aquele construto é tratado como basilar para a perspectiva da economia política, de maneira que, seguindo essa linha, o agir humano desinteressado de Smith mantém ligação direta com o agir econômico. Outra posição exposta no trabalho de Dobb é a assimilação das teorias de Smith ao utilitarismo, por parte de Lord Robbins, mas com uma ressalva sobre os seus escritos filosóficos: "Aquilo que existe de impressionantemente novo no 'princípio da liberdade natural', que enunciou logo em 1749, é a afirmação empírica de que (na paráfrase de Schumpeter) 'a livre interação de indivíduos não produz o caos, mas sim um sistema ordenado que é logicamente determinado'".[131] É evidente que, ainda que não se ponha em discussão aqui o seu "logicamente", Robbins está tratando do agir econômico, mas de um tipo particular de indivíduo que não cria o "caos", isto é, não produz crise econômica, oferece o resultado harmônico do seu agir etc. Vemos que essas posições todas resultam em mostrar, de formas distintas, conexões entre o indivíduo moral smithiano e a realidade socioeconômica de seu período.

Discordando das análises que se limitaram a tratar os fundamentos naturais e liberais de Smith apenas como autointeresse, Amartya Sen procura distinguir sua análise argumentando que a noção de troca em Smith está mediada pelo benefício mútuo, e que a perspectiva do filósofo escocês, com respeito às motivações do agir mercantil, ultrapassam largamente o autointeresse.

Sen afirma que "ao tratar de outros problemas /.../ Smith ressaltou motivações mais amplas. Nesses contextos mais abrangentes, embora a prudência permanecesse 'de todas as virtudes a que é a mais útil ao indivíduo', Smith explicou que 'humanidade, generosidade e espírito público são as qualidades mais úteis aos

---

130 *Ibidem*, p. 57.

131 *Ibidem*, p. 56.

outros'", e portanto legou o autointeresse como motivação a plano inferior.[132] Sen arremata, com certo humor, sua defesa de Smith contra esses reducionistas afirmando: "Podemos dizer, distorcendo um pouco Shakespeare, que, assim como alguns homens nascem pequenos e outros alcançam a pequenez, empurraram muita pequenez para cima de Adam Smith".[133]

Bem mais contundente nessa questão, Arnaldo Fortes Drummond afirma que Smith "pôde construir uma 'racionalidade' econômica baseada no princípio da liberdade de mercado, porque sua concepção de equilíbrio social se sustenta no indivíduo naturalmente ético".[134] Há nesta observação de Drummond um grande peso sobre a postura de Smith frente ao mercado; ele acentua que no filósofo moral "o indivíduo naturalmente moral compensa a desordem institucional externa a si", numa linha interpretativa semelhante à de Lord Robbins, e confirma sua asserção dizendo: "quanto mais livre o agir na economia, mais se manifesta a natural condição humana".[135]

Cabe uma observação sobre essa afirmativa radical de Drummond quanto à postura essencialmente privada (de defesa do mercado) de Smith, pois nele se encontram formulações bastante visíveis sobre a necessidade da regulação do poder público, em particular sobre as práticas da usura. É Amartya Sen quem nos alerta a esse respeito: "ele reivindicava a imposição pelo estado de restrições legais sobre as taxas de juros máximas que poderiam ser cobradas". E, mais à frente, o autor desdobra sua análise: "Na lógica intervencionista de Smith, o argumento básico é que os sinais de mercado podem ser enganosos, e as consequências do livre mercado podem ser um grande desperdício de capital".[136] Além disso, Smith tratou sempre do chamado "bem público", com grande prudência, propondo sua utilização com base nas necessidades sociais. Ainda com Sen temos a seguinte observação: "Os pretensos seguidores de Adam Smith podem aprender alguma coisa com o que

---

132 Sen, Amartya, *Desenvolvimento como Liberdade*. São Paulo: Companhia das Letras, 2000, p. 308.

133 *Ibidem*, p. 308.

134 Drummond, Arnaldo Fortes, *Morte do Mercado: Ensaio do Agir Econômico*. São Leopoldo: Ed. Unisinos, 2004, p. 161.

135 *Ibidem*.

136 Sen, Amartya, *op. cit.*, p. 149.

seu guru escreveu sobre esse tema, demonstrando sua frustração com o parco dispêndio público no campo da educação: 'Com um gasto irrisório o governo pode facilitar, pode incentivar e pode mesmo impor a quase todo o povo a necessidade de adquirir as partes mais essenciais da educação'".[137]

Por outro lado, vemos na análise de Drummond o agir econômico smithiano contar incontornavelmente com o indivíduo moral, que se encontra subjacente àquele: "Assim ele pode prescindir da necessidade de fundamentação moral das categorias econômicas, pois elas expressam o conteúdo de relações morais entre agentes econômicos".[138] A *simpatia*, noção nuclear da *Teoria dos Sentimentos Morais*, torna-se a potência capaz de agregar os indivíduos no mercado, evitando, com isso, como já observara Robbins, sua degringolagem e caoticidade; essa potência está implícita nos agentes econômicos.

Drummond deixa visível também a distinção de Smith com relação a Hobbes nesse quesito da união social dos indivíduos, mostrando que a *simpatia* impede a subsunção de Smith à não-sociabilidade natural hobbesiana. O empirismo smithiano, a exemplo do de Hume, torna-se suficiente para que ele reproche uma intervenção racional nas ações de mercado: "Nessa concepção moral em que o indivíduo já é portador de um sentimento que harmoniza naturalmente a ordem social, perde sentido preocupar-se com uma teoria que a explique. Ao contrário, a razão complicaria a solução do problema social, que já se resolve na instância privada do sentimento".[139]

É visível, nos comentaristas da produção filosófico-moral de Smith, o destaque da determinação natural no agir econômico dos indivíduos. Da leitura de suas obras, seu biógrafo e amigo Dugald Stewart retira uma definição do objetivo que levou Smith a esse padrão de construção filosófica. Diz ele então: "o principal propósito de suas especulações é ilustrar como a natureza proveu os princípios do espírito humano, e as circunstâncias da situação exterior do homem, a fim de aumentar gradual e progressivamente os meios de riqueza nacional".[140]

---

137 *Ibidem,* p. 149.

138 Drummond, A. F., *op. cit.,* p. 174.

139 *Ibidem,* p. 196.

140 Stewart, Dugald. In: Smith, A., *Teoria dos Sentimentos Morais, op. cit.,* p. LXIV.

Karl Marx – A determinação ontonegativa originária do valor

De maneira que, na concepção do biógrafo, a construção teórico-filosófica de Smith atende a uma finalidade bem definida, qual seja a de fundamentar o caráter progressista do homem em sua própria natureza, o que reafirma, em Smith, que o avanço socioeconômico, tal qual vimos anteriormente sobre a divisão do trabalho e as trocas, está inscrito na natureza humana. Desta forma, as determinações socioeconômicas estarão subsumidas a esse fundamento, enquanto as imperfeições sociais responderão à resistência humana em respeitar as determinações dessa própria ordem natural.

Mondolfo nos apresenta de maneira sintética uma posição crítica extremamente pertinente e esclarecedora sobre esse homem natural que domina a filosofia política moderna e impregna o pensamento fundante da economia política: "O homem como ser natural é o indivíduo abstrato da sociedade, que apresenta caracteres comuns com seus similares, pelos quais, prescindindo-se de todo *principiun individuationis*, podemos chegar ao conceito de *espécie humana*, entendida como tipo abstrato, fora de toda determinação de tempo e lugar".[141] Ou seja, suas características específicas tratadas como naturais não são e não podem ser senão decalque das suas formas sociais, da sua própria autoconstrução. Entretanto, posto como natural, só pode realizar uma essência doada, não construída por seu ser em processo. Além dessa construção do indivíduo abstrato como unidade de um conjunto que é a espécie humana igualmente abstrata, a fundamentação sobre a transição desse indivíduo para a sociedade decai para os padrões "científicos" positivistas: "Como, dos indivíduos isolados (abstratos), se passa para a sociedade? Do mesmo modo que os átomos se constituem na massa de um corpo: uma aproximação mecânica que ao mesmo tempo é luta entre os egoísmos de cada um dos [indivíduos] da sociedade *burguesa*, que tem por princípio a concorrência, a guerra dos indivíduos pelo predomínio".[142]

Queremos observar, por fim, que desde Hobbes até Smith, passando por Locke, pensador que inicia a inflexão do pensamento racionalista para o empirismo moderno, a determinação essencial dos indivíduos esteve por conta das condições naturais. Se em Hobbes o egoísmo, o medo e a esperança caracterizam essas condições, que

---

141 Mondolfo, Rodolfo, *Marx e o Marxismo – Estudos histórico-críticos*. México: Fundo de Cultura Econômica, 1969, p. 52

142 *Ibidem*, p. 52.

serão reencontradas na sociabilidade desses homens, as novas manifestações naturais que irão se definindo nas teorizações de Locke, de Hutcheson ou de Hume, por exemplo, apresentam-se como uma, se é que se pode tratar dessa forma, "atualização" das características desses indivíduos. Não se trata de uma evolução propriamente, pois há entre os racionalistas e os empiristas apenas um distanciamento na forma de apreensão da "realidade objetiva", e não uma ruptura, de sorte que os indivíduos que irão se definindo na pena dos autores posteriores a Hobbes e mesmo de Locke esboçarão uma *anatomia natural* bastante modificada.

Vale indicar que, com Smith, a confluência de determinações morais virtuosas com interesses individuais de riqueza e bem-estar implicam sua necessidade teórica de dar nexo ao agir moral-econômico. Desta forma, e por esta razão, assim nos parece, a "atualização" das características naturais dos indivíduos resultou ser a base de sustentação teórico-filosófica dos pesquisadores que abordamos, na definição da sociabilidade política e econômica que adentrará a economia política clássica. Vale observar, por fim, que os fundamentos sensualistas, empiristas, distanciam-se bastante de qualquer busca da essencialidade humana que não esteja figurada nos moldes fenomênicos do período a que pertenceram seus elaboradores; não é nossa intenção buscar aqui os fundamentos dessa posição, que, por tudo que pudemos compreender, deve-se às determinações históricas de suas consciências.

1.4. Hegel: o valor econômico como positividade humana

De maneira introdutória e sintética, exporemos alguns dos pressupostos do pensamento desse filósofo prussiano, como base de apresentação de seu entendimento sobre a economia política; tais pressupostos confluem para a definição concepcional da economia, o que nos leva a tratá-los concomitantemente. Queremos iniciar indicando a importância de um dos aspectos de seu papel intelectual na inflexão da trajetória teórica até aqui descrita, que tratou da determinação natural da *essencialidade humana*. A concepção de Hegel de tal essencialidade apresentar-se-á de maneira cada vez mais consentânea com a realidade mesma, a despeito de seu idealismo objetivo, na medida em que incorpora ao núcleo de sua análise filosófica o aspecto ativo do homem, o trabalho, mostrando com isso a base a partir da qual a autoconstrução humana emerge, embora teleologicamente posta na direção do *espírito absoluto*; nisto consiste também o novo foco da filosofia especulativa de Hegel.

Ele analisa a posição da *consciência imediata* sobre o processo de trabalho, mostrando que para esta os *meios*, ou ainda as ferramentas do trabalho, aparecem como meios para satisfazer as necessidades dos homens, enquanto que as próprias necessidades (e sua satisfação) se afiguram como fim último. Contudo, ele procura indicar que há aí uma inversão que deve ser reparada, pois "'O desejo tem que começar sempre pelo princípio'", e nele, a ordem dos fatores até aqui posta se altera. Assim, referindo-se à relação de senhor e servo da qual Hegel se vale amplamente, Lukács observa que a satisfação do "senhor" "passa pelo trabalho do servo, enquanto que a detenção do senhor no gozo imediato, na satisfação imediata das necessidades, é estéril para o ulterior desenvolvimento da humanidade".[143]

Essa abordagem hegeliana reflete um condicionamento social inevitável, e uma compreensão do ser social completamente nova, como afirma Lukács: "no trabalho, na ferramenta etc., se expressa um princípio mais geral, superior e mais social. Aqui se conquista um terreno novo do conhecimento amplo e profundo da natureza [humana], e isto não só para o homem individual, senão para a humanidade inteira".[144]

As leituras sobre esse tema abordado por Hegel, a atividade-trabalho, desenvolvidas no campo econômico, é a de menor presença nas análises de seu pensamento, e embora sendo tema do período inicial de seu percurso intelectual, exerceu influência em toda a sua produção filosófica posterior, por manter no seu núcleo o "aspecto ativo" do homem. Lukács observa de entrada que "Hegel se encontra assim com toda uma nova propositura sobre a posição da prática humana no sistema de filosofia; e já não fará falta uma discussão detalhada para ver que essa nova concepção da prática consiste em que para Hegel o trabalho, a atividade econômica do homem, constitui agora, por assim dizer, a forma originária da prática humana".[145] Em seguida, Lukács remete a discussão a um ângulo das preocupações hegelianas que nos permite visualizar mais adequadamente a importância da

---

143 Lukács, Georg, *El Joven Hegel y los Problemas de la Sociedad Capitalista*. Barcelona-México: Grijalbo, 1972, p. 344.

144 *Ibidem*, p. 344-345.

145 *Ibidem*, p. 347.

questão prática, ao referir-se à comparação que Hegel faz entre a *noção do prático* com sua apreensão somente *teorética*; na citação direta dos termos de Hegel temos: "Porém, na ideia, prática contrapõe como real ao real /.../. Esta ideia é superior à ideia do conhecimento contemplativo, pois não só tem a dignidade do universal, senão, ademais, a do simplesmente real".[146]

Astrada, por seu lado, destaca um importante ângulo, que podemos dizer tratar-se da ontologia hegeliana, ao mostrar-nos a posição do trabalho humano como determinação na externalização e autoconscientização do espírito absoluto: "Em relação com o *verdadeiro* trabalho do espírito absoluto, o homem, para Hegel, é tão somente um momento, isto é, o lugar em que o espírito chega ao saber de si mesmo. Quer dizer, o trabalho humano não é mais do que o lugar e o momento em que o espírito absoluto adquire consciência do seu trabalho como processo indefinido do seu autodesenvolvimento".[147] Por esse prisma, o homem, para Hegel, não é senão meio que sintetiza em si teoria e prática, revelando através do dinamismo de sua autoconstrução a finalidade última que é o autorreconhecimento do espírito absoluto.

Por outro lado, a *razão*, como tema de destacada importância na armação conceitual de seu arcabouço especulativo-filosófico, absorveu a maior parte de sua produção, bastando lembrar a formulação lukacsiana de *prioridade ontológica da razão*, como núcleo da perspectiva filosófica de Hegel. A razão estará submetida, diferentemente da perspectiva iluminista, às determinações da exteriorização e da atividade mundana do homem. Desta maneira, para ele, Descartes se torna o mais importante filósofo moderno ao fazer do "pensamento puro" o princípio de todas as coisas, ao fazer dessa entificação abstrata o ponto de partida de toda a história. Conforme Garaudy, Hegel empreende uma crítica que revela os limites dessa dimensão filosófica cartesiana, afirmando que, para que essa forma abstrata pura possa adquirir conteúdo concreto, deve percorrer os caminhos da experiência, o que só pode ocorrer através da necessária externalização, de um fazer-se matéria

---

146 Hegel, G. W., *apud* Lukács, G., *op. cit*, p. 347.

147 Astrada, Carlos, *Trabalho e Alienação*. Rio de Janeiro: Paz e Terra, 1968, p. 36. Observemos que, logo a seguir a esta afirmação, Astrada contrapõe a posição de Marx à de Hegel dizendo que para este "o trabalho é o *trabalho do homem*, e seu resultado vai ser o próprio homem" (p. 36-37).

Karl Marx – A determinação ontonegativa originária do valor   105

real e mundana do próprio espírito. Dito de outra forma, a razão tem sua efetivação no mundo prático.

Essa objetividade da razão estará formulada de maneira ainda mais clara nas suas elaborações sobre a *filosofia da história*, como afirma Denis ao citar outros argumentos hegelianos nessa direção: "A única ideia que a filosofia traz é esta ideia simples: a razão governa o mundo, e, por consequência, a história é racional /.../. Portanto, do estudo da própria história universal deve resultar que tudo se passou racionalmente, que ela foi a marcha racional, necessária do espírito universal".[148]

Vamos percebendo com isso que Hegel, a despeito de sua circunscrição à esfera filosófica especulativa, demarca-se radicalmente dos iluministas e moralistas, pois não identifica as qualidades essenciais do homem com suas *determinações naturais,* mas, ao contrário, suas qualidades serão construídas com a externalização da razão, objetivação cujo impulso resulta de uma "inquietação absoluta" no interior do espírito absoluto, que ele trata como essência do movimento, e que se torna a base fundante do devenir, e, por decorrência, da autoconstrução do homem. Marcuse ilustra bem os fundamentos dessa abordagem ontológica de Hegel: "As coisas finitas são 'negativas' e esta é uma característica que as define; elas nunca são o que podem e devem ser. Existem, pois, em um estado que não expressa plenamente, como realizadas, suas potencialidades. A coisa finita tem por essência 'esta inquietação absoluta', este esforço 'para não ser o que ela é'",[149] o que torna plena a justificativa da vida ativa, do movimento, das transformações, ainda que essa inquietação originária mantenha-se fora de qualquer fundamentação.

Hegel vivenciou uma fase da história, o fim do iluminismo, na qual a emersão no mundo real dos novos conhecimentos científicos impactou "o mundo das ideias", da filosofia; ao lado das ações políticas revolucionárias (Revolução Francesa, por exemplo), tais conhecimentos evidenciaram uma face da ação histórica dos homens como soberana: a do pensamento frente à natureza e à sociedade, o primado da razão etc., e colocaram no centro da vida social a dinâmica, o movimento, como condição própria do ser; noutro ângulo, que vem se somar a esse último, Garaudy destaca algo que se encontrava em voga nas discussões científicas e filosóficas daquele período: a

---

148 Hegel, G., *apud* Denis, Henri, *História do Pensamento Econômico*. Lisboa: Livros Horizonte, p. 420.

149 Marcuse, Herbert, *Razão e Revolução*. Rio de Janeiro: Paz e Terra, 3ª ed., 1984, p. 72.

natureza não pode ser concebida sem o movimento, este é inseparável da matéria; tudo leva a pensar a totalidade orgânica da vida. Desta forma, completa Garaudy, a natureza se movimenta; o mundo tem história; não há civilização eterna ou ideologia definitiva. Hegel pode, diante disso, especular sobre o devenir, na forma do dinamismo, das transformações, o que permite compreender um pouco mais sua preocupação com a realidade social e histórica.

Contudo, a filosofia hegeliana (especulativa), ao se pôr a "pensar a vida" nos moldes do dinamismo moderno, o faz pressupondo ser ela total obra do espírito, deixando indícios conservadores que serão progressivamente solidificados em sua produção de maturidade, ainda que o pensamento hegeliano seja produto de um período revolucionário e pós-revolucionário, aspecto observado por Garaudy ao dizer que ele "viveu a ruína total de um mundo e o nascimento de um outro"; além disso, Garaudy chama a atenção para o avançado de sua posição ao "reconhecer nas instituições e nas coisas a marca do homem, a obra do espírito, decifrar as significações humanas da totalidade real, captar, para além de suas realizações aparentemente mortas, a alma que vivifica as coisas e as arrebata em seu movimento – esta é a primeira exigência e o problema de Hegel".[150]

Marcuse aborda, entre outros, alguns ângulos do pensamento hegeliano que contemplam sua compreensão sobre a atividade humana, destacadamente a questão da propriedade privada: "A institucionalização da propriedade privada significa, para Hegel, que os 'objetos' foram finalmente incorporados ao mundo subjetivo: eles não são mais 'coisas mortas', mas pertencem, na sua totalidade, à esfera de autorealização do sujeito. O homem fabricou-os e organizou-os, tornando-os, assim, parte integrante da sua personalidade".[151] De maneira que o mundo natural, objetivo, incorporado à subjetividade do homem, integra seu ser sob a forma da moderna figura de proprietário; isto se dá a partir de sua atividade, tal qual já formalizara Locke, o que indica o distanciamento de Hegel da formalização do *estado de natureza* hobbesiano.

Por outro lado, Hegel lança mão das formalizações jurídicas para dar maior consistência a uma questão fundamental para as determinações econômicas; trata-se da diferenciação entre posse e propriedade privada. Assim, a noção jurídica

---

150 Garaudy, Roger, *Para Conhecer o Pensamento de Hegel*. Porto Alegre: L&PM, 1983, p. 81.

151 Marcuse, H., *op. cit.*, p. 81.

do "ser-reconhecido" permeia sua reflexão, nessa diferenciação, como nos indica Lukács: "Na possessão se encontra a contradição de que *uma coisa* é como coisa algo geral, e, no entanto, deve ser só uma possessão. Essa contradição é superada pela consciência ao pôr a coisa em si como o contrário de si mesma; então é, como reconhecida, a possessão única e, ao mesmo tempo, o geral, pois nessa isolada possessão possuem todos... Minha possessão recebeu assim a forma da consciência; está determinada como possessão minha; porém, como *propriedade*, não se refere só a mim, mas sim é geral".[152] Hegel traspassa a possessão particular ao universal ao imprimir-lhe o efeito da consciência de propriedade, o que o aproxima, nessa formulação, daquela, smithiana, em que o filósofo escocês, aperfeiçoando a tradição mercantilista, transfere a propriedade para a essência da *natureza humana,* a exemplo de Lutero, que transfere o sacerdócio para o *coração do leigo,* como corretamente observado na ironização de Engels ao chamar Smith de Lutero da economia.

De outro lado, Hegel estabelece um nexo consistente entre as manifestações econômicas e o direito burguês, ao aproximar sua concepção política sobre o *contrato* à econômica das *trocas*; o reconhecimento *de si e do outro* como proprietários é mediado pelo contrato, o que se desdobra no reconhecimento da mútua alienação. Assim expressa ele essa questão, na citação oferecida por Lukács: "Este saber se expressa no *contrato.* É o mesmo que a troca, porém troca ideal: a) Não entrego nada, nem alieno nada, não presto nada senão minha *palavra*, a linguagem, que quero alienar; b) e o outro, faz o mesmo. Este meu alienar é também *sua* vontade; *ele* está de acordo em que eu lhe entregue tal coisa. c) E é também alienar por parte do outro, é vontade comum; meu alienar está mediado pelo seu. Se eu quero alienar é porque *ele* também quer alienar, e porque sua negação é minha posição. É uma troca de declarações, não já de coisas, porém vale tanto como a coisa mesma. Para os dois vale a vontade do outro como tal. A vontade voltou ao *seu conceito*".[153] Fica patente a determinação capitalista moderna sobre o pensamento de Hegel, sua compreensão do fenômeno da alienação, como fenômeno historicamente novo, positivo e superior, das relações sociais, em comparação com a sociabilidade operada no velho regime.

---

152 Hegel, G., *apud* Lukács, G., *op. cit.*, p. 378.

153 *Ibidem*, p. 378.

De outro lado, essa incorporação e consequente integração no homem da propriedade privada dão solidez à sua concepção de história no sentido da demarcação do ser social em relação à natureza. Esta é incorporada à história humana convertendo-se unicamente em história humana; nas palavras de Marcuse vemos então que "A natureza /.../ instala-se na história do homem, e a história passa a ser essencialmente história humana. Todas as lutas históricas transformam-se em lutas entre grupos de indivíduos possuidores de propriedades. Esta concepção, de longo alcance, influencia totalmente a subsequente construção do reino do espírito".[154] A partir desta compreensão, a natureza em si aparece demarcada do universo social; seu dinamismo não tem progresso, isto é, seu movimento é mudança repetitiva do mesmo, "é circular", ao contrário da sociedade humana, que se expressa por meio do trabalho, da autocriação e transformação de si e do mundo. Finalmente, tendo o trabalho em seu núcleo, a história deixa ser artifício de grandes homens ou heróis, mas sim produção e articulação dos povos em suas atividades.

Contudo Hegel apresenta também uma postura crítica frente à modernidade, pois a garantia de continuidade da história implica na necessária superação das "lutas de morte", lutas essas que dominaram outros momentos, bastando lembrar que Hegel tem na "guerra de todos contra todos" hobbesiana uma referência para explicar a sociabilidade anterior à propriedade privada. Assim, a transição da ordem de propriedade familiar à nação assemelha-se à superação do *estado de natureza*, pela ação humana no trabalho ou à superação da *posse,* pela propriedade privada. Marcuse procura evidenciar o encaminhamento hegeliano indicando seus passos nas formulações originárias dessa temática, que aparecem na *Realphilosophie* de 1804-5,[155] com fortes sinais de influência do *Bellum ominium contra omnes*, como já se observou, mas agora, aplicado a uma sociedade em que a indústria e o mercado dominam e lhe dão forma. O mundo social se apresenta como "um vasto sistema comunitário e de mútua interdependência, uma vida ativa de mortos. Este sistema move-se daqui para lá, de modo cego e elementar

---

154 Marcuse, H., *op. cit.*, p. 81.

155 Esse manuscrito de Hegel foi publicado mais de um século após sua produção, informa-nos Francisco Gil Villegas, em seu texto "Tensões e contradições na sociedade civil: Hegel como precursor da análise do trabalho e a alienação na crítica da sociedade industrial" (in: *Estudos, filosofia-história-letras. Inverno – 1988*). Por esta razão, conclui-se que nem Marx nem Engels devem ter tido acesso a ele.

e, tal como um animal selvagem, exige rigoroso e permanente controle e repressão".[156] Esse quadro social tem como núcleo o *trabalho*, o *demônio* do trabalho, como diz Hegel: trata-se do trabalho abstrato e mecânico, que impede o desenvolvimento das faculdades humanas, sob o impacto de uma desrealização humana, resultante da mais plena subsunção dos indivíduos às máquinas, tudo isso potencializado pelo dinamismo da sociedade de trocas. Note-se que os meios de produção, sob a forma de ferramentas, ou instrumentos em geral, não apresentam ainda a complexidade e dominação do sistema de maquinaria, e é este último que será tratado de maneira hostil por Hegel.

Em seus estudos sobre a concepção de trabalho em Hegel, Adolfo Sánchez Vasquez, apoiado em *O Jovem Hegel*, de Lukács, oferece-nos alguns esclarecimentos sobre o pensamento hegeliano que nos permitem compreendê-lo um pouco mais; toma a transição das determinações naturais para as sociais como referência, pois a atividade trabalho está no fulcro dessa transição, conforme nos mostra esse autor: "No desejo animal, dirigido ao objeto no sentido de destruí-lo, são negados imediatamente tanto o desejo como o objeto desejado, o primeiro porque é satisfeito, e o segundo porque é destruído. Para que se mantenham os dois termos da relação, é necessário que seja superada a animalidade do desejo, e que um e outro deixem de estar numa vinculação imediata".[157] E, mais à frente, ele indica que essa superação é posta por Hegel como a determinação do caráter social que se objetiva e se realiza, pois: "Trabalhando para si, a fim de satisfazer uma determinada necessidade, o homem realiza o intercâmbio da satisfação de sua necessidade pela satisfação das necessidades de outros",[158] sociabilidade que se instala por meio do trabalho e da superação da animalidade.

Focado no trabalho, Vasquez aponta as observações de Hegel quanto à negatividade da divisão do trabalho que emerge no seio dessa sociedade, diferentemente dos economistas clássicos, nos quais só há registros positivos, cujo núcleo é a expansão da riqueza, para Hegel, "a divisão do trabalho /.../ afeta negativamente o operário, já que degrada e obscurece sua consciência, diminui sua habilidade e torna casual e incontornável a conexão entre o trabalho e a massa incontrolável de necessidades".[159]

---

156 Hegel, G., *apud* Marcuse, H., *op. cit.*, p. 84.

157 Vasquez, Adolfo Sánchez, *Filosofia da Práxis*. Rio de Janeiro: Paz e Terra, 1968, p. 68.

158 *Ibidem*, p. 68.

159 *Ibidem*, p. 69.

Vasquez indica ainda que esse lado negativo observado por Hegel o é também por Marx, especialmente quando mostra o *cinismo* com que a economia clássica se refere a essa condição. Vasquez indica ainda que a crítica hegeliana é limitada, uma vez que desconhece a raiz de classe social dessa negatividade; "se a tivesse descoberto, deixaria de ser Hegel e passaria a ser Marx", ironiza ele.

Por fim, aborda os ângulos contraditórios a que chega o filósofo prussiano por remeter todo o desenvolvimento prático objetivo do homem à realização do espírito absoluto, tema desenvolvido na *Fenomenologia do Espírito*. Diz então Vásquez que, em Hegel, "A consciência percorre o caminho /.../ que vai desde a forma ou fase que se vê a si mesma desdobrada em consciência do objeto e objeto da consciência, até a última fase, a do Saber Absoluto, na qual se anula toda a objetividade e, portanto, toda a alienação, visto que a consciência se convenceu da natureza espiritual, subjetiva, de todos os objetos com que deparava como algo objetivo ou alheio a ela".[160] Ainda que não seja o caso aqui de aprofundar essa temática, é necessário, entretanto, indicar que Vásquez tem em mira a *autoconsciência*, o saber de si mesmo, que não pode ser expressão singular, por aspirar ao saber absoluto. Assim, continua o comentador, "A autoconsciência é consciência de si, /.../ 'e só atinge sua satisfação em outra autoconsciência'".[161] De forma que, embora tendo na base de sua argumentação o desenvolvimento histórico-concreto, "a história da consciência humana e de suas relações com o mundo, com os objetos reais, se transforma na história do espírito, de que o homem é portador. Por isso, as atividades humanas, inclusive sua atividade prática material, nada mais serão do que atividades espirituais do Absoluto".[162]

De qualquer forma, o trabalho ocupa, centralmente, as preocupações de Hegel desde o início das suas elaborações teóricas; ele expõe a dupla face dessa atividade, mostrando o momento em que coincide com a autoconstrução do homem (em verdade trata-se do reconhecimento de si do espírito através do trabalho), e o momento, como foi observado acima, da deterioração humana pelo trabalho, pela divisão do trabalho.

---

160 *Ibidem*, p. 72.

161 *Ibidem*, p. 73.

162 *Ibidem*, p. 73.

Karl Marx – A determinação ontonegativa originária do valor   111

O trabalho é uma posição tomada pelos homens no mundo objetivo onde se operam a transformação material e as inter-relações humanas, bem como sua própria modificação no eixo do devenir histórico; em grande parte, essa noção de trabalho, presente no pensamento de Hegel, tem origem na literatura econômica moderna, apropriada e incorporada por ele à filosofia. Consideramos necessário também destacar algumas articulações da ontologia hegeliana, dentro das quais a atividade humana trabalho desempenha papel central, e os temas econômicos, por decorrência, são elevados a consequências, as mais importantes para compreensão do ser social. Desta forma, se, de um lado, Hegel subsume a atividade fundante do ser social, o trabalho, à realização do espírito absoluto, de outro, foi possível a Marx apreender o núcleo em que Hegel capta o caráter concreto do ser social em meio à complexa elaboração filosófico-especulativa, e expor a compreensão do papel do trabalho como fundamento do ser social.

Lukács, ao tratar da ontologia hegeliana, reafirma seu caráter universal, tomando sempre em consideração a circunscrição prussiana daquele pensamento. No capítulo respectivo de sua *Ontologia do Ser Social,* ele afirma: "Na filosofia clássica alemã, verifica-se um movimento que leva da negação teórica da ontologia em Kant a uma ontologia universalmente explicitada em Hegel".[163] No núcleo desse movimento, encontra-se reposto o tema que matrizou o iluminismo; conforme Lukács, só se pode "falar de um prosseguimento do iluminismo", nessa fase já posterior à Revolução Francesa, à medida que o núcleo temático, sua principal problematização filosófica, permanece sendo a "onipotência ontológica da razão". Por outro lado, observa, o período inicial de atividade intelectual hegeliana coincide com propensões filosóficas antagônicas; de um lado, inclinações românticas de exaltação de um passado em que as contradições do mundo moderno não estavam presentes, permitindo com esse suposto a defesa de um também suposto equilíbrio racional-comunitário. Noutra linha, a denúncia de uma "época de total pecaminosidade" (Fichte), que "vê brilhar no futuro, superando essa época, a imagem do efetivo reino da razão".[164] Para Hegel, ao contrário, "o reino da razão" permeia o mundo presente e real, e define como condição de ser desse próprio

---

163 Lukács, György, *Ontologia do Ser Social – A falsa e a verdadeira ontologia de Hegel.* São Paulo: Livraria e Editora Ciências Humanas, 1979, p. 9.

164 *Ibidem*, p. 10.

mundo uma outra característica fundante de sua essencialidade, o dinamismo vivo das contradições. Com isso Hegel instaura uma posição filosófica nova, que supera as tendências que ocupam aquele período, mantendo no seu núcleo "a prioridade ontológica da razão", de um lado, e a diversidade na unidade como expressão da contraditoriedade real, de outro.

Lukács defende esse novo caráter impresso na filosofia hegeliana por sua elevação ontológica na direção do ser social, destacando-a das correntes ontológicas oriundas do iluminismo. Ele a defende contra aquelas correntes, mostrando, através de uma curta digressão na história iluminista, que a razão é definida como princípio último do ser em sua naturalidade (Descartes), mas que a base natural mantém prioridade em relação à sociedade. Essa posição tem raízes profundas no desenvolvimento da cientificidade natural moderna; observa então o pensador húngaro que, apoiados ainda numa concepção materialista-mecanicista, particularmente da astronomia e da física, Galileu e Newton revelam a "objetividade, a materialidade, independência e legalidade" daquelas ciências. Por sua objetividade e racionalidade, desponta uma base ontológica sólida que afasta das concepções da natureza elementos antropo-morfizantes, o que não facilita em nada, ao contrário, a formação de um caminho na determinação ontológica do ser social.

Por outro lado, indica Lukács, a tentativa de fundar uma ontologia uni-tária, natural e social, leva Hobbes a negligenciar as conquistas das ciências naturais, e inconscientemente converter aquela "visão materialista da natu-reza numa visão idealista da sociedade e da história". Observa ainda, sobre Hobbes, que o "egoísmo racional" é construído não com base num *mero dever-ser subjetivista*, característico dos moralistas, mas apoia-se "numa ontologia do ser social também espontaneamente objetiva", derivada de uma concepção *objetiva-materialista-mecanicista* da natureza, sem que, e por isso mesmo, fosse posto para enfrentamento filosófico o profundo caráter contraditório que essa relação implica em si mesma. Desta forma, a sociabilidade não poderia ter outro fundamento que não fosse puramente idealista.

Em Hegel, por outro lado, pode-se observar, acerca da formalização teórica sobre a sociabilidade dos indivíduos, e a despeito da rigorosa diferenciação con-cepcional e do distanciamento histórico, o estabelecimento de certa proximidade com o "estado de natureza" de Hobbes. Afirma Hegel: "O estado de natureza não é injusto, precisamente por isso há que abandoná-lo",[165] e em seguida afirma: "O ponto de partida é o *bellum ominium* contra *omnes* de Hobbes, a aniquilação recíproca dos homens no estado de natureza; como diz Hegel: uma superação /.../ sem preservação. Pelo submetimento de uns ao domínio de outros se produz logo a situação de dominação e servidão, do senhor e do servo".[166] Hegel aponta para a contradição que está expressa nesse ponto de partida, contradição nas relações sociais sob a forma de senhor e servo como resultado da superação do ponto de partida hobbesiano adotado.

Outra dimensão do percurso intelectual desse filósofo que nos ajuda a compreender o padrão de envolvimento com a realidade socioeconômica remete ao fato de que sua articulação filosófica data de um período em que parte das questões postas pelo iluminismo, com o seu esgotamento, não foram solucionadas. Assim Hegel defronta-se com um problema cuja resolução estará sob sua elaboração filosófica: trata-se da questão da unidade e diversidade, sem cuja compreensão, como diz Lukács, não é possível qualquer ontologia. Lukács retoma o tema da natureza, mencionado anteriormente, observando que Hegel projeta uma ontologia unitária (natural e social), "na qual a natureza constitui uma base e uma pré-história muda, não intencional, da sociedade". Nisto consiste o avançado padrão intelectual de Hegel na confecção de uma ontologia que supera aquelas originárias no iluminismo, as quais faziam derivar da natureza as características humanas construídas pelo próprio homem; para o filósofo alemão, embora a natureza seja a base fundante do social, este apresenta categorias, conexões, legalidades qualitativamente novas, derivadas geneticamente da natureza, mas que vão além, ultrapassam a *mudez* natural num distanciamento qualitativo essencial, pois fundado na atividade humana autoconstrutiva. Deriva daqui também o posicionamento crítico de Hegel frente a qualquer dever-ser sociomoral, atribuído à naturalidade, e a qualquer prioridade do dever-ser em relação ao ser. Lukács arremata, para afirmar a importância da avançada elaboração hegeliana, dizendo que: "a supremacia ontológica do ser-precisamente-assim da realidade com relação a todas as demais categorias, subjetivas e objetivas"[167]

---

165 Hegel, G., *apud* Lukács, G., *El Joven Hegel, op. cit.*, p. 324.

166 *Ibidem*, p. 324-325.

167 Lukács, G., *Ontologia do Ser Social – A falsa e a verdadeira ontologia de Hegel, op. cit.*, respectivamente p. 13, 14, 15, 16 e 17.

é uma posição de importância máxima para a exposição de sua objetividade e da supremacia ontológica do ser social.

Em síntese, o primado da razão em Hegel, sob forma idealista-objetiva, a determinação incontornável do "ser-precisamente-assim da realidade", na compreensão do mundo humano em sua contraditoriedade, revelam uma nova abordagem, que, a despeito dos limites de seu sistema em dar indícios inconscientes de um fim da história, como afirma Lukács, permite ao filósofo húngaro, recordando Marx, dizer: "É preciso ver Hegel do mesmo modo como Marx via Ricardo: 'No mestre, o que é novo e significativo se desenvolve arrebatadoramente, em meio ao 'esterco' das contradições, dos fenômenos contraditórios'";[168] em seguida, esclarece o significado de sua analogia: "Esse 'esterco das contradições' apresenta-se em Hegel, em primeiro lugar, como reconhecimento da contraditoriedade do presente, como problema *não só do pensamento mas também da própria realidade*, como problema sobretudo ontológico".[169] Não é demais lembrar que a ontologia do ser social em Hegel padece, entre outros, dos limites idealistas, ainda que seja um idealismo objetivo, que sequestra o mundo real, o mundo dos homens, convertendo-os em reféns do espírito absoluto.

Porém a insuprimível referência à realidade, que marca a trajetória intelectual hegeliana, conduziu esse grande filósofo às leituras sobre economia, particularmente dos textos de Smith e Ricardo; ele foi, conforme observado anteriormente, o primeiro pensador a "incorporar à filosofia" o conteúdo resultante das pesquisas da economia política, deixando explicitado, com isso, sua compreensão sobre a importância das categorias e do dinamismo econômicos da sociedade civil moderna. Embora vivesse e convivesse com os dramas de uma realidade acentuadamente tardia, em relação à França e à Inglaterra, a atualidade econômica de seu pensamento se deve àquelas leituras; e, se nesse plano específico ele não obteve o mérito dos clássicos, sua compreensão da estrutura social em que tais categorias iam se desenvolvendo eleva-o a um patamar superior de entendimento da totalidade humana, em relação àqueles.

Lukács aponta para essa problemática de maneira a permitir uma compreensão concreta dessa complexidade: "Hegel parte de uma descrição realista da sociedade civil, vê sua dinâmica nas legalidades que surgem imediatamente das ações causais,

---

168 *Ibidem*, p. 11.

169 *Ibidem*, p. 11.

singulares dos indivíduos, e considera toda essa esfera – com razão – como pertencente à particularidade, à universalidade relativa em face aos indivíduos"[170]. Desta
forma, a base sobre a qual, e a partir da qual, deveria se erguer o estado foi, como
vimos até aqui, adequadamente abordada e analisada por ele. Em seguida, Lukács
mostra o limite da posição de Hegel ao explicitar a formação do estado burguês,
indicando-o nas palavras do próprio filósofo prussiano: "'Mas o princípio da particularidade, precisamente porque se desenvolve para-si em totalidade, transpassa na
universalidade'; mas acrescenta logo após: 'e tem unicamente em tal universalidade
sua verdade e seu direito à realidade positiva'",[171] o que eleva o estado, de maneira
mecânica e unilateral, a uma "supremacia ideal" na totalidade social.

Contudo, na linha de resgate do seu núcleo racional, Lukács observa que essa
abordagem conta inexoravelmente com a concepção histórica, de sua lavra, que
contrapõe o estado moderno aos antigos, e cita as palavras do próprio Hegel:
"[a particularidade] se mostra /.../ como corrupção dos costumes e como razão
última da ruína de tais estados";[172] diante disso, Lukács sublinha e qualifica o pensamento hegeliano: "Sob esse ângulo, o filósofo originário de um país economica-
mente muito mais atrasado é superior aos seus mestres em economia",[173] já que os
clássicos da economia moderna tiveram uma compreensão mais direta das relações
em questão, sem perceber os nexos históricos que a permeavam.

De forma que a economia adentra o pensamento hegeliano para compor e en-
riquecer com elementos da realidade concreta sua compreensão sobre o ser social;
como já destacamos, o eixo que conduz Hegel em suas análises econômicas é a
atividade humana trabalho, inspirado nas concepções expostas por Smith. Ele não
tem pretensões analíticas, das quais se originariam certo pragmatismo, voltadas
a proposituras econômicas práticas, ao contrário, e até porque a Prússia, por seu
atraso socioeconômico, não pode ser, em termos históricos, palco ou vanguarda
da ação do capital; ele quer, isto sim, apropriar-se dos resultados das pesquisas
e experiências que esse campo do conhecimento pode proporcionar, na direção
indicada acima. Nesse sentido, como observa Lukács, ele retoma a tradição, que

---

170 *Ibidem*, p. 24.

171 *Ibidem*, p. 24.

172 Hegel, G., *apud ibidem*, p. 25.

173 *Ibidem*, p. 25.

dominou os clássicos desde Petty, na qual a economia é assimilada ao campo maior dos estudos da sociedade.

Importante assinalar de maneira bastante incisiva, que Hegel, dentro dos limites de sua concepção econômica, ordena-se sob a perspectiva da atividade humana imprimindo-lhe uma qualificação distinta e superior àquela que a economia política veio instalando: "A *atividade* surgiu nos escritos dos clássicos da economia política como algo *concreto*, pertencente às manifestações palpáveis da vida real. Mas em sua concepção ela estava limitada a uma esfera particular, a da manufatura e do comércio, considerada de maneira totalmente a-histórica. A grande realização teórica de Hegel foi tornar universal a importância filosófica da atividade, mesmo que isso tenha sido feito de maneira abstrata".[174]

Desta forma, para o filósofo prussiano, a esfera do trabalho precisamente centraliza a complexidade dinâmica da vida social; Hegel entende que o objeto de trabalho *se faz real* no e pelo trabalho; por outro lado, como no objeto do trabalho cristalizam-se legalidades naturais definidas e que são conservadas no processo do trabalho, a fecundidade deste só se efetiva com base no conhecimento dessas legalidades. O trabalho, portanto, só pode operar uma mudança de forma no objeto se houver correspondência entre o ato e a legalidade própria do objeto. Contudo o movimento do trabalho vai além do objeto em mudança, observável na imediatez. Através do trabalho, surge no homem algo universal, surge o abandono da imediatez, a ruptura com a vida meramente natural, instintiva, impulsiva do homem; isto é, o homem se faz homem ao introduzir em seu desejo e satisfação o trabalho, rompendo com a imediatez do ser natural.

Lukács chama a atenção para o caminho tomado por Hegel na determinação da atividade-trabalho; ele observa que em Hegel há um movimento para o exterior da natureza, através de um estado de intranquilidade em que se encontra o *conceito de trabalho*; a exteriorização dessa atividade responde a essa intranquilidade, ou seja, o trabalho encontra-se latente na subjetividade humana e: "Sua intranquilidade tem de vir-a-ser o autoconsolidar-se, o movimento que se supera como intranquilidade, como puro movimento. Tal é o trabalho. Sua intranquilidade se

---

174 Mészáros, István, *Marx: A Teoria da Alienação*. Rio de Janeiro: Zahar, 1981, p. 82.

faz objeto como consolidada multiplicidade, como ordem. A intranquilidade se faz *ordem* precisamente porque se faz objeto".[175]

Desdobrando um pouco mais o pensamento hegeliano na direção da economia, Lukács aponta para a incontornável referência às teorizações smithianas, à admiração e subsunção às determinações temáticas, em particular sobre o trabalho, que ele demonstrou em relação ao filósofo escocês, pois é especialmente das leituras desse pensador que Hegel alimenta seu intelecto com elementos da economia, já que a Alemanha, em sua época, não dispunha das avançadas categorias econômicas inglesas; ele nos mostra na *divisão do trabalho*, além da integração do homem na realização das necessidades, outra componente de teor bem mais elevado, que é a universalidade do trabalho, ou melhor, a universalização do homem pelo trabalho, como já foi aludido anteriormente.

Nas operações integradas da divisão do trabalho, Hegel indica o caráter abstrato que necessariamente está impresso nesse processo: "A necessidade em geral *se analisa* em seus muitos aspectos; o *abstrato* de seu movimento é o ser para si, o fazer, o trabalhar. E como a *necessidade só se elabora como abstrato ser-para-si, assim também se trabalha só abstratamente*".[176] Ele toma de Smith, para exemplificar essa integração da divisão do trabalho e o reflexivo progresso advindo dela, a seguinte formulação: "Dez podem fazer tantos alfinetes quanto cem", e noutro momento, esmiuçando um pouco mais esse processo e tentando explicar o caráter abstrato e integrado da divisão do trabalho, afirma: "Todo indivíduo, pois, pelo fato de ser aqui um indivíduo, trabalha para *uma* necessidade. O conteúdo de seu trabalho ultrapassa *sua* necessidade; trabalha para as necessidades de muitos, e assim fazem todos. Cada qual satisfaz, pois, as necessidades de muitos, e a satisfação de suas muitas necessidades diversas é trabalho de muitos outros".[177]

Desta maneira, dirá Lukács que o trabalho em geral significa para Hegel divisão do trabalho, economia etc., tudo como inexorável progresso social. Contudo, acerca da maquinaria, Hegel faz uma ponderação, da qual resulta uma indicação de negatividade no seio de um mundo em pleno progresso; afirma que quan-

---

175 Hegel, G., *apud* Lukács, G., *El Joven Hegel y los Problemas de la Sociedad Capitalista*, *op. cit.*, p. 324.

176 Hegel, G., *apud ibidem*, p. 327.

177 Hegel, G., *apud ibidem*, p. 327.

to mais o homem utiliza máquinas, submetendo a natureza, mais ele próprio se rebaixa, pois menor se torna a condição de superar a necessidade do seu trabalho. E, sem manifestar qualquer lamento, Hegel observa também, sobre a degradação do trabalho no capitalismo industrial, que nas condições da maquinaria "o homem se torna cada vez mais *mecânico*, sórdido, e sem espírito pela abstração do trabalho";[178] o trabalho abstrato e unilateral impede o desenvolvimento espiritual e a própria abstração dessas condições degradantes. E, em seguida, aprofunda o significado e conteúdo de sua ponderação: "O espiritual, essa vida plena e autoconsciente, se converte num fazer vazio. A força da mesmidade consiste na riqueza de sua apreensão; e esta se perde. O homem pode liberar como máquina trabalho próprio; tanto mais formal resulta seu próprio fazer".[179] Desse seu raciocínio, desponta a compreensão de que a riqueza nasce em meio à própria pobreza, como observa Lukács. Contudo, o trabalho hábil do homem é a possibilidade de conservação de sua existência, o que o leva à sua óbvia subsunção ao mecânico processo, pois a vital necessidade definiu a forma e o meio de garantir sua existência; por sua vez, essa garantia sujeita-se às causalidades do real: "Por isso são às vezes condenadas quantidades de trabalhos de fábricas, manufaturas, minas etc. e ramos da indústria que mantinham uma grande classe de homens se esgotam de repente por causa da moda ou do barateamento do produto por invenções em outros países etc. e toda essa multidão de homens é entregue a uma pobreza sem defesa. Aparece então a contraposição entre a grande riqueza e a grande pobreza, a pobreza à qual é impossível produzir algo".[180]

Lukács observa então que, da mesma maneira que os clássicos da economia política, Hegel não vê a diferença na função da máquina sob o capitalismo, e a máquina como coisa para a humanidade em geral; além disso, embora perceba a degradação humana dos trabalhadores associada com o progresso das máquinas, considera esse enlace inevitável, sem identificar qualquer alternativa a isso.

De outro lado, Lukács mostra que o automovimento do sistema, conforme quer Hegel, expressa de forma ampla e consistente o ambivalente fenômeno da alienação, que em última análise consubstancia-se no dinheiro. Portanto, ao analisar o

---

178 Hegel, G., *apud ibidem*, p. 329.

179 Hegel, G., *apud ibidem*, p. 329.

180 Hegel, G., *apud ibidem*, p. 329.

plano econômico, Hegel dá "um tiro certeiro", atingindo a alienação em sua plena consubstanciação: "*Estes múltiplos e diversos* trabalhos das necessidades como coisas têm de realizar igualmente seu conceito, sua abstração; seu conceito geral tem de ser igualmente uma coisa como eles, porém que os represente a todos como geral. O *dinheiro* é este conceito material e existente, a forma da unidade ou da possibilidade de todas as coisas da necessidade";[181] eis então a alienação materializada na forma dinheiro do valor. A objetividade do dinheiro, além disso, permite entender que as relações entre os homens na sociedade encontram-se expressas nele, e estes, por seu lado, encontram-se subtraídos ao domínio das próprias relações. Assim, avança Hegel: "A necessidade e o trabalho sublimados nessa universalidade constituem já por si mesmos, em um povo grande, um gigantesco sistema de comunidade e dependência recíproca, uma vida semovente do morto, o qual, em seu movimento, oscila cega e elementarmente de um lado para outro, e, como um animal selvagem, necessita constantemente rigoroso domínio e domesticação".[182]

Desta maneira, Hegel expõe também sua compreensão sobre o mundo econômico, apresentando-o em seu autodinamismo, movimento despregado dos indivíduos, que por essa razão os deixa em estado de plena alienação. A "vida semovente do morto", como observa Lukács, expressa a compreensão hegeliana de um mundo econômico ao qual o homem encontra-se subsumido, alienado, mas que é também, simultaneamente, produto dos próprios indivíduos. Nesse sentido, o dinheiro, como encarnação das atividades dos homens, afirma sua posição no mundo, pois: "Todas as necessidades estão resumidas nesta coisa una. A coisa da necessidade se converteu em uma coisa meramente *representada*, não consumível'", e mais adiante, ele reforça sua concepção dizendo: "[Porém este dinheiro que tem a *significação* de todas as necessidades é ele mesmo, simplesmente, uma *coisa imediata*] é a abstração de toda a particularidade, todo o caráter etc., toda a habilidade do indivíduo".[183] Na confirmação dessa posição de Hegel, Marx, nos *Manuscritos Econômico-filosóficos*, aponta a identidade que o filósofo prussiano estabelece entre a *lógica* e o *dinheiro,* no tocante à compreensão daquele sobre a alienação do pensamento, dizendo: "A *lógica* é o *dinheiro* do espírito, o

---

181 Hegel, G., *apud ibidem*, p. 331.

182 *Ibidem*, p. 331.

183 *Ibidem*, p. 334.

valor pensado, especulativo do homem e da natureza; sua essência tornada totalmente indiferente a toda determinidade, e, portanto, não efetivo; é o *pensamento alienado* que por isso faz abstração da natureza e do homem efetivo; o pensamento *abstrato*" (MEF, p. 51-a). Vale notar, na continuidade, que Lukács destaca as abordagens econômicas de Hegel observando que, embora ele não tenha compreendido completamente as teorizações de Smith, seu esforço para captar a essência do dinheiro coloca-o à frente de parte dos pensadores da economia política. Como exemplo, cita Hume, dizendo que muitos economistas do séc. XVIII, desconheceram "a objetividade do dinheiro, sua realidade de 'coisa', /.../ sem ver nele mais que uma [mera] relação".

Por fim, Lukács destaca a ambivalência conceitual de Hegel no trato dispensado ao valor. Ele oscila entre posições subjetivas e objetivas, como por exemplo: "O valor é minha opinião sobre a coisa", ou então, ao contrário, "O valor é abstração dessa igualdade de uma coisa com outra, a unidade e o direito concretos; ou melhor, o valor mesmo é a igualdade como abstração, é o critério empírico realmente encontrado",[184] o que nos indica com clareza que Hegel, a despeito de elevar o campo econômico ao plano da filosofia, não demonstrou ter compreendido adequadamente o valor. Contudo, resulta necessário perceber que a importância da abordagem hegeliana da economia residiu inicialmente nessa elevação do econômico à filosofia, sem reduzi-lo a esta última, e no fato de posicionar o trabalho no centro de suas preocupações, derivando daí a fundamental determinação da autoconstrução do homem, ainda que subordinada ao espírito absoluto. Fica patenteada também sua postura sobre o *valor*, como positividade na efetivação da sociabilidade ao contrair em si, na forma do dinheiro, a potencial resolução das necessidades humanas. Por outro lado, no que respeita à essencialidade humana, vimos que Hegel se demarca do estado de natureza hobbesiano, como se distancia do sentimento moral humeano ou smithiano, e propõe uma trajetória nova, que, embora fundada no idealismo de seu *espírito absoluto,* tem o grande mérito de efetivá-lo por meio da *atividade humana,* do *trabalho,* ação essa que reflete no próprio ser social sua autoconstrução. Pode se dizer que o pensamento hegeliano encontra-se na fronteira da modernidade ilumunista e do pensamento crítico de Marx.

---

184 Hegel, G., *apud ibidem*, p. 333.

CAPÍTULO 2

Economia política clássica e positividade do valor

Introdução

Neste capítulo nos ocuparemos do próprio *valor* econômico, conforme se apresenta na concepção dos pensadores da economia política clássica. Certamente, nomes como Smith figurarão no centro deste capítulo, embora tenha sido abordado também no capítulo anterior, no qual a questão dos fundamentos naturais do indivíduo definia o eixo de nossa pesquisa.

As descobertas que vão se operando no quadro da ciência econômica permitem um contorno sempre mais nítido do fenômeno em pauta. O desvelamento das facetas do valor, concomitantemente ao seu próprio desenvolvimento, levou os autores a definir adequadamente sua estatura social, isto é, a determinação de sua essência abstrata. Mérito da economia política clássica, o valor ganhará, na pena de seus autores, a cada passo do desenvolvimento social e econômico, maior consistência nas formulações teóricas. A identificação originária operada por Willian Petty[1] matriza uma linha de condução diante desse fenômeno econômico, que encontrará sua forma mais desenvolvida em Adam Smith e David Ricardo.[2]

Petty mantém-se crítico em relação às concepções mercantilistas, para as quais o valor é sempre reduzido a preço e tem sua determinação, grosso modo, no mercado, através das trocas, portanto na circulação e não na produção. Nasce com ele

---

1   Willian Petty (1623-1687).

2   David Ricardo (1772-1823).

a primeira formulação que supera esse reducionismo, e se põe pela primeira vez uma noção singular de valor, que ele trata por preço natural. Trata-se da capacidade de compreensão do caráter genérico do valor, que esse pensador demonstra ao expô-lo como característica comum a todos os valores úteis criados pelo trabalho por encerrar tempo de trabalho. Assim, afirma ele que, por exemplo, produzir *chumbo* ou produzir *trigo* significa criar o mesmo *valor* se, em sua produção, for consumido o mesmo tempo de trabalho, isto é, tanto faz ter uma partida de trigo ou certa quantidade de chumbo, se o tempo de trabalho for o mesmo para ambos. Desta forma, *um passa a ser, indistintamente, preço natural do outro*. Esta formulação de Petty põe, desde logo, no centro da discussão econômica, a questão do trabalho, ou melhor, do tempo de trabalho, deslocando o tema valor/preço do campo da circulação para o da produção. Portanto trata-se de uma das mais importantes conquistas para o estabelecimento da ciência burguesa nascente, que irá se debruçar cada vez mais sobre o âmbito produtivo, em suas análises, a ponto de negligenciar, num dado momento, o próprio valor de troca, e tratar toda a economia pelo valor de uso, como ocorreu com a *escola fisiocrática*.

Buscando dar fundamento à premissa indicada, mostramos que antes de a fisiocracia se estabelecer plenamente, surge na França Pierre Boisguillebert,[3] que se põe a caminho na construção de novas concepções econômicas; como ocorreu com Petty, ele se empenha numa luta teórica em oposição às concepções mercantilistas, defendendo, inicialmente, a noção de que as leis que governam a economia são *leis naturais*. Boisguillebert inicia sua trajetória intelectual opondo-se às intervenções do estado absolutista nas operações mercantis: a defesa do livre comércio empreendida pelo autor francês é fundamentada com argumentos que remetem às *inclinações naturais* dos indivíduos, como vimos com Hobbes, Locke e outros, pois, conforme Boisguillebert, os impulsos às relações de troca encontram-se igualmente submetidos às inclinações *naturais individuais*: os indivíduos são aquisitivos por natureza e tal caráter se manifesta nas relações de troca. Boisguillebert move-se a favor de uma ação liberal, contra os entraves ainda existentes à instalação plena das relações mercantis. Seu liberalismo o leva a retomar os fundamentos naturais da essencialidade humana para sustentar que a ação econômica fosse atribuída *a quem lhe é de direito*, isto é, aos indivíduos de *natureza aquisitora* e de *inclinação natural às trocas*.

---

3 Pierre Boisguillebert (1646-1704).

Tanto o pensamento de Petty quanto o de Boisguillebert encontram-se em franca demarcação aos procedimentos e às concepções mercantilistas no que diz respeito ao núcleo dinâmico da economia, que para eles não pode mais ser tratado como exclusividade da circulação. A produção passa a ter forte significado na determinação do valor, do preço. A escola fisiocrática irá se encarregar de levar às últimas consequências a noção de uma economia definida pelo valor de uso, e não mais pelo valor de troca, pela circulação, como vinham se manifestando até então os pensadores mercantilistas. Em suas pesquisas, a *fisiocracia* preocupou-se particularmente em explicar a formação do excedente, portanto voltou seus olhos para a produção, e determinou como sendo *exclusivamente agrário* o produto excedente. Observemos que a virada essencial operada nesse período nos remete ao polo econômico da circulação, o mercado, que deixa de ser a referência para a pesquisa em economia. O polo que substituirá o mercado para essa finalidade é o da produção, e em particular a *produção agrária*. O formulador teórico mais expressivo dentro do quadro da *fisiocracia* é François Quesnay,[4] médico de profissão, pesquisador das ciências naturais e "líder incontesto" desse grupo nas questões de economia.

Dada a impossibilidade histórica de evidenciar as *determinações sociais* do agir humano, Quesnay, ao contrário, naturalizou as condições sociais afirmando, como seus antecessores ingleses (Hobbes, Locke), *o direito natural às propriedades* pelos indivíduos. Porém ele da um acréscimo a essa concepção, inovando-a quando defende a desigualdade na ordem das propriedades como determinação natural e ao mesmo tempo divina: "Ao considerar as faculdades corporais e intelectuais [escreve Quesnay] e os outros meios de cada homem em particular, encontramos ainda uma grande desigualdade relativamente ao gozo do direito natural dos homens. Essa desigualdade não admite nem justo nem injusto no seu princípio; resulta de combinações das leis da Natureza; e não podendo os homens penetrar os desígnios do Ser Supremo na construção do universo, também não podem elevar-se até o destino das regras imutáveis que Ele instituiu para a formação e conservação de sua obra".[5] Essas observações de Quesnay nos permitem vislumbrar os limites naturais a que está

---

4   François Quesnay (1694-1774).

5   Quesnay, F., *apud* Denis, Henri, *História do Pensamento Econômico*. Lisboa: Livros Horizonte, 1990, p. 165-166.

sujeita a nascente tendência econômica, na França, particularmente pelo seu relativo atraso no padrão das forças produtivas em relação à Inglaterra.

A economia francesa desse período esteve centrada nas determinações naturais, e até por essa razão as categorias econômicas que emergem por elaboração de seus representantes revelam-se a-históricas. Marx define essa questão dizendo: "Não se pode censurar os fisiocratas por terem, como todos os seus sucessores, considerado como capital estes modos materiais de existência, instrumentos, matérias-primas etc. separados das condições sociais em que aparecem na produção capitalista, ou seja, na forma em que genericamente são elementos do processo de trabalho, dissociados da forma social, erigindo assim o modo de produção capitalista em modo eterno e natural de produção".[6]

Observamos ainda que superar a fisiocracia em termos teóricos foi mérito de Smith, inicialmente, e Ricardo, logo a seguir. O primeiro retoma o tema *tempo de trabalho,* oriundo das análises do período mercantilista e fisiocrático, especialmente de Petty, e, por sua erudição, repõe um tema desenvolvido por Aristóteles, portanto sem as condições sociais modernas, que é a diferença entre *valor de uso* e *valor de troca*, de maneira a associar as temáticas e dar-lhes consistência científica, tratando o tema valor imediatamente vinculado ao trabalho moderno, assalariado.

Smith pôs em movimento uma avançada concepção de valor, demarcando-se radicalmente das especulações fisiocratas; afirma o tempo de trabalho como a base de formação do valor de troca, independentemente de ter invertido essa questão ao tratar das "fontes do valor" na formação do preço. Tomamos de Marx uma citação que indica toda a assertiva de Smith nesse campo: "As mercadorias encerram *o valor de certa quantidade de trabalho que trocamos pelo que supomos conter o valor de igual quantidade de trabalho...* Todas as riquezas do mundo foram originalmente compradas não por ouro ou prata e sim pelo trabalho; e para seus possuidores que procuram trocá-las por novos produtos, o valor é exatamente igual à quantidade de trabalho que elas os habilitam a comprar ou comandar".[7] Desta forma Smith registra sua concepção de valor, que, mesmo criando certo embaraço na compreensão que seus analistas terão, pois ele não distingue precisamente tempo de

---

6   Marx, Karl, *Teorias da Mais-Valia – História Crítica do Pensamento Econômico*, vol. 1. Rio de Janeiro: Civilização Brasileira, 1980, p. 19.

7   Smith, A., *apud* Marx, K., *op. cit.*, p. 53.

trabalho e quantidade de trabalho, fica patente que o valor diz respeito sempre ao tempo de trabalho, logo, à sua *forma abstrata*; além disso, frente às criticas que empreende às concepções fisiocráticas, fica também descartado o valor de uso como fundamento de sua teoria econômica.

Com Smith, a determinação do valor pelo tempo de trabalho se afirmará até as últimas consequências, pois estará na base de sua análise econômica a divisão do trabalho, que vai se desenvolvendo com relativa rapidez com a formação das manufaturas e maquinofaturas até a instalação definitiva do sistema de maquinaria. Smith teve a oportunidade histórica de presenciar esse processo e tirar as melhores definições que a economia política clássica pôde registrar. Certamente, o séc. XVIII produziu essa trajetória científica e técnica dando o passo fundamental na implantação da indústria, objeto direto de pesquisa e análise de Smith.

Procuramos indicar, ainda nessa primeira parte, que, a despeito do inusitado alcance desse pensador escocês, no campo da economia, certos limites foram progressivamente revelados, particularmente pelo seu analista e crítico David Ricardo, em especial quando este percebe um deslize fisiocrático nas elaborações teóricas de Smith, e repõe a postura correta extraída das próprias construções smithianas. É mérito do pensador inglês não só ter corrigido Smith em suas titubeações teóricas, mas ter mostrado e reafirmado, com grande honestidade intelectual, que este havia tratado corretamente o valor, e era isto que deveria ser reposto. Ao estudar o principal trabalho de Smith, *A Riqueza das Nações*, Ricardo inicia com uma correção a uma formulação em que aquele conclui pelo descarte do *tempo de trabalho* como medida do valor das mercadorias. Afirma Ricardo na entrada do Capítulo 1, "Sobre o Valor", Seção 1 de seu *Princípios de Economia Política e Tributação*, que: "O valor de uma mercadoria, ou a quantidade de qualquer outra pela qual pode ser trocada depende da quantidade relativa de trabalho necessário para sua produção, e não da maior ou menor remuneração que é paga por esse trabalho".

Mostramos que Ricardo dedicou-se à economia partindo das leituras que fez, particularmente de Smith, e um dos principais objetivos de sua incursão por esse campo do conhecimento era o de encontrar a lei que determina a distribuição da riqueza entre as três classes sociais mais importantes: os trabalhadores, os capitalistas e os proprietários fundiários. Ainda que tal lei jamais tenha sido reconhecida, mesmo em sua própria obra, seu empenho resultou em definir e reafirmar o valor como produto da ação do trabalho, e o caráter abstrato do valor. Contudo, a crença no capitalismo em desenvolvimento fez com que Ricardo vislumbrasse uma equivalência nas trocas entre capital e trabalho, a despeito de ter percebido que o capitalismo, com seu sistema de maquinaria, operava, já naquele período, o desemprego de grande parte de trabalhadores.

Ao tratar do *valor do trabalho* (como ele próprio define), ele se refere a *preço da manutenção do trabalhador*, o que aproxima fortemente sua concepção da de valor da *força de trabalho*, muito embora não tenha, jamais, compreendido a diferenciação entre *trabalho* e *força de trabalho*. Sua concepção de valor, por fim, permitiu-lhe penetrar no âmago do capital; permitiu derivar o capital do trabalho, e, até certo ponto, expor (cinicamente, segundo Marx) essa condição como contraditória.

2.1 Histórico do valor

Introduziremos o tema com um pequeno histórico do valor desde momentos remotos, em que este aparece ainda representando as propriedades físicas dos objetos, passando posteriormente a significar o "justo preço" das mercadorias, até se expressar como trabalho abstrato.

Antes que os pensadores da economia política clássica, Smith e Ricardo, tivessem realizado sua produção teórica, com as concepções e entendimento que lograram alcançar sobre o valor, essa preocupação tivera lugar em vários momentos. Mandel indica algumas manifestações nessa direção, ao mencionar que o surgimento da troca de produtos-mercadorias, muitíssimo antes do surgimento do capitalismo, já "rompe com a rotina milenar da economia primitiva". Tal condição abre para questionamentos como: "O que é o valor da troca das mercadorias? Como pode determinar-se?" As respostas oferecidas por Mandel a essas questões nos permitem perceber as dificuldades para se tratar do tema *valor* num momento histórico em que as condições sociais ainda não se encontram amadurecidas. Ele cita uma abordagem que serve de exemplo a essa questão: "Men-tsé conta que um certo Hsu-Hsing queria deduzi-lo das qualidades puramente físicas das mercadorias: uma mesma medida de peças de linho deveria trocar-se por uma quantidade determinada de telas de seda, um mesmo volume de trigo por uma quantidade de milho etc."[8] Certamente, não era possível ainda tratar-se do tempo de trabalho ou da forma abstrata deste, porque nesse período a agricultura, os ofícios artesanais, bem como o próprio intercâmbio entre produtores baseado no excedente dominam plenamente a produção, numa sociedade ainda confinada aos limites comunitários.

Aristóteles, conforme Mandel, também havia investigado o problema que se encerra na troca de mercadorias, mas "desembocara no estudo sobre as necessidades" subjetivas, e não sobre "os fenômenos econômicos" propriamente, isto é, Aristóteles toma o valor de troca subordinado às necessidades do homem, pois não há nesse momento qualquer possibilidade de que uma produção voltada para a troca possa ser forma dominante a ponto de fornecer subsídios conceituais para a definição correta do valor de troca. Lembremos que Marx, ao se referir a Aristóteles sobre essa mesma questão, mostra que este já havia percebido o duplo caráter dos produtos do antigo artesanato, dizendo: "Porque todo o bem pode servir para dois usos /.../. Um é próprio à coisa em si, mas não o outro; assim, uma sandália pode servir como calçado, mas também como objeto de troca";[9] contudo, seu uso natural, continua Aristóteles, volta-se sempre à satisfação das necessidades humanas que a troca pode proporcionar. De maneira que, mesmo como "objeto de troca", sua finalidade se subsume ao quadro da utilidade, portanto da realização humana, do valor de uso.

Antes do período renascentista, a questão do valor já suscita novas investigações. Com Tomás de Aquino, a proporcionalidade nas trocas remonta ao "esforço de produção de cada qual". Diz Mandel: "Tomás de Aquino mostra grande lucidez, posto que a produção simples de mercadorias supõe, com efeito, *trocas iguais entre proprietários livres*".[10] Tomás de Aquino apresenta uma conciliação entre conservação e inovação (ou melhor, entre os dogmas teológicos e o comércio) ao abordar questões sobre mercado, valor etc., visto estar diante de uma realidade em

---

8 Mandel, Ernst, *Tratado de Economia Marxista*. México: Ediciones Era, 1969, tomo II, p. 295-296. Essa reação de Men-tsé nos permite lembrar da impossibilidade de se estabelecerem trocas diretamente entre valores de uso, restritos a essa forma.

9 Aristóteles, *apud* Marx, Karl, *Contribuição para a Crítica da Economia Política*. Lisboa: Estampa, 1973, p. 67.

10 Mandel, E., *op. cit.*, p. 299.

que "*o comércio internacional e o comércio monetário* haviam irrompido no seio de uma sociedade caracterizada pela economia natural, por uma parte, e uma ampla floração da produção simples de mercadorias, por outra".[11]

Podemos observar que a lucidez de Aquino reflete uma correta apreensão das atividades econômicas e sociais que estão se manifestando nesse momento, anunciando uma maior intensidade nas trocas em relação a todo o período anterior. Trata-se, contudo, ainda de um dinamismo enredado em formas muito distintas das liberais que virão a se instalar. É importante destacar que Aquino, um dos mais significativos filósofos desse período, manteve um sólido contato com as concepções aristotélicas que o inspirou em suas explicações sobre as novas relações sociomercantis. Ele trata como *não natural*, tal qual Aristóteles, a prática mercantil nos homens, mas distingue-se daquele ao mediar sua posição e considerar essa prática como um mal necessário, na condição de trazer benefícios à comunidade e aos lares. A noção de *justo preço* será inaugurada em suas formulações, particularmente no "bem conhecido exemplo do *comprador honrado*" em que ele afirma (frente a uma *postura* cuja causa nem ele nem os teólogos de seu tempo sabiam explicar) que um comprador, ainda que não conhecesse o real valor de um produto, teria pago por ele o "justo preço". Não há senão um empenho afirmativo de Aquino de que a justiça subjaz às operações de troca, sem nenhuma teoria que a sustente. "Mais tarde, nos escritos de Alberto, o Magno, há um esforço para criar uma teoria do 'justo preço'. Em breve alusão, desenvolve as concepções de Aristóteles insistindo em que, idealmente, se devem trocar as mercadorias que contenham quantidade igual de trabalho e custo. Aquino, ao que parece, também sustentou uma vaga teoria do custo de produção do valor de troca que tinha novamente forma ética. Um princípio de justiça, a saber: o que era necessário para manter o produtor, determinava o custo de produção. A ideia do 'justo preço', entretanto, exprimiu em geral algo mais do que o preço convencional. Sobretudo foi ideado para evitar o enriquecimento por meio do comércio".[12]

Note-se também que se esboça já, nesse período, a noção de custo, referido ao trabalho, embora sua preocupação central seja a de estabelecer justiça em relação às

---

11   *Ibidem*, p. 299.

12   Roll, Eric, *História das Doutrinas Econômicas*, *op. cit.*, p. 30-31.

necessidades de manutenção dos produtores, e não qualquer interesse mercantil, o que estava, obviamente, por inteiro fora da teleologia de Aquino. Por outro lado, ainda que o comércio estivesse em estado incipiente, em face do que virá a ser o mercantilismo, podendo então ser dominante a noção de *preço justo*, algum dinamismo já se colocava, exigindo uma flexibilização nessa noção de valor: "A ideia de um preço convencional, fora destes argumentos éticos, não deixou de ter base realista durante a primeira parte da Idade Média. A sociedade de então, com uma economia natural ainda predominante, dificuldades de transporte, comércio restrito e mercados locais, não era ambiente propício ao livre jogo das forças determinantes da oferta e da procura. Insistir no preço habitual, determinado por uma avaliação comum, não deixava de ser razoável dentro de condições comerciais tão limitadas. Além disso, as opiniões e hábitos do poder temporal seguiam a mesma direção que o Direito Canônico, embora se inspirassem em motivos mais práticos. O comércio era ainda bastante inseguro para tornar necessário fixar regras que assegurassem dentro do possível uma oferta uniforme de artigos. As leis contra o açambarcamento, o monopólio, a revenda, a absorção e a fixação de preços máximos eram traços comuns da legislação e dos regulamentos das agremiações".[13]

Na concepção desses pensadores, o valor aparece sob a forma de preço, e particularmente como preço justo. Portanto, valor e preço são tratados como equivalentes referências de uma mesma operação, a troca.

Desta forma podemos dizer que estes são momentos de uma trajetória histórico-teórica que, tendo o *preço justo* como referência inicial, terá, cada vez mais, a necessidade de explicar as categorias que o mercantilismo criará. Certamente, a objetividade mercantil se encontrará como pano de fundo da história para a reflexão científica de novos pensadores, afastando-se passo a passo das concepções escolásticas e eclesiásticas, insuficientes para responder às questões que o mercado irá pôr em evidência.

O período mercantilista será, marcadamente, aquele cujos questionamentos econômicos se externalizarão juntamente com o desenvolvimento comercial, a formação das grandes companhias comerciais, das possessões coloniais, o amplo espectro de dominação territorial engendrado na expansão planetária e a exploração marítima que daí derivará. Os países europeus sofrem mudanças acentuadas,

---

13 *Ibidem*, p. 31.

como a formação das balanças comerciais e de pagamentos, e a corolária geração dos problemas de câmbio, o afluxo de metais e pedras preciosas, a geração de inflação e, portanto, sinuosidade no movimento dos preços etc.

Numa formulação sintética, Pierre Deyon assim define esse período: "Consideramos provisoriamente o mercantilismo como conjunto das teorias e das práticas de intervenção econômica que se desenvolveram na Europa moderna desde a metade do séc. XV".[14] Tudo isso desperta atenção e acuidade também crescentes no trato com esses fenômenos do mercado. Nesse quadro, não podem mais caber as preocupações que nortearam a igreja católica na busca do "preço justo" e controle do preço corrente ou normal. O preço justo como medida adequada às relações de troca irá confrontar-se drasticamente com as concepções mercantilistas em ascensão. "De fato, os mercantilistas reagem contra as tendências conservadoras de Jean Bodin ou de Stafford que reclamam um retorno às severas regulamentações da Idade Média, a fim de deter os prejuízos provocados pela revolução dos preços no século XVI."[15] É justo dizer que o mercantilismo, gradualmente, promoveu várias modificações que geraram preocupações sobre o funcionamento do comércio, do câmbio, das finanças, particularmente nos negócios de estado, porque o estado estará diretamente envolvido em todas as operações econômicas.

Thomas Mun encontra-se num momento em que as novas relações mercantis começam a pôr em evidência características que não podem estar contidas nos padrões analíticos escolásticos, que mantinham ainda traços da ordem comunitária. O aprofundamento das trocas, da propriedade privada, a individualização cada vez mais definida dos participantes do mercado, formam um quadro radicalmente avesso àquelas referências anteriores. Representantes do mercantilismo, como Mun, apresentarão uma nova perspectiva que irá infletir a inclinação conservadora quando "se pronunciam contra as regulamentações medievais e a favor da *liberdade do comércio interior*. Se pedem medidas protecionistas, desenvolvimento de frota mercantil, limitação às importações e o desenvolvimento das exportações, isso se deve a que a acumulação de metais preciosos no país é já para eles sinônimo de acumulação /.../ de *capitais*, /.../ que é preciso fazer 'trabalhar' /.../ para

---

14 Deyon, Pierre, *O Mercantilismo*. São Paulo: Perspectiva, 1985, p. 11-12.

15 Mandel, E., *Tratado de Economia Marxista, op. cit.*, p. 301-302.

Karl Marx – A determinação ontonegativa originária do valor   131

incrementar a riqueza nacional".[16] Portanto, é ao arrojo do capital que se dirige Mun, contrariamente à reclusão protecionista medieval, pois a sua orientação é o comércio, exigência própria de uma nova ordem social do capital comercial que vem abrindo as perspectivas econômicas do mercantilismo.

Esse período registra também o fenômeno da *acumulação primitiva do capital*, pouco compreendida pelos pensadores vinculados ao pensamento burguês, na medida em que colocaram o capital na base dessa fase mercantilista de acumulação, mas deixaram por explicar a origem do próprio capital. "Marx ridicularizou essa evasiva diante deste 'pecado capital' e sua idílica explicação a partir do espírito de poupança dos bons e do espírito perdulário dos maus. Max Weber", afirma Vilar, "ao atribuir este espírito de poupança ao protestantismo, não fez mais que somar um novo mito à velha fábula apologética".[17] Marx insiste em que a reprodução do capital, a partir do "livre jogo das forças econômicas", contou com uma acumulação primitiva realizada através de crises, e outros modos de acumulação, que permitiu a consolidação tanto da propriedade privada quanto da relação assalariada, categorias sem as quais o capital não se estabeleceria. Vilar lembra também que o "despovoamento, o empobrecimento dos campos são descritos de forma dramática pelos contemporâneos. Thomas Morus, na *Utopia*, fala do país 'onde os carneiros devoram homens'. A legislação foi impotente contra esse movimento. E foi contra os pobres, desocupados e vagabundos que a lei acabou voltando suas armas. A primeira 'lei dos pobres', no reinado de Elizabeth, preparou, sob o pretexto de ajuda obrigatória, essas futuras 'casas do trabalho' onde o pobre /.../ seria colocado à disposição do produtor industrial".[18]

Em suas *Teorias da Mais-Valia*, Marx seleciona um conjunto de notas sobre pensadores mercantilistas, tanto da economia política quanto da filosofia, que apontam para as novas formas do trabalho humano, como condição incontornável da compreensão da acumulação primitiva e da nova ordem socioeconômica que veio emergindo. Ele destaca em um trecho da obra de Linguet sua concepção sobre as relações sociais dos assalariados. Linguet, diz ele, não é um progressista, chega mesmo

---

16 *Ibidem*, p. 302.

17 Vilar, Pierre, "A transição do feudalismo ao capitalismo". In: Santiago, T. A. (org.), *História, Capitalismo, Transição*. Rio de Janeiro: Eldorado Tijuca, 1975, p. 39.

18 *Ibidem*, p. 40.

a preferir a escravidão asiática ao trabalho moderno, mas sua descrição desse último nos permite vislumbrar o quadro dentro do qual se punha o trabalho assalariado: "As cidades e aldeias estão povoadas por outra espécie de servidores mais numerosos, mais úteis, mais laboriosos e conhecidos pelo nome de *jornaleiros, operários* etc. Não os desonram as cores brilhantes do luxo; gemem sob andrajos repugnantes que são a *libré* da indigência. *Nunca participam da abundância cuja fonte é seu trabalho.* A riqueza parece outorgar-lhes mercê, quando consente em aceitar os presentes que eles lhe dão. /.../ A riqueza cumula-os com desprezo mais ultrajante quando eles imploram com humildade a *permissão de lhe serem úteis.* /.../ Esta é a espécie de servidores que de fato substitui os escravos entre nós".[19] Desta maneira, ao lado da expansão do mercado, o trabalho moderno e a propriedade privada mostram-se como condições fundamentais para o estabelecimento de relações compatíveis com a reprodução do capital, com sua consolidação; isto coloca o 'espírito de poupança' fora do universo histórico concreto de formação do capital.

Marx mostra que os clássicos da política moderna investiram suas pesquisas na atividade humana, fase em que se difunde, no mercantilismo, o trabalho assalariado. Hobbes vai aproximar essa atividade da forma mercadoria que os produtos encarnam nesse momento: "O *valor de um homem* é, como o de todas as outras coisas, igual ao preço: quer dizer, tanto quanto se paga pelo uso de sua força /.../ *o trabalho de um homem* /.../ como de qualquer outra coisa, também é *mercadoria* que se pode trocar com lucro".[20] O trabalho humano, sujeito à produção econômica, vai sendo caracterizado como mercadoria que permite auferir lucro; o trabalho contém o mesmo pressuposto da mercadoria: serve à acumulação de capital por meio do lucro que pode gerar.

Tendo ainda como referência o trabalho, Locke apresenta-o como base e fundamento da propriedade, iniciando por tratar como propriedade física seu próprio corpo e o trabalho que dele deriva. "Todas as coisas que arranca do estado que a natureza criou e forneceu, misturou o ser humano com seu trabalho e juntou-lhes algo que é seu, e dessa maneira torna-as sua propriedade".[21] E confirma mais adiante essa

---

19 Marx, K., *Teorias da Mais-Valia.* Rio de Janeiro: Civilização Brasileira, 1980, p. 332-333.

20 *Ibidem*, p. 340.

21 *Ibidem*, p. 354-355.

condição: "Embora as coisas da natureza sejam dadas a todos em comum, o homem, como *senhor de si mesmo* e *proprietário de sua própria pessoa* e das ações ou trabalho dela, traz em si mesmo o grande fundamento da propriedade".[22]

Marx observa que o tratamento de Locke à propriedade com base no trabalho, que gera "quase todo o valor", refere-se ao valor de uso, portanto trabalho concreto, considerando, então, que o valor de troca "repousa de fato na circunstância de o trabalhador criar o valor de uso".[23] Locke considera o trabalho individual um condicionamento da propriedade privada: "A natureza fixou certo a medida da propriedade *pela magnitude do trabalho humano* e pelas comodidades da vida: o trabalho de um homem não pode arrotear tudo ou de tudo se apropriar /.../. Nos tempos primitivos essa medida limitava a posse de cada um a uma proporção muito moderada /.../. E a mesma medida pode ainda ser admitida, sem dano para ninguém, por mais cheio que o mundo pareça".[24] E avança em seu raciocínio, que se aproxima da definição do valor pelo trabalho: "na verdade é o trabalho que diferencia o valor de cada coisa"; ou "é o trabalho que determina a maior parte do valor". Locke vai expressando assim os fundamentos socioeconômicos da sociedade burguesa, inclusive para justificar a desigualdade que já se apresenta dentro dos moldes do nascente capitalismo, em seu momento de acumulação primitiva: "Importa ver agora como o dinheiro assume a mesma natureza da terra, ao proporcionar determinada receita anual, que chamamos rendimento ou juro. É que a terra produz naturalmente algo novo e útil e de valor para a humanidade; o dinheiro, ao contrário, é coisa estéril, nada produz, mas por convenção *transfere o lucro que era a recompensa do trabalho de um homem, para o bolso do outro*".[25] Com isso, diz Locke, "os homens tornaram possível essa distribuição desigual das coisas /.../ atribuindo um valor ao ouro e à prata e concordando tacitamente com o uso do dinheiro".[26] O dinheiro, então, se põe como valor atribuído, como acordo de cavalheiros, não revelando qualquer traço de trabalho na sua determinação. Além disso, como já observou Marx, o valor, em Locke, consiste no valor de uso, tal qual

---

22 *Ibidem*, p. 356.

23 *Ibidem*, p. 355.

24 *Ibidem*, p. 355.

25 *Ibidem*, p. 356-357.

26 *Ibidem*, p. 356.

o concebem os fisiocratas, o que impede o avanço de sua pesquisa na determinação do valor enquanto valor de troca efetivo; essa determinação só será encontrada em sua inteireza nos trabalhos de Smith.

A compreensão de que o trabalho se tornou um componente das atividades econômicas despertou também a atenção de alguns para o destino do produto do trabalho. É novamente Marx quem aborda alguns elementos para esclarecer essa preocupação. Ele aponta as novas relações com o trabalho afirmando que, desde finais do séc. XVIII, já se tratava da dependência dos trabalhadores a essa forma econômica, e se destacava o papel das instituições burguesas em aprovar e legitimar a apropriação do trabalho alheio: "Com relação a essa dependência, observa Sir F. Éden, em sua obra 'The State of the Poor, an History of the Labouring Classes in England': 'Nossa zona exige trabalho para satisfazer as necessidades e por isso pelo menos uma parte da sociedade tem de trabalhar sem descanso… Alguns que não trabalham dispõem, contudo, dos produtos da atividade alheia. Mas, estão isentos do trabalho em virtude apenas da civilização e da ordem; são criaturas das *instituições burguesas*. Estas instituições reconheceram que pessoas podem adquirir propriedade por vários outros meios além do trabalho. Pessoas independentes por sua fortuna devem sua posição superior não a habilidades superiores que possuam, mas quase inteiramente ao trabalho dos outros. Não é a posse de terra ou de dinheiro, mas o comando sobre o trabalho, o que distingue os ricos dos pobres… O que convém aos pobres não é uma situação servil e abjeta, mas uma relação de dependência cômoda e liberal, e o que é necessário às pessoas de posses é uma influência e autoridade suficientes sobre aqueles que para elas trabalham. /…/ Essa relação de dependência é indispensável, como sabem os que conhecem a natureza humana, para o conforto dos próprios trabalhadores'".[27]

Vemos que os clássicos da política moderna, como Hobbes e Locke, não puderam deixar intocadas questões como trabalho assalariado e valor, ao lado do que lhes é de central importância, a propriedade privada e o estado, isto porque o período de construção de suas teorias, o mercantilismo, estará realizando estas categorias como base estruturante de uma nova sociabilidade, na Europa, e com grande dinamismo na Inglaterra.

---

27 Marx, Karl, *O Capital*. Rio de Janeiro: Civilização Brasileira, Livro I, v. 2, 1980, p. 716.

Vemos também o despertar das condições sociais que estarão na base da ciência burguesa por excelência, a *economia política* propriamente dita. Esta contará com autores que dentro do mercantilismo demarcarão a constelação categorial que irá se desenvolver na direção de consolidar essa nova ciência.

Essa ciência moderna, que nasce nos estertores do mercantilismo, promoverá uma trajetória histórica de aproximadamente 150 anos. Muito embora em conexão íntima com as especulações mercantis, será na contramão das suas concepções que se formará um novo entendimento sobre o valor. Com a negação de sua determinação pelo mercado ou pela circulação, criar-se-á uma outra compreensão dos fenômenos econômicos, e em particular do valor. Marx indica o alcance e limite, origem e encerramento da trajetória teórica da economia política numa síntese: "A redução analítica da mercadoria a trabalho, sob a dupla forma de redução do valor de uso a trabalho concreto ou atividade para um fim determinado, e de redução do valor de troca a tempo de trabalho ou trabalho social igual é o resultado crítico das pesquisas efetuadas durante mais de um século e meio pela economia política clássica, que começa na Inglaterra com Willian Petty, na França com Boisguillebert e acaba naquela com Ricardo e na França com Sismondi".[28]

O avanço das forças produtivas, no período mercantilista, irá obrigar a um maior rigor na determinação do valor; a cada passo do desenrolar das atividades econômicas novas, as especulações, sejam sobre o lucro ou qualquer outra categoria, colocarão com mais intensidade as reflexões econômicas.

A economia política em formação tem diante de si uma forma de produção de riqueza que não pode mais ser explicada se se negligenciar a produção; por outro lado, o mercado mantém presentes suas funções, como não poderia deixar de ser, provocando nas reflexões sobre a economia a necessidade de mostrar o nexo entre produção e circulação. Desponta com Sir James Stuart uma tentativa nessa direção, de solucionar a explicação sobre o lucro, mas que resulta em abertura para outro tipo de problema; ele passa a tratar o excedente, o lucro, como *lucro de alienação*. Explica ele que o lucro de alienação se realiza como o lucro do manufator, algo além do *valor real* das mercadorias; o valor real consiste em: a) quantidade média de trabalho, b) despesas de subsistência do trabalhador, e c) valor das matérias-

---

28 Marx, Karl, *Contribuição à Crítica da Economia Política*. São Paulo: Martins Fontes, 1977, p. 54.

primas: "'O *valor real* não pode ser mais baixo que o montante dos três; o que ultrapassa constitui o lucro do manufator. Esse lucro será proporcional à procura e por isso variará segundo as circunstâncias'".[29] O lucro do manufator consiste então no lucro de alienação, da venda acima do *valor real*. Eis o problema que Stuart acaba legando para a economia política: qual é a fonte desse *valor acima* do valor real? Além disso, se nas trocas a mercadoria é comercializada pelo manufator nestas condições, ele certamente estará ganhando, mas alguém estará perdendo, o que impede, na base dessa explicação, a definição da formação da riqueza.

2.2 Willian Petty

A expansão da produção mercantilista vai expondo a atividade do trabalho como uma categoria cada vez mais notada entre as atividades humanas. A percepção e análise econômica mais original dessa categoria nesse período (ainda no séc. XVII), é de autoria de Willian Petty, pensador singular, por sua origem humilde, distinta da maior parte dos pensadores a ele contemporâneos, e pelo alcance logrado no plano das teorias econômicas. "A teoria do valor de Petty encontra-se numa pequena digressão, que faz ao tratar da renda, em continuação da teoria do imposto sobre a renda, num exame do preço real e do preço político das mercadorias, no final de seu *Tratado* e também quando faz algumas observações sobre salários, na *Anatomia Política da Irlanda*."[30]

Importa notar que a temática do trabalho, embora difusa na obra de Petty, é principalmente destacada quando se coloca sob a forma de salário ou preço do trabalho, pois seu objetivo é mostrar a conexão que existe entre ambos. Suas especulações buscam dar uma explicação adequada do valor de troca através da análise do preço, isento de qualquer traço de moral, como ocorria anteriormente nas explanações sobre o preço justo.

Não podemos deixar de mencionar que os momentos finais do mercantilismo trarão à tona uma demarcação importante no sentido de configurar as concepções de economia segundo o padrão de desenvolvimento dos países que se encontram

---

29 Steuart, James, *apud* Marx, K., *Teorias da Mais-Valia, op. cit.*, p. 17.

30 Roll, Eric, *História das Doutrinas Econômicas*. São Paulo: Cia. Ed. Nacional, 1971, p. 90.

na ponta da acumulação primitiva do capital. Mandel observa que há nítidas diferenças nas análises das "grandes correntes da economia política como sistema científico: a escola britânica clássica e a escola francesa dos fisiocratas. Para o iniciador desta última escola [Boisguillebert], a única fonte do valor é, em última instância, o trabalho agrícola. Para Petty é, em troca, o trabalho, o que constitui todo o valor de troca".[31] Ele põe em destaque a compreensão de Petty sobre o significado de preço natural, ou verdadeiro preço corrente, isto é, o valor de troca com base no trabalho de qualquer espécie: "'Se alguém pode trazer uma onça de chumbo a Londres no mesmo tempo que necessita para produzir uma certa quantidade de trigo, uma será o preço natural da outra'".[32] Aqui se põe pela primeira vez uma noção bastante singular de valor, que ele trata por preço natural. Trata-se do caráter abstrato que o trabalho encerra, pois é tomado separadamente das suas formas particulares; por exemplo: produzir *chumbo*, ou produzir *trigo*, significa criar o mesmo valor se em sua produção for consumido o mesmo tempo de trabalho indistintamente. Vemos com isso que Petty se distancia radicalmente das abordagens mercantilistas ao tratar o trabalho como fonte de riqueza. Como arremate do raciocínio, vale indicar que para ele "O trabalho /.../ é o pai e o princípio ativo da riqueza, e a terra é a mãe".[33]

Embora Petty soubesse que outros fatores interfeririam no preço natural, como, por exemplo, a oferta e a procura no mercado (dado o monopólio das terras), a escassez e abundância, as distintas formas de atender as necessidades com novos tipos de bens, ou, por fim, as diferenças individuais tanto na produção quanto no consumo etc., isso não altera sua convicção quanto à determinação pelo trabalho do *verdadeiro preço corrente*.

Por outro lado, sua análise apresenta certo embaraço ao valer-se de uma determinação de *valor do trabalho produzido* confundido pela média do consumo diário do homem trabalhador, isto é, o salário, o que revela uma contradição com sua primeira definição de que o valor é determinado pelo tempo de trabalho. Diga-se de passagem, Petty antecipou um equívoco que será comum a toda a economia política clássica, até Ricardo. Porém, quando trata do excedente, ele

---

31 Mandel, E., *Tratado de Economia Marxista, op. cit.*, p. 302.

32 Petty, W., *apud* Mandel, E., *op. cit.*, p. 302.

33 Roll, E., *op. cit.*, p. 91.

se coloca muito próximo das conclusões a que chegou aquela escola ao definir a mais-valia. Afirma que o excedente depende da fixação dos salários no padrão unicamente necessário ao sustento do trabalho; algo muito próximo do *mínimo necessário* tanto na fisiocracia quanto em Smith e Ricardo. Assim, diz Petty: "se lhe for dado o dobro, só fará a metade do trabalho que poderia ter feito, e que faria"[34] de qualquer maneira.

Contudo a formação do diferencial de valor entre o consumo de subsistência do trabalho e o produto global do trabalho só foi demonstrado por Petty no setor agrário, o que o coloca conceitualmente, nesse quesito, ao lado dos fisiocratas franceses. Esse autor foi um versátil pesquisador nas áreas mais diversas do conhecimento humano, como política, geografia, demografia, economia etc. Foi também médico, professor e conselheiro de estado. E é por essa amplitude de conhecimento que foi contratado para acompanhar, como médico militar, as tropas de Cromwell, na dominação da Irlanda, onde operou particularmente na demarcação das terras conquistadas; seu envolvimento nessas operações resultou na análise do valor das terras, que ele acaba por tratar como equivalente do valor dos bens produzidos. Tentando definir o preço das terras, dirá: "Estimo ser esse valor em anos de renda quando os títulos são bons e existe uma certeza moral quanto ao gozo da renda".[35] Em seguida, Petty expõe as razões "aritméticas" dessa sua determinação: "Estabeleço, pois, que o número de anos de renda que vale naturalmente uma terra qualquer é a extensão habitual da vida de três pessoas assim. Ora, estimamos que, na Inglaterra, três vidas equivalem a 21 anos e, em consequência, que o valor da terra é, aproximadamente, sua renda nesse mesmo número de anos".[36] Dito de outra forma, o valor da terra reduz-se a renda capitalizada, isto é, à soma de rendas de um período; porém a definição completa do valor da terra implica em levar em conta a taxa de juros, pois ter terra ou um certo montante de capital a juros resulta na mesma coisa.

Marx, ao expor sua compreensão sobre essa questão, mostra, em primeiro lugar, que a renda (fundiária) é expressão do valor excedente do trabalho agrícola, logo, valor acima do necessário ao consumo de subsistência do trabalho. Assim,

---

34 Petty, W., *apud* Roll, E., *op. cit.*, p. 93.

35 Petty, Willian, *Tratado dos Impostos e Contribuições*. São Paulo: Nova Cultural, 1988, p. 33.

36 *Ibidem*, p. 33.

comentando a posição de Petty, ele diz que para esse autor o valor da terra é assim definido: "por exemplo, 21 anos de valor (ou trabalho) excedente aparece como *valor da terra*; em suma o *valor da terra* não passa de renda capitalizada",[37] e que, então, quem adquire terra com vistas à renda, quem investe capital dinheiro em terra obtém renda que deve ser coincidente com o juro desse capital se nela não fosse aplicado. Desta forma, se o capital dinheiro está aplicado em terra, "a renda se torna irreconhecível por completo e assume a aparência de juro do capital",[38] pois, como indica Marx em seguida, o importante para Petty está em "que a renda fundiária, expressão do *valor excedente agrícola* global, não deriva da terra e sim do trabalho, do excedente do trabalho, acima do necessário para a subsistência do trabalhador; segundo, que o *valor da terra* é apenas renda comprada de antemão e relativa a determinado número de anos, forma transmutada – da própria renda".[39] Fica destacada nesta exposição que Petty se distancia dos fisiocratas franceses ao excluir a renda fundiária do conceito de *dom natural*, como a definiram aqueles.

Marx indica ainda que a busca de Petty, através dessas análises, muitas vezes complicadas, principalmente quando ele diz querer "estabelecer uma *equivalência e uma equação* entre terra e trabalho, de modo a se poder expressar o valor de qualquer coisa num deles apenas",[40] não é senão a de "reduzir o próprio *valor da terra a trabalho*",[41] portanto o trabalho, na forma abstrata, isto é, o tempo de trabalho, revela-se a grande conquista teórica de Petty. Conforme citação de Marx: "Admitamos que um segundo homem viaje para um país onde há prata, mine-re-a lá, afine-a, leve-a para o mesmo lugar onde o primeiro homem cultiva trigo, cunhando-a aí etc.; se o segundo homem, durante o tempo todo em que produziu a prata, adquiriu alimentos e roupas necessários para se manter, então a prata de um tem de ser estimada pelo mesmo valor do trigo do outro".[42] O que mostra que, em seu raciocínio, não entra a questão da particularidade do valor de uso – ou seja, pouco importa o que se produz, não "interfere no caso a diferença na espécie de

---

37 Marx, K., *Teorias da Mais-Valia, op. cit.*, p. 347.

38 *Ibidem*, p. 347.

39 *Ibidem*, p. 347.

40 Petty, W., *apud ibidem*, p. 350.

41 *Ibidem*, p. 351.

42 Petty, W., *apud ibidem*, p. 345.

trabalho /.../ a única coisa que importa é o tempo de trabalho".[43] Fica desde já indicada a questão do *trabalho abstrato*, na moderna produção fundada no assalariamento, como a forma geral do trabalho nas teorias de Petty, conceito que irá se estender por toda a economia política clássica.

A despeito de algumas dificuldades de Petty na determinação do valor pelo trabalho, como vimos, há elaborações em suas análises que elevam sua estatura intelectual a uma posição que permite a Marx tratá-lo como fundador da economia política: "Petty concebe o trabalho real em seu aspecto social geral, como *divisão do trabalho*",[44] isto é, como *trabalho social*.

Marx avança ainda observando que Petty concebeu a divisão do trabalho num plano muito mais vasto que Adam Smith, pois a concepção deste "acerca da força produtiva da divisão do trabalho é um ponto de vista totalmente estranho ao nosso propósito, /.../ e que, além disso, se refere a um estágio de desenvolvimento particular da manufatura e não se aplica de modo algum ao sistema industrial moderno".[45] Ao contrário, diz Marx, Petty "mostra as vantagens da divisão do trabalho para a produção, não só através do exemplo da fabricação de um relógio, como o fez mais tarde Adam Smith para a fabricação de uma agulha, mas estudando também ao mesmo tempo uma cidade e toda uma região do ponto de vista das grandes fábricas".[46]

De outro lado, por ter se apoiado no trabalho abstrato, na divisão do trabalho (trabalho social), em suas pesquisas, foram criadas as condições para Petty contrapor-se às determinações da acumulação de riqueza com base exclusivamente no mercado, e discutir a própria produção, o trabalho, como seu fundamento. Nesse ponto, Petty levanta argumentos idênticos aos que os fisiocratas utilizaram ao tratarem o valor da produção, com base no trabalho, e não no mercado. Mais do que isso, ele definiu o excedente como o valor que resta depois de deduzidos os meios de subsistência, de forma que a mais-valia depende de se induzir o trabalhador "a produzir excedente e fornecer trabalho excedente". A única forma de isto

---

43 *Ibidem*, p. 345.

44 Marx, K., *Contribuição à Crítica da Economia Política*, São Paulo: Martins Fontes, 1977, p. 54.

45 *Ibidem*, p. 275.

46 *Ibidem*, p. 65.

ocorrer é obrigá-lo a "aplicar toda a força de trabalho de que dispuser, para receber o *estritamente necessário* para viver".[47]

Marx observa, ademais, que em Petty, como mais tarde demonstrará a fisiocracia, só existem "duas formas de *excedente: renda da terra ou renda em dinheiro* (juro). Deriva a segunda da primeira. Para ele, e mais tarde para os fisiocratas, a primeira é a *forma genuína* da mais-valia".[48] Por fim, especulando a temática da renda fundiária, ao lado do valor-trabalho e da produção agrária, Petty tornará possível a compreensão de um fenômeno significativo para a economia política (mais tarde analisado amplamente por David Ricardo) que é a renda diferencial. Ele observa por vários ângulos essa questão: pela localização das terras, portanto pela distância dos mercados que realizam o preço da produção de terras de mesma fertilidade; pelas diferentes fertilidades do solo, que oferece produção mais elevada com a mesma quantidade de trabalho em áreas iguais; tudo isso leva Marx a concluir que Petty "portanto analisou a renda diferencial *melhor que Smith*".[49]

De forma sumária, é lícito dizer, sobre Petty, que seu empreendimento teórico contrário às concepções mercantilistas conduziu sua pesquisa para o universo da produção, permitindo que aflorassem temas fundamentais à economia moderna, como tempo de trabalho, valor das mercadorias, divisão do trabalho etc. que foram tratadas num padrão elevado ao porte da própria economia política.

Boisguillebert

Na França, igualmente, Pierre Boisguillebert põe-se a caminho na construção de novas concepções econômicas; ele se empenha numa luta contra as concepções mercantilistas defendendo, inicialmente, a noção de que as leis que governam a economia são *leis naturais*. Com essa posição, fica patente sua intenção de lutar pela diminuição das interferências do estado absolutista feudal, o que significava nesse momento uma clara e objetiva ação liberal. Ele propõe uma reordenação dos impostos, visando à eliminação das isenções para os ricos, pois com elas a tributação sobre o povo se torna mais pesada, reduzindo as possibilidades de consumo

---

47 Marx, K., *Teorias da Mais-Valia, op. cit.*, p. 344.

48 *Ibidem*, p. 344.

49 *Ibidem*, p. 348.

e, portanto, o dinamismo do comércio e da agricultura; estas particularidades revelam o atraso socioeconômico francês (em relação à Inglaterra), contra o qual Boisguillebert se dispõe a lutar.

Sua defesa da liberdade de comércio, da expansão do mercado, funde-se com sua concepção de que este apresenta condições radicalmente superiores às do estado para regular a repartição do tempo de trabalho dos indivíduos entre os vários ramos da indústria, deixando também induzida a noção de que o valor de troca das mercadorias assenta-se no tempo de trabalho. Contudo esse não é o problema mais relevante para ele, pois, como diz Marx: "Boisguillebert só tem em vista o conteúdo material da riqueza, o valor de uso, a fruição, e considera a forma burguesa do trabalho, a produção de valores de uso enquanto mercadorias e o processo de troca destas como a forma social natural sob a qual o trabalho atinge esse objetivo".[50] Esse grande liberal francês mantém-se muito próximo das concepções fisiocráticas desenvolvidas naquele país. Em "Carta ao *Contrôleur Général*", de 1700, sua defesa do valor de uso como finalidade precípua da economia é reveladora: "O fim e a matéria da opulência não são, meu Senhor, a prata, mas as utilidades e os gêneros alimentícios. E isto não é tudo: por mais liberal que seja a natureza num país, os homens se fazem necessários tanto para produzi-los quanto para consumi-los".[51]

Essas observações, de um lado, refletem alguns traços de utilitarismo e, de outro, o entendimento que Boisguillebert tem da produção econômica burguesa, que é o de satisfação individual, de realização do prazer, portanto uma posição hedonista. Seu apego ao valor de uso o leva a reduzir o significado do dinheiro, como diz Marx: "A existência específica do valor no dinheiro parece-lhe um fato relativamente sem valor, uma degradação das outras mercadorias"; e, mais adiante, mostra o desdobramento do seu pensamento afirmando: "Que o dinheiro não passa de uma simples forma da mercadoria, vê-se no comércio por atacado, onde a troca se faz sem a intervenção do dinheiro, depois de as 'mercadorias terem sido avaliadas /.../; o dinheiro é apenas o meio e o encaminhamento, ao passo que os

---

50 Marx, *Contribuição à Crítica da Economia Política, op. cit.*, p. 55.

51 Boisguillebert, Pierre de, "Carta ao *Contrôleur Général*". In: Figueira, Pedro de Alcântara (org.), *Economistas Políticos*, São Paulo/Curitiba: Musa Editora/Segesta Editora, 2001, p. 164.

gêneros úteis à vida são o objetivo e o fim'".[52] A esse autor interessa a satisfação do indivíduo, a fruição dos valores de uso e não acumulação de riqueza de qualquer que seja a ordem, pois "a verdadeira riqueza /.../ e a fruição total, não só do que é necessário à vida, mas ainda de tudo aquilo que apraz a sensibilidade",[53] é o que por fim interessa.

Marx lembra que o rechaço ao dinheiro mostrado por Boisguillebert é bastante comum entre os filósofos do mundo antigo, que consideravam um abuso a conversão deste de servo em senhor. A título de comparação, remete a Platão, lembrando que ele, em sua *República*, defende a contenção do dinheiro aos limites exclusivos de *meio circulante*, reduzindo ao mínimo possível suas funções.

Importa destacar que Boisguillebert se opõe à hegemonia do dinheiro frente aos valores de uso com princípios semelhantes aos de Platão, mas em condições sociais opostas. Seu procedimento corresponde à luta pelo liberalismo, que é mais necessária na França, por seu atraso, do que na Inglaterra, que já percorreu parte da trajetória liberal quanto à instalação de mercado, propriedade privada, trabalho assalariado, iniciando já a conversão das manufaturas em maquinofaturas etc., enquanto que à França convém mais o desenvolvimento da produção que das finanças.

A defesa do livre comércio empreendida pelo autor francês é fundamentada com argumentos que remetem às *inclinações naturais* dos indivíduos (como vimos com Hobbes, por exemplo, na questão da propriedade privada), pois, conforme Boisguillebert, os impulsos às relações de troca encontram-se igualmente submetidos às inclinações *naturais individuais*, os indivíduos são aquisitores por natureza e tal caráter se manifesta nas relações de troca, movendo o autor à luta contra os entraves a elas.

Trata-se da crença no caráter natural do mercado, que emerge fundado na natureza humana, e ao qual está submetida a resolução das necessidades dos homens. Denis ressalta que o peso das condições naturais em Boisguillebert é de tal ordem que ele faz derivar daí o pleno funcionamento e equilíbrio de mercado: "a existência dos preços livres e do comércio interno livre é certamente uma condição de funcionamento do sistema capitalista. Mas o erro de Boisguillebert é acreditar,

---

52 Marx, K., *Contribuição à Crítica da Economia Política, op. cit.*, p. 257.

53 Boisguillebert, P., *apud* Marx, K., *op. cit.*, p. 257.

/.../ que esta condição *basta*, por um lado, para assegurar o desenvolvimento da produção capitalista e, por outro lado, para impedir toda a superprodução".[54]

Muito provavelmente, o atraso francês se reflete nas concepções de Boisguillebert determinando sua fundamentação no caráter natural do homem. Vale lembrar que o próximo passo das discussões econômicas nesse país, que ganharam peso e relevância, foi dado pelos fisiocratas, que definiram a acumulação (primitiva) do capital com base no "dom natural", restritos às determinações agrárias, que ainda eram dominantes na França, o que favorece ainda mais aquela hipótese.

2.3. A fisiocracia: François Quesnay

A partir da segunda metade do séc. XVII inauguram-se, do ponto de vista da economia política, as elaborações teóricas em que a base produtiva agrária é posta em evidência, infletindo as concepções radicadas no pensamento mercantilista, em que o comércio nacional e internacional aparece como fonte de enriquecimento. A *fisiocracia* nasce em meio às pesquisas que se debruçam sobre os fenômenos naturais e buscam dar base científica a todas as áreas do conhecimento, a partir dessa orientação naturalística.

Observemos que a virada essencial operada nesse período refere-se à inversão da referência para a pesquisa econômica, que se distancia da circulação e se aproxima, com toda a radicalidade, da produção. Mais especificamente, o polo que substituirá a circulação, o mercado, é o da *produção agrária*. O formulador teórico mais expressivo no interior do quadro da *fisiocracia*, como foi tratada essa linha, é François Quesnay, médico de profissão, pesquisador das ciências naturais e "líder incontestе" dos fisiocratas nas questões de economia.

O núcleo da práxis dos fisiocratas é resumido por Coutinho nos termos seguintes: "Sua experiência como naturalista seria transposta para a observação, ordenamento e exposição dos fatos econômicos, vistos como manifestações de um cosmo social orgânico cujos contornos caberia ao cientista captar";[55] contudo,

---

54 Denis, Henri, *História do Pensamento Econômico, op. cit.*, p. 151.

55 Coutinho, Maurício Chalfin, *Lições de Economia Política Clássica*. São Paulo: Hucitec/Unicamp, 1993, p. 60.

Karl Marx – A determinação ontonegativa originária do valor   145

como era próprio de seu período, a essência social das categorias, como propriedade privada, por exemplo, estava fora de sua possibilidade de definição.

Quesnay naturalizou as condições sociais da propriedade privada, pois encontrava-se de fato num momento em que era impossível compreender e explicar a *determinação social* dessa categoria; e, como seu antecessor Hobbes, apoia-se no *direito natural à propriedade*, acrescentando e naturalizando conjuntamente as desigualdades que derivaram socialmente dessa categoria. Assim se expressa ele: "Ao considerar as faculdades corporais e intelectuais e os outros meios de cada homem em particular, encontramos ainda uma grande desigualdade relativamente ao gozo do direito natural dos homens. Essa desigualdade não admite nem justo nem injusto no seu princípio; resulta de combinações das leis da Natureza; e não podendo os homens penetrar os desígnios do Ser Supremo na construção do universo, também não podem elevar-se até o destino das regras imutáveis que Ele instituiu para a formação e conservação de sua obra".[56]

Esse período define-se pelo progresso das ciências naturais e, particularmente na França, pelo dinamismo político de oposição ao *Ancién Régime*. Assim o Iluminismo concentra o registro do que há de mais avançado daquelas ciências, no repositório intelectual mais original do período que é a *Enciclopédia*, e, do ponto de vista da política, a luta na França encaminha a desmontagem revolucionária do estado absolutista feudal. Os iluministas acompanham a Inglaterra em termos econômicos, na consolidação do liberalismo de mercado; a avalanche das novas manifestações intelectuais iluministas expressará a necessidade do liberalismo político-econômico na luta para a superação dos limites daquele estado arcaico. Um dos pontos de convergência das políticas liberais nesse momento é o ataque aos mecanismos fiscais desse estado. Coutinho, ao se referir a essa questão, diz: "O liberalismo francês não chegou a repetir as façanhas dos economistas ingleses – claramente propor menos tributos e controle estrito do gasto público – mas não se omitiu no terreno tributário. Quesnay percebeu que desatar o nó do financiamento público era condição *sine qua non* do desenvolvimento nacional, e ousou propor uma alternativa avançada e coerente com a ordem natural".[57]

---

56 Quesnay, F., *apud* Denis, Henri, *op. cit.*, p. 165-166.

57 Coutinho, M. C., *op. cit.*, p. 64-65.

No plano da ciência econômica propriamente os fisiocratas elaboraram, com certa ingenuidade, uma teoria fundada no valor de uso e na geração natural de excedentes, que se tornou referência incontornável para as conquistas da própria economia política. (Recordemos que o valor de uso esteve no centro das elaborações teóricas liberais de Boisguillebert, traduzindo uma das características da França daquele período.)

A fisiocracia esteve, como vimos, centrada nas determinações naturais, e até por essa razão, as categorias econômicas que emergem por elaboração de seus representantes revelam-se a-históricas. Marx define essa questão dizendo: "Não se pode censurar os fisiocratas por terem, como todos os seus sucessores, considerado como capital estes modos materiais de existência, instrumentos, matérias-primas etc. separados das condições sociais em que aparecem na produção capitalista, ou seja, na forma em que genericamente são elementos do processo de trabalho, dissociados da forma social, erigindo assim o modo de produção capitalista em modo eterno e natural de produção".[58]

Os fisiocratas refletem as condições econômicas do seu momento, mas convertem as leis que descobrem em condição intrínseca à vida social. Marx adverte que "o erro estava apenas em ver na lei material de determinado estádio social histórico, uma lei abstrata que rege por igual todas as formas sociais".[59] Por outro lado, os fisiocratas avançam teoricamente ao tratar as categorias econômicas de forma objetiva, deslindadas das formas ideológicas: "Tiveram eles o mérito de considerá-las formas fisiológicas da sociedade: formas oriundas da necessidade natural da própria produção, independentemente da vontade, da política etc.".[60]

Aferrados à concepção natural da sociedade, os fisiocratas avançaram na determinação de várias categorias econômicas que foram suscitadas nas suas pesquisas. O valor do trabalho é uma delas (valor dos salários, ou da força de trabalho), que consideraram como preço dos meios de subsistência; um mínimo fixo, tratado objetivamente como um conjunto de mercadorias, *coisa independente do próprio trabalhador*, o que confere também a essa abordagem o rigor da objetividade. Diz Marx: "Puderam chegar a essa formulação sem ter descoberto a natureza do próprio valor,

---

58 Marx, K., *Teorias da Mais-Valia, op. cit.*, p. 19.

59 *Ibidem*, p. 19.

60 *Ibidem*, p. 19.

porque o *valor da força de trabalho* se configura no preço dos meios de subsistência necessários, ou seja, numa soma de determinados valores de uso".[61]

No tratamento dado ao valor da força de trabalho, os fisiocratas apresentam-se sinuosamente, ora acertando, ora errando quanto à sua determinação, já que não penetraram na real natureza do valor. Se erram quando supõem que o mínimo necessário não se altera, por estar fundado nas condições materiais (naturais) ou físicas do trabalhador, acertam ao isolar o valor do salário ou o valor do trabalho mostrando sua independência em relação ao que o trabalhador cria, fenômeno descoberto por eles e que mesmo a economia política acabou por tergiversar em alguns momentos, mas ao qual não puderam dar melhor desdobramento. O trabalho, contudo, é analisado pelos fisiocratas com base em referências contraditórias, na medida em que confundem a orientação da produção capitalista lastreando-a no consumo. "O que se diz é: a soma dos valores de uso que consome durante a produção é menor que a soma dos valores de uso que gera, e assim sobra um excedente de valores de uso. Se trabalhasse apenas o tempo necessário para reproduzir a própria força de trabalho, nada sobraria. Mas os fisiocratas atêm-se apenas à ideia de que a produtividade da terra permite ao trabalhador, na jornada que se supõe dada, produzir mais do que precisa consumir para continuar a viver. Esse valor excedente aparece portanto como dom da natureza; graças à cooperação desta, determinada quantidade de matéria orgânica – sementes, animais – capacita o trabalho a converter maior quantidade de matéria inorgânica em orgânica."[62] Portanto não é o trabalho, mas a natureza que fornece o excedente.

Por outro lado, considerando como apreendiam a produção se efetivando num mundo capitalista, portanto uma produção para troca, eles deveriam expressar-se de outra forma, e afirmar que o excedente de produção é criado não porque os trabalhadores *consomem menos* do que produzem, mas porque *produzem mais* do que consomem.

Além disso, eles supõem ser o trabalho uma postura moral, já que afirmam que o excedente só é fornecido pela natureza se o homem aplicar-se a trabalhá-la, se for diligente.

---

61 *Ibidem*, p. 20.

62 *Ibidem*, p. 26

O alcance dos fisiocratas pode ser compreendido quando se toma um de seus procedimentos como referência de sua análise e resultado; Marx indica que os "fisiocratas deslocaram a pesquisa sobre a origem da mais–valia, da esfera da circulação para a da produção imediata, e assim lançaram o fundamento da análise da produção capitalista",[63] e completa afirmando: "De todos os ramos de produção é a agricultura – a produção primária – aquele onde se manifesta de maneira mais tangível e mais incontestável a diferença entre o valor da força de trabalho e o valor que esta gera, isto é, a mais-valia que a compra da força de trabalho proporciona a quem emprega essa força. A soma dos meios de subsistência que o trabalhador consome todo ano, ou a massa de matéria que absorve, é menor do que a soma dos meios de subsistência que produz. Na manufatura em geral não se vê o trabalhador produzir seus meios de subsistência nem o excedente sobre eles".[64]

Contudo, ao radicalizarem sua pesquisa na direção do valor de uso, e em particular do setor agrário, deixaram lacunas teóricas intransponíveis em suas elaborações para a solução do valor de troca, do trabalho abstrato, portanto.

Desta forma a agricultura, ao contrário da indústria, que para os fisiocratas é estéril em termos da criação de valor novo, da mais-valia, é o único setor realmente produtivo, que cria excedente: "E essa produtividade, esse nível de produtividade donde se parte como condição prévia, tem de existir, antes de tudo, no trabalho agrícola /.../, e assim aparece como dom, como força produtiva da natureza".[65]

Certamente, com essas referências econômicas, o sistema fisiocrático padeceu de várias e fortes contradições. A que mais define seus equívocos e limites responde à sua posição frente à produção agrária como núcleo da produção capitalista, isto é: "O feudalismo é reproduzido e elucidado segundo a imagem da produção burguesa, e a agricultura, como o ramo de produção onde se apresenta de maneira exclusiva a produção capitalista, ou seja, a produção de mais-valia. Aburguesa-se assim o feudalismo e ao mesmo tempo dá-se aparência feudal à sociedade burguesa";[66] além disso, "Essa aparência iludia os adeptos aristocráticos do Dr. Quesnay, como o velho Mirabeau, obstinadamente patriarcal. Nos represen-

---

63 *Ibidem*, p. 21

64 *Ibidem*, p. 21.

65 *Ibidem*, p. 24.

66 *Ibidem*, p. 25

tantes posteriores do sistema fisiocrático, em Turgot sobretudo, esse véu se desfaz por completo e o sistema configura a nova sociedade capitalista que irrompe nos quadros da sociedade feudal. O sistema corresponde portanto à sociedade burguesa da época, libertando-se do regime feudal. Por isso, originou-se na França, país onde predomina a agricultura, e não na Inglaterra, país onde prepondera a indústria, o comércio e a atividade marítima".[67]

Essa transformação na análise econômica que inverte o polo da pesquisa do valor, da circulação para a produção, teve início com Petty na Inglaterra e se completa com a fisiocracia na França, embora nesta última, como vimos, expressem-se fortes limites à compreensão da economia, pois suas categorias são tratadas pelo ângulo do valor de uso, e o excedente, a renda fundiária, como doação natural. Mas, como eles entendem que a fonte do valor é a produção, deixam instalado o locus de referência sobre o qual recairão as análises da *economia política clássica*. Obviamente, o mercado, a circulação não serão suprimidos das novas pesquisas, ao contrário, o que começa agora a se delinear é o seu enquadramento como momento reflexo da base produtiva.

Adam Smith

Pensadores como Adam Smith, ao iniciar seu percurso analítico com base nessa nova configuração da economia, deixam para trás as argumentações fisiocráticas, principalmente na questão do valor, cuja origem agora é verificada no próprio processo de trabalho. Eric Roll nos dá uma boa noção desse tratamento no pensamento do filósofo escocês: "O grande progresso do pensamento econômico que se deve a Smith consiste no abandono dos preconceitos mercantilistas e fisiocráticos. Durante duzentos anos procuraram os economistas a fonte última da riqueza. Encontraram-na os mercantilistas no comércio exterior. Os fisiocratas foram mais longe, removendo a origem da riqueza da esfera da troca para a produção, limitando-se, porém, a uma singular forma concreta da produção: a agricultura. Adam Smith realizou a revolução final construindo sobre as bases assentadas por Petty e Cantillon. Com Adam Smith, o trabalho se converte na fonte

---

67 *Ibidem*, p. 25

dos recursos que abastecem as nações 'de todas as coisas necessárias e úteis à vida, que elas consomem anualmente'".[68]

Essa revolução final não é senão uma nova concepção de valor no campo da análise econômica. Smith traz de Aristóteles a diferenciação entre os dois sentidos do termo *valor*, atualizando seu significado: "É preciso observar [escreve] que a palavra valor tem duas significações diferentes; umas vezes significa a utilidade de um objecto particular e outras vezes significa a faculdade que a posse desse objecto dá de comprar com ele outras mercadorias. Pode chamar-se um valor *de uso*, e a outra, *valor de troca*. Coisas que têm o maior valor *de uso* frequentemente têm apenas pequeno ou nenhum *valor de troca*; e, pelo contrário, aquelas que têm maior valor de troca frequentemente não vão além de pouco ou nenhum valor de uso. Não há nada mais útil do que a água, mas com ela quase nada se pode comprar. Pelo contrário, um diamante quase não tem nenhum valor quanto ao uso, mas poder-se-á trocá-lo frequentemente por uma enorme quantidade de outras mercadorias".[69]

Em seguida, Smith define que o seu estudo deve encaminhar-se pela análise do valor de troca, pois é nele que consiste o preço real das mercadorias. Denis nos indica com precisão o caráter do valor de troca inserido pelo filósofo escocês: "Smith toma o trabalho – que, de resto, constitui a fonte do valor – como o padrão de medida do valor ou, se preferirmos, como moeda. O valor exprime-se, segundo ele, por uma certa quantidade de trabalho, aquela que um objecto pode comprar".[70]

Contudo é preciso saber que esse avanço de Smith não se fez sem tropeços; ele investiga a ordem capitalista por vários ângulos, e ao mesmo tempo em que sua referência para tratar do valor é o preço, este passa também a ser motivo de estudo; é aí que sua trajetória teórica sofre um certo rebaixamento: observemos o comentário de Dobb, um cuidadoso analista do pensamento econômico, sobre essa questão: "Quando se tratou de dar uma definição mais precisa deste valor natural e sua determinação, Adam Smith pouco mais teve para dizer além de que o preço do equilíbrio era estabelecido no devido momento pela concorrência, através das operações de oferta e procura – e que para ele tendem constantemente os preços de todos os bens. O 'preço natural' de um

---

68 Roll, Eric, *op. cit.*, p. 143.

69 Smith, A., *apud* Denis, Henri, *História do Pensamento Econômico*, *op. cit.*, p. 198-199.

70 Denis, Henri, *ibidem*, p. 17 e 21.

bem é definido como a soma das 'taxas naturais dos salários, lucro e renda', que, por sua vez, são definidas como 'taxas correntes ou médias' dos salários, lucro ou renda predominantes nas 'circunstâncias gerais da sociedade' em determinado momento: por outras palavras, determinadas pelas condições gerais de oferta e procura de trabalho, capital e terra, que governam respectivamente as três 'Partes componentes do Preço dos Bens', nas quais, 'em qualquer sociedade, o preço de qualquer bem acaba por se desdobrar por si próprio numa ou noutra ou em todas estas três partes'".[71]

Também Marx destaca o declínio de padrão teórico de Smith ao explicitar a contradição a que chega quando toma o preço (valor de troca) como objeto de estudo e conclui pela soma de despesas. Marx diz tratar-se de uma concepção errônea considerar como fonte do valor a soma do conjunto: lucro, renda fundiária e salário: "São na verdade as três fontes originais de toda renda, mas é falso que do mesmo modo sejam as três fontes originais *de todo valor de troca,* pois o valor de uma mercadoria se determina exclusivamente pelo tempo de trabalho nela contido. Logo depois de ter classificado renda fundiária e lucro de meras deduções do valor ou do trabalho que o trabalhador adiciona às matérias-primas, como pode chamá-los de fontes originais do valor de troca?".[72]

Tudo isto não altera o fato de que Smith pôs em movimento uma avançada concepção de valor, demarcando-se radicalmente das especulações fisiocráticas; Smith afirma o tempo de trabalho como a base de formação do valor de troca, independentemente de ter invertido essa questão ao tratar das "fontes do valor" na formação do preço. Tomamos de Marx uma citação que indica toda a assertiva de Smith nesse campo: "As mercadorias encerram *o valor de certa quantidade de trabalho que trocamos pelo que supomos conter o valor de igual quantidade de trabalho...* Todas as riquezas do mundo foram originalmente compradas não por ouro ou prata e sim pelo trabalho; e para seus possuidores, que procuram trocá-las por novos produtos, o valor é exatamente igual à quantidade de trabalho que elas os habilitam a comprar ou comandar".[73]

---

71   Dobb, Maurice, *Teorias do Valor e da Distribuição Desde Adam Smith.* Lisboa: Presença, 1973, p. 62-63.

72   Marx, K., *Teorias da Mais-Valia, op. cit.,* p. 72.

73   Smith, A., *apud ibidem,* p. 53.

A riqueza ou pobreza genericamente posta está de acordo com o grau de desfrute que consegue das coisas necessárias, convenientes e prazerosas. Mas, após a divisão do trabalho, são muito poucas as coisas de que o homem necessita e que pode produzir ele mesmo, ao contrário, a maior parte vem do trabalho alheio. Aí está a questão: para desfrutar tem de ter capacidade de compra ou encomenda.

Portanto, eis uma definição de valor da mercadoria de Smith: o valor de qualquer mercadoria, para quem não quer utilizá-la (logo, trata-se do valor de troca), mas a possui e quer trocá-la por outra, é "igual à quantidade de trabalho que essa mercadoria lhe dá condições de comprar ou comandar"; e conclui Smith: "Consequentemente, o trabalho é a medida real do valor de troca de todas as coisas". E reafirma essa conclusão para as relações mútuas de troca: "O que é comprado com dinheiro ou com bens é adquirido pelo trabalho, tanto quanto aquilo que adquirimos com nosso próprio salário". Indo então ao pormenor da própria relação de troca, diz: "Eles [objetos ou mercadorias dispostas para troca] encerram *o valor de uma certa quantidade de trabalho* que permutamos por aquilo que, na ocasião, supomos conter o valor de uma quantidade igual".[74]

Dessa forma, o valor (valor de troca) reflete a proporção de trabalho contida nos objetos postos para a troca; segundo Smith, seu valor é determinado pelo tempo de trabalho, "medida real do valor de troca de todas as coisas", e sua troca se faz "por aquilo que, na ocasião, supomos conter o valor de uma quantidade igual", o que de fato corresponde às trocas proporcionais, concretamente realizadas no mercado. Mas, em seu desenvolvimento analítico, ele estabelece que o valor da riqueza de um possuidor será maior ou menor, isto é, seu poder será maior ou menor, de "acordo com a quantidade de trabalho alheia ou – o que é a mesma coisa – do produto do trabalho alheio que esse poder lhe dá condição de comprar ou comandar". Por outro lado, o processo de troca contém tanto os produtos do trabalho, ou seja, o *trabalho morto ou objetivado*, como o trata Smith, quanto o próprio trabalhador, a capacidade humana de trabalho, que Smith trata por *trabalho vivo*. Ele os coloca lado a lado, como coisas trocáveis por seus valores, indiferentemente de seus conteúdos e natureza. Nesse sentido, a capacidade de Smith em conduzir objetivamente sua pesquisa nos permite compreender as verdadeiras

---

74 Smith, A., *apud ibidem*, p. 53.

operações econômicas, e com isso a concreção do capital por meio das profundas contradições expostas.

Salientemos que Smith evidencia a conversão do valor num indiferenciador dos conteúdos que a ele correspondem, portanto dos valores de uso; ele eleva a *economia política* ao cumprimento de seu papel decisivo, que é o de dissimular a distinção interna dos conteúdos dos produtos sob a forma abstrata, sob a forma de valores iguais.

Essa equalização traz consigo, entre outras, uma contradição que nos interessa mais especificamente: o *valor de troca do trabalho*, o salário, acaba por se colocar como determinação do *valor de troca da mercadoria* (trabalho materializado); ou melhor, o salário converte-se em determinação do valor da mercadoria, pois ao considerar que os salários (desde os fisiocratas) são representados num conjunto de valores de uso, de mercadorias, Smith estará incorrendo no irreparável equívoco de determinar o valor das mercadorias pelo valor dos salários, ou ainda, o de determinar o *valor das mercadorias pelo valor das mercadorias*, e assim, como disse Marx, "incorre numa tautologia". Vê-se também que, embora Smith tenha expressado como distintos o trabalho *vivo* e *morto*, o primeiro sendo o próprio trabalhador e o segundo o produto de seu trabalho, ao submetê-los ao valor de troca igualmente, negligencia o trabalho vivo como capaz de criar mais valor do que o que necessita para se reproduzir, por supor que reproduz apenas o valor de seu salário. Obviamente, o trabalho vivo não foi examinado em sua essência por Smith. Apesar disso, ele ainda pôde intuir a dependência que o capital tem em relação ao trabalho, quando afirmou que o trabalho cria o salário e o lucro, sem contudo ter oferecido os fundamentos concretos dessa assertiva.

Smith identifica, no curso de suas pesquisas sobre o valor, uma contradição significativa na determinação do valor pelo tempo de trabalho, ao lançar-se numa abordagem em que contrapõe o capitalismo a um momento social contrário, um suposto momento em que a ausência de divisão do trabalho, de propriedade privada, refletia uma produção na qual os indivíduos fruíam plenamente todo o seu produto. O grau de divisão do trabalho que aí se colocava não ultrapassava uma divisão natural coincidente com condições primárias e comunais de sociedade. Nestas condições, as trocas que aí se estabeleciam, definidas pelas necessidades imediatas, pois não há ainda a perspectiva de acumulação, revelavam uma proporcionalidade tal que o trabalhador comandava todo o produto de seu trabalho. Assim se expressa Bianchi: "Neste estado de coisas, em que a totalidade do produto do trabalho pertence ao trabalhador, não se interpõe nenhum obstáculo a que o valor de troca das mercadorias produzidas se 'meça' sempre e unicamente segundo a quantidade de trabalho necessária para a sua produção, porquanto ela coincide com a quantidade de trabalho que com aquela mercadoria se adquire".[75]

No entanto, no desdobramento de sua pesquisa, que inclui agora a divisão social do trabalho, portanto propriedade privada, assalariamento etc., Smith, centrado no que trata por *propensão à barganha* ou *propensão a intercambiar*, característica natural dos indivíduos e condição fundamental para a divisão do trabalho, identifica a contradição entre o valor do produto do trabalho e o valor dos salários. E na medida em que o valor está definido em tempo de trabalho, ele identifica a inequivalência entre o tempo de trabalho do produto do trabalho e o tempo de trabalho dos salários. Diante das novas condições sociais, aquela proporcionalidade se perdeu; com a divisão industrial do trabalho, com o capitalismo em funcionamento, o valor do trabalho não coincide com o valor de seu produto, o que impede que o trabalhador assalariado comande ou compre o produto de seu próprio trabalho.

O contraste entre os dois momentos históricos, que levou Smith a perceber, sem poder explicar, a contradição entre valor do salário e valor do trabalho, é assim indicado por Bianchi: "Nós diremos que, em situação capitalista, o 'valor' do produto do trabalho já não é igual ao 'valor do trabalho', mas maior, ou, a quantidade de trabalho total, necessária para produzir um objecto, é maior que a parte que serve ao operário para reconstituir o próprio salário",[76] o que levará Smith a concluir equivocadamente que o tempo de trabalho não regula mais as relações de troca. Esta conclusão rendeu-lhe críticas bastante importantes, para uma correta definição do valor, por parte de Ricardo, como veremos mais à frente.

Desta maneira, percebemos que, ao analisar o valor, Smith captou algo essencial na mudança da forma social primária, comunitária, para a organização capitalista. Muito embora ele não tenha conseguido explicar seu significado, é importante

---

75 Bianchi, Marina, *A Teoria do Valor (Dos Clássicos a Marx)*, Lisboa. Edições 70, 1970, p. 42.

76 *Ibidem*, p. 43.

referir essa questão, indicando com Bianchi que: "Smith intui justamente como a chave da produção capitalista está, na realidade, na troca entre trabalho objectivado nos produtos e no trabalho vivo, antecipando assim um motivo que será dominante no pensamento de Marx, e como uma correcta teoria do valor-trabalho deve ter em conta precisamente este traço específico do capitalismo".[77]

Smith, por outro lado, ao tratar do excedente do valor, da mais-valia, o faz pela designação de lucro; importa acentuar que essa abordagem se distingue tanto da dos fisiocratas quanto da dos mercantilistas, pois sustenta que o *trabalho* dá como fruto tanto os salários quanto o próprio lucro, coerentemente com sua concepção de que a riqueza dos países não foi adquirida nem com ouro, nem com prata, ou pedras preciosas, mas com *trabalho*. Ele se distancia também daquela concepção do *lucro de alienação* ao afirmar que "Por isso /.../ o valor que os trabalhadores adicionam às matérias-primas se reduz aí, assim que se introduz a produção capitalista, a duas partes: uma lhes paga os salários, e a outra, o lucro do empregador sobre o inteiro montante que adiantou em matérias-primas e salários".[78]

As pesquisas e conclusões de Smith ganham relevo muito especialmente porque o seu eixo condutor, em todas as áreas que abordou, na economia, manteve no horizonte a atividade *trabalho* como núcleo incontornável. Além disso, essa referência é decisivamente inovadora porque, abstraído das suas peculiaridades, ele aparece como *trabalho geral, abstrato*, como já indicamos anteriormente, a despeito das dificuldades que ele próprio encontra ao lidar com tal formulação.

Marx acentua essa postura teórica de Smith sobre o trabalho afirmando que "Um enorme progresso é devido a Adam Smith, que rejeitou toda a determinação particular da atividade criadora de riqueza, considerando apenas o trabalho puro e simples, isto é, nem o trabalho industrial, nem o trabalho comercial, nem o trabalho agrícola, mas todas estas formas de trabalho no seu caráter comum".[79]

Marx destaca que esse fenômeno alcança esse padrão *abstrato* por meio de operações efetivadas na realidade própria do mundo do trabalho, cuja regência, por uma divisão cada vez mais acentuada das atividades, cria um resultado novo, que é produto social, o valor, uma conversão, portanto, dos trabalhos privados em *tra-*

---

77 *Ibidem*, p. 45.

78 Smith, A., *apud* Marx, K., *Teorias da Mais-Valia, op. cit.*, p. 58.

79 Marx, K., *Contribuição à Crítica da Economia Política, op. cit.*, p. 222.

balho social geral. Não se trata apenas da abstração do valor revelada pelo confronto de duas mercadorias no mercado, no circuito das trocas, forma através da qual esse valor *se mostra, aparece*, mas também e principalmente a revelação de sua base geradora. "Assim, as abstrações mais gerais só nascem, em resumo, com o desenvolvimento concreto mais rico, em que um caráter aparece como comum a muitos, como comum a todos. Deixa de ser possível deste modo pensá-lo apenas sob uma forma particular. Por outro lado, esta abstração do trabalho em geral não é somente o resultado mental de uma totalidade concreta de trabalhos. A indiferença em relação a esse trabalho determinado corresponde a uma forma de sociedade na qual os indivíduos mudam com facilidade de um trabalho para outro, e na qual o gênero preciso de trabalho é para eles fortuito, logo indiferente. Aí o trabalho tornou-se não só no plano das categorias, mas *na própria realidade*, um meio de criar a riqueza em geral e deixou, enquanto determinação, de constituir um todo com os indivíduos, em qualquer aspecto particular".[80] Essa observação amplia enormemente a compreensão teórica do tema valor, pois explicita os nexos sociais desse fenômeno, operação iniciada por Smith e completada por Marx de forma consistente.

Smith, como indicamos, colocou o trabalho no centro de suas preocupações com a economia e, ao procurar dar conta de ângulos mais específicos dessa atividade, como, por exemplo, a distinção entre trabalho produtivo e improdutivo, destaca que: "Tanto os trabalhadores produtivos, quanto os improdutivos, e bem assim os que não executam trabalho algum, são todos igualmente mantidos pela produção anual da terra e da mão de obra do país. Esta produção, por maior que seja, nunca pode ser infinita, necessariamente tem certos limites. Conforme, portanto, se empregar uma porcentagem maior ou menor dela, em qualquer ano, para a manutenção de mãos improdutivas, tanto mais no primeiro caso, e tanto menos no segundo, sobrará para as pessoas produtivas, na mesma medida, a produção do ano seguinte será maior ou menor, uma vez que, se excetuarmos os produtos espontâneos da terra, o total da produção anual é efeito do trabalho produtivo".[81] Esse tema estará no

---

80 *Ibidem*, p. 222. Note-se também, segundo Marx, que essa abstração *concreta*, submersa a uma rica tessitura de relações vivas, produzidas em condições sociais novas, pode assim se mostrar, uma vez que nenhum dos gêneros de trabalho é dominante.

81 Smith, Adam, *A Riqueza das Nações – Investigação sobre sua natureza e suas causas*. São Paulo: Abril Cultural, 1985, p. 286.

centro das preocupações tanto com a mais-valia, como igualmente com o próprio capital; Marx mostra, em sua análise, que o autor escocês rejeita a noção de que o trabalho na indústria é estéril, concepção dominante na linha analítica fisiocrática. Contudo, "Os fisiocratas, com a falsa concepção de ser produtivo o trabalho agrícola apenas, sustentaram o ponto de vista certo de que, do ângulo capitalista, só é produtivo o trabalho que gera mais-valia, não para si e sim para o proprietário das condições de produção; trabalho que cria um produto líquido não para si mesmo, mas para o dono das terras".[82] Portanto, ser ou não trabalho produtivo depende de seu posicionamento frente ao capital. Marx toma esse ponto como referência para indicar que "Só o trabalho que produz capital é trabalho produtivo". Significa dizer que a compra da atividade do trabalho, portanto a troca da força de trabalho por capital, não interessa ao capitalista diretamente porque esta lhe proporciona valores de uso sob a forma de mercadorias, mas sim pelo fato de que a força de trabalho cria mais valor do que o que contém.

Smith, ao colocar em pauta essa questão, "Pretendia reservar a designação 'improdutivo' para 'servos domésticos' e servidores (quer de casas aristocráticas quer do governo) que prestavam os seus serviços diretamente ao seu senhor ou patrão. Estes serviços eram pagos a partir do 'rendimento', numa transação que devia ser classificada de 'consumo' e não de 'produção'".[83] Marx observa, também, que os fisiocratas objetivaram uma linha de pesquisa sobre trabalho produtivo, e a mais-valia, correta pelo lado da formação de um produto líquido além do consumo do trabalho, mas falha ao tratá-lo sob a perspectiva material, sob o valor de uso apenas, e não como tempo de trabalho, como trabalho social. O mérito por ter abordado corretamente a questão é de Smith, pois ele "liberta essa definição da falsa ideia a que a ligaram os fisiocratas", qual seja, a de reduzir todo o valor a valor de uso. Smith, por outro lado, eleva o tema em questão a uma nova posição, isto é, trabalho produtivo é aquele cujo tempo de duração vai além do necessário ao consumo do trabalhador, afirmando ainda que: "Se a quantidade de alimento e vestuário consumida pelos trabalhadores improdutivos tivesse sido distribuída aos produtivos, teriam estes reproduzido o valor completo de seu consumo junto

---

82   Marx, K., *Teorias da Mais-Valia, op. cit.*, p. 133.

83   Dobb, M., *op. cit.*, p. 80.

com o lucro".[84] Ou seja, ele reafirma a dependência do trabalho improdutivo ao produtivo, e com isso define o valor da produção pelo valor dos meios de consumo do trabalho acrescido do excedente, do lucro. Fica indicado então que o trabalho produtivo cria o valor do salário (consumo do trabalho), e o lucro (do capital); porém, posto desta forma, Smith terá de enfrentar outra contradição que se expressa agora sob a forma de *inequivalência nas trocas entre capital e trabalho*, tema ao qual voltaremos mais adiante.

Smith se defronta com posições intelectuais das quais diverge acentuadamente, como é o caso da abordagem do trabalho pelos fisiocratas. No seu enfrentamento teórico, vez por outra se torna prisioneiro de concepções opostas. Ao se lançar na explicação do que é *trabalho improdutivo* ele afirma que este, contrariamente ao *produtivo* "'não gera valor, não adiciona valor', e nunca se recupera o que se despende para manter'; esse trabalho '*não se fixa nem se realiza em objeto particular ou mercadoria vendável*'".[85] De maneira que, ao tratar do trabalho *improdutivo*, Smith vai fundamentar-se no seu oposto, *produtivo*, que para tanto é mercadoria vendável, objeto durável, enfim valor de uso, retrocedendo às concepções fisiocráticas, nas quais domina o valor de uso, como vimos anteriormente; além disso, o próprio Smith já havia definido que o *trabalho produtivo* não poderia ser considerado apenas pelo ângulo do valor de uso materialmente expresso, já que nem todo trabalho comprado pelo capital pode ser assim definido, e a determinação do caráter *produtivo* do trabalho se dá frente ao capital.

Dobb busca sintetizar o conjunto de questões postas por esse tema, bem como mostrar a posição de Marx diante disto: "É razoável supor que Adam Smith não encontrou contradição entre as duas definições porque não considerava possível existir lucro ou mais-valia *a não ser quando* o trabalho em questão produzisse um bem vendável. Sem dúvida que as duas noções coincidem em grande parte. Mas, como Marx também observou, os atores, músicos, mestres de dança, cozinheiros e prostitutas podem criar um excedente ou lucro para um patrão, se forem empregados por 'um empresário de teatros, concertos, bordéis etc.' Do mesmo modo, 'um escritor é um trabalhador produtivo, não na medida em que produz ideias, mas na

---

84 Marx, K., *Teorias da Mais-Valia, op. cit.*, p. 136.

85 *Ibidem*, p. 140.

Karl Marx – A determinação ontonegativa originária do valor   159

medida em que enriquece um editor'. O fulcro da questão, diz Marx, é uma 'relação social de produção', e não 'a especialidade particular do trabalho' ou 'o valor de uso particular em que este trabalho especial é incorporado'; precisamos de 'uma definição de trabalho que provenha, não do seu conteúdo ou do seu resultado, mas da sua forma social particular'".[86]

Desta forma, os pontos que consideramos relevantes acerca do *valor* permitem-nos acentuar a positividade que Smith confere a ele, pelo seu enquadramento no plano abstrato, como tempo de trabalho, trabalho indiferente, e seu nexo com o mercado das trocas. Assim o valor de um objeto produzido para troca é "o poder, que a posse daquele objeto traz consigo, de adquirir outros bens". Esse poder de adquirir outro valor (de uso), através da propriedade do valor de troca, expressa uma ordem social fundada na produção para a troca, ordem essa que flui da *condição natural* dos indivíduos, por sua natural *propensão para troca*. Vale lembrar que Smith conduziu-se teoricamente pautado na condição *natural do homem,* inclusive como determinação do mercado, que para ele "é consequência necessária, embora muito lenta e gradual, de uma certa tendência ou propensão existente na natureza humana que não tem em vista essa utilidade extensa, ou seja: a propensão a intercambiar, permutar ou trocar uma coisa pela outra".[87]

Isto possibilita a Smith consolidar sua teoria do sistema econômico capitalista, armada indubitavelmente numa constelação conceitual submersa na ideologia liberal. Reflete também uma postura coerente não apenas com sua época, como não poderia deixar de ser, mas também, e *fundamentalmente*, com suas proposituras morais, que estiveram sempre, embora subjacentes, presentes nas suas elaborações teóricas. Com as palavras de Drummond, ilustramos essa questão: "Smith pôde construir uma 'racionalidade' econômica baseada no princípio da liberdade de mercado, porque sua concepção de equilíbrio social se sustenta no indivíduo *naturalmente ético*". Drummond acentua que no *filósofo moral* escocês "o indivíduo naturalmente moral compensa a desordem institucional externa a si, e /.../ quanto mais livre o agir na economia, mais se manifesta a natural condição humana".[88] Desta forma o valor de troca, que se manifesta no mercado, expõe-se

---

86 Dobb, M., *op. cit.*, p. 81-82.

87 Smith, A., *A Riqueza das Nações, op. cit.*, p. 49.

88 Drummond, A. Fortes, *op. cit.*, p. 161.

como *positividade*, como elemento intrínseco à condição humana, que se mostra e se evidencia melhor tanto mais se acentue *seu agir econômico liberal*; eis, portanto, a sutura teórica operada por Smith entre moral e economia, que consolida e unifica seu pensamento, considerando-se sempre que ambos estão fundamentados na *condição natural dos indivíduos*.

Queremos lembrar, por fim, que Smith havia contraposto dois momentos históricos, um hipotético, sem divisão do trabalho, e outro em que a divisão do trabalho está posta sob a forma capitalista. No primeiro caso, o trabalhador comanda todo o produto do seu trabalho, como se este fosse equivalente ao seu "salário", enquanto que, no segundo, ele cria o salário e o lucro, através do seu trabalho, mas agora, como é óbvio, não comanda mais o produto de seu trabalho, o que deixa intuída uma noção de trabalho não pago, especialmente aquele que se converteu em lucro do contratante. Smith concluiu daí que, já que o *tempo de trabalho* não regula mais a troca entre trabalho e capital, ele não pode mais regular o valor das mercadorias. Conclusão pouco feliz, pois não tardará para que as ponderações de Ricardo proporcionem elementos para a busca de superação dessa ambiguidade smithiana. Com esta menção final sobre as concepções de valor de Smith, queremos iniciar a demonstração do conjunto temático que define a compreensão sobre o valor de Ricardo, outro clássico autor da economia política.

David Ricardo

Ao estudar o principal trabalho de Smith, *A Riqueza das Nações*, Ricardo inicia com uma correção a essa última formulação em que Smith conclui pelo descarte do *tempo de trabalho* como medida do valor das mercadorias. Afirma Ricardo, no princípio do Capítulo 1, "Sobre o Valor", Seção 1 de seu *Princípios de Economia Política e Tributação*: "O valor de uma mercadoria, ou a quantidade de qualquer outra pela qual pode ser trocada depende da quantidade relativa de trabalho necessário para sua produção, e não da maior ou menor remuneração que é paga por esse trabalho". Em Ricardo, o trabalho é a referência decisiva para se definir a equivalência do valor de troca, como vemos, e se Smith teve papel importante para a formulação, mais tarde, da *Crítica da Economia Política* de Marx, Ricardo não desempenhou papel menor, pois a sua perseguição à equivalência do valor de troca, em particular na relação entre capital e trabalho, rendeu-lhe a descoberta dos corretos indicativos para a formação da mais-valia relativa, fato exposto e acolhido por Marx com grande entusiasmo. Ricardo teve o mérito de isolar o valor do trabalho do valor produzido pelo trabalho, mas não pôde, dado os limites sociais a que estava subsumido, diferenciar trabalho e força de trabalho, cujo mérito é de Marx, já em 1847, em *Miséria da Filosofia*. Tal procedimento permitiu que ele pudesse fundamentar e demonstrar a consistência do lucro e do capital.

Ele analisa o trabalho de seu antecessor, Smith, com grande rigor, visando também a não sucumbir a erros que comprometessem sua perspectiva. Esta, por sua vez, mantém-se em torno do eixo da equivalência, no sentido de restaurar o tempo de trabalho como medida definitiva do valor de troca das mercadorias: "Adam Smith, que definiu com tanta exatidão a fonte original do valor de troca, e que coerentemente teve que sustentar que todas as coisas se tornam mais ou menos valiosas na proporção do trabalho empregado para produzi-las, estabeleceu também uma outra medida-padrão de valor, e se refere a coisas que são mais ou menos valiosas segundo sejam trocadas por maior ou menor quantidade dessa medida-padrão. Como medida-padrão ele se refere algumas vezes ao trigo, outras ao trabalho; não à quantidade de trabalho empregada na produção de cada objeto, mas à quantidade que este pode comprar no mercado, como se ambas fossem expressões equivalentes e como se, em virtude de se haver tornado duas vezes mais eficiente o trabalho de um homem, podendo esse produzir, portanto, o dobro da quantidade de uma mercadoria, devesse esse homem receber, em troca, o dobro da quantidade que antes recebia".[89]

Essa posição de Ricardo, além de enfatizar o tempo de trabalho como medida de valor, aponta os defeitos da formulação smithiana acerca de uma medida-padrão, numa clara negligência do tempo de trabalho. Ao mesmo tempo, Ricardo já está preparando terreno para definir a mais-valia pela produtividade do trabalho advinda dos recursos do capital, e não pelo trabalho não pago. A questão está, para ele, em resolver o paradoxo entre o valor de manutenção do trabalhador e o valor do produto do trabalho. Pois se ao preço do trabalho (capacidade de trabalho) se "iguale o preço do seu produto, /.../ [terá] a consequência de que a produção

---

89 Ricardo, David, *Princípios de Economia Política e Tributação*. São Paulo: Abril Cultural, 1982, p. 44-45.

de mais-valia e por isso o próprio capital seriam abolidos". Por outro lado, se "o trabalhador não recebe inteiramente o valor do produto do seu trabalho, no preço do seu trabalho: /.../ em tal caso seria eliminada a mesma lei do valor. De notar como voltam a apresentar-se as mesmas dificuldades analisadas em Smith".[90] Eis, portanto, as razões de sua sinuosidade teórica, e, portanto, o dilema que enfrenta Ricardo na aplicação de sua concepção de valor à economia. Bianchi observa também que: "se a lei ricardiana do valor-trabalho fosse rigidamente aplicada à determinação do valor do trabalho, então este último deveria depender da quantidade de trabalho contida no trabalho, ou – como explica Marx – o valor de uma jornada de trabalho, de doze horas, por exemplo, seria determinado pelas 'doze horas de trabalho contidas na jornada de trabalho de doze horas; o que não é senão uma insulsa tautologia'".[91]

Ricardo move-se com coerência nesse campo teórico, pois tem diante de si uma perspectiva bem definida, qual seja, a de explicar e defender a dominação do capital, sob a forma do progresso, do desenvolvimento das forças produtivas que a indústria promove nesse momento, base, aliás, sobre a qual ele apoia sua luta contra as leis de proteção agrária. Ele "faz depender o valor do 'trabalho' do valor do 'salário', ou seja da quantidade de trabalho necessária para produzir o salário; com o que ele entende a quantidade de trabalho necessária para produzir o dinheiro ou as mercadorias que o trabalhador recebe".[92] Mas aí a solução é restrita a um dos polos da questão, deixando sem explicação a formação do excedente, a mais-valia pelo excedente de trabalho, ou trabalho não pago, como já indicamos.

Subsumido à sua própria coerência, Ricardo trabalhará com as formas objetivadas do valor, com o tempo de trabalho pretérito, portanto com trabalho morto. A manobra está em que a riqueza produzida pelo trabalho, tratada por ele como "trabalho ordenado no tempo", passa ao largo do *trabalho vivo*; este não faz parte da sua constelação conceitual, ou de sua elaboração teórica. Observemos que as noções de trabalho vivo e trabalho morto foram articuladas por Smith na tentativa de diferenciar a mercadoria trabalho das demais. Ricardo, ao contrário, irá reduzir todo o valor a trabalho objetivado, por exigência de sua concepção de equivalência

---

90 Bianchi, M., *op. cit.* p. 76.

91 *Ibidem*, p. 76.

92 *Ibidem*, p. 76-77.

na troca entre capital e trabalho; porém, com isso ele criou um obstáculo para a explicação da formação da mais-valia que não fosse determinada pelo desenvolvimento das forças produtivas. Isto lhe permitiu formular linearmente, com base no tempo de trabalho, a argumentação sobre a mais-valia, que ele tratou por *lucro*. É também Bianchi quem aponta para a solução ricardiana da mais-valia, com a "ausência" conceitual do trabalho vivo; diz ela: "dada como fixa a jornada de trabalho e a intensidade do trabalho, o único fator variável torna-se a *produtividade* (e não também o prolongamento absoluto da jornada de trabalho além do limite necessário ao operário para reproduzir a própria força de trabalho). Deste modo, o salário acaba por aparecer como preço necessário de uma jornada laboral de limites dados, e não como uma sua parte apenas. De resto não podia ser de outro modo para Ricardo, o qual não equivale nunca a mais-valia a mais-trabalho, assim como não vê por detrás do valor produzido o trabalho vivo que o produz".[93] Aqui fica patente que a única forma de mais-valia percebida por Ricardo é a forma relativa, pois uma vez determinada a intensidade do trabalho, como diz Bianchi, o aumento da riqueza em mãos capitalistas só pode ter origem nas alterações de produtividade, e sendo estas de cunho técnico, evita-se qualquer alusão à *exploração da força de trabalho* como condição de existência do capital, bem como desaparece qualquer possibilidade de se tratar da mais-valia em sua forma originária, a *forma absoluta*.

Marx demonstrou por muitos ângulos essa deficiência teórica de Ricardo, embora tenha reconhecido ter sido ele o primeiro a tratar da mais-valia sob a forma relativa. Contudo, Marx ressalta que a desconsideração com o *trabalho vivo*, portanto com a *forma variável do capital*, gera a impossibilidade de tratamento adequado da mais-valia, permitindo-lhe apenas a explicação do excedente sob forma de lucro. Além disso, Ricardo abordou o capital produtivo pelas formas do capital no âmbito da circulação: "cabe, de início, observar que Ricardo, ao invés de investigar a diferença na proporção em que capital constante e capital variável constituem partes componentes do mesmo montante do capital em ramos diversos de produção (essa diferença é da maior importância e influencia a *produção imediata da mais-valia*), ocupa-se exclusivamente com as diferentes formas do capital e com as proporções diversas em que o mesmo capital toma essas várias formas, ocupa-se com *diferenças de forma oriundas do processo de circulação do capital*: capital fixo e

---

93 *Ibidem*, p. 79.

circulante, capital mais ou menos fixo (ou seja, capital fixo de duração diversa) e velocidade desigual de circulação ou número diferente de rotações do capital".[94] De maneira que a análise de Ricardo sobre o capital produtivo reduz-se, perdendo consistência na medida em que ele não transfere para essa esfera a diferença essencial entre as formas constante e variável, e opera suas análises do lucro apoiado nas formas circulante e fixa, cujas determinações destinam-se mais à circulação e menos à produção, o que impede vislumbrar o comportamento da mais-valia, e sua diferença essencial em relação ao lucro, no interior dessa última esfera.

Outro ponto que se deve destacar no quadro conceitual de Ricardo acerca do valor diz respeito à diferença entre valor de uso e de troca, destacada por ele ao analisar a obra de Smith. Embora considere adequada a existência de duplo valor, conforme indica seu antecessor, ele afirma que na economia política trata-se de analisar o valor de troca, e não o de uso. Distingue também que a origem do valor de troca é determinada pelo tempo de trabalho, mas em circunstâncias específicas a escassez pode ser referência para o valor de troca. No caso da escassez, os bens por ela definidos são de menor importância para a economia, enquanto os bens reprodutíveis são os que a ela interessa. Roll explica esse ponto de vista de Ricardo: "O valor de troca procede da escassez ou do trabalho. As estátuas ou os quadros escassos têm valor que não se mede pela quantidade de trabalho que originalmente neles se empregou. Mas estas mercadorias são relativamente de pouca importância num sistema capitalista".[95] Isto torna patente que, para Ricardo, o valor de troca baseado na produção e reprodução capitalistas é aquele que realmente deve ganhar a atenção do analista.

Ricardo promove uma trajetória analítica que, como é fácil notar, acerta em grande parte na definição do valor sob a ordem social do capital, muito particularmente porque seu ângulo de referência é o próprio capital; sua concepção de capital e trabalho (subsumida a uma perspectiva ingênua, de um mundo harmonioso) considera este último sob a forma correta de mercadoria, o que lhe permite dar uma definição muito próxima de seu verdadeiro valor, isto é: ao tratar do *valor do trabalho* (como ele próprio define), ele se refere a *preço da manutenção do trabalhador*, o que aproxima fortemente sua concepção da de valor da *força*

---

94 Marx, K., *Teorias da Mais-Valia*, vol. II, *op. cit.*, p. 606.

95 Roll, E., *op. cit.*, p. 168.

de trabalho, muito embora não estabeleça qualquer diferenciação entre *trabalho* e *força de trabalho*. Sua concepção de valor, por fim, lhe permitiu penetrar no âmago do capital; permitiu derivar o capital do trabalho, e até certo ponto expor (cinicamente, segundo Marx) essa condição como contraditória.

Com a morte de Ricardo, desaparecem análises com o padrão científico avançado na elaboração das categorias econômicas do sistema capitalista. Padrão esse que incorporava, como vimos, inclusive as contradições que compõem o mundo do capital. Convém aludir aqui a uma formulação de Marx que nos permite compreender melhor o destaque dado às considerações ricardianas atadas à realidade, por evidenciar as contradições que a permeavam. Marx cita Ricardo quando este compara os gastos de produção de chapéus e de manutenção do trabalho: "'*Diminuí os* gastos *de fabricação* dos chapéus e seu preço acabará por baixar até seu novo preço natural, ainda que a procura possa duplicar, triplicar ou quadruplicar. Diminuí os gastos *de manutenção dos homens,* diminuindo o preço natural da alimentação e do vestuário que servem ao sustento de sua vida e vereis que os salários acabam por baixar, apesar de que a procura de braços tenha podido crescer consideravelmente.' Por certo que a linguagem de Ricardo não pode ser mais cínica. Pôr num mesmo nível os gastos de fabricação de chapéus e os gastos de manutenção do homem é transformar o homem em chapéu. Mas não façamos tanto alvoroço, falando de cinismo. O cinismo está na realidade das coisas e não nas palavras que expressam essa realidade".[96]

Desta forma, podemos considerar que uma continuidade analítica do padrão de Ricardo só faria esgarçar o tecido socioeconômico, liberando-o, sempre e mais, à captura crítica dessa realidade plena de contradições; portanto, não é de estranhar que se inicie uma luta ideológica contra a teoria do valor-trabalho ricardiana, com esta ainda em pleno vigor, visando ao desmonte teórico da economia política clássica. Uma das mais importantes características das novas teorias da "economia vulgar", pós-ricardiana, foi uma produção ideológica cujo cerne era a descaracterização do pensamento desse grande expoente da economia política, e não reflexões intelectuais que explicassem melhor e mais adequadamente a contraditória realidade socioeconômica.

---

96 Marx, Karl, *Miséria da Filosofia*. São Paulo: Grijalbo, 1976, p. 49.

A apreensão do decaimento da ciência econômica burguesa é feita por Marx, que realiza "o exame crítico do nascimento e da decomposição da economia clássica, isto é, da maior e mais típica ciência nova da sociedade burguesa. Como historiador e crítico da economia clássica, Marx descobriu e escreveu, pela primeira vez, a história dessa decomposição. Sua caracterização sumária, feita entre 1820 e 1830, torna-se, ao mesmo tempo, uma exposição e uma crítica rica e multilateral da decadência ideológica da burguesia. Esta tem início quando a burguesia domina o poder político e a luta de classe entre ela e o proletariado se coloca no centro do cenário histórico. Esta luta de classe, diz Marx, 'significou o dobrar de sinos pela ciência econômica burguesa. Agora não se trata mais de saber se este ou aquele teorema é verdadeiro, mas sim se é útil ou prejudicial ao capital, cômodo ou incômodo, contrário ou não aos regulamentos da política. Em lugar da pesquisa desinteressada, temos a atividade de espadachins assalariados; em lugar de uma análise científica despida de preconceitos, a má consciência e a premeditação da apologética'".[97] Com essa citação, Lukács destaca a posição de Marx sobre a virada ideológica do pensamento burguês, que se inicia pelo afrontamento das teorias de Ricardo.

As teses ricardianas serão duramente atacadas, conforme mostra Dobb: "O avolumar de críticas a Ricardo, nos anos que se seguiram à sua morte, foi motivado principalmente pelas suas teorias do valor e do lucro; em segundo lugar, pela sua teoria da renda, pelo menos tanto quanto esta era apresentada de modo a considerar os interesses do proprietário da terra opostos ao interesse social. O professor R. L. Meek explicou a veemência e rápido êxito destas críticas pelo facto 'de a maioria dos economistas estarem muitíssimo conscientes da perigosa utilização que alguns escritores radicais estavam a dar aos conceitos de Ricardo'".[98] Certamente, o perigo residia na ampla difusão que sua teoria alcançou, a ponto de criar uma tendência que assumia o valor-trabalho de Ricardo na propositura de uma reorganização socioeconômica.

Em sua obra crítica à *Filosofia da Miséria*, de Proudhon, Marx tratou-os por socialistas ricardianos: "Quem quer que conheça, por pouco que seja, o desenvolvimento da economia política na Inglaterra – diz Marx – não deixará, pelo menos, de

---

97 Lukács, Georg, "A Decadência Ideológica e as Condições Gerais da Pesquisa Científica". In: Coleção Grandes Cientistas Sociais, nº 20. São Paulo: Ática, 1981, p. 110.

98 Dobb, M., *op. cit.*, p. 128.

Karl Marx – A determinação ontonegativa originária do valor 167

saber que quase todos os socialistas desse país propuseram, em diferentes épocas, a aplicação *igualitária* (isto é, socialista) da teoria ricardiana. Poderíamos recordar-lhe ao Sr. Proudhon: a *Economia Política* de Hodgskin, 1827; William Thompson: *An Inquiry into the Principies of the Distribution* of *Wealth, most conductive to Human Happiness* (Investigação dos princípios da distribuição da riqueza que melhor conduzem à felicidade humana), 1824; T. R. Edmonds, *Practical, Moral and Political Economy* (Economia prática, moral e política) 1828 etc. ".[99]

Retomando então as indicações de Dobb, destacamos o início dos ataques a Ricardo, já em 1825, dos quais se deriva a decadência da economia política, base da economia vulgar, como observa Marx: "O primeiro e talvez o mais influente dos ataques contra Ricardo, foi a obra de Samuel Bailey, de 1825, um negociante de Sheffield com certa importância naquela cidade. /.../ O alvo principal da sua crítica foi a noção ricardiana de valor absoluto, e com esta, a noção de padrão invariável. Bailey era um relativista convicto, e começou por definir o valor como sendo constituído apenas por aquilo a que Ricardo tinha chamado 'valor relativo' ou 'valor de troca'. 'Valor', disse, 'indica… não algo de positivo ou intrínseco, mas unicamente a relação de reciprocidade de dois objectos como bens permutáveis… indica uma relação entre dois objectos', portanto 'comporta[ndo] uma noção de distância'".[100] Com essa noção de *relação,* Bailey supõe ter diluído a tese do valor-trabalho, que Ricardo tratou por valor relativo das mercadorias, ou o seu valor de troca. Na verdade, como *relação*, o valor deixa de ser intrínseco aos produtos do trabalho, às mercadorias. Dobb nos dá uma ótima amostra da corrosão que a economia política clássica começa a sofrer, ainda no período de Ricardo, e contra ele; mostra que Bailey "Apresentando esta noção de valor puramente relativa (e negando qualquer outra), falou, a propósito, em 'valor, no seu sentido último', como significando a 'estima em que qualquer objecto é tido. Indica, para falar com exatidão, um efeito produzido na mente.' (Esta observação, escusado será dizê-lo, fez com que fosse saudado como um progenitor da Revolução Jevoniana.). /.../. Voltando à questão do valor, afirma que o custo de produção, que o regula em condições de concorrência, 'pode ser… uma quantidade de trabalho ou uma quantidade de capital', e conclui, de acordo com Torrens, que como causa próxi-

---

99 Marx, K.*, Miséria da Filosofia, op. cit.*, p. 11.
100 Dobb, M.*, Teorias do Valor e Distribuição desde Adam Smith, op. cit.*, p. 129.

ma influindo na mente dos capitalistas, 'a quantidade de capital aplicada é a causa que determina o valor do bem produzido'".[101] Vê-se, portanto, que a luta teórica contra a noção de valor-trabalho, como forma objetivada nas coisas produzidas, é o elo fundamental para a cadeia de concepções que irá torpedear a economia política clássica.

Marx traça um rápido perfil do procedimento teórico de Bailey que ajuda a compreender um pouco mais o teor das críticas a Ricardo: "Uma mercadoria como mercadoria só pode expressar seu valor noutra mercadoria, pois para ela o tempo de trabalho geral não existe como mercadoria. Quando o valor de uma mercadoria se expressa noutra mercadoria, o valor de uma mercadoria nada mais é que essa sua equação com outra mercadoria. Bailey cavalga essa sapiência (como a concebe, é *tautologia*, pois diz: o valor de uma mercadoria, se nada mais é que sua relação de troca com outra mercadoria, nada mais é que essa relação) de maneira tão incansável que se torna entediante".[102] E noutro trecho, para mostrar que sua preocupação com o valor está centrada no capital e não no trabalho, Marx mostra que: "Para Torrens e quejandos, que determinam o valor pelo capital, assim como para Bailey, o lucro guarda relação com o capital (adiantado). Divergindo de Ricardo, não identificam lucro a mais-valia, mas só porque não têm absolutamente necessidade de explicar o lucro na base do valor, por considerarem a forma em que a mais-valia aparece – o *lucro*, a relação da mais-valia com o capital adiantado – como a forma original, quando na realidade estão apenas traduzindo em palavras a forma aparente".[103] De maneira que todo o excedente é resultado do capital adiantado; assim também todo o valor produzido não é mais que capital metamorfoseado, portanto o *lucro* "do capital" é a forma última da mais-valia.

É nesta condição que podemos, concordando com Dobb, tratar Bailey como predecessor da chamada "revolução jevoniana", pois o caminho analítico tomado por ele forja a total determinação do capital na produção do valor e do valor excedente, de tal forma que a força de trabalho é reduzida a não mais que apenas um fator de produção. "No prefácio à *Teoria*, Jevons afirmava que 'as ideias de Bentham... são... o ponto de partida da teoria proposta neste livro'. Ele não tinha

---

101 *Ibidem*, p. 130.

102 Marx, K., *Teorias da Mais-Valia, op. cit.*, vol. III, p. 1197.

103 *Ibidem*, p. 1239.

Karl Marx – A determinação ontonegativa originária do valor   169

dúvida de que o utilitarismo era a única base possível da teoria econômica científica: 'Nesta obra, procurei tratar a Economia como um cálculo do prazer e da dor, e apresento um esboço… da forma que a ciência… tem, em última análise, que assumir.' A verdade última que serviu de base para que ele ficasse tão indignado com as outras teorias era *que o valor depende inteiramente da utilidade*".[104] Hunt expõe o significado daquela "revolução", qual seja, o de descartar radicalmente o valor-trabalho, adotando substitutivamente, com base em Bastiat e outros utilitaristas, a teoria de valor-utilidade, de maneira que o valor, a forma social da produção capitalista, reduz-se a preço. Não foi outro o objetivo de Bailey, senão o de dissimular o valor-trabalho, de maneira que o capital reduzir-se-ia a valor de uso, e o valor (forma social), a preço. Hunt acentua a perspectiva de Jevons, que "coincide" com a de Bailey, mostrando que ele endereça sua pesquisa efetivamente a uma teoria da capitalização, isto é, de defesa do capital como forma social, e que seu alvo de ataque será especialmente Ricardo:[105] "Jevons não queria que ninguém se esquecesse de que a propriedade do capital pelos capitalistas era sagrada e que 'cabe aos capitalistas manter os operários. A Economia não é, então, somente a ciência da troca ou do valor: também é a ciência da capitalização.' Não é de admirar que a indignação de Jevons diante dos economistas que o antecederam, por ele expressa ao irmão na carta escrita em 1860, não se tenha estendido a todos os economistas anteriores, mas, basicamente, a Ricardo e Mill: 'Quando for, afinal, criado um verdadeiro sistema de economia, ver-se-á que aquele homem capaz, mas que estava errado, chamado David Ricardo, colocou o carro da ciência econômica num caminho errado – mas um caminho que o levou a uma confusão maior ainda por causa de seu admirador igualmente capaz, que também estava errado, chamado John Stuart Mill. Houve economistas, como Malthus e Sénior, que compreendiam muito melhor as verdadeiras doutrinas'".[106] Observemos ainda que os fundamentos da "economia vulgar" (conforme a batizou Marx), que se implanta com Jevons, após o encerramento da economia política clássica, irá sustentar-se na

---

104 Hunt, E.K., *História do Pensamento Econômico*. Rio de Janeiro: Campus, 1985, p. 281.

105 Hunt observara já que as críticas ao valor-trabalho originadas nos defensores do valor-utilidade não se dirigiam a Marx, cuja elaboração teórica elevara essa categoria ao plano ontológico, mas sim a Ricardo.

106 *Ibidem*, p. 285.

subjetivação do valor de troca e na suposição de que as relações de troca são impulsionadas pelo valor-utilidade (valor de uso); além disso, não poderá mais tratar a realidade capitalista como tal, isto é, contraditória e injusta, pois historicamente já se patenteou a noção de que o capital não irá reverter essas condições, como supunham os economistas clássicos, portanto cabe de fato à economia vulgar a defesa e conservação incondicional do capital, confirmando com isso, conforme Lukács indica, aquele percurso de decadência ideológica do pensamento burguês.

2.6. Sismondi

Para finalizar, queremos mostrar, de forma breve, outro limite à continuidade da economia política clássica. Este virá de Sismondi,[107] que, ao contrário da postura *cínica,* mas harmonicista de Ricardo, irá aflorar com aguda observação as contradições próprias da realidade objetivada pelo capital. Roll destaca dois ângulos significativos dessa abordagem: "Foi Sismondi um dos primeiros economistas que falou da existência de duas classes sociais, os ricos e os pobres, os capitalistas e os trabalhadores, cujos interesses considerava opostos. Viviam em luta constante estas duas classes. Sua exposição da luta de classes é quase igual à de Marx e por isso tanto este como Engels o mencionaram no Manifesto Comunista"; e mais, "Depois de eliminar o otimismo e a ideia da harmonia social, procede a analisar as causas, inerentes ao sistema capitalista, que provocam a miséria das massas. Sismondi sente que há algo de errado nas condições da produção capitalista. Vê que esta forma de produção tende a aumentar a capacidade produtiva e a produção de bens mas, à medida que cresce a capacidade produtiva, cada vez maiores se tornam as contradições entre capital e trabalho, entre produção e venda".[108] Essas contradições por ele apreendidas, entre "valor de uso e valor de troca, mercadoria e dinheiro, compra e venda, produção e consumo, capital e trabalho assalariado", colocam uma barreira decisiva à continuidade das pesquisas no campo da economia sem manifestação crítica. De forma que uma questão central, como as crises do capital, será reconhecida por Sismondi como produto das próprias contradições do capital, ao contrário de Ricardo, que as entendia como fenômeno fortuito.

---

107 Jean Charles Leonard Sismondi (1773-1842).

108 Roll, E., *op. cit.*, p. 228.

Karl Marx – A determinação ontonegativa originária do valor   171

Contudo, é sobre a força de trabalho que as críticas de Sismondi ganham destaque, colocando-se num polo oposto ao dos conservadores como Bailey, Torrens e outros. Sismondi, ao contrário daqueles, detém-se nas contradições para mostrar que daí derivam as limitações humanas da sociedade capitalista: "sua análise se apoia toda numa ideia: a superprodução e as crises que surgem da concorrência e da separação entre o trabalho e a propriedade. A propriedade faz com que o trabalhador dependa inteiramente do capitalista. Os trabalhadores estão à mercê dos patrões. Para poderem viver têm que aceitar o trabalho pelo salário que o patrão lhes queira oferecer. A procura capitalista de trabalho assalariado determina completamente a oferta de trabalho".[109] O empreendimento crítico de Sismondi à constituição do capitalismo revela o outro polo de limitações à continuidade das análises encontradas sob o padrão da economia política clássica.

Com esse autor é possível notar que a sociabilidade fundada no mercado, em função de suas contradições, da impossibilidade de solução das necessidades fundamentais dos homens, inicia por receber algumas considerações depreciativas, e o centro da questão será o trabalho, pois ele vai se tornando o balizador do humanismo determinado pelo capital. Note-se que, mesmo pelo seu lado mais positivo, a organização econômica fundada nessas condições já começa a mostrar-se restrita, e em algumas abordagens analíticas percebem-se já preocupações, por exemplo, com o desemprego que a maquinaria causa. Nesse ponto, retomamos Ricardo para sustentar essa observação, especialmente porque ele está diante de uma condição econômica produtiva muito próxima de complementação e amadurecimento, que é a maquinaria: "Como naquela época parecia-me que existiria a mesma demanda de trabalho que antes, e que os salários não diminuiriam, acreditava que a classe trabalhadora, assim como as demais classes, participaria igualmente das vantagens do barateamento geral das mercadorias decorrente do uso da maquinaria. Essas eram minhas opiniões, e elas seguem inalteradas no que diz respeito ao proprietário da terra e ao capitalista. Mas estou convencido de que a *substituição de trabalho humano por maquinaria* é frequentemente muito prejudicial aos interesses da classe dos trabalhadores. Meu erro consistia em supor que sempre que o rendimento líquido da sociedade aumentasse, seu rendimento bruto também aumentaria. Agora, no entanto, tenho razões suficientes para pensar que

---

109 *Ibidem*, p. 229.

o fundo de onde os proprietários de terra e os capitalistas obtêm o seu rendimento pode aumentar enquanto o outro – aquele de que depende principalmente a classe trabalhadora – pode diminuir. Consequentemente, se estou certo, a mesma causa que pode aumentar o rendimento líquido do país, pode ao mesmo tempo tornar a população excedente e deteriorar as condições de vida dos trabalhadores".[110] Notamos com isso que, mesmo ainda sob o arcabouço teórico da economia política clássica, a positividade que a economia apresenta reflete uma face negativa com a maquinaria, aquela que diz respeito diretamente ao trabalho. De modo que a sociabilidade humana submetida a essa forma não pode refletir senão condições decisivamente excludentes para os trabalhadores, mesmo no momento de sua objetivação mais desenvolvida do período; o desenvolvimento das forças produtivas que segue comprometido com o capital deturpa a própria base e fundamento humanos criados nesse processo.

---

110 Ricardo, D., *op. cit.*, p. 262.

PARTE II

A determinação ontonegativa
originária do valor em Marx

CAPÍTULO 3
Os Cadernos de Paris

Introdução

Bem antes das concreções encontradas sobre esse tema na *Contribuição à Crítica da Economia Política*, de 1859, e em *O Capital*, de 1863, Marx enfrentou os pensadores clássicos da economia política com espírito provido criticamente para desvelar, por meio das suas formulações teóricas, a base de sustentação tanto nos fenômenos reais quanto nas articulações ideológicas que, juntos, permitissem emoldurar tal ciência. O período em que essa crítica originária transcorre tem início com os apontamentos de seus estudos analíticos, publicados somente no século XX, sob o título de *Cadernos de Paris*, produzidos anteriormente aos *Manuscritos Econômico-Filosóficos*, embora no mesmo ano, 1844. Aduzimos o fato de que estas análises de Marx refutam cabalmente tanto os fundamentos clássicos de uma *natureza humana* como determinativa à sociabilidade quanto as *antropologizações* que marcaram a trajetória intelectual anterior à Marx.

As referências a esse período inicial de abordagem crítica dos clássicos da economia política têm sido feitas por inúmeros estudiosos da obra de Marx, analistas de temas variados e de importância indiscutível para a compreensão de seu pensamento. Sem qualquer possibilidade de esgotar o quadro dessas referências, damos, a seguir, um panorama dos pensadores que abordaram a formação do pensamento marxiano.

Georg Lukács, que, no século XX, pode ser considerado o maior filósofo crítico, com reconhecimento universal, analisa a produção teórica de Marx e confere seu alcance ontológico ao tratar das críticas nela empreendidas, particularmente à economia política. Ao averiguar tal crítica, Lukács alude aos *Manuscritos Econômico-Filosóficos*, mas a inteireza de sua exposição compreende as obras do período de maturidade de Marx, como *Teorias da Mais-Valia*, *Contribuição à Crítica da Economia Política* e *O Capital*. De maneira que, no capítulo de sua *Ontologia do Ser Social* intitulado "Os Princípios Ontológicos Fundamentais de Marx", ao tratar da crítica da economia política, Lukács não elabora o percurso formativo do pensamento marxiano, e, portanto, não submete à análise os textos do período originário de Marx, como os *Cadernos de Paris*, *Miséria da Filosofia*, *Trabalho Assalariado e Capital*, com os quais pretendemos trabalhar a fim de demonstrar a fundação de seu pensamento crítico-econômico próprio, e sua determinação ontonegativa do valor nesse período. Lukács cita como dissemos, os *Manuscritos Econômico-Filosóficos*, de forma pontual, para afirmar a prioridade ontológica do ser em relação ao conhecimento, que se estrutura em Marx ao tomar a realidade prática como determinante de seu procedimento e de sua posição teórica, caminho sem o qual toda crítica ontológica marxiana resultaria impossível. Obviamente, não está de modo algum em questão no presente trabalho avaliar as finalidades projetadas e realizadas pelo maior filósofo marxista do século XX, na elaboração de sua *Ontologia*. Esta nos serve como parametração de uma análise que busca abordar textos que, embora ausentes dessa obra, permitem a elucidação do pensamento próprio de Marx.

Num trabalho bastante difundido no Brasil, em que a questão da alienação centraliza sua atenção, Mészáros[1] expõe seu entendimento sobre o "encontro de Marx com a economia política", título de um dos capítulos em que trata dessa questão. Nesse capítulo, os *Manuscritos Econômico-Filosóficos* figuram como texto central. Mészáros analisa esse trabalho em que, sem dúvida, o pensador alemão reúne um intenso questionamento sobre o tema, revelando nexos, significados e os sentidos da alienação.

Ter partido dos *Manuscritos* significa, para Mészáros, que a esfera de atividades econômicas criticada por Marx encontra-se já exposta desde esse período, e ele refere-se ao texto destacando uma frase em que a divisão do trabalho e as trocas são postos como "as expressões alienadas mais perceptíveis da atividade huma-

---

1 Mészáros, István, *Marx: A Teoria da Alienação*. Rio de Janeiro: Zahar, 1981.

Karl Marx – A determinação ontonegativa originária do valor 177

na e do poder humano essencial da espécie".[2] Vê-se que, na ótica de Mészáros, o encontro de Marx com a economia política amalgama-se acertadamente com as críticas à alienação. Avançando em sua exposição sobre as críticas originárias, Mészáros cita os textos *Sobre A Questão Judaica* e *Crítica da Filosofia do Direito de Hegel – Introdução*, de 1844, como sinalização dos primeiros momentos de crítica à economia política, mas restritos ainda ao plano político, "dentro do espírito de um programa segundo o qual a crítica da religião e a da teologia devia ser transformada em crítica do direito e da política".[3] Mészáros cita também o texto de Engels, escrito em finais de 1843 e inícios de 1844, *Esboço de uma Crítica da Economia Política*, para indicar uma saudável influência para o encaminhamento de Marx na direção da economia.

Os *Manuscritos Econômico-Filosóficos* são, porém, o texto em que, conforme Mészáros, as críticas às mediações alienadoras do homem serão levadas a cabo. Com base na atividade trabalho, determinação ontológica do ser social, Marx empreende sua primeira grandiosa crítica às categorias fundantes da economia política: propriedade privada, divisão do trabalho e troca. Mészáros se moverá teoricamente preocupado mais com as formas das mediações e menos com os fundamentos históricos e objetivação dessas categorias da economia política, na busca de explicar o mais adequadamente possível o fenômeno da alienação, que ocupou centralmente o pensamento marxiano.

Apoiado nessa posição ontológica de Marx, Mészáros o afasta de qualquer influência feuerbachiana, mostrando que "o protesto de Marx contra a alienação, a privatização e a reificação não o envolve nas contradições da idealização de algum tipo de 'estado natural'. Não há vestígios de uma nostalgia romântica da natureza, em sua concepção. Seu programa – nas referências críticas aos 'apetites artificiais' etc. – não defende um retorno à 'natureza', a uma série natural de necessidades práticas, ou 'simples', mas aponta para a 'plena realização da *natureza do homem*, através de uma atividade humana adequadamente automediadora".[4] Mészáros põe em destaque as *Teses ad Feuerbach* visando a confirmar a radicalidade com que Marx se distancia daquele filósofo, indicando que, nele, a incompreensão do lado

---

2   *Ibidem*, p. 79.

3   *Ibidem*, p. 73.

4   *Ibidem*, p. 77.

ativo, autoconstrutor, dos indivíduos de fato reduz sua posição sobre a gênese humana à herança natural, antropológica, inexistente em Marx; a inserção do lado ativo, a ruptura com o caráter contemplativo de Feuerbach, operada por ele, modifica radicalmente sua apreensão do ser social.

Observamos aqui que Mészáros articula um conjunto de textos do período de crítica originária de Marx, com vistas ao domínio e ampliação na explicação de novos nexos que o tema alienação vai enredando. Mas também é preciso verificar que, embora seu trabalho contemple amplamente a problemática da alienação, Mészáros não faz alusão aos *Cadernos de Paris* como apoio ou sustentação do "encontro de Marx com a economia política", texto central, conforme veremos, para essa abordagem originária marxiana.

Avançando mais nos empreendimentos analíticos da fase crítico-originária de Marx, consideramos incontornável a abordagem da *crítica da economia política* efetivada por Mandel, em seu *A Formação do Pensamento Econômico de Karl Marx*. Esta obra é produto de uma fase de consolidado reconhecimento internacional da importância de seus estudos da obra de Marx, e, sobretudo, do seu esforço em acompanhar a realidade político-econômica do imperialismo posterior à Segunda Guerra Mundial, expresso nos elevados padrões intelectuais-revolucionários certamente apreendidos do pensador alemão.

Mandel compreende que Marx assume posicionamentos críticos desde 1843, e que esse movimento se completa, na fase que tratamos aqui por crítica originária, com a crítica da economia política. Em suas próprias palavras, esclarece-se que Marx vai "da crítica da religião à crítica da filosofia; da crítica da filosofia à crítica do estado; da crítica do estado à crítica da sociedade, isto é, da crítica da política à crítica da economia política".[5] Eis, portanto, a exposição sintética de uma trajetória que, tendo como suporte a crítica da especulação filosófica e da politicidade, culmina com o enfrentamento crítico das teorias construídas pela economia política. A hipótese de que Marx, ao iniciar essa trajetória, já em 1843, o fazia sem deter conhecimento sobre economia, tal qual observa Engels em carta a Franz Mehring, em 1892, diz Mandel, não contempla toda a verdade, e, referindo-se a um texto de Pierre Naville acerca da alienação em Marx, ressalta outra hipótese descrita por

---

5   Mandel, Ernest, *A Formação do Pensamento Econômico de Karl Marx. De 1843 até à redação de "O Capital"*. Rio de Janeiro: Zahar Editores, 1968, p. 13.

Karl Marx – A determinação ontonegativa originária do valor 179

esse autor, a de que, desde os primeiros contatos de Marx com a filosofia hegeliana, e em particular com a *Fenomenologia do Espírito*, ele já teria percebido um foco centralizante da filosofia de Hegel na atividade trabalho, e Naville conclui, conforme Mandel, que suas críticas à especulação filosófica hegeliana não teriam sido tão adequadas não tivesse ele já notado os elementos "que permaneciam vivos, como a teoria das necessidades, a da apropriação ou a análise da divisão do trabalho".[6] Contudo, consideramos adequado advertir que as posições de Naville são eventuais, demandando a exposição concreta da própria expressão crítico-analítica de Marx para determinação do momento e do modo como ele constrói sua posição originária (crítica) sobre a economia política.

Procurando identificar o interesse de Marx pelas questões econômicas mais diretamente, Mandel remete-se a fatos que desencadearam sua indignação, como a miséria dos trabalhadores nas vinhas de Mosela e dos debates concernentes ao roubo de lenha, e a partir dos quais, ainda que posicionando-se como democrata, já põe em questão os limites do estado quando se trata da solução da vida material dos trabalhadores. Além disso, diz ele, Marx conclui que esse estado do trabalho imediato constitui pré-condição para a existência da sociedade burguesa. Com isto ele já se proclama, conforme Mandel, um adversário da propriedade privada, qualificando-a como fonte de toda injustiça. Porém, somente após sua chegada a Paris, em outubro de 1843 – continua, citando Engels – é que Marx se defrontará diretamente com as produções teóricas dos economistas clássicos. Mandel, com justa razão, insiste na influência de Engels sobre a formação do pensamento marxiano crítico à economia, citando o famoso texto *Esboço de uma Crítica da Economia Política*, ao qual Marx sempre se referiu como sendo uma "genial crítica" à economia política. No entanto, é preciso observar que, como veremos em nossa análise, o percurso do filósofo alemão, com toda a influência já considerada, é original e próprio, e tem seus primeiros traços peculiares anotados nos *Cadernos de Paris*. Mandel toma como ponto de partida de sua abordagem do pensamento crítico à economia política de Marx os *Manuscritos Econômico-Filosóficos*: "Redigidos depois da leitura de uma série de economistas de primeiro plano e consistindo, aliás, parcialmente em longas citações extraídas de Adam Smith, de Pecqueuer, de Loudon, de Buret, de Sismondi, de James Mill e de Michel Chevalier, esses três manuscritos econômico-filosóficos

---

6 *Ibidem*, p. 14.

representam o primeiro trabalho econômico propriamente dito do futuro autor do *Capital*. Uma crítica da filosofia de Hegel constitui a quarta parte. Eles tratam sucessivamente do salário, do lucro, da renda fundiária, do trabalho alienado em relação com a propriedade privada, da propriedade privada em relação com o trabalho e com o comunismo, das necessidades, da produção e da divisão do trabalho, assim como do dinheiro".[7]

De maneira que Marx se depara com a necessidade de estudar os materiais de conteúdo econômico para orientar-se na condução de sua crítica à sociedade civil, à vida privada, à situação de penúria dos trabalhadores. Conforme Mandel é no momento em que os *Manuscritos Econômico-Filosóficos* estão sendo elaborados que descobertas fundamentais são postas à luz: "Ora, estudando os economistas clássicos, Marx descobre que estes fazem do trabalho a fonte última do valor. A síntese se fez em um clarão, as duas noções foram combinadas, e se crê verdadeiramente assistir a essa descoberta examinando as notas de leitura de Marx, sobretudo o célebre comentário das notas de leitura de James Mill, onde Marx parte do caráter da moeda, meio de troca, instrumento de alienação, para chegar às relações de alienação que substituem as relações humanas".[8]

Tendo esse texto como parâmetro, Mandel observa que, embora Marx tenha partido das formulações filosóficas de Hegel, ele compreende seus limites e adverte que Hegel considera "a alienação como fundada sobre a *natureza do homem*" e não faz menção à superação da miséria, embora reconhecendo que a riqueza nasce em meio a ela. Nas palavras do próprio Mandel, temos que "o seu ponto de partida nessa crítica não é de modo algum o 'conceito' de trabalho alienado; o seu ponto de partida é, ao contrário, a *constatação prática da miséria operária*, que cresce na mesma medida em que crescem as riquezas que essa mesma classe operária produz. A sua conclusão não é, de modo algum, uma solução filosófica ao nível do pensamento, da ideia, do trabalho intelectual. Ele conclui, ao contrário: 'Para superar a *ideia* da propriedade privada, o *pensamento*

---

7 *Ibidem*, p. 30.

8 *Ibidem*, p. 31-32. Observe-se que as notas de leitura de James Mill estão contidas nos *Cadernos de Paris*.

comunista é amplamente suficiente. Para superar a propriedade real, precisa-se de uma verdadeira ação comunista'".[9]

Destacamos também o trabalho de José Arthur Giannotti de 1965[10] especialmente a parte em que analisa os *Cadernos de Paris*, que ele trata por *Extratos*, dando-nos uma aproximação de seu conteúdo e importância, no que pretende demonstrar como determinação da *negatividade histórica do trabalho*. Por certo, o objetivo desse autor não conflui para o que aqui tentamos alcançar, que é a crítica da economia política empreendida pelo pensador alemão. Ele observa que "Nosso primeiro projeto compreendia um balanço geral da dialética marxista e foi somente no curso do nosso estudo, quando nos convencemos da radical oposição epistemológica entre os textos de juventude e de maturidade, que nos decidimos analisar a dialética primitiva, preparando o terreno para um livro posterior. De outra forma, se juntássemos num mesmo escrito a discussão dos dois procedimentos, a todo momento, deveríamos recorrer a universos diferentes do discurso, criando uma confusão indecifrável".[11] Essa observação é feita no prefácio à primeira edição, de 1965, do trabalho citado. Ou seja, ele busca, através das análises metodológicas, explicitar uma suposta ruptura epistemológica entre os escritos do período originário da produção de Marx e os de maturidade. Sua preocupação com o plano epistemológico permanece, e na segunda edição do mesmo livro, vinte anos depois, afirma que: "O subtítulo que introduzi nesta segunda edição de meu livro – única modificação significativa em relação à primeira – deve ser entendido como uma tentativa no sentido de evitar os mal-entendidos que têm atrapalhado sua leitura. De novo venho salientar o caráter lógico deste texto, meu interesse fundamental em compreender a viabilidade da dialética. Se passo por uma leitura do jovem Marx, é para investigar a validade duma dialética que toma como ponto de partida a categoria do homem como ser genérico na qualidade de universal concreto". Portanto, ele se dirige à dialética como foco de análise, reafirmando seu objetivo e o conteúdo de seu trabalho, bem como a ruptura dos escritos de Marx: "Não estou com isso negando a enorme continuidade temática

---

9   *Ibidem*, p. 161-162.

10   Giannotti, José Arthur, *Origens da Dialética do Trabalho*. Porto Alegre: L&PM, 1984, 2ª edição.

11   *Ibidem*, p. 10.

dos escritos de Marx. Se há ruptura ela é lógica e ontológica – e isso precisa ser entendido".[12] Quanto aos *Cadernos,* especificamente, queremos expor apenas um esclarecimento que Giannotti apresenta logo no início de suas análises: "Os textos, cuja tradução daremos a seguir, devem ser anteriores ao que acabamos de estudar. São igualmente trechos do comentário ao tratado de economia política de James Mill e, como é de supor que Marx resumia e comentava conforme progredia na leitura, devem ter sido escritos antes da passagem já analisada, que se encontra quase no fim do extrato".[13] E mais adiante, depois de indicar tratar-se de leituras imediatamente comentadas por Marx, Giannotti explica que, embora formalmente dispersas, não perdem o nexo interior, pois "Na verdade, Marx lançava no papel suas ideias conforme lhe advinham da leitura de Mill, desordenadamente e sem se preocupar com seu encadeamento num sistema teórico. Isso não significa porém que objetivamente as ideias não se engrenem e não se completem mutuamente".[14] Certamente, o filósofo uspiano soube explorar o conteúdo dos *Cadernos* com adequação às finalidades a que se propôs, pois nestas rápidas notas ele deixa clara a forma de abordagem de Marx. Não cabe aqui, como também para os demais comentadores mencionados, uma explicitação de suas análises, mas sim somente assinalar suas aproximações com os textos marxianos de juventude, para denotar o grau de importância desses textos e contribuir para a compreensão do pensamento de Marx.

Avançando um pouco mais na esfera dos analistas do pensamento marxiano desse período, observamos a escassez de referências aos *Cadernos de Paris* em seus estudos. Tendo sido publicado pela primeira vez em *MEGA* (*Marx Engels Gesamtausgabe*), com o título de *Estudos Econômicos – Extratos,* em 1932, e traduzido do alemão para o espanhol por Bolívar Echeverria, recebeu de Adolfo Sanchez Vazquez, para a publicação em 1972, a denominação de *Cadernos de Paris (Notas de Leitura de 1844).* Em sua avaliação geral sobre a produção teórica de Marx desse período, apresentada em seus estudos sobre os *Cadernos,* Vazquez[15] indica

---

12   *Ibidem* (Prefácio à 2ªedição).

13   *Ibidem,* p. 161.

14   *Ibidem,* p. 161-162

15   Vazquez, Adolfo Sanchez, "Economia y Humanismo". In: Marx, K., *Cadernos de Paris (Notas de Lectura de 1844).* México: Era, 1974.

que sua redação antecede a dos *Manuscritos Econômico-Filosóficos*, embora ambas datem do mesmo ano. Afirma também a forte afinidade teórica entre os textos, especialmente no que respeita à economia política clássica.

Há evidentemente uma migração conceitual entre os dois escritos e no tocante ao padrão de problemas econômicos eles encontram-se no mesmo patamar: a crítica da economia política. O fato gerador do interesse intelectual de Marx pela economia política, assevera Vazques, foi sua leitura de um texto crítico de Engels, *Esboço de uma Crítica da Economia Política*, posição compartilhada tanto por Mészáros quanto por Mandel, embora na compreensão deste último os reais motivos de Marx para sua abordagem crítica antecedam essa leitura, como vimos.

A análise que faz Marx sobre a economia política acaba por desembocar no valor, diz Vazquez, e se a princípio Marx não adota o valor-trabalho, este será incorporado durante a própria redação de suas notas, quando suas leituras alcançam o texto de Ricardo. Desta forma, não é correto afirmar, como já o fizeram alguns analistas dos escritos desse período, que Marx inicia por rejeitar a teoria do valor-trabalho, pois trata-se de seu primeiro contato com as teorias da economia clássica. Vazquez nos indica que já nas leituras d'*A Riqueza das Nações*, de Smith, Marx põe em destaque uma afirmação desse pensador na qual a riqueza se coloca como produto do trabalho, e não sob a forma particular do ouro, prata e pedras preciosas. E, mais adiante, ainda nos *Cadernos*, suas leituras da obra de Ricardo deixam apontadas duas questões: a de que, segundo Ricardo, o trabalhador nada ganha com a elevação de sua produtividade, e a de que o trabalho é fonte de todo o valor. Embora não se detenha na contradição que esta última formulação expressa, diz Vazquez, Marx deixa indicado tratar-se do ponto de vista da economia política. Vale notar, com Vazquez, que muitas das observações de Marx deixadas pendentes, na forma como mostrou seu tradutor, serão aprofundadas e resolvidas em *O Capital*.

A exposição de Vazquez, que se apoia nos *Cadernos* para indicar a base de sustentação da crítica de Marx à economia política, faz-se destacando o emaranhado de contrastes concepcionais em que se envolve Marx. Assim, ao defender Ricardo dos ataques de Say e Sismondi, ele preserva a figura de Ricardo, pois este dá um tratamento verdadeiro à realidade econômica, embora como *cínico*. Se Ricardo expõe que a produção está a serviço do lucro, que a vida do trabalhador não tem valor algum, combatê-lo como inumano, como fazem Say e Sismondi, sem abandonar a perspectiva da economia política, é incorreto, diz Marx, já que o verdadeiramente humano se encontra fora da economia política e o inumano dentro dela.

Diz ainda Vazquez que vale evidenciar em Marx dos *Cadernos* a denuncia da posição de Ricardo, que analisa a produção capitalista como uma realidade natural, sem expor, por exemplo, os fundamentos da propriedade privada como uma necessidade, pois, *não sendo ela um atributo natural*, há que se tomá-la como fulcro da contradição econômica. Apesar disso, Vazquez afirma que Marx acaba sempre na defesa de Ricardo no que toca às suas descobertas e explicitações, ainda que como *cínico* e sem se aperceber de suas contradições; assim é quando destaca a importância de Ricardo "em meio ao esterco das contradições", para explicitar a rica e viva entranha donde o pensador inglês extrai sua teoria.

Nos *Cadernos,* o tema *alienação* marca grande parte da crítica de Marx, tendo a propriedade privada como referência incontornável dessa mesma crítica. Vazquez nos informa que, segundo os pensadores da economia clássica, a propriedade privada tem origem natural, antropológica, e que Marx, a princípio, aproxima-se dessa posição antropológica dos economistas, sem criticá-los de imediato; contudo Vazquez apenas alude a isso como uma expressão menor no quadro conceitual marxiano, pois revela logo em seguida que ele se desvencilha desse embaraço ao indagar sobre *a forma adotada pela relação social nas condições da propriedade privada*, demonstrando que o fulcro de sua atenção é a relação humana, a atividade humana, e sua característica sob essa forma dominante da propriedade privada.

No entanto, Vazquez volta a aludir a uma possível conceituação antropológica de Marx quando este utiliza os termos dos economistas clássicos para caracterizar o homem como egoísta. Também aqui não se coloca qualquer fundamentação adequada que evidencie uma assimilação conceitual do egoísmo como forma intrínseca da essencialidade humana, nos termos do próprio Marx. Vazquez levanta essa suspeita quando se remete à posição comum entre Hegel e os economistas clássicos no que toca ao *sistema de necessidades*, pois em ambos os casos as necessidades humanas são consideradas como naturais e se manifestam na vida prática, na sociedade civil, conforme Hegel, ou sociedade comercial, como querem os economistas clássicos. Entretanto, observa Vazquez que, desde 1847, em *A Miséria da Filosofia*, essa concepção de necessidade cede lugar à determinação social, tendo origem no sistema de divisão do trabalho e no intercâmbio, ambos circunscritos às

Karl Marx – A determinação ontonegativa originária do valor

determinações da sociabilidade humana, o que nos indica que Vazquez não captou a posição de Marx, já fortemente demarcada de qualquer determinação natural nos próprios *Cadernos*.

Na longa apresentação que Vazquez faz dos *Cadernos* em seu texto "Economía y Humanismo", tem lugar um conjunto de referências sobre a complexa questão da propriedade privada, no confronto concepcional de Marx com os economistas clássicos, em que ele "empurra a economia política contra a parede", como diz Vazquez, explorando no limite máximo suas contradições, através de sua própria produção teórica, de sua própria elaboração conceitual, o que significa, embora Vazquez não o afirme, que Marx faz uma leitura imanente dos textos clássicos para empreender seu posicionamento crítico.

Já nos últimos comentários sobre os *Cadernos*, Vazquez descreve parte das formulações críticas à alienação, em que Marx desvela seu caráter avassaladoramente desumano, ao lado da propriedade privada, e altera sua posição sobre o filósofo alemão no que respeita ao cunho antropológico que supostamente teria assumido ao dar continuidade ao uso de conceitos oriundos das teorias da economia clássica; Vazquez passa a apresentar a explicação que Marx dá sobre a formação do trabalho alienado, sua origem e possibilidade de superação histórica, infletindo aquelas noções iniciais apontadas em seu próprio texto. Desta forma, encontramos tão somente em Vazquez um destaque tão significativo a essas anotações, ou extratos, que editou sob o título de *Cadernos de Paris*, deixando os indícios necessários de que neles reside o ponto de partida da crítica à economia política. Por fim, queremos observar que esse autor alude sempre ao tema central de crítica de Marx como sendo a *alienação*, e em momento algum trata do *estranhamento*, que no entanto encontra-se no núcleo do texto; além disso, embora somente nos *Manuscritos* Marx explicite a distinção entre ambos, já são utilizados separadamente nos *Cadernos*.

3.1. Primeiras críticas

Esta abordagem, sob a forma de análise imanente, manterá em foco os *Cadernos de Paris* de 1844, observando antes de mais nada que, ao lado de Adolfo Sanchez Vazquez, responsável por sua apresentação na edição em língua espanhola, conforme assinalamos anteriormente, encontramos apenas outra menção, entre os consagrados analistas do período de crítica originária da economia política, nas análises de J. A. Giannotti, já igualmente mencionadas, e, em ambos, a afirmação de ser esse o primeiro enfrentamento de Marx com a economia política. Não se trata da mais completa abordagem crítico-analítica, contudo, por ser a primeira realizada por Marx os textos que servirão de complementação desta análise foram já apontados e serão abordados na sequência

As anotações iniciais de Marx nos *Cadernos* formam um conjunto de temas cujas críticas serão desenvolvidas na sequência.

Marx inicia destacando pontualmente as categorias que se encontram disponíveis nas teorias da economia política. Ele destaca a *propriedade privada*, indicando ser esta, no âmbito da economia política, *um fato carente de necessidade*. A economia política sustenta-se nessa categoria, afirmando que não há riqueza sem propriedade privada, mas não explica a *necessidade humana* dessa forma social, não explica a verdadeira demanda da propriedade privada. Ressalta que, na concepção de Jean Baptiste Say, defensor da tese que toma o valor pelo ângulo da utilidade, a propriedade privada é considerada na mesma categoria da qual se vale Hegel, ou seja, conforme a concepção jurídica, como *possessão reconhecida*. A propriedade privada reaparece em vários momentos dessas notas, tornando possível a cada passo explicitar-lhe a essência. A primeira parte desse texto expressa o caráter de contato originário de Marx com a economia política, portanto um levantamento de temas sem ainda análise crítica mais completa.

Na primeira citação que faz de Smith, ele já indica que este se envolve num *círculo vicioso* ao tratar da divisão do trabalho a partir das trocas, e afirma que esta só é possível através da própria divisão do trabalho. Observa também, nessa primeira abordagem, que em Ricardo a definição do valor de troca se dá diretamente pelos *custos de produção*, e compara tal posição com a de Say, dizendo que este, ao contrário, define-o com base na *utilidade*, deduzindo daí que, para Ricardo, a troca move-se conforme a *oferta*, enquanto para Say, conforme a *demanda*, chamando a atenção ainda, com certa ironia, que em Say o mercado substitui o *custo de produção*; é importante notar, também, sua indicação de que essa preocupação de Say com a *utilidade* restringe-o à determinação do valor exclusivamente pela moda, o capricho etc. Retomando as observações de Ricardo, Marx evidencia sua atenção para o valor e o trabalho; e, para ilustrar, indica que o pensador inglês, tendo em mira o *trabalhador*, reconhece que este não tem qualquer vantagem com o desenvolvimento da *produtividade*, e que o trabalho é a fonte de todo o valor, particularmente do valor relativo das mercadorias, adicionando ser o capital, também, expressão de trabalho.

Marx abordada ainda, nesse momento das anotações iniciais, a questão da *renda da terra;* ele coteja as posições de Ricardo, Smith e Say, e de maneira sintética observa, sobre o primeiro, sua preocupação em distinguir *fertilidade natural* daquela posta pelo *capital;* quanto ao segundo, a questão tem peculiaridade jurídica, quando diz que a melhoria do solo pelo capital não dá *direito* ao capitalista de exigir uma renda mais elevada, pois esta melhoria não vem do capitalista. E, por fim, Marx mostra a defesa que Say faz dos proprietários de terra, ao afirmar que sua propriedade tem origem em *privações anteriores*, e, embora não comente nada sobre as formulações de Ricardo e de Smith, Marx retruca a Say, tripudiando sobre ele ao dizer que essa *privação* não é o que pensa Say, é antes a privação principal, a da propriedade, a separação das propriedades dos trabalhadores, isto é, trata-se da privação que sofreram, antes de qualquer coisa, os próprios trabalhadores, na constituição da propriedade privada.

Marx está, de fato, tomando contato com os pensadores da economia pela primeira vez, contudo ele conhece já o *Esboço de uma Crítica da Economia Política*, elaborado por Engels, que o auxilia a enfrentar o cipoal teórico deixado pela economia política; além disso, ele tem já um montante teórico-crítico acumulado, convenientemente constituído a lhe permitir o tom empregado nesse enfrentamento, principalmente por ter dominado as críticas ontológicas anteriores, à política e à especulação filosófica, ambas expressões de uma e mesma realidade. De maneira que estamos vendo uma complementação de seu percurso crítico, complementação essa que, não custa repetir, tem sua manifestação originária nos *Cadernos* ora em análise.

De fato, a base crítica constituída pelo estimulante texto de Engels, contribui para sua empreitada, e ele enfrenta as concepções da economia política com desembaraço. A primeira temática a ser mais extensamente trabalhada será a contraposição entre *custo de produção* e *concorrência*, mercado. Marx inicia observando que Smith trata o *custo de produção* por *preço natural*, entretanto destaca, ao mesmo tempo, que o preço natural é apresentado por ele como somatória de salário, renda e lucro. Marx rebate essa concepção mostrando que renda e lucro não fazem parte dos custos de produção, e toma de Proudhon uma ironia ao dizer que este tem toda razão em afirmar "que o *custo das coisas* é muito caro".[16]

Seu embate com as determinações teóricas dessa contradição (custo de produção/concorrência) o leva a mostrar que o *preço natural* do salário, a renda e o lucro definem-se na concorrência e não pela *natureza* do trabalho, da terra ou do capital. Com isto, ele abre uma contenda com Ricardo, pois contesta a identidade de valor de troca e preço natural, feita por ele, afirmando que Ricardo deixa de lado os "acidentes da concorrência momentâneos", para dar coesão e precisão às leis da economia política com base apenas no valor abstrato, no custo de produção. Assim, Ricardo negligencia, por tratar como acidental a realidade mesma, o mercado, e afirmar como real a abstração; ou seja, separando o *custo de produção* do dinamismo do mercado, onde realmente se realizam preço e valor, Ricardo promove uma abstração e quer convertê-la, conforme argumenta Marx, na realidade última do preço.

Certamente, a base de apoio de Marx para essa argumentação é a formulação teórica de Say, que tem no movimento das trocas o fundamento último da lei da economia política. Mais adiante, Marx irá submeter o próprio Say à crítica, mas nesse momento ele quer evidenciar que a lei do valor com base no custo de produção sofre toda sorte de modificação ao submeter-se ao mundo das trocas. Para a complementação de seu argumento, ele remonta à fase da comunidade dizendo que o *custo de produção* só pode vigorar naquelas condições, mas na economia política, ao contrário, a produção é posta para o *tráfico sórdido,* para o mercado. Convém observar que este último raciocínio encontra-se nas digressões históricas em que Smith quer demonstrar as relações de equivalência do valor antes da divisão do trabalho, da instalação da sociedade comercial, e Marx as adota juntamente com as de Say como argumento contra Ricardo.

Em seguida, ele observa que, assim como Ricardo, Mill vale-se também da lei abstrata (custo de produção) "como o único fator na determinação do valor" (*CP*, p. 125), e não considera a troca, o mercado, como condição constante de "abolição dessa lei". Por certo, não é levada em conta, nestas ponderações de Marx, a

---

16 Marx, Karl, *Cuadernos de Paris [Notas de lectura de 1844].* México: Ediciones Era, 1974, p. 111. (Daqui em diante, citado no corpo do texto como *CP*, seguido do número da página.)

distinção dos momentos de produção e realização do valor tal qual aparece em *O Capital*, mas ele expõe desde já sua preocupação com os dois ângulos em que o valor se manifesta (o custo de produção e sua abolição no mercado).

Essas questões aqui levantadas retornarão bem mais tarde sob o tema da conversão dos valores em preços, iniciado por Ricardo, e tendo resolução em *O capital*. Neste momento, Marx acende um facho de luz para evidenciá-la, e tanto agora quanto mais tarde, enfrentando a economia política e em face dos mesmos autores. Assim, contestando essa forma de explicação do valor de troca (preço), Marx observa que "se é uma lei constante que os custos de produção determinam o preço (valor) em última instância, ou melhor, quando periodicamente, casualmente, a oferta e a procura se equilibram, também é uma *lei* não menos *constante* que este equilíbrio não se dá; quer dizer, que valor e custo de produção não se encontram numa relação necessária" (*CP*, p. 125).

Marx está decisivamente convencido que o mercado, o movimento das trocas, "modifica a constituição do valor" de toda a economia, portanto, ao abordar aquela relação (valor-preço/custo de produção), ele observa que a *lei do equilíbrio* é um momento abstrato, casual e unilateral, que muito embora sendo um fato *real*, seu equilíbrio só pode ocorrer nas condições de casualidade. Desta forma, os economistas deveriam dizer, segundo Marx, que "na economia política a lei está determinada pelo seu contrário, pela ausência de leis. A verdadeira lei da economia política é o *azar*, de cujo movimento nós, os homens de ciência, fixamos arbitrariamente alguns momentos sob a forma de leis" (*CP*, p. 126). De maneira que sua crítica à fixação de Ricardo nos custos de produção não leva Marx, como vemos, a aderir acriticamente ao dinamismo do mercado, mas apenas a contrapô-lo à determinação inflexível daqueles custos.

Antes ainda de centralizar suas anotações críticas sobre o mecanismo das trocas (tratado por *tráfico sórdido*), ele aprofundará a contradição entre *custo de produção* e *concorrência*, mercado, nas análises que faz do pensamento de Ricardo e Say. Muito embora, para Marx, Ricardo seja um *filantropo*, ele destaca em suas teorizações o valor-trabalho, que indica os limites de classe da consciência do pensador inglês. O primeiro ponto é sua concepção sobre o *preço natural dos trabalhadores*, onde salienta que Ricardo o define como *meio de subsistência*; Marx indaga, então, sobre a não inclusão das faculdades intelectuais nesse *preço natural dos trabalhadores*, que não foram sequer mencionadas. E segue criticamente afirmando que a economia política, tendo em Ricardo um de seus maiores representantes, move-se num círculo vicioso, e que Ricardo, ao excluir o caráter intelectual do trabalho, apenas confirma esse círculo vicioso, justificando a diferença de classe, e tudo o mais que dela provém. Assim, declara Marx, a economia política defende que sua finalidade não se reduz aos *bens materiais imediatos*, contudo é o que resta para o trabalhador; que na prática, a economia política, para alcançar a *liberdade*, lega à maioria a *servidão*; que as *necessidades materiais* não são o único fim desejado, mas as converte em *fim único* para a maioria; da mesma forma, se o fim é o *matrimônio*, a realidade da economia política lega a *prostituição* para a maioria; e, por último, diz Marx, sendo o fim a *propriedade privada*, ela lega a *carência de propriedade* para a maioria.

Seus questionamentos vão se avolumando a ponto de poder explicitar uma contradição universal nas concepções dos defensores do capital; pergunta Marx, tendo Ricardo e Say em mira: como é possível concorrência, quebras gerais, crises, se "todo capital encontra sua oportunidade de investimento?" (*CP*, p. 115), criticando em profundidade os argumentos daqueles pensadores de que são os indivíduos agindo no mercado aqueles que melhor sabem dos seus próprios interesses e os de toda a sociedade, argumentos com os quais Ricardo e Say defendem uma ordem social supostamente equilibrada, humanamente harmônica. Marx vai expondo sua crítica ao mercado, tratado até então como campo resolutivo dos interesses individuais e sociais, por tratar-se de um campo onde a casualidade é dominante, onde impera o *azar*, como já observamos, campo, portanto, onde ocorrem as crises e as quebras econômicas, em que a ação oportuna dos capitais em investimentos não controla os desequilíbrios e crises. Pergunta então Marx, referindo-se especificamente a Say: "Como é que estes 'sábios' indivíduos chegam a arruinar a si mesmos e aos outros, dado que para todo capital existe um lugar de inversão lucrativo e desocupado?" (*CP*, p. 116)

Marx destaca, também, a *ingenuidade* de Ricardo quando diz não compreender a distinção que Jean Baptiste Say estabelece entre lucro externo e lucro interno à nação. Marx repõe o argumento de Say, mostrando, no caso do lucro externo, tratar-se do ganho de um país suportado pela perda de outro; enquanto que o lucro nacional não é senão a vantagem de uns em relação a outros, ou a transferência de valor de "um para outro bolso", numa clara referência ao prejuízo nacional que sempre tributa os trabalhadores.

Por outro lado, a insistência de Ricardo em tomar o mercado em expansão como garantia de uma distribuição sempre mais adequada dos interesses gerais, afirmando: "'o interesse geral nunca está mais bem assegurado que mediante a distribuição mais produtiva do capital geral, quer dizer, mediante um comércio universalmente livre'", recebe de Marx uma ponderação de que isto seria correto "mediante a anulação da propriedade" (*CP*, p. 117) coisa que não está no horizonte dos pensadores dessa ciência, mas que somente pela sua abolição se tornaria possível um intercâmbio "universalmente livre", uma "distribuição mais produtiva".

A despeito das críticas, o jovem pensador alemão vai se apropriando das teorizações de Ricardo, o que o habilita a distingui-lo de Say e Sismondi, para indicar que a compreensão que estes mostram ter da economia política não se equivalem à de Ricardo. Esses autores, diz ele, combatem Ricardo por ter afirmado que, não sendo os trabalhadores nada senão máquinas, pouco importaria ao rei da Inglaterra o maior ou menor número "delas", desde que o lucro líquido (excedente) permanecesse o mesmo. Em defesa de Ricardo, Marx afirma que Say e Sismondi não fazem mais que combater a "expressão *cínica* de uma verdade econômica" (*CP*, p. 119), pois as concepções do primeiro são plenamente verdadeiras e consequentes quando se tem em conta a perspectiva da economia política, indicando que os dois últimos têm que se colocar fora da economia política se querem "combater seus resultados inumanos" (*CP*, p. 119), pois o humano encontra-se fora da economia política, e dentro dela só se encontra o inumano. Ele deixa patenteado em sua compreensão que a perspectiva da economia política não revela qualquer preocupação com o homem, senão como meio para o trabalho, ou então com o custo de sua manutenção, e que Ricardo expressa *tais condições* à luz de uma posição científica, o que leva, necessariamente, ao *cinismo*.

Observemos, então, que Marx vai revolvendo o terreno da economia política através de seus pensadores, neste primeiro encontro, revelando, desde logo, a extensão que sua análise irá abranger ao longo do seu enfrentamento com os temas desse campo da atividade social. Tudo isso bem antes da elaboração final de *O Capital;* de maneira que ele estará diante de manifestações teóricas que, no tocante às preocupações sociais, humanas, demonstradas pelos pensadores da economia política sintetizam-se ora no cinismo ora na filantropia.

Mais adiante, tratando da produção propriamente, ele destaca que a preocupação da economia política restringe-se à parte lucrativa desta, isto é, ao seu *excedente*, e com isso "ela alcança o cúmulo da infâmia" (*CP*, p. 117), pois negligencia o interesse do homem mesmo, projetando como fim último a obtenção de lucros. Desta forma, a economia política revela que "a vida de um homem não tem nenhum valor" (*CP*, p. 118), e mais ainda, "o valor da classe trabalhadora se reduz exclusivamente aos custos de produção necessários, e que os trabalhadores só existem para os ganhos líquidos [excedentes] dos capitalistas e para a renda dos donos de terra" (*CP*, p. 118).

Vimos até aqui um conjunto de anotações críticas, muito pontuais, muito sintéticas que ele dirige à economia política, mas que permite compreender, dessa perspectiva, tratar-se de uma ciência que, embora operando com categorias práticas, como a atividade humana vital, converte essas mesmas condições em meio, em instrumento para formação do lucro, da renda, enfim, para o capital. Embora, nesse início de análise, Marx revele já a finalidade dessa ciência, os fundamentos críticos irão sendo construídos no avançar de suas leituras.

Por outro lado, o foco em que Marx ajusta sua posição crítica é o da exclusão do homem explicitada nas teorizações dessa ciência. Tal exclusão só faz reafirmar o que já foi indicado por Marx anteriormente, que o humano está fora da economia política, e isto não é senão o seu marcante e decisivo ponto de partida crítico à economia política, ciência fundamental do mundo moderno, do capitalismo, que põe no centro a propriedade privada, o lucro, e todas as relações convergentes à acumulação de riqueza, em detrimento da maioria dos homens.

3.2 As formas econômicas da alienação e do estranhamento

3.2.1 O dinheiro como mediador

Ao abordar o conceito de dinheiro em Mill, Marx acolhe-o como esclarecedor e significativo para a compreensão do estranhamento e alienação presentes nas relações sociais que compõem o campo de atividade humana da economia política. Para tanto, ele avança em relação a Mill, pois, enquanto este afirma ser o dinheiro intermediário das trocas, Marx afirma que ele *não* consiste em ser a *alienação da propriedade privada*, mas sim que a *atividade mediadora* encontra-se nele alienada e convertida em atributo deste, isto é, um atributo do homem que se torna uma coisa material exterior ao homem. Ele avança com respeito à concepção de dinheiro de Mill, pois apreende o caráter da mediação exercida pelo dinheiro.

Observe-se, antes de mais nada, que a *atividade mediadora* (humana, portanto, sem mediação) significa para Marx o dinamismo relacional, o ato humano, ato social, ato produtivo, mediante o qual os produtos dos homens se completam uns aos outros, pois os homens, em suas individualidades, produzem uns para os outros, desde que se encontrem numa *forma verdadeiramente humana*, numa sociedade efetivada diretamente pelo homem, isto é, em comunidade. Porém, na sociedade mercantil, regida pelas trocas, pelo mercado, o dinheiro assume o papel daquela *atividade humana*, e se afirma como mediador, expressando, ao contrário, que esse ato humano "encontra-se estranhado e convertido em atributo do dinheiro, de uma *coisa material*, exterior ao homem" (*CP*, p. 126).

Marx extrai dessas conclusões consequências nem de longe percebidas por Mill, como, por exemplo, o fato de que diante do dinheiro o homem "se aliena desta atividade mediadora; ele é ativo apenas como um homem que se perdeu a si mesmo, desumanizado", pois, continua Marx, "o homem mesmo deveria ser o mediador para os homens" (*CP*, p. 126-7), confirmando assim sua posição de como deveriam ocorrer as relações homem a homem, na comunidade, numa sociedade humana verdadeira, em que sua atividade manifestasse sua verdadeira essencialidade, sua natureza ativa e genérica, autoconstrutora. O mediador, pondera Marx, sendo "o *poder real* sobre aquilo com que me ponho em relação, é claro que se converte no *Deus efetivo*" (*CP*, p. 127), e expõe *esse poder externo* ao homem cotejando o *dinheiro* com *Cristo*: "Cristo *representa* originalmente: 1] os homens frente a Deus; 2] Deus para os homens; 3] os homens ante o homem" (*CP*, p. 128). E continua em seguida: "De igual maneira, o *dinheiro* representa originalmente, segundo seu conceito: 1] a propriedade privada para a propriedade privada; 2] a sociedade para a propriedade privada; 3] a propriedade privada para a sociedade" (*CP*, p. 128), para completar, afirma que: "Cristo é tanto o Deus *alienado* como o *homem* alienado. Deus só tem valor na medida em que representa Cristo, o homem só tem valor na medida em que representa Cristo. O mesmo sucede com o dinheiro" (*CP*, p. 128). Assim, como o reconhecimento da "essência divina" do homem só se dá mediada por Cristo, também a essência humano-societária da propriedade privada só é reconhecida pela mediação do dinheiro.

Desta forma, ao *renunciarem* à atividade mediadora como prática direta, homem a homem, os indivíduos colocam-se subordinadamente aos *insondáveis desígnios* do dinheiro, a uma sociabilidade exercida pelos homens, mas, por eles não controlada e nem compreendida, a exemplo de sua subsunção religiosa.

Importa afirmar, também, que Marx procurará especificar o *mediador*, refletindo sobre sua negatividade, afirmando seu caráter determinante para a alienação e o estranhamento. Em *A Questão Judaica*, Marx irá explicitar outra fonte de alienação e estranhamento que permite o cotejo e a crítica. Assim como o dinheiro encarna a forma do *mediador*, o *estado* cumprirá, em sua efetividade, papel semelhante: "O estado é o *mediador* entre o homem e a liberdade do homem. Assim como o Cristo é o *mediador* a quem o homem confia toda sua divindade e toda sua servidão religiosa, o estado é o *mediador* a quem o homem confia toda sua não-divindade, e toda sua limitação humana".[17] Observe-se que com a expressão de não-divindade Marx está indicando a condição de *cidadão* a que os homens se encontram, *submetidos* ao estado. Quanto à *limitação,* ele se refere às condições materiais da vida, ao desenvolvimento das suas forças produtivas, que não se converte em autodeterminação humana.

A configuração do poder desse mediador vai sendo explicada por Marx à medida que expõe as formas que ele assume, a ponto de o culto do dinheiro, desse Deus efetivo, "se tornar um fim em si" frente à atividade humana e ao próprio homem. O produto do trabalho dos homens, quando são dele separados, parece ter seu valor invertido; Marx esclarece que o dinheiro como mediador é indicativo dessa inversão histórica, através da qual ele ganha a preponderância demonstrada, pois, se "em princípio parecia que era o mediador o que tinha valor só na medida em que representasse *os objetos*, são estes agora que só têm valor na medida em que *o representam*" (*CP*, p. 127). Assim, a atividade humana passa a aparecer como coisa externa, com valor intrínseco a ela, obnubilando a atividade vital do homem.

---

17 Marx, Karl, *A Questão Judaic*a. Lisboa: Cadernos Ulmeiro nº 10, 1978, p. 18.

Marx aponta aqui para uma aparente *autonomia* que o mediador acaba expressando, de tal maneira que ele aparece com uma dinâmica própria, e é no interior desse quadro socioeconômico que emerge aquela inversão, uma modificação em que as coisas, os produtos do trabalho humano, passam de representados a representantes do dinheiro. Trata-se, diz, das relações ativas do homem na sociedade civil, relações agora subordinadas à forma abstrata dinheiro, ao *Deus efetivo*, cuja base é a relação da propriedade privada consigo mesma, relação de exclusão dos indivíduos, relação de alienação. Por tanto, diz Marx: "assim como a propriedade privada é a *atividade genérica alienada* do homem – a *mediação alienada* entre a produção humana e a produção humana –, assim, por sua vez, este *mediador* é a *essência estranhada*, perdida de si mesma, da propriedade privada" (CP, p. 127). Desta forma o produto da *atividade social*, ou *genérica*, a propriedade privada alienada do homem, expressar-se-á como atributo do mediador, do dinheiro; o mediador converte-se na *essência alienada* da propriedade privada, toma uma forma exterior a ela, e ganha existência independente. Se a propriedade privada expõe-se como mediação alienada de si no interior das relações consigo mesma, é porque essas relações avançaram até a forma do mediador. É óbvio também que a presença do mediador só tem sentido real sobre a base da existência da propriedade privada. Assim, quando questiona: "Por que tem a propriedade privada que avançar até a *instituição do dinheiro?*", Marx de pronto responde que, "como ser social [o homem] tem de avançar até o intercâmbio, e /.../ o intercâmbio – sob as condições da propriedade privada – tem de avançar até o *valor*" (CP, p. 128). Isto porque a atividade humana vai processando inversões e abstrações em suas relações que a confirmam sob a forma da alienação e da propriedade privada, da mediação e do dinheiro.

Por outro lado, Marx mantém-se conectado à realidade em que essas categorias são processadas e realizadas, em particular, o mercado, por ser esse um momento objetivo da atividade humana no qual o intercâmbio se desenvolve até a forma do valor, ou a "instituição do dinheiro", que, de qualquer maneira, é a base de apoio para a análise crítica da atividade humana. Uma das condições da essencialidade humana, o *intercâmbio*, vai encontrar-se subsumido à relação da propriedade privada consigo mesma, ao desenvolver-se até o valor, conforme nos mostra Marx, deixando indicada a trajetória daquela inversão, inversão igualmente da sociabilidade humana pela propriedade privada, pelo dinheiro, pelo capital.

Não é difícil notar a exclusão humana que vai sendo processada no movimento e dinamismo de sua própria atividade, e a expressão cada vez mais negativa das relações humanas que se operam sob essa forma; e, sob o prisma dessa negatividade, ele afirma: "Com efeito, o movimento mediador do homem que intercambia não é um movimento social, um movimento humano, uma *relação humana*; é a *relação abstrata* da propriedade privada com a propriedade privada, e esta relação *abstrata* é o *valor*, cuja existência efetiva como valor é o *dinheiro*" (CP, p. 129). A negatividade do valor revela-se como uma relação abstrata e exterior à própria atividade humana, pois, não é "um movimento social, um movimento humano", uma vez que os indivíduos se encontram sob seu controle, sob o "Deus efetivo"; o caráter negativo se especifica na conversão da atividade humana à forma valor do dinheiro, forma exterior aos homens, mas que os submete. Desta forma, Marx identifica a alienação e o estranhamento a partir de seu posicionamento crítico, condicionando sua manutenção à das relações humanas sob a economia política.

Repondo a expressão de Marx na qual afirma que: "como ser social [o homem] tem que avançar até o intercâmbio, e porque o intercâmbio – sob as condições da propriedade privada – tem que avançar até o valor", entende-se que a natureza do intercâmbio encontra sua base e fundamento na propriedade privada, e é nessa condição que o valor se põe, é nessa condição que a atividade humana toma a forma de valor, cuja existência como tal, diz Marx, é o dinheiro; porém para ser dinheiro é preciso ser antes uma relação não-humana, "uma relação da propriedade privada com a propriedade privada", uma *relação abstrata*, que se define como *valor*, uma relação *negativa*, pois externa aos indivíduos e suas necessidades, uma relação contingencial que só efetiva uma essencialidade alienada, estranhada.

É preciso acentuar o fato de que Marx captou mais e melhor do que seus antecessores, como mostram estas críticas originárias, o significado das relações sociais sob a propriedade privada; compreendeu desde então que esta, por ser uma forma social, humana, não pode ser outra coisa senão produto da atividade do homem, mas um produto com poder de excluí-lo, de submetê-lo, alienando-o e estranhando-o, em seu próprio processo de produção e intercâmbio. Ao avançar até o valor, até a forma dinheiro, a atividade humana assume esta forma de existência abstraída de si que completa um percurso bipolar que consolida sua atividade, por um lado, mas não a reconhece como determinação de sua existência humana, já que se pôe como "eliminação de sua natureza pessoal e específica", sob a forma de *valor*, por outro. Observemos também, mas de passagem, que ao expor a formação do dinheiro, em *O Capital*, Marx estabelece sua trajetória a partir da *forma do valor* que, ao se bipolarizar e se separar de todas as expressões particulares e concretas das mercadorias, abstraindo-se delas, torna-se essa forma *valor* sem qualquer valor de uso, portanto *forma social pura*, um puro tempo de trabalho humano, uma abstrata atividade humana. Se nós substituíssemos os termos *propriedade privada* por *mercadoria*, e seguíssemos o caminho que Marx expõe no texto de maturidade, para demonstrar a transformação da mercadoria em dinheiro através do processo de troca, estaríamos diante de duas formulações semelhantes em seus conteúdos e metamorfoseamentos.[18] Importante destacar também que aqui, nos *Cadernos*, Marx entende que o dinheiro é antes de qualquer coisa uma mercadoria "e que seu valor, como o de qualquer outra mercadoria, depende dos custos de sua produção e da oferta e demanda, da quantidade ou concorrência de outras mercadorias" (*CP*, p. 128-129); certamente os custos de produção a que se refere Marx, quando trata do dinheiro, dizem respeito ao material metálico, ouro ou prata, que o compõe, considerando sempre as interferências do mercado na alteração de seu "preço". Embora aqui preço e valor não estejam ainda distinguidos, Marx insiste em mostrar que ter chegado até o valor, ter abstraído das relações reais, é produto dessas mesmas relações que se orientam pelo único sentido que se apresenta aos homens, que é dirigir sua atividade referentemente à propriedade privada.

Assim, a concepção que Marx vai formando sobre o dinheiro não deixa de lado a descoberta dos economistas, que ultrapassaram a "tosca superstição" popular de que o valor do dinheiro *está nos metais preciosos*. E observa: "o economista possui a capacidade de abstração para reconhecer esta existência do dinheiro como um tipo de mercadoria e, portanto, para não crer no valor exclusivo de sua existência oficial como metal" (*CP*, p. 130). Com isto, indica que os economistas

---

18 As preocupações de Marx em determinar os fundamentos do capital podem ser observadas nas palavras iniciais da *Nota* introdutória de E. B. à *Contribuição à Crítica da Economia Política* (p. 7), que diz: "A crítica da economia política, pedra angular do socialismo científico, foi durante quase toda a sua vida, uma das preocupações dominantes de Karl Marx e o tema essencial de suas pesquisas. *O Capital* é, com efeito, o fruto de uma longa elaboração, e as raízes desta obra-prima mergulham na própria juventude do autor".

souberam captar a *"essência do dinheiro* em sua abstração e generalidade, e se libertaram da superstição *sensualista* que crê na existência exclusiva dessa essência nos metais preciosos" (*CP*, p. 130). Até aqui, então, Marx parece estar considerando como correta a concepção dos economistas sobre o dinheiro, que o compreendem como um tipo de mercadoria, isto é, sujeito às leis das mercadorias em termos de seu valor. Contudo ele avança em sua análise, apreendendo a existência de limites naquelas explicações, e observa que a "existência *pessoal* do dinheiro – e não só como relação interna, em si, das mercadorias que dialogam e se *comparam* entre si – é tanto mais adequada à essência do dinheiro quanto mais abstrata é, quanto menor é sua relação *natural* com as outras mercadorias, quanto mais ele aparece como produto e não-produto do homem, quanto menor é o elemento *natural* de sua constituição, quanto maior é seu caráter de criação humana" (*CP*, p. 131), o que permite confirmar, mais uma vez, a coerência que esta análise crítica mantém com suas demonstrações, em *O Capital*, da passagem das trocas pessoais e diretas nas comunidades, para a forma metálica do dinheiro, e desta para o papel moeda, por exemplo, sem perder seu valor originário. É nesta transição histórica que vai arrastando o homem para seu estranhamento, que vai se constituindo o dinheiro como produto e não-produto do homem.

Por outro lado, esta formulação mostra que é sua crítica à economia política que permite a elevação dessa ciência ao plano filosófico, pois ele persegue com todo o rigor as operações abstrativantes que contraditoriamente vão dando concreção à forma dinheiro do valor, para revelá-lo produto da atividade do próprio homem, de forma que não é deixada qualquer margem teórica que permita dissimular o caráter contraditório do dinheiro, como produto e não-produto do homem, e como momento de sua desumanização devido a seu papel de *mediador*. Chama-nos a atenção também o fato de que ele destaca o *valor* como o momento em que as mercadorias *dialogam e se comparam entre si*, numa claríssima indicação de que vigoram no intercâmbio relações humanas entre as coisas, forma à qual se submete o homem, tema que marcará presença decisiva em *O Capital*, ao tratar do *fetiche da mercadoria*. Importante notar que desde já Marx alude às relações da propriedade privada consigo mesma sob a forma da relação entre as coisas, entre as mercadorias; além disso, destaca o momento de surgimento do valor – cuja existência concreta, *pessoal* é o dinheiro –, na relação comparativa entre as mercadorias.

Podemos, então, depois de todas as determinações explicitadas por Marx sobre o mediador, o *dinheiro*, sintetizar sua compreensão sobre o *valor*. Ao tomar o mediador como objeto de análise crítica, ele observa que a *atividade mediadora*, a relação efetiva entre os indivíduos, encontra-se alienada e convertida em atributo do mediador. A mediação, ao contrário de criar nexos entre os homens, separa, aliena e estranha-os entre si. Ele já havia indicado a determinação histórica do valor ao mostrar que, sob o ordenamento da propriedade privada, da divisão do trabalho, o ser social chega até o intercâmbio e, necessariamente, até o valor, que se consubstancia *naturalmente* como dinheiro. De maneira que o valor como dinheiro encarna a forma mais *concreta* da abstração das relações sociais; o valor como dinheiro, nessa função de mediador, é a essência alienada da propriedade privada, e ao mesmo tempo forma resolutiva da divisão do trabalho; e, embora tenha sido produto de ambas, converte-se, com o seu desenvolvimento histórico, na referência determinativa dessas mesmas relações sociais.

Por outro lado, ao subverter a *atividade mediadora* e consubstanciá-la no valor, vemos a afirmação de que as *relações sociais* sob a propriedade privada não são humanas, mas relações abstratas da propriedade privada consigo mesma; nisto consiste a "atividade genérica alienada do homem", afirmada pela "mediação alienada entre produção humana e produção humana", a confirmação, portanto, do estranhamento em que se encontram os indivíduos neste padrão de sociabilidade.

Assim, a compreensão que Marx vai explicitando do valor, cuja forma de existência é o dinheiro, não se completa ou se resolve obviamente dentro dos marcos da economia política; essa expressão de Marx sobre a ambígua condição do dinheiro, como *produto e não-produto* do homem, é expressão de um questionamento que o leva muito à frente da economia política e, de outro lado, da especulação hegeliana. Enquanto Hegel assumia que a forma alienada do mundo real, concretada no dinheiro, era expressão de positividade, já que correspondia, no plano abstrato, à síntese das necessidades humanas, isto é, o caráter sintetizador do dinheiro convertia a alienação em positividade, em Marx, ao contrário, quando o dinheiro se torna a relação dominante perde qualquer positividade, pois reflete exatamente a subordinação dos indivíduos em relação a ele. Sem dúvida ele se remete à sua existência no mercado, como a de qualquer outra mercadoria, tal qual a economia política. Contudo, a troca das mercadorias, tratada em grande parte do tempo por ele como o movimento da propriedade privada, relação da propriedade privada consigo mesma, tem o claro significado de relação alienada, estranhada, e se Hegel o trata como positivo, a economia política sequer o compreendeu, senão como expressão abstrata, e ao mesmo tempo como forma natural e essencial dos indivíduos.

De maneira que a troca é o ato de alienação por excelência, consequentemente, ao derivar o dinheiro como a forma de existência do valor, e este como expressão daquela alienação, Marx está afirmando o momento negativo de tal relação, que se torna dominante, como momento da atividade genérica em oposição aos indivíduos.

Observemos, por outro lado, um fato que marca agudamente essa relação: trata-se da suposta *compensação* encontrada pelos homens quando subsumidos à alienação que caracteriza sua sociabilidade, que é o resgate do *equivalente*, equivalente do valor, ou o próprio valor de troca. Como se põe e o que significa tal situação? Considerando então a generalização dessa alienação, a sociabilidade, o intercâmbio, Marx observa que o produto do trabalho dos homens deixa de ser a "personalidade distintiva, exclusiva de seu possuidor, pois se alienou dele, ela se separou de seu possuidor, de quem era o produto, e adquiriu significação pessoal para alguém que *não* a produziu" (*CP*, p. 141-142). Com isto, põe-se e confirma-se a mútua alienação, pois "a propriedade privada aparece para as duas partes como representante de uma propriedade privada de outra natureza" (*CP*, p. 142). Consideremos então o fato de que essa representação de *uma* em relação à *outra*, seguida da substituição de uma com respeito à outra, leva a que se tornem *equivalentes* uma à outra, como diz Marx; com isso, elas já não existem mais "como unidade imediata consigo mesma, senão somente como referência a *outra*", e mais, "Sua existência como equivalente já não é sua existência peculiar", pois, ao quebrar aquela unidade, convertendo-se em equivalente de outra, de diferente natureza, ela se "converte em *valor* e, imediatamente, em valor de troca. Sua existência como *valor* é distinta de sua existência imediata, é exterior a sua essência específica; é uma determinação alienada *de si mesma*; é só uma existência *relativa* de sua essência" (*CP*, p. 142). Vale ressaltar, mais uma vez, que essa separação do valor em relação à natureza específica do produto do trabalho humano é a separação do valor em relação ao valor de uso desse produto, que Marx explicita em *O Capital* ao demonstrar a bifurcação do valor das mercadorias nas formas *relativa* e *equivalente*.

Aqui o *valor* se põe na análise de Marx, como "determinação alienada de si" da propriedade privada, da mercadoria, como tão só um modo *relativo* de sua existência, como algo exterior à coisa em si, e a ela estranho, pois distinto de sua existência imediata, como coisa que desempenha um papel, representa, é equivalente; portanto, não podemos deixar de acentuar, para o caso do valor, o que já observamos para a alienação, que é também uma forma negativa no seio das relações humanas. No plano das atividades essenciais do homem, essa encarnação do equivalente despersonaliza, exclui a pessoalidade, aliena dos homens suas qualidades. Essa forma ativa que desumaniza é a base da alienação e do estranhamento e consubstancia-se no *equivalente*, que como *compensação* apenas confirma a alienação do homem no circuito das trocas. O equivalente é outra face do mediador, face mascarada por outra abstração, pois que iguala as diferenças qualitativas objetivadas pelos homens. Por fim, se é certo que Marx desenvolveu sua compreensão sobre o valor até a forma mais elevada, expondo sua negatividade sob a forma do capital, é certo também que ele confirma suas descobertas nos *Cadernos de Paris*. Tais descobertas são incorporadas no capítulo que trata da *troca simples* e os seguintes, em *O Capital*, revelando um forte nexo entre o que aqui se põe em termos do valor e as formulações de sua obra de maturidade. Vale lembrar que anteriormente fizemos notar uma passagem das análises de Marx nos *Cadernos* que ensaiava alguma preocupação com a transformação do valor em preço. Sem dúvida esse é um tema que ocupará um bom momento e boa parte de suas elaborações econômicas da maturidade, através das "polêmicas" que travou com as teorizações ricardianas; vemos ser essa uma preocupação que nasce realmente durante a elaboração dos *Cadernos*: "Corresponde a outro lugar a exposição da determinação mais precisa deste *valor*", diz Marx, ao desenvolver a análise que acabamos de expor; e continua: "e da maneira como se converte em *preço*" (*CP*, p. 142). Ou seja, essa nota de Marx, além de explicitar preocupações de 1844, que serão resolvidas apenas após 1859, nos indica também que, desde esse momento, ele não confundiu preço e valor, ainda que sua explicação adequada viesse bem mais tarde, confirmando o nexo com as preocupações aqui já assinaladas.

3.2.2 Produção egoísta e impotência humana

Acompanhando a trajetória intelectual dos *Cadernos*, vemos Marx tomar como referência de sua análise algumas abordagens de Mill, para explicitar outra modalidade da alienação, resultante da produção. Afirma ele sobre esse pensador que: "com sua costumeira claridade e sua cínica agudez" trata "aqui o intercâmbio sobre a base da propriedade privada" (*CP*, p. 147). Ele destaca que nesse autor a *produção* do homem tem como única finalidade a possessão. "Esta é a premissa fundamental da propriedade privada. A finalidade da produção é a possessão" (*CP*, p. 148), e acrescenta, completando seu argumento, que, além dessa finalidade *utilitária*, há outra, *egoísta*, que é a produção *para si mesmo*: "o objeto de sua produção é a objetivação de sua *necessidade* egoísta, *imediata*" (*CP*, p. 148). Essas concepções da economia política, em Mill, fazem com que Marx remonte à atividade produtiva num momento social ainda rudimentar, em que o excedente ainda não se encontra presente. Nesse momento, continua ele, "Seu intercâmbio é nulo, ou, melhor dizendo, se reduz à troca de seu trabalho pelo produto de seu trabalho: este intercâmbio é forma latente (em germe) do intercâmbio real" (*CP*, p. 149), demarcando, assim, o fato de que a necessidade do homem, nestas condições, resolve-se na sua produção imediata e nada mais. O *egoísmo*, nesse momento, corresponde ao limite e ao grau de subordinação humana à natureza em que os indivíduos se encontram.

Contudo, o novo momento histórico, que supera o anterior, não será senão uma forma "*mediata* de satisfazer uma necessidade que não tem sua objetivação nesta produção, senão na produção de outro" (*CP*, p. 149), portanto a produção dos homens ultrapassa a necessidade imediata na busca do produto do trabalho alheio, e com teleologia inversa à da primeira forma de produção e apropriação; de maneira que "a produção se tornou *fonte de lucro*, trabalho lucrativo" (*CP*, p. 149). Ele distingue os dois casos para indicar que, enquanto, no primeiro, o lastro da produção se define diretamente pela necessidade do homem; no segundo, a "*possessão do produto* é a medida do grau em que podem ser satisfeitas as necessidades" (*CP*, p. 149), de forma que tanto a *necessidade* de possuir quanto a própria *produção* para a posse do produto alheio criam um novo *egoísmo*, cuja referência agora não é mais a necessidade imediata, mas a necessidade mediada pela propriedade privada, e esta como finalidade das trocas.

Ao compreender e definir esta mudança, que mostra a ampliação das necessidades, vinculada, agora, à produção do excedente, Marx procura explicar a maneira como essa produção é processada para destrinchar o caráter que ela imprime, criando uma forma inversa dentro da sociabilidade humana, já que o caráter humano da produção, que encontrava anteriormente, na necessidade imediata, sua realização, será agora subvertido e o homem consequentemente destituído daquele caráter egoísta natural.

Marx procura explicar o significado e a intensidade do *egoísmo* que aí se desenvolve, iniciando pela relação imediata que se põe na produção sob a propriedade privada: "Eu produzo para mim e não para ti, assim como produzes para ti e não para mim. O resultado de minha produção tem em si e para si tão pouca relação contigo como o resultado de tua produção tem imediatamente comigo" (CP, p. 149-150), e desdobra em seguida afirmando que "nossa produção não é uma produção do homem para o homem enquanto homem: não é uma produção *social*" (CP, p. 150). Nestas condições, em que se produz com vistas ao produto do outro, não se põe qualquer possibilidade de uma complementação consciente e autêntica entre o produto do trabalho de cada um, mas uma contradição mediadora que dilui as relações humanas imediatas entre os homens e seus produtos.[19]

Retomando a linha que vínhamos seguindo, vemos que ele desdobra sua argumentação dizendo: "Nenhum dos dois mantém, enquanto homens, uma relação de gozo com o produto do outro. Não existimos na qualidade de homens para nossas produções recíprocas" (CP, p. 150). Só a troca, como movimento mediador no seio da sociabilidade humana, irá "confirmar o *caráter* que tem cada um de nós com respeito a seu próprio produto e à produção do outro", pois, em verdade, cada um de nós vê "em seu produto seu *próprio* egoísmo objetivado, e, no produto do outro, um egoísmo *diferente*, estranho, objetivado com independência deste" (CP, p. 150). Sob o impulso da nova forma do intercâmbio, os homens recolhem-se em seus interesses mesquinhos, renunciando ao reconhecimento do outro como manifestação de sua própria essencialidade, renunciando a uma atividade verdadeiramente humana.

---

19   Há que se considerar sempre que Marx capacitou-se em compreender tais inversões e contradições por ter presente em sua consciência a potencialidade humana de objetivação de uma comunidade autêntica.

Essa renúncia se põe diante da mediação, do intercâmbio interessado, que substitui e subverte as relações diretas, humanas e verdadeiras a que poderiam chegar os homens: "Portanto, nosso intercâmbio não pode ser o movimento mediador em que se confirmaria que meu produto é para ti pelo fato de ser uma *objetivação* de tua própria essência, de tua necessidade. Não o pode ser porque o vínculo de nossas produções recíprocas não é a essência humana" (*CP*, p. 150), o vínculo é o mediador, não é a essência humana, senão o seu contrário, a essência alienada de si do homem.

Marx mostra nesse quadro a negatividade a que se subsume a essência humana por ter seu acesso direto negado pela atividade mediadora. De fato, o caráter negativo que o mediador implanta, a forja da alienação em que o mediador se converte, leva o homem a subsumir-se a ele, e reafirma o caráter adstringido e incompleto de sua atividade; tal procedimento real é exposto por Marx nessa abordagem que vem fazendo sobre o intercâmbio: "não cabe dúvida que tu, como homem, manténs uma relação humana com meu produto: tens *necessidade* do meu produto. Este se encontra presente para ti como objeto do teu desejo e vontade" (*CP*, p. 150), indicando que essa necessidade, essa vontade dos produtos produzidos por outro homem compõe sua essencialidade humana. "Porém tua necessidade, teu desejo, tua vontade são necessidade, desejo e vontade impotentes ante meu produto" (*CP*. p. 150), e aparecem mais como deformidade que como essencialidade humana.

Marx vem tratando da produção (capitalista) angulado pelas relações de troca, pois é nesse momento da produção que se põem as contradições que vêm se evidenciando. Ele indica, ainda que de passagem, que não se trata mais de uma produção cingida pelas necessidades diretas, ao contrário, é produção que se volta para a troca, que amplia essas necessidades, as demandas humanas, cria novas demandas, portanto uma condição superior e nova, um padrão altamente desenvolvido de forças produtivas capaz de projetar outra ordem societária *efetivamente superior*. Contudo as relações de troca constituem-se em fonte de impotência; o homem não percebe, por encontrar-se nessa linha de procedimento, sua sujeição, seu estranhamento e alienação, não se dá conta de que as mediações, o dinheiro, a propriedade privada, perderam qualquer positividade, e que o que importa agora é a superação dessas determinações, dessas mediações.

Por outro lado, ele encaminha seu raciocínio apoiado nas *relações reais*, mantendo em sua orientação, como vimos, o *real como interrogador da própria razão*, dissipando qualquer possibilidade especulativa, e tornando sempre mais acessível a compreensão da subversão da essência mesma do homem pelas mediações que se põem no seio de sua atividade essencial, do trabalho. Com essa exposição, ele destaca a impotência do homem como produto de sua forma peculiar de proprietário privado, forma que o aprisiona e constrange, transformando sua potência criadora e produtiva, sua autoconstrução, em impotência. Prossegue Marx: "teu poder, tua propriedade sobre meu produto não são os de tua essência *humana* – que, enquanto tal, está sim em relação interna e necessária com minha produção humana" (*CP*, p. 150), indicando também que a essência humana assim definida pressupõe o reconhecimento das necessidades nos próprios produtos objetivados e, portanto, o reconhecimento dessa essencialidade humana na atividade produtora como verdadeira relação humana dissipada de mediações. Mas, ao contrário, "em minha produção não se encontra reconhecida a *peculiaridade*, o *poder* da essência humana. Teu poder e tua propriedade são, melhor, o *laço* que te torna dependente de mim ao colocar-se em dependência do meu produto" (*CP*, p. 151).[20]

É importante indicar que Marx vem deixando explícito, através de sua análise-crítica, a impossibilidade de reconhecimento da essência humana; tal fenômeno é reafirmado por vários ângulos e facetas da atividade *humana*, mas essa impossibilidade não é e nem pode ser absoluta, pois, como diz o filósofo alemão, é evidente que "os homens mantêm entre si uma relação humana" ao manifestarem sua vontade e desejo mútuos dos produtos de seus trabalhos, e por isso exporem sua essencialidade humana; mas o fazem revelando imediatamente a impotência para sua complementação.

---

20 Observemos de passagem, mas por ser momento pertinente, que, com a preocupação centrada na atividade do homem, da qual faz derivar a essência humana, Marx deixa esboçados fortes traços de possibilidade de uma *sociabilidade de novo tipo*, que será concretada ao longo dos textos de crítica originária da economia política. Aqui fazemos apenas esta rápida menção, pois os desdobramentos necessários para que os lineamentos desse novo humanismo, definido no interior de suas críticas, possam ser visualizados dependem da apresentação do texto seguinte de nossa análise: *Manuscritos Econômico-Filosóficos*.

206 Ivan Cotrim

Retomando a exposição de Marx, vemos que a relação social sob a forma da propriedade privada dissimula seu verdadeiro objetivo, pois, como ele afirma: "nossa complementação mútua é igualmente uma simples *aparência*, que serve de fundamento para o despojo mútuo" (*CP*, p. 151); e continua mais adiante, visando a reafirmar, com alguns desdobramentos, sua posição: "Posto que nosso intercâmbio é egoísta tanto da tua parte quanto da minha, a intenção de *despojar*, de *enganar* ao outro está necessariamente à espreita; posto que todo egoísmo trata de superar o egoísmo alheio, ambos buscamos necessariamente a maneira de enganarmos um ao outro" (*CP*, p. 151). É óbvio que sua concepção de egoísmo reflete aqui essa determinação social expressa pela subsunção à *atividade da propriedade privada*.

Nas contradições postas pela relação da propriedade privada, relações egoístas, mediadas e alienadas, vemos delinearem-se as raízes da *impotência* dos homens por não exercerem as determinações de sua essencialidade mesma: "Longe de ser o *meio* capaz de dar-te *poder* sobre minha produção, é o *meio* que dá a mim poder sobre ti" (*CP*, p. 151), afirma ele.

Marx alude ao fato de que também a relação de assalariamento, em que a propriedade dos produtos e meios de subsistência é a condição de poder sobre o outro, encontra-se mantida sob essa forma social reproduzida pelas relações de troca.

Portanto, ao contrário do reconhecimento da essencialidade humana em suas necessidades, do gozo mútuo dos produtos dos próprios homens, sua produção egoísta dissimula a verdadeira finalidade: "Só na aparência produzo um excedente do mesmo objeto. Na verdade, produzo *outro* objeto, o objeto de tua produção, pelo qual penso trocar meu excedente, intercâmbio que está já realizado em meu pensamento" (*CP*, p. 151). Assim, "A relação *social* em que estou contigo, meu trabalho para tua necessidade, não é, portanto, mais que simples *aparência*; e nossa complementação mútua é igualmente uma simples *aparência*, que serve de fundamento para o despojo mútuo" (*CP*, p. 151).[21]

---

21 Encontra-se aqui contemplado o fato de que a produção, nas condições egoístas da propriedade privada, não é criada para a fruição, o que a economia política foi a primeira a declarar, afirmando ser o capitalismo uma organização da produção para a *troca*. A questão está em que ela observa essa determinação considerando-a como a máxima positividade, com todo o cinismo, como mostra Marx, sem refletir sobre os desdobramentos e consequências dessas mesmas premissas.

De maneira que, desde o ponto de vista da produção, o conteúdo teleológico da atividade humana na economia política é a troca, portanto uma relação egoísta de ambas as partes, uma relação, como diz o autor, de despojo mútuo, operada através das pugnas em que cada um quer superar o egoísmo alheio. A luta pela apropriação do objeto alheio, por isso, forma o centro para o qual se volta a relação mútua, e o *objeto* ideado, mentado, como frisou ele, assume a posição de mediador; se, portanto, a relação é de enfrentamento, seu suposto é intencional, ideal propósito de ambas as partes, o que significa que "cada um dos dois, segundo seu próprio juízo, explorou o outro" (*CP*, p. 152). Nessa linha de pensamento, a troca não é senão o despojo mútuo, forma que se encontra, então, subjacente à *idealidade humana* nas relações de troca, que se operam através dos objetos recíprocos, que manifesta a *necessidade recíproca*, mas que se põe *realmente, efetivamente*, como "*possessão* recíproca *exclusiva* da produção recíproca" (*CP*, p. 152).

Diante de tal condição, em que desvanece qualquer característica humana, resta aos indivíduos que assim se colocaram em relação recíproca, uma compensação, o *equivalente* dos objetos recíprocos; restou tão somente a *equivalência* para dar sentido à relação recíproca, relação que se funda, como vimos, desde a produção, na abstração, na incompletude.

Por outro lado, Marx observa que "O *verdadeiro poder* sobre um objeto é o *meio*; por esta razão, tu e eu vemos reciprocamente em nosso objeto o *poder* de um sobre o outro e sobre si mesmo. Quer dizer, nosso próprio produto se voltou contra nós" (*CP*, p. 153), pois ele se converte em *meio* de dominação, e como tal sua posse, ao contrário de proporcionar o gozo recíproco e completo, promove a exclusão recíproca dos indivíduos. Marx indica à complementação dessa inversão que o objeto "parecia ser propriedade nossa, porém, na verdade somos nós sua propriedade. Estamos excluídos da *verdadeira* propriedade porque nossa propriedade exclui ao outro homem" (*CP*, p. 153). Isto é: esse poder era supostamente *sua* propriedade e, no entanto, cada um o reconhece como poder do objeto, sem, contudo, explicar a mágica dinâmica que o transfere para o objeto. Ao reconhecer tal condição é que Marx se vê diante da necessidade de verificar as possibilidades de superação dessa impotência e a realização da verdadeira essencialidade humana, da qual derivaria uma sociabilidade de novo tipo.

3.2.3 A propriedade privada

As relações alienadas se desdobram em formas complexas, acentuando a exclusão dos indivíduos em suas recíprocas relações, pois, na expressão do próprio Marx "nosso próprio produto se volta contra nós"; nosso produto apresenta-se com o poder que supostamente era nosso, dos homens. Estranhamente, relacionamo-nos em posição subordinada ao poder alheio a nós: trata-se do *estranhamento* a que somos submetidos no seio de nossa própria prática, de nossa própria atividade recíproca, na sociabilidade mercantil.

De fato, a relação de reciprocidade confirma a mútua exclusão; a propriedade privada dissimula a *peculiaridade*, nossa ação vital, nossa *essência humana*, substituindo-a pelo *meio* magicamente *poderoso*. O decaimento humano, nestas condições, é inevitável, pois os homens se tornam estranhos uns para os outros, condição que perpassa a intimidade das relações de troca: "desde o teu ponto de vista, teu produto é um *instrumento*, um *meio* que te serve para apoderar-te do meu produto e para satisfazer tua necessidade" (*CP*, p. 154). E continua sua argumentação: "Porém, desde meu ponto de vista, teu produto é o *fim* de nosso intercâmbio" (*CP*, p. 154), explicitando o vislumbre contrário da parte do outro com o qual o primeiro homem mantém uma relação de intercâmbio, e esclarecendo o motivo real dessa relação. De forma que "para mim, és tu o meio ou o instrumento da produção desse objeto" (*CP*, p. 154). Formam-se assim duas posições distintas segundo um ângulo de visão, e quando se inverte esse ângulo as posições se repetem, mas no sentido contrário. Observa então Marx: "Porém (…) o que um *faz* é na realidade o que o outro vê que faz; para apoderar-te de meu objeto tu te converges na realidade em meio, instrumento, produtor *de teu* próprio objeto" (*CP*, p. 154), o que dá como resultado que "teu próprio objeto é para ti só o *invólucro sensível*, a *figura em que se esconde* meu objeto" (*CP*, p. 154).[22] Chamamos a atenção aqui para os seguintes fatos: 1) que a relação de reciprocidade em que Marx vem se apoiando não é outra senão a relação mercantil, a relação da propriedade privada consigo mesma; 2) que os termos utilizados aqui ao se referir à *finalidade* do intercâmbio, em que o objeto de um homem é a "figura em que se esconde" o objeto

---

22 Em *O Capital*, Marx mantém essa figura de "invólucro sensível" ao explicar nas trocas a formação do equivalente.

Karl Marx – A determinação ontonegativa originária do valor 209

do outro, reaparecem em *O Capital*, no momento em que são tratadas as formas do valor, distinguidas em forma relativa e forma equivalente.

Torna-se evidente que, no intercâmbio, os homens têm como fim último de sua relação com os outros homens os seus produtos recíprocos. São estes que os colocam numa relação mútua, porém *estranhada*. Como vimos, sendo seus produtos a razão de sua relação, uns colocam-se frente aos outros apenas como possuidores ou representantes dos seus próprios produtos, o que resulta na redução das *características humanas globais* para a de meros produtores/proprietários de mercadorias. Esse reducionismo dificulta a captação do multiverso qualitativo dos homens que, enquanto tais, não podem ser reconhecidos e tornam-se, portanto, alheios em suas relações recíprocas, pois apenas seus próprios produtos são plenamente reconhecidos. O *não* reconhecimento mútuo dos homens é indicado insistentemente por Marx pela existência da *mediação* na relação ou na sociabilidade ditada pelo intercâmbio moderno; esta sim reconhecida na relação em que uns são para os outros *meio*, instrumento, tornando-se estranhos entre si, alheios uns em relação aos outros.

De forma que tais relações mostram o caráter alienado e alheio, mutuamente estabelecido, até mesmo na própria linguagem. Ele afirma que "A única linguagem compreensível que falamos entre nós são nossos objetos em sua relação entre si. Uma linguagem humana nos resultaria incompreensível e inefetiva" (*CP*, p. 153). Nessa medida, nossa comunicação se dá através de uma "linguagem estranhada dos valores coisificados" (*CP*, p. 154), abstratos, separados de nossa verdadeira essencialidade, pois, continua ele, "nosso valor recíproco é o valor que damos reciprocamente a nossos objetos. Portanto, o homem enquanto tal é reciprocamente *carente de valor* para ambos" (*CP*, p. 155). Nessas condições, uma linguagem imediata, da essência humana verdadeira, pareceria ao mundo das trocas, da economia política, "um atentado contra a dignidade humana" (*CP*, p. 154). A linguagem do homem sob a forma da propriedade privada é a linguagem da troca, do intercâmbio, do comércio, e é assim que a economia política pode compreender o homem em sua sociabilidade, o homem nos marcos do intercâmbio. Marx cita algumas das formulações que determinam essa concepção da economia política: "A sociedade, diz Destutt de Tracy, é *uma série de intercâmbios recíprocos*. Ela é também este movimento de integração mútua. A *sociedade*, diz Adam Smith, é uma *sociedade de atividades comerciais*. Cada um de seus membros é um *comerciante*" (*CP*, p. 138), e comenta em seguida que a economia política toma a forma estranhada das trocas como forma "*essencial e original*, adequada à determinação humana" (*CP*, p. 138).

Marx já indicou anteriormente, como vimos, que em Ricardo e em Mill a compreensão e exposição das categorias econômicas reproduzem a realidade capitalista enquanto tal, e que esses autores o fazem de maneira *cínica*, pois se atentam para as contradições que brotam dessas condições, não conseguem contrapor-lhes qualquer alternativa. Assim é que, para a economia política, não há qualquer questionamento sobre o fato de as relações do homem com o próprio homem serem relações de proprietário privado com proprietário privado. Marx destaca essa posição para indicar a contradição aí subjacente: "Se se pressupõe o homem como *proprietário privado*, quer dizer, como possuidor exclusivo que afirma sua personalidade, se diferencia de outros homens e está em referência a eles em virtude dessa possessão exclusiva /.../ resulta então que a *perda* da propriedade privada ou a *renúncia* a ela é uma *alienação do homem* assim como da *propriedade privada* mesma" (*CP*, p. 139).

No entanto essa compreensão a que chega Marx mostra o caráter negativo, daquilo que para a economia política é natural: o homem convertido a proprietário privado, o homem cumprindo a atividade de comerciante (Smith), o homem subsumido à atividade social definida por Tracy por "série de intercâmbios recíprocos", é o homem que *perde* ou *renuncia* à sua verdadeira essencialidade; esse é o homem alienado, isto é: a alienação da propriedade privada de sua pessoa é a alienação de si enquanto proprietário privado, por isso, diz Marx, é por esse caminho que "pode ver-se a maneira como a economia política *fixa* a forma estranhada do intercâmbio social como forma *essencial* e *original*, adequada à determinação humana" (*CP*, p. 138).

Em seguida, submete essa situação a uma análise desdobrada, pormenorizada, como vem fazendo frente a cada condição específica da atividade humana, de forma a caracterizar sempre mais e melhor o estado em que se encontra o homem em sua sociabilidade sob o capital, sob a propriedade privada consolidada. Afirma então o pensador alemão: "Quando cedo minha propriedade privada a outro, ela deixa de ser *minha*; torna-se para mim uma coisa *independente*, que se encontra *fora* do meu alcance, uma coisa exterior" (*CP*, p. 139). Isto é, pratica-se aí a troca de

Karl Marx – A determinação ontonegativa originária do valor   211

mercadorias, e de tal maneira que a coisa torna-se para o proprietário em questão algo que "se encontra fora" e que só pode ser *acessado pela troca*. Ele diz, "Eu *alieno* minha propriedade privada. Coloco-a como propriedade privada *alienada* com respeito a mim. Porém, só a coloco como *coisa* alienada em geral; só anulo minha relação *pessoal* com ela, devolvo-a às forças *elementares* da natureza" (*CP*, p. 139).

Esse primeiro passo, como indica o autor, diz respeito à alienação imediata do proprietário privado com relação a seu objeto, processo esse que, se fosse interrompido nesse ponto, apenas legaria seu objeto às *forças naturais*. Mas, continua o autor, "Para que se torne *propriedade privada alienada* é necessário que, ao mesmo tempo em que deixa de ser *minha* propriedade privada, continue sendo propriedade privada em geral, quer dizer, que entre com outro homem *estranho* a mim na mesma relação em que esteve comigo; numa palavra, que se torne *propriedade privada* de *outro* homem" (*CP*, p. 140). Com isto, Marx expõe um momento decisivo do intercâmbio, em que, de um lado, o proprietário aliena sua propriedade de si, tornando-se alienado, e sua propriedade privada tornar-se-á também alienada ao permanecer como propriedade privada em geral, pois passa a manter com *outro* homem, estranho, a mesma relação; assim a relação de alienação, conforme indicará o autor, generaliza-se. Nestas condições, a *comunidade egoísta* efetiva-se ao preço do estranhamento e alienação dos indivíduos, que ao contrário de controlarem as relações produzidas por eles, são por elas controlados.

Falta, contudo, o motivo desse movimento de alienação. Marx pergunta então: excetuando o caso da violência, "como é que chego a alienar *minha* propriedade privada a outro homem?" (*CP*, p. 140), e responde, segundo a economia política, que define a troca, o comércio, pela *necessidade*, pela *carência*. Mas ele não se limita, obviamente, ao simplismo ingênuo ou cínico da resposta, e desdobra a questão, dizendo: "O outro homem é também proprietário privado, mas de *outra* coisa; /.../ de algo que parece responder a uma *necessidade* para a consumação de minha existência e na realização de minha essência" (*CP*, p. 140), ou seja, a necessidade encontra seu sentido na realização da existência do homem; mas, nestas condições, o objeto, a mercadoria etc. que é a "matéria da propriedade privada", revela outra face, que é a sua *natureza específica*. Marx explica essa natureza dizendo: "é o vínculo que põe em referência mútua os dois proprietários" (*CP*, p. 140), pois torna consciente ao proprietário privado que, além da relação de propriedade privada, "ele mantém com os objetos outra relação *essencial /...*/, de que ele não é esse ser particular que acredita ser, senão um ser *total*, cujas necessidades estão em relação de propriedade *interna* com todos, portanto também com os produtos do trabalho do outro" (*CP*, p. 140). De maneira que o reconhecimento do ser *total*, do gênero é, por um lado, a demonstração de que, mesmo sob a propriedade privada, a alienação e o estranhamento, a essencialidade humana pode ser reconhecida; e, por outro, a dificuldade em superar tais categorias está fortemente marcada pela impotência reproduzida em tais relações.

Posto desta forma, o *vínculo*, a *propriedade interna* que generaliza os proprietários privados em suas relações recíprocas, não só não abole a alienação como, ao contrário, plasma-se na totalidade social. Referindo-se à concepção de *necessidade* tão amplamente utilizada na economia política, Marx mostra que, inversamente, esta tem uma existência humana real, pois "a necessidade de uma coisa é a prova mais evidente e irrefutável de que essa coisa pertence à *minha* essência, de que seu ser é para mim, de que sua *propriedade* é a propriedade, ou o atributo próprio de minha essência", mas que a realização concreta, a satisfação dessa necessidade, repõe o movimento da propriedade privada, a reciprocidade das trocas: "Vemos, portanto, que ambos os proprietários se veem impulsionados a renunciar a sua propriedade privada" (*CP*, p. 140-141), mas confirmando-a, pois se trata de uma renúncia "dentro da propriedade privada. Um aliena uma parte da propriedade privada ao outro" (*CP*, p. 141), confirmando a reciprocidade da alienação. E avança em sua argumentação indicando que "o *intercâmbio* ou *comércio de troca* é, pois, *dentro da propriedade privada*, o ato genérico, o ser comunitário, o intercâmbio e integração sociais dos homens; é, por isto, o ato genérico exterior, *alienado*" (*CP*, p. 141); e arremata, dizendo que, por tudo isso, o *comércio de troca*, essa sociabilidade, "é o contrário da relação social" (*CP*, p. 141), pois que não é posta e/ou controlada pelos próprios homens, de forma que a alienação da propriedade privada generalizada revela o caráter alienado de toda a comunidade.

3.2.4 Comunidade egoísta e comunidade humana

Como foi visto, as relações de estranhamento e alienação que os proprietários privados assumem se generaliza obrigatoriamente, implicando na constatação de que a comunidade mercantil assume tais características. A fundamentação de Marx vai na seguinte direção: "enquanto o homem não se reconheça como homem e, portanto, organize o mundo de maneira humana, esta comunidade aparecerá sob a forma do estranhamento" (*CP*, p. 137). Portanto, a forma social própria da economia política, com intercâmbio, propriedade privada etc., não é e nem pode ser tratada pelo autor como uma comunidade humana. Marx contrapõe a essa comunidade outra, despojada da alienação, do estranhamento, das condições fundantes dessa forma social de existência da economia política para mostrar que "o verdadeiro ser comunitário é a essência humana", pois é resultado e projeto da atividade dos homens: "O intercâmbio, tanto da atividade humana no próprio processo de produção como dos *produtos humanos* entre si = a *atividade genérica* e ao *desfrute genérico*, cuja existência real, consciente e verdadeira é a atividade *social* e o desfrute *social*" (*CP*, p. 136-137). Ou seja, o "modo de existência real, consciente e verdadeiro" dos homens objetiva-se por seu dinamismo *social*, que se reverte na fruição *social* dos próprios indivíduos.

Pode-se vislumbrar aqui que o centro de sua atenção é o *ser social*. Mas que ser é esse? "Os homens, ao pôr em ação essa essência, *criam*, produzem a *comunidade humana*, a entidade social, que não é um poder abstrato-universal, enfrentado ao indivíduo singular, senão a essência de cada indivíduo, sua própria atividade, sua própria vida, seu próprio espírito, sua própria riqueza" (*CP*, p. 137). Atentemos para o fato de que o autor, aqui, está expondo a forma essencial dessa comunidade, desse ser, de como se põem os indivíduos, que, antes de mais nada, são essa própria comunidade, e não forma invocada pela idealidade abstrato-universal, como ele já apontou. Portanto, trata-se de "*comunidade verdadeira* [posta] em virtude da *necessidade* e do *egoísmo* de cada indivíduo; quer dizer, é produzida de maneira imediata na realização de sua própria existência" (*CP*, p. 137). Ele concebe a sociedade nas condições reais de sua existência, tal qual se põe, como se põe e por que se põe desta forma. Diz ele: "Esta essência *são* os homens, não em uma abstração, senão como indivíduos particulares, vivos, reais. E o *modo* de ser deles é o modo de ser daquela" (*CP*, p. 137). Por outro lado, a comunidade posta sob o efeito determinante da propriedade privada, das categorias sociais características da economia política, a comunidade estranhada não pode ser outra coisa senão o repositório de indivíduos estranhados. Pode-se dizer com Marx que vale o sentido da situação onde prevalece a propriedade privada: "é exatamente igual dizer que o homem se estranha de si mesmo e dizer que a sociedade deste homem estranhado é a caricatura de sua *comunidade real*, de sua verdadeira vida genérica" (*CP*, p. 137). Vê-se então que a alienação dos indivíduos lhes confere uma comunidade igualmente alienada; que a verdadeira vida, o seu ser genérico, seu gênero é sua comunidade, mas uma vez alienada, converte-se em *caricatura* da comunidade verdadeira.

Por outro lado, a essa deformidade que acomete a comunidade corresponde a deformidade do indivíduo, cujo sofrimento se explicita no âmbito de sua vida real: "sua atividade se lhe apresenta como um tormento, sua própria criação como um poder estranho, sua riqueza como pobreza; /.../ o *vínculo essencial* que o une aos outros homens se lhe apresenta como um vínculo inessencial, e melhor, a separação com respeito aos outros homens como sua existência verdadeira; /.../ sua vida se apresenta como sacrifício de sua vida, a realização de sua essência como desrealização de sua vida, sua produção como produção de seu nada, seu poder sobre o objeto como poder do objeto sobre ele; /.../ ele, amo e senhor de sua criação, aparece como escravo desta criação" (*CP*, p. 137-138). Esta longa citação serve-nos na captação e compreensão do significado que tem, em Marx, a alienação da comunidade, e ao mesmo tempo sua radical diferenciação em relação aos moldes daquela sociedade despojada da alienação.

Por outro lado, Marx assinala a presença da *divisão do trabalho* como componente indissociável das relações subvertidas pela alienação; neste caso, a propriedade privada e a divisão do trabalho encontrar-se-ão na base do *trabalho lucrativo*, forma que a atividade humana consolida dentro das determinações próprias da comunidade egoísta: "Assim como o intercâmbio mútuo dos produtos da *atividade humana* aparece como *comércio de troca*, como *tráfico sórdido*, assim também a complementação e o intercâmbio mútuos da própria atividade aparecem como: *divisão do trabalho*" (*CP*, p. 145).

Nesse sentido, a divisão do trabalho vai se acentuando com o processo de expansão das forças produtivas e dissimulando, no seio da comunidade, exatamente aquilo que é o seu oposto, a "unidade do trabalho humano". Isto ocorre porque "a essência social só adquire existência sob a forma do estranhamento" (*CP*,

p. 145), resultando da divisão do trabalho a consequência de que os homens se nos afiguram como seres abstratos, como máquinas, como "aborto espiritual e físico".

A divisão do trabalho, desta maneira, reafirma manifestações próprias dessa sociabilidade, como, por exemplo, a do *equivalente*, na medida em que este tem sua existência cristalizada no dinheiro; aprofunda a indiferenciação tanto dos objetos, mercadorias etc., quanto da personalidade dos proprietários privados, pondo de "manifesto o domínio completo da coisa estranhada *sobre* o homem" (*CP*, p. 146). Essa *coisa* não é outra senão o equivalente da propriedade privada como *valor*, ou o valor como dinheiro, a alienação como *existência sensível, objetivada*.

Além disso, para o autor "A separação do trabalho com respeito a si mesmo = a separação entre trabalhador e o capitalista = separação entre o trabalho e o capital" (*CP*, p. 146), configurando o quadro em que se define a plena divisão do trabalho, entre proprietários e não-proprietários.

Procura mostrar, também, que a economia política destaca outras categorias como "*produção, consumo* e, como intermediário entre eles, a troca e distribuição" (*CP*, p. 146), para observar que a separação entre os primeiros coincide com a separação entre *atividade* e *gozo*, e que sob tal condição essa separação remonta à separação do trabalho com respeito a si mesmo, ao seu objeto e ao gozo, e, por fim, que a distribuição não é senão "o poder ativo da propriedade privada" (*CP*, p. 147), expressando com isto um dos momentos sociais agudos em que essas categorias concretam a divisão do trabalho.

Cabe destacar que Marx retomará essa configuração em que produção e consumo aparecem mediados pela distribuição e pela troca, configuração determinante da economia política, em sua obra de 1859, *Contribuição à Crítica da Economia Política*, onde o tema será esmiuçado e sua crítica completada. De qualquer forma, ele procura indicar os limites da concepção da economia política já neste momento, dizendo: "Como se compreenderá, a economia política só pode conceber todo esse processo como um *factum*, como o engendramento de uma necessidade casual" (*CP*, p. 146); ou seja, a economia política expõe o processo, o conjunto das atividades econômicas historicamente articuladas, como *factum*, como necessidades casualmente encadeadas.

Com relação ao *trabalho lucrativo*, Marx toma como ponto de partida a troca, indicando que "uma vez pressuposta a relação de intercâmbio, o *trabalho* aparece como trabalho *imediatamente lucrativo*" (*CP*, p. 143). Marx aponta aqui para o intercâmbio que se opera na sociedade egoísta, logo uma relação que se encontra reduzida à troca. Assim o trabalho lucrativo é trabalho dirigido para o lucro, é trabalho empregado pelo capital, é trabalho assalariado, é *trabalho estranhado, alienado*.

Assim, com respeito ao trabalho, nestas condições sociais, Marx demarca alguns pontos que nos permitem compreender as razões pelas quais o *trabalho lucrativo* caracteriza-se basicamente como alienado: "de um lado, o trabalho lucrativo, o produto do trabalhador não se encontram em relação *imediata* com suas necessidades e suas faculdades de trabalho, senão que são determinados por combinações sociais estranhas a ele" (*CP*, p. 143). O fato de essa atividade e de seus resultados se encontrarem fora do controle do trabalhador, alheios à sua necessidade essencial, confere a essa atividade uma potencialidade voltada para outra entidade, exterior ao trabalhador e também fora de seu controle, que é o capital. Vimos anteriormente que Marx alude à identidade do indivíduo com sua generidade, com sua comunidade, para indicar as condições necessárias para sua integridade; assim também discute ele as condições para o *trabalho lucrativo,* para a ausência de integridade, para a alienação e para o estranhamento no processo de trabalho; as *combinações sociais* alheias ao trabalhador determinam seu modo alienado de manifestar-se, pois a sociedade que se estabelece sob a forma assalariada do trabalho compõe um momento histórico decisivo da comunidade alienada, estranhada, um momento histórico decisivo da *desidentidade* do indivíduo com seu gênero e tudo que daí deriva.

Em seguida, ele põe em confronto dois momentos da comunidade, para distinguir dois distintos processos históricos do trabalho. No primeiro caso, a produção está determinada pela necessidade e o intercâmbio pelo excedente. Neste caso, o *trabalho* não é somente fonte do excedente, mas também confirmação da existência individual do indivíduo no produto de seu trabalho. Ao contrário, no momento seguinte, em que se completa a alienação da propriedade privada, "seu trabalho se torna em parte *fonte de lucro*. Sua finalidade se torna diferente de sua existência. O produto é produzido como *valor*, como *valor de troca*, como *equivalente*, e não mais por causa de sua relação pessoal imediata com o produtor" (*CP*, p. 143). Neste último caso, o trabalho decai à categoria de *trabalho lucrativo*, e este se define pelo valor, que implica sempre a negação do próprio homem, implica forma negativa que substitui

Karl Marx – A determinação ontonegativa originária do valor   217

as relações diretas dos indivíduos, oposição à essencialidade do homem, conforme vimos anteriormente ao analisar o mediador.

Como define Marx o trabalho lucrativo? Ele arrola um conjunto de características que só podem ocorrer no seio de uma sociedade alienada. Assim, essa forma de trabalho inclui: "O estranhamento e casualidade do trabalho com respeito ao trabalhador" (*CP*, p. 144), situação que sublinha a separação do trabalhador em relação aos objetos de trabalho, isto é, seu caráter alienado e casual com respeito a esses objetos, pois sua atividade não é de sua livre escolha, e a subsunção do trabalhador às necessidades sociais que são impostas para ele. De outro lado, sua subordinação aos interesses da sociedade é *mediada* pela atividade cuja finalidade é a satisfação das suas necessidades imediatas, sua subsistência. Marx aponta as consequências que derivam dessas condições para a alienação, para o estranhamento do trabalhador em relação à sociedade: esta passa a significar para o trabalhador apenas a oportunidade de saciar suas carências imediatas e de ter uma existência meramente de escravo para as necessidades sociais. E, por fim, "o fato de que ao trabalhador se lhe apresenta a manutenção de sua existência individual como a finalidade de sua atividade, e seu fazer efetivo só vale para ele como meio; de que põe sua vida para ganhar meios *de vida*" (*CP*, p. 144), reafirmando a intensificação da alienação. Ele conclui, frente às determinações sociais do *trabalho lucrativo*, que, nestas condições, "o homem se torna tanto mais egoísta carente de sociedade, estranhado de sua própria essência, quanto maior e mais desenvolvido se apresenta o poder social dentro das relações de propriedade privada" (*CP*, p. 144).

Vimos até aqui que a exposição crítica feita por Marx das formas de alienação, do estranhamento, foram extraídas das formulações teóricas da própria economia política. Certamente, essa exposição é viabilizada pela postura crítica que Marx assume diante dos temas abordados, daquela constelação conceitual, e ainda que sua posição intelectual própria sobre a economia não tenha se completado, nesse período, ele deixa traços acentuados dessa crítica, permitindo-nos perceber ângulos decisivos de sua demarcação em relação àquelas teorizações. Ao mostrar o intercâmbio, nessa sociabilidade, como a efetivação do ato de alienação, ao identificar o caráter negativo do *mediador* por sua exterioridade em relação aos indivíduos e pela destituição das relações reais; ao indicar em vários momentos que a alienação da propriedade privada é diretamente a alienação dos homens em relação aos seus produtos, é a alienação dos homens em relação aos outros homens, já que estes se posicionam entre si como proprietários privados; ao demonstrar a própria alienação da comunidade, já que esta não é senão a generidade destes mesmos indivíduos alienados; ao expor que, nestas condições, sua sociabilidade não pode ser expressão humana, pois dentro da economia política "prevalece o inumano", o ser desefetivado; e, por fim, ao mostrar que tal desefetivação não é senão desumanização, que por força da alienação teve o homem sua humanidade transubstanciada no *mediador*; por tudo isso, então, só a recusa *in totum* de uma sociabilidade tal poderia resgatar a essência verdadeiramente humana dos indivíduos.

Mas de qual posição Marx parte para poder definir que uma perspectiva verdadeiramente humana só pode assentar-se nessa radicalidade? Por certo, tal resposta já foi ensaiada anteriormente; trata-se da referência à radical e incontornável *atividade humana*, à vida real dos homens, que neste padrão de sociabilidade, matrizado pelo capital, não é senão sua real alienação. Portanto, é no confronto com essa forma alienada do ser social que Marx destila as características de uma integridade humano-societária, uma forma efetiva de sua essência, de sua generidade.

Como seriam, então, as relações humanas na efetivação de um novo padrão societário, humanamente conduzidas? Utilizando uma *forma de diálogo* (com um interlocutor fictício), responde Marx: "Suponhamos que produzíssemos enquanto homens: cada um de nós haveria *afirmado duplamente* em sua produção tanto ao outro quanto a si mesmo. /.../ Eu haveria objetivado minha *individualidade* e sua *peculiaridade* em minha *produção*; haveria, portanto, desfrutado duplamente: durante a atividade, a experiência de uma *exteriorização de vida* individual, e, ao contemplar o objeto, a alegria individual de saber que minha personalidade é um poder *objetivo, comprovável sensivelmente*, e que isto se encontra assim *fora de qualquer dúvida*" (CP, p. 155). Ou seja, por uma *prática direta e objetiva*, os indivíduos, nestas condições, identificariam as reais razões de sua atividade, do produto de sua atividade, da atividade dos outros homens, de seus produtos e do processo de intercâmbio social/natural. De forma que Marx expressa assim as necessárias condições para o resgate de uma vida íntegra, em que já se visualiza, do ponto de vista do homem ativo, a primeira identidade necessária à reintegração de sua essencialidade: o reconhecimento de sua individualidade tanto na experiência do processo de produção quanto no vislumbre do objeto posto, ambos como confirmação de sua individualidade genérica.

Continua Marx: "Em seu desfrute ou consumo do meu produto, eu haveria desfrutado de *maneira imediata* tanto a consciência de haver satisfeito uma necessidade *humana* com meu trabalho, portanto de haver objetivado a essência *humana* e proporcionado, assim, o objeto correspondente à necessidade de outro ser *humano*" (*CP*, p. 155). Marx destaca, com isso, o reconhecimento da *essência humana* como carência, ampliação e satisfação das carências, no desfrute do produto do trabalho, e no *seu desfrute* próprio por verificar ter efetivado na vida prática aquela essência e reconhecê-la em sua própria atividade, pois a essência humana, a vida real dos homens, só pode ser verificada no âmbito de sua prática objetiva e real.

Observa em seguida que o reconhecimento da essencialidade humana, portanto de sua generidade, dá-se também no ato "de haver sido para ti o *mediador* entre tu e o gênero, de haver, portanto, estado em tua experiência e tua consciência como um complemento de tua própria essência e como parte necessária de ti mesmo, quer dizer, de haver-me confirmado tanto em teu pensamento como em teu amor" (*CP*, p. 155). Desta maneira Marx desenha o elo comunitário que expressa a relação imediata que o *mediador ativo*, o indivíduo ativo, através de sua ação consciente, estabelece com outro homem. Ele é sintetizado na consciência do outro, como fonte de satisfação de suas carências; ele é identificado como generidade provedora daquela satisfação, pois sua atividade objetiva-se nesse sentido; o reconhecimento da generidade em seu ato só pode se dar no exercício da essência humana. O homem como mediação para o próprio homem não pode ser senão o homem em sua integridade, que se completa no outro, o homem comunitário, o homem verdadeiro.

Só pode ser nesta sociabilidade, emancipada da propriedade privada, da divisão do trabalho, da alienação, do estranhamento a efetivação e desfrute da atividade real dos indivíduos por eles próprios. No *diálogo* em que Marx vem estabelecendo as determinações essenciais dessa comunidade se evidenciam numa forma relacional radicalmente nova, despojada das características determinantes da comunidade egoísta. Diz ele: a compreensão e execução de nossa essência genérica são verificadas nas condições de tu "haver criado tua exteriorização de vida individual na minha própria, de haver, portanto, *confirmado* e *realizado* imediatamente em minha atividade individual minha verdadeira *essência comunitária, humana*" (*CP*, p. 156).

Marx constrói por meio desse exemplo o quadro de uma sociabilidade em que não constam a propriedade privada, a alienação, a mediação alienante, características próprias da comunidade alienada; constrói então o quadro de uma generidade verdadeira, de uma vida íntegra, e nestas condições ele completa: "Nossas produções seriam outros tantos espelhos cujos reflexos irradiariam nossa essência ante si mesma" (*CP*, p. 156), pois essa essência é a própria vida individual comunitária. Vale repetir com Marx: "Esta essência *são* os homens, não em uma abstração, senão como indivíduos particulares, vivos, reais. E o *modo* de ser deles é o modo de ser daquela" (*CP*, p. 137). Além disso, tal sociabilidade, podendo realizar-se, tão somente, com a *plena inexistência* do mediador, explicita a óbvia inutilidade deste, da propriedade privada, e demais relações que dela decorrem.

Mas, muitíssimo ao contrário, a atividade humana sob a propriedade privada remonta àquela forma alienada já descrita. Então conjectura Marx: "Consideremos os diferentes momentos tal como aparecem na suposição: Meu trabalho seria *exteriorização de vida livre*, portanto *desfrute* da *vida*. Sob as condições da propriedade privada é *alienação da vida*, pois eu trabalho *para viver*, para conseguir um *meio* de vida. Meu trabalho *não é* vida" (*CP*, p. 156). Enquanto na comunidade humana o trabalho, a atividade viva e consciente é efetivação da vida, sob a propriedade privada esta vida se desefetiva; sob essa forma social, "a alienação de minha individualidade é tal, que esta *atividade* me resulta *detestável*; é um *tormento*; é somente uma *aparência* de uma atividade, e por isso uma atividade *obrigada*, que se me impõe por um requerimento *exterior* e *casual* e não por um requerimento *interior* e *necessário*" (*CP*, p. 156). E completa seu *diálogo*, afirmando então que "meu trabalho só aparece como a expressão objetiva, sensível, observável e, portanto, indubitável de minha *perda de mim mesmo* e de minha *impotência*" (*CP*, p. 157). Atividade detestável, trabalho como tormento, atividade não escolhida, obrigada, só pode resultar na perda de sua vida para si, do trabalhador, só pode reverter-se em impotência.

Não é difícil perceber, nas anotações que dão corpo aos *Cadernos*, a elevação categorial que Marx promove, da economia à filosofia, à ontologia, não pelos cânones formais, mas pela elaboração intelectual sempre verificada na vida prática, onde se opera a atividade humana real, o trabalho. Nas últimas observações, ele supõe uma sociabilidade emancipada, uma ordem social despojada de mediações e negatividades, sem as coordenadas da economia política, que confina a atividade vital aos fins espúrios da reprodução do valor, e com essa parametração perspectiva as condições de uma vida humana real. De sorte que sua crítica à economia política, desde essa primeira abordagem, contempla já um quadro inusitado de confronto, de desvelamento e de crítica radical, capaz de configurar um ser social íntegro, uma anatomia humana verdadeira, a partir da sua própria *atividade vital.*

Por fim vê-se esboçar em suas argumentações, e como decorrência delas, a propositura de uma nova ordem societária fundada no potencial que os indivíduos exteriorizam através de suas relações, modificando-as e a si próprios. Ele desvela as relações da comunidade egoísta elevando outras relações potencialmente superiores, capazes de permitir vislumbrar uma comunidade verdadeiramente humana.

3.3 Notas críticas finais

Após a identificação das formas do estranhamento, Marx completa as *Notas* com comentários críticos, no mesmo padrão dos que deram início às anotações dos *Cadernos*, acerca das formulações dos pensadores que tomou para leitura e primeiro contato com a matéria (Say, Smith, Ricardo, Mill, MacCulloch, Prevost e Boisguillebert).

Apoiado nos comentários de Prevost destaca o apego da economia política às leis gerais e abstratas como determinações desta ciência. Ele indica a assimilação, por Prevost, das teses ricardianas, de que os preços são determinados pelos custos de produção, e que com isto não há interferência das *circunstâncias acidentais* – estas circunstâncias não são senão a própria concorrência, no mercado – e, portanto, da oferta e da procura.

Marx insiste em que este aferramento da economia política às abstrações obnubila a própria vida real, os indivíduos ativos, o que leva esta ciência a ter em conta cada vez mais "somente o movimento abstrato da propriedade material, inumana" (*CP*, p. 159). Há certamente, por parte de Marx, uma insistência obstinada em se contrapor à determinação do preço pelo custo de produção, e em denunciar repetidas vezes que está sendo negligenciado exatamente o momento dinâmico e real de sua determinação, que é a oferta e a procura, a concorrência, o mercado, e tudo isto é afirmado sem que sejam oferecidos ainda os fundamentos adequados para essa questão, os quais só virão a público em *O Capital*. Convém notar também que, neste momento, Marx põe em evidência os aspectos *negativos* verificados no plano teórico da economia política, conformados nessa abstração; somente em seu trabalho de maturidade a noção de trabalho *abstrato* será completada, mas aqui já se põe a identificação com o mediador, que essa abstração revela, evidenciando o caráter ontonegativo do valor.

Na anotação seguinte, Marx aborda a problemática do valor, com base no trabalho, para comentar um tema comum aos ricardianos, mas que já esteve presente em Smith, que é o *capital como trabalho acumulado*. Destaca esse ponto afirmando que tal posição só pode ter como significado que a economia política reconhece o trabalho "como o único princípio da riqueza", tema que ele já havia sublinhado em sua abordagem do pensamento de Smith; contudo, continua ele, essa postura teórica "denigre e empobrece o trabalhador e faz do próprio trabalho uma mercadoria; e isto é tanto um axioma teórico necessário de sua ciência como uma verdade prática da vida social atual" (*CP*, p. 160). Marx reconhece a compatibilidade teórico-prática dessa formulação e chama a atenção para o fato de que tomar o trabalho *como único princípio de riqueza* dissimula o caráter inumano que essa realidade imprime sobre o trabalho do homem. E, na complementação de seu comentário, aprofunda criticamente essa posição, ao indicar que a abordagem da economia política que toma o *trabalho acumulado* como fundamento da origem do capital desabona ainda mais o trabalho, que aparece agora "sob a figura de um capital e não como atividade humana" (*CP*, p. 161).

Outro tema posto em análise por Marx é a produção excedente; destaca os argumentos ricardianos de que tal excedente cria uma demanda equivalente, eliminando, com isso, a obstrução de mercado, que será tratada por superprodução. Marx explicita que aqui residem as justificativas teóricas de restabelecimento do equilíbrio, logo os supostos para a economia política não abordar o fundamental, isto é, o *excedente* geral e, portanto, a crise de superprodução. Nesse suposto, está incluído o fato de que o aumento de produção é resolvido pela queda do preço, conforme indica Marx. Em sua crítica, ele observa que o argumento segundo o qual em grandes ramos da produção há *desequilíbrio momentâneo,* mas este, embora podendo produzir muito sofrimento e miséria, ainda assim não é permanente, pois sempre se restabelece o equilíbrio, abstrai da situação específica pautando-se tão só pela *lei geral,* e o fato real de que "milhares de homens caem na ruína, é algo que carece completamente de interesse tanto para a lei quanto para a economia" (*CP*, p. 162).

Marx evoca insistentemente a realidade viva para indicar a desumanidade com a qual a economia política estrutura sua fundamentação, escavando nas formulações dessa ciência o conteúdo humano que está dissimulado, expondo-o através de sua imanência. Isto lhe permite sempre acrescentar as consequentes inumanidades que decorrem do procedimento real da economia política, como, por exemplo, o caso do equilíbrio entre oferta e procura suposto naquele corpo teórico. Assim conclui ele: "O equilíbrio é somente um equilíbrio entre capital e trabalho como entidades abstratas, um equilíbrio que não tem em conta nem o capitalista nem a pessoa do trabalhador" (*CP*, p. 163), insistindo sempre na forma especulativa que a economia política utiliza quando se apoia na abstração.

Conduzindo então sua crítica nos moldes indicados, Marx vai abordando os temas tais como se manifestam na literatura econômica. Considerando aquela posição em que o suposto equilíbrio, gerado pelo movimento dos preços na regulação da oferta e procura, orienta a análise dessa ciência, Marx mostra que ela pode, no plano da abstração, concluir que tudo permanece igual, quando de fato, nesse movimento, uns ganham e outros perdem. E observa que, sob a propriedade privada, aquela conclusão só pode ser produto da "abstração das pessoas" operada por essa ciência. Contudo, somente se houvesse identidade entre os interesses dos distintos indivíduos e, por decorrência, da sociedade, isto é, "quando, em geral, o interesse ou produção individual é o interesse ou produção social" (*CP*, p. 162), é que aquela posição se tornaria verdadeira. Mas "a infâmia da economia política consiste em partir da premissa dos interesses hostilmente separados pela propriedade privada e em especular continuamente como se os interesses não estivessem separados e a propriedade privada fosse comunitária" (*CP*, p. 163).

A economia política em sua efetivação, na vida real, na sociedade, é exposta por Marx num tom de indignação: "que infame contradição é, por exemplo, a da concorrência: criada só a partir do interesse privado e justificada só por ele, desenvolvida como *assassinato e guerra oficiais* dos interesses hostis entre si, é apresentada sem dúvida como *o poder da sociedade* e o interesse da sociedade em face dos interesses singulares" (*CP*, p. 163-164).

O enfrentamento de Marx com as teorias econômicas, já nesse primeiro momento, permitiu a identificação de um núcleo temático com o qual operou criticamente. Marx procedeu à verificação do conteúdo temático remetendo-se à realidade como instância decisiva; é nesse âmbito que ele confere o conjunto categorial exposto pela economia política, para então proceder à crítica. De maneira que lhe foi possível apresentar a compatibilidade temática dessa ciência com os momentos de sua prática efetiva, bem como expor as incongruências registradas em seu plano teórico com as efetivações econômicas ou mesmo momentos de aproximações significativas. E, no caso dos comentários sobre Ricardo, tratá-lo por cínico, na medida em que reflete a realidade tal qual se efetiva, significa dizer que as características inumanidades expressadas teoricamente por aquele autor correspondiam a reais operações socioeconômicas, no plano ontoprático; o cinismo não só não vedou a imanência do real no pensamento de Ricardo, como serviu de plataforma para que o economista o revelasse.

Ao analisar o pensamento econômico de Boisguillebert, ele observa que este "fala sempre em nome da maioria pobre da população, cuja ruína alcança também, 'de rebote', como ele diz, aos ricos" (*CP*, p. 165). Marx indica o padrão de aproximação que esse autor tem com a realidade ao extrair tais conclusões, e observa que Boisguillebert critica a retenção de dinheiro dos ricos, seja por sua avareza ou para especular no mercado em momentos favoráveis, pois, assim procedendo, sua riqueza se mantém inútil. Por outro lado, esse autor compara o dinamismo do dinheiro em mãos populares, afirmando que, pelo movimento que causam, mesmo somas mais modestas de dinheiro renovam constantemente a economia. Contudo, Marx indica também os limites concepcionais desse estudioso, por supor "que a atividade do intercâmbio, a circulação do dinheiro, seja um 'fato que cria valor'" (*CP*, p. 166). Marx persegue o engano de Boisguillebert, mostrando sua incompreensão ao afirmar que a riqueza dos ricos, ao converter-se em dinheiro-capital, "'Contribui em toda a medida de seu valor para a manutenção do trabalho produtivo da sociedade'" (*CP*, p. 166), ou seja, para Boisguillebert, colocar o dinheiro dos ricos em circulação permite a ampliação da massa de valor, do que obviamente Marx discorda.

Boisguillebert marca sua presença como pensador no período em que dominou a fisiocracia, portanto numa fase em que se encontra em curso a própria separação entre sociedade civil e estado, o que suscita em Marx a necessidade de expor seu significado no contexto teórico desse autor: "No caso de Boisguillebert, como no dos fisiocratas, essa doutrina tem todavia algo que é *humano e significativo*: *humano* em oposição à economia do velho estado /.../; *significativo*, como primeiro intento de emancipar a vida da sociedade civil" (*CP*, p. 167), demarcando com isso que esse autor assumia posição progressista, naquele momento, ao estimular a intensificação do mercado, o que justifica seu otimismo diante da incipiente *lei do valor* e a defesa da positividade do valor.

Vemos que Marx cobra também, neste caso, o momento histórico em que as doutrinas econômicas têm lugar, e observa tratar-se de um momento em que ainda não se completara a autonomia da sociedade civil, em que esta não se emancipara plenamente do estado absolutista feudal; contudo, ele não deixa de observar, sobre a sociedade civil, que "para mostrar-se *como é*, teve primeiro que ser emancipada" (*CP*, p. 167). De fato, para Marx essa incontornável relação com a realidade define resolutivamente o padrão teórico com o qual está lidando. Nesse sentido, ele aborda outro ângulo das preocupações de Boisguillebert, aproximando-o de Say no que respeita à posição comum de ambos no rechaço à *superprodução*, como inexistente. Dirigindo-se agora a este último, ele faz notar que seus argumentos contrários à superprodução fundam-se na ideia de que "se uma mercadoria não encontra comprador, se deve somente a que (seja no próprio país ou em outro) a produção do equivalente não é suficiente para o intercâmbio" (*CP*, p. 169).

Marx não comenta ou critica diretamente essa formulação de Say, mas acrescenta que tanto ele como Mill e Ricardo aceitam um aspecto da produção excedente em relação à demanda, mas apenas em ramos específicos e temporariamente. E observa a seguir que, mesmo que a produção, seja num país, seja em geral, alcançasse a máxima capacidade, ao lado da máxima capacidade de equivalentes, mesmo assim, o que não é levado em conta por esses pensadores, *ainda existiria superprodução*, pois a produção tem como fronteira a propriedade privada. Ele expõe com pormenores sua argumentação: "Na França, não se produzem demasiados calçados. Milhões estão descalços. A superprodução se apresenta por que o número de calçados produzidos é maior que o das pessoas que necessitam deles e podem comprá-los. E se isto é válido dentro de um país, o é também entre os distintos países. Se, por exemplo, a França produz todo o vinho que pode, a Inglaterra todo o algodão que pode e assim todos os países, o que sucede é: a) que o vinho da França e o algodão da Inglaterra só se intercambiam entre si na medida em que, nesses dois países, há gente que pode pagar pelo vinho e pelo algodão; quer dizer, a propriedade privada produz para a propriedade privada" (*CP*, p. 171). E, para o arremate crítico, ele completa com a assertiva: "Assim, pois, o intercâmbio não se constitui entre produtos enquanto tais, senão entre produtos que são propriedade privada" (*CP*, p. 171).

Marx ressalta, mais adiante, que os economistas não estranham o fato de que, mesmo verificando a existência de um excesso de produtos num país, ao mesmo tempo a carência se encontra generalizada entre a maior parte da população. Contudo eles estranham o fato de que essa mesma riqueza produzida não encontre mercado, ou não encontre todo o equivalente necessário. Além disso, diz ele, esses economistas tentam dissimular a contradição entre a produção e o número de pessoas a que está destinada tal produção, já que a maioria delas encontra-se excluída de seu resultado, no sentido de sua fruição. Os economistas, continua Marx, tratam o mercado externo como solução para essa contradição, como se nesses outros não vigissem as mesmas leis e contradições. Mantendo-se nessa linha crítica, em que revela alguns momentos de incompatibilidade entre o pensamento econômico e a realidade econômica efetiva, ele mostra a posição de Malthus, contrária à de Say e outros, afirmando sua aceitação da superprodução, mas observando que "nada pode ser mais ridículo" que um autor que teoriza a produção de homens maior que a de mercadorias afirmar "que a quantidade de mercadorias que se produz é maior que a pode encontrar mercado" (*CP*, p. 173).

Ele avança explorando o tema da superprodução, nas últimas anotações dos *Cadernos*, mantendo no centro de orientação de sua análise a oposição entre a produção lastreada pela propriedade privada e uma produção humanamente determinada, traçando, em todos os ângulos que se lhe apresentam, ácidas críticas à incompreensão dos economistas, desvelando-lhes também suas dissimulações. E encerra seus comentários explicando as consequências da superprodução para a própria economia política: "A riqueza que se estabelece em contraposição ao homem avança necessariamente até tornar-se carente de valor para a propriedade privada e apresentar-se como sua própria pobreza, até deixar de produzir riqueza" (CP p. 174). Ou seja, uma produção nestas condições, ao atingir a superprodução, entra em esgotamento, em crise, tendo de cessar de produzir riqueza, pois, sem encontrar mercado ou equivalente para o necessário intercâmbio, essa produção não se realiza e se desvaloriza, tornando-se algo sem sentido para a propriedade privada.

Vemos nestas notas, pois, que Marx antecipa noções significativas sobre o problema das *crises de superprodução do capital*, sem, obviamente toda a fundamentação necessária, que se encontra em *O Capital*; de qualquer forma pudemos observar que, nesse conjunto de anotações, as primeiras sobre a economia política, Marx demarcou alguns temas significativos dos quais se compõe essa ciência, apontando a raiz de suas contradições, ao mesmo tempo em que submete à análise ambos os momentos da economia política: teórico e prático, deixando explicitado, amplamente, o padrão de abordagem crítica, e a concomitante análise imanente.

CAPÍTULO 4

A crítica da economia política nos
Manuscritos Econômico-Filosóficos

Introdução

Os *Manuscritos Econômico-Filosóficos*[1] contêm as críticas a temas da economia política que motivaram também a redação dos *Cadernos*. Marx desvela facetas, ângulos e aspectos que não foram tratados no texto anterior, conseguindo então elevar a um patamar crítico mais amplo e esclarecedor alguns dos temas comuns a ambos; aplica-se criticamente em condições mais favoráveis, no segundo, já que pode contar com as análises precedentes.

Conforme observamos, neste texto a atividade da produção tem maior presença; essa temática é tratada com mais insistência e por múltiplos ângulos, o que forma um dos diferenciais em relação aos *Cadernos* e será registrado na medida em que avançamos, capítulo a capítulo, nossa exposição.

Nas considerações do estudioso das obras de juventude de Marx e, em particular, dos *Cadernos*, Adolfo Sanches Vasquez, já citado, patenteia-se que há um aprofundamento crítico nos *Manuscritos*, muito embora isso não ocorra de maneira sistemática, e determinados temas dos *Cadernos,* nos *Manuscritos* sejam

---

[1]   Utilizaremos a já citada tradução dos *Manuscritos Econômico-Filosóficos de 1844* elaborada por Mônica da Costa, apresentada como anexo de sua dissertação de mestrado (doravante citado no corpo do texto como MEF, seguido do número da página). Cotejamos essa tradução com a versão espanhola editada pela Fondo de Cultura Económica. In: *Marx Escritos de Juventud*, México, 1987.

apenas referidos; além disso, ele afirma que o padrão teórico de ambos encontra-se no mesmo patamar. Procuraremos, na medida do possível, indicar as distinções entre esses textos, sem consagrar, entretanto, um momento específico para tais ocorrências.

4.1 Salário do trabalho

O tema com o qual iniciamos nossa exposição é o capítulo que Marx denomina *Salário do Trabalho*, e foi submetido por ele ao cotejo com a realidade ativa dos indivíduos, as lutas entre capitalistas e trabalhadores, em que as vitórias ficaram sempre em mãos dos primeiros, pois estes "podem viver mais tempo sem o trabalhador do que o trabalhador sem o capitalista" (MEF, p. 2). Marx destaca dois pontos com os quais demonstra a necessária vitória do capital, nessa arena de pugnas, tendo o salário como objeto, quais sejam: 1) os capitalistas se unem nos momentos de enfrentamento, ao passo que a união dos trabalhadores encontra-se proibida, e qualquer ato nessa direção lhes traz sérias consequências; 2) os capitalistas têm seus rendimentos oriundos de distintas fontes, como renda fundiária, lucro industrial ou juro, enquanto o trabalhador mantém-se restrito à única fonte, que é seu trabalho. Disto deriva, como diz Marx, a intensidade da concorrência entre trabalhadores.

Por outro lado, a separação entre trabalho, capital e propriedade fundiária mantém-se como necessária apenas para os trabalhadores – "separação /.../ vital e perniciosa", diz Marx, pois "onde existe uma extensa divisão do trabalho é extremamente difícil para o trabalhador orientar o seu trabalho para outras aplicações" (MEF, p. 2-a), o que não ocorre obviamente com o capital, que se encontra em constante processo de migração de uma para outra área de exploração.

Marx destaca também, apoiado nas formulações de Smith, que os salários são estabelecidos num limite restrito à subsistência do trabalhador e com uma parcela para a manutenção de sua família, com o que ele "perpetua sua raça". Eis aqui uma formulação que, vinda de Smith, será reposta por Ricardo, e que Marx faz questão de manter, pois é expressão real, como ele indica, da determinação, ou dos fundamentos sociais dos salários na realidade capitalista.

Sobre a relação capital-trabalho, Marx repõe várias formas tal como as supõe a economia política, para nos mostrar criticamente que esta relação aparece nos economistas como "casual, e por isso só pode ser explicada exteriormente" (*MEF*, p. 42). Assim, a união de ambos mostra-se como se "o capital /.../ [fosse] trabalho acumulado"; ou então, "o operário é um capital"; ou como "o salário faz[endo] parte dos custos do capital"; ou ainda, "no que diz respeito ao operário, o trabalho é a reprodução de seu capital". Cabe observar que, neste último caso, como indicou Marx, patenteia-se a conversão, pela economia política, de todos os homens em formas de ser do capital; e "no que diz respeito ao capitalista, é um fator de atividade do capital" (*MEF*, p. 42). No plano interno propriamente à produção, o capital identifica todos os componentes, inclusive as máquinas, como idênticas aos trabalhadores, como *trabalho produtivo*.

Por outro lado, considerando a concorrência entre os trabalhadores, ele mostra que os salários movimentam-se, indo do preço corrente (de mercado) ao preço natural (custo de produção), conceitos extraídos diretamente da economia política. Mas esse movimento significa que, quando os salários, pela concorrência entre os trabalhadores, deixam para trás seu preço corrente, tendem a reduzir-se ao nível de seu preço natural (o mínimo possível, conforme fórmula utilizada por Smith e Ricardo). Nessa linha de análise, põe-se outro complicador, que é a distinta flutuação dos preços dos meios de subsistência, que podem se elevar sem que os salários os acompanhem, da mesma forma que os salários não aumentam se, por qualquer razão, elevam-se os lucros dos capitalistas. Além disso, diz Marx, embora o trabalhador não ganhe quando os capitalistas têm vantagens, perde, necessariamente, quando estes estão em situação desfavorável. Ele destaca situações sociais específicas, para indicar a radical diferença do que sucede para os trabalhadores em relação aos capitalistas: quando a riqueza produzida socialmente entra em declínio, quem absorve em sua pessoa os danos dessa situação é o trabalhador; quando a riqueza se eleva, ele tem realmente um momento de vantagem, pois se acentua a concorrência entre os capitalistas e a procura por trabalhadores é maior, favorecendo assim uma elevação salarial; entretanto, diz ele, a contradição está em que "a alta de salários desperta no trabalhador o mesmo desejo de enriquecimento que no capitalista, mas só o pode satisfazer pelo sacrifício de seu corpo e espírito" (*MEF*, p. 3-a), e a busca por maiores rendimentos os obriga a uma alienação maior de sua liberdade e uma subsunção maior ao trabalho, donde resulta uma redução de seu tempo de vida, e "uma morte prematura, a degradação em máquina, a sujeição ao capital que se acumula em ameaçadora oposição a ele" (*MEF*, p. 3-a). Ademais, a diversidade que brota no processo de trabalho, suas especificidades, peculiaridades individuais, intelectuais e sociais, são pagas diferentemente, mas são atividades individuais indiferentes ao capital, são formas diversas e vivas, enquanto o capital, a despeito de sua mobilidade no tempo e espaço, permanece *inerte*, não tendo qualquer identidade com a força viva, humana, como declara Marx.

Mas, pondera ele, o aumento de riqueza social é, por seu lado, decorrente de um aumento na acumulação de capital, que por sua vez não é senão trabalho acumulado, isto é, uma condição para a existência do capital, resultante da extração crescente do produto do trabalho do trabalhador, "quando o seu próprio trabalho a ele se opõe como possessão alheia e quando os seus meios de existência e a sua atividade se concentram cada vez mais nas mãos do capitalista" (*MEF*, p. 3); além disso, a própria elevação do preço do trabalho "provoca acumulação de capital; ela opõe então, mais e mais estranhos um ao outro, o produto do trabalho e o trabalhador" (*MEF*, p. 3-a).[2]

Marx acompanha passo a passo as formulações dos pensadores clássicos da economia política, destacando-as para expor, com mordacidade, o caráter inumano da economia política: "Contudo, visto que, segundo Smith, 'uma sociedade em que a maioria sofre não é feliz', e já que a mais próspera situação da sociedade origina o sofrimento da maioria, /.../, segue-se que a infelicidade social constitui o objetivo da economia" (*MEF*, p. 4).

De outro lado, aprofundando-se a divisão do trabalho, temos como consequência a unilateralidade e dependência do trabalhador; aumenta a concorrência entre os trabalhadores, e entre eles e as máquinas; tudo isto gera expansão da indústria, da produção, dos mercados etc., conduzindo à superprodução, e desta ao refluxo para o trabalhador no que se refere a emprego, salário etc. Depreende-se, portanto, que o resultado para o trabalhador é sempre a miséria: "numa situação decrescente da sociedade, miséria progressiva do trabalhador; numa situação em expansão, miséria complicada; e na situação final, miséria estacionária" (*MEF*, p. 4). Segue outra contradição da economia política expressa por Smith, que afirma:

---

2   Em toda esta discussão sobre o "salário do trabalho", Marx se refere ao tempo de trabalho apenas uma vez, ficando, mesmo assim, no plano da produtividade, ou seja, da redução do tempo, tal qual definira Ricardo.

"originalmente 'todo o produto do trabalho pertence ao trabalhador'" (*MEF*, p. 4-a), mas constata, sem fundamentar, que o trabalhador recebe apenas a parte menor do produto do trabalho. Marx acrescenta que, na vida real, o trabalhador recebe algo que se destina à reprodução da classe de trabalhadores, de sua classe de escravos, fato não mencionado por Smith.

Desta forma, ele vai paulatinamente demonstrando, por meio das análises do salário e da realidade como referência incontornável, o que afirmara nos *Cadernos*, que na economia política não consta o humano e sim o inumano. Assim, "Enquanto a renda da terra do indolente proprietário fundiário equivale habitualmente a um terço do rendimento da terra e o lucro do ativo capitalista chega a duplicar a taxa de juro, o excedente que o trabalhador ganha no melhor dos casos é tão pequeno que dois dos seus quatro filhos estão condenados a morrer de fome" (*MEF*, p. 4-a); portanto, os resultados negativos, a maior parcela de infelicidade, destinam-se inconfundivelmente ao trabalhador, que compõe a esmagadora maioria da população, e para o qual se destina, também, a *atividade produtiva* da riqueza *social* que ele não frui.

Refletindo sobre a formulação smithiana de que "tudo é comprado com o trabalho", de que "não são as pedras ou metais preciosos a raiz da riqueza, mas o trabalho", pois a riqueza é trabalho acumulado, Marx ironiza a posição da economia política afirmando que, ao contrário de o trabalho poder comprar tudo, ele se vê compelido a vender tudo, até sua qualidade humana.[3] Além disso, acrescenta ele, os economistas se pautam pela noção de que o trabalho é o único preço fixo dos produtos, contudo é também o que contraditoriamente está submetido às mais acentuadas e perniciosas variações. Assim, continua, a divisão do trabalho potencializa a produção na exata medida em que empobrece o trabalhador; este, em nível de igualdade com as máquinas, encontra-se impotente para opor-se aos interesses sociais, o que mostra a total oposição entre essa sociedade e os interesses dos trabalhadores.

---

3   Lembramos aqui que, nas *Teorias da Mais-Valia*, ao analisar criticamente o pensamento de Smith, Marx observa que ele vai além dos mercantilistas e fisiocratas ao mostrar que o trabalho é a base originária da riqueza, embora obviamente nada diga a respeito do destino da riqueza, que pertence exclusivamente aos capitalistas.

Por fim, Marx observa que a economia política, ao tratar o trabalhador como um "simples trabalhador", equivalente à besta de carga, desconsidera suas condições humanas, já que vive apenas do trabalho, de um trabalho abstrato, unilateral; e acrescenta: "A economia política não se ocupa dele no seu tempo livre como homem, mas deixa este aspecto para o direito penal, os médicos, a religião, as tabelas estatísticas, a polícia e o funcionário do hospício" (*MEF*, p. 5).

Diante destas considerações, questiona: "1) Qual o significado, no desenvolvimento da humanidade, da redução da maior parte dos homens ao trabalho abstrato?" O trabalho abstrato, tal como Marx o compreende neste momento de análise da economia política, coloca-se como o mais simples, o trabalho mecânico, repetitivo, com dinamismo semelhante ao das máquinas, portanto trabalho ou atividade que tem como contrapartida o salário mais reduzido, aquele que se destina à maior parte da população, e exige a menor formação. E é operando uma constante redução da população a trabalho abstrato que os capitalistas enfrentam as recessões e estagnações que advêm com a concorrência própria a este *sistema anárquico* de produção. Vemos então como ele responde essa questão: o "significado no desenvolvimento da humanidade" não é senão a manutenção da maior parte da população em condições de restrita subsistência, a profunda desigualdade lançada no seio do "desenvolvimento da humanidade", em que a maior parte dos indivíduos responsáveis pela produção, diversificação e ampliação das necessidades humano-societárias mal consegue suprir suas necessidades básicas e as de sua família. A economia política, diz ele, por tratar o trabalhador como besta de trabalho, não se sensibiliza com o fato de, mesmo tendo aumentado "a produção global em um terço" em dez anos, terem sido mantidos os mesmos ganhos para um trabalhador, o qual, assim, embora se tenha tornado mais ativo, obviamente empobreceu em um terço. Marx aponta o fato de que o progresso daquele período já permitiria que parte do tempo do trabalhador fosse destinado a seu desenvolvimento intelectual e criativo, que ele poderia encontrar-se no padrão humano alcançado no seu tempo.

Por outro lado, ele observa que não só *não* se elevam as condições humanas do trabalhador, como, com a expansão da divisão do trabalho, parte substancial dos trabalhadores mantém-se operando tarefas sempre muito simples, prejudiciais à mente e ao corpo, resultando na "elevada mortalidade dos trabalhadores de fábrica" (*MEF*, p. 6-a), e reafirma a desumanização já indicada declarando: "A importante distinção entre até que ponto os homens trabalham com máquinas ou como máquinas não foi objeto de atenção" (*MEF*, p. 6-a). Ou seja, a ele sensibiliza tais contradições também pela desfaçatez com que são tratadas, uma vez que não se trata de situações específicas, mas amplas e gerais, atingindo, ao contrário, toda a sociedade, e destaca por fim que: "A economia política considera o trabalho como uma coisa. O trabalho é uma mercadoria: se o preço é elevado, a procura é grande, e se o preço é baixo, a oferta é grande" (*MEF*, p. 7-a). O pagamento do trabalho, o salário, revela-se, na economia política, tanto na prática quanto na teoria, algo semelhante ao pagamento de uma mercadoria, confirmando o que já havia deduzido nos *Cadernos*: que o *salário* é uma expressão, ou uma forma da propriedade privada. Nos *Manuscritos,* essa questão é explicitada e fundamentada nos seguintes termos: "Consequentemente salário e *propriedade privada* são idênticos, pois o salário no qual o produto, o objeto do trabalho remunera o próprio trabalho, é apenas uma consequência necessária do estranhamento do trabalho e no sistema de salário o trabalho não aparece como fim em si, mas como servo do salário" (*MEF* p. 27-a).

Mais adiante, perspectivando a emancipação humana, observa: "O salário é a consequência direta do trabalho estranhado e o trabalho estranhado é a causa direta da propriedade privada, consequentemente, o desaparecimento de um dos termos arrasta consigo o outro" (*MEF* p. 27-a). Às pretensões reformistas com relação aos salários, Marx pergunta nos termos seguintes: "Que erros cometem os reformadores *en détail*, que ou desejam elevar os salários e por este meio melhorar a condição da classe trabalhadora, ou (como Proudhon) consideram a igualdade de salários como objetivo da revolução social?" (*MEF*, p. 5), e acrescenta que a concepção da economia política sobre o trabalho é a de que este "aparece apenas sob a forma de atividade em vista de um ganho" (*MEF*, p. 5), portanto, a economia política reduz o trabalho apenas à necessidade do trabalhador. Não há ainda uma clareza nas concepções de Marx que permita explicar a exploração do trabalho como condição de ser do capital; sua compreensão não se mostra ainda suficiente para explicar a real necessidade que o capital tem do trabalho, ou a *forma como o trabalho converte-se efetivamente em capital.* De qualquer maneira, nota-se que Marx vai se envolvendo mais e mais na relação capital-trabalho, o que lhe renderá, pouquíssimos anos após a redação dos *Manuscritos*, a compreensão do significado do trabalho como potência para o capital, como sua insuprimível fonte de valor. Vale repetir, entretanto, que sem sua posição crítica, sua produção intelectual, referida sempre ao homem ativo, real e concreto, não poderia ter progredido até a explicitação das contradições da economia política, como ocorreu; é desta forma que ele vai se pondo na direção de extrair as razões concretas, cientificamente constatadas, da inevitável exploração do trabalho na realização do capital.

Esse é, portanto, o objetivo perseguido nos *Manuscritos* quando analisa os salários, pois a economia política aborda o trabalho assalariado sem expor seu significado para o capital, da mesma forma que trata da propriedade privada, dela partindo como fundamento sem, contudo, explicar o próprio fundamento da propriedade privada. Marx aborda o tema salário do trabalho e, ainda que não desvele plenamente seu conteúdo e significado nestas anotações, avança em relação aos *Cadernos* e já deixa demarcados aspectos e questões para futuras análises e críticas.

Observa ele então que "O capitalista é sempre livre para empregar o trabalho e o operário se vê obrigado a vendê-lo. O valor do trabalho fica completamente destruído se não for vendido a todo instante" (*MEF*, p. 7-a). De maneira que a reprodução do *valor do trabalho* fica na dependência de sua venda ao capitalista, isto é: a vida do trabalhador tem sua reprodução dependente da venda do valor do trabalho. E o que é o valor do trabalho? Algo que, diferente "das autênticas mercadorias /.../ não pode ser nem poupado, nem acumulado", isto é, só tem valor em atividade. Eis o quanto ele se aproxima da concreta explicação da origem do *excedente, da mais-valia*, sob o capital, e, portanto, da explicação do próprio capital. Em seguida, diz: "O trabalho é a vida e se a vida não for todos os dias permutada por alimento, depressa sofre danos e morre" (*MEF*, p. 7-a).

Focando outro ângulo do trabalho assalariado, Marx expressa sua preocupação sobre a igualação de *trabalho* e *mercadoria*, dizendo: "Para que a vida do homem seja uma mercadoria, deve-se então admitir a escravatura" (*MEF*, p. 7-a). Obviamente, observa ele, nem a própria economia política toma o trabalho por mercadoria, pois "não é o livre resultado de um mercado livre", este promove incessante redução da sua remuneração aperfeiçoando, especializando o trabalhador e, por conseguinte, degradando-o.

Mantendo sempre no alvo de suas análises críticas as formulações teóricas dos economistas, ele diz que, "De acordo com seu conceito, a renda e o lucro são descontos que os salários têm que suportar" (*MEF*, p. 5), mas, ao revés, retruca, "os salários constituem um desconto que a terra e o capital permitem ao trabalhador, uma concessão feita pelo produto do trabalho ao trabalhador, ao trabalho" (*MEF*, p. 5). Por fim, ele mostra que esse tratamento exterior, superficial, dado pela economia política não explica as reais características do trabalho, isto é, de um lado produzir o capital, de outro degradar o trabalhador. "Que o próprio trabalho, não só nas condições atuais, mas, em geral, enquanto sua finalidade é simplesmente o incremento de riqueza, o próprio trabalho, digo, é nocivo e funesto, é o que se deduz, sem que o economista o perceba, de suas próprias exposições" (*MEF*, p. 5), confirmando dessa maneira a posição já demonstrada nos *Cadernos*. Agregue-se que, nos *Manuscritos,* Marx esmiúça mais as relações sociais de assalariamento e expande a compreensão necessária dessa categoria econômica, em relação ao que ele apresentou nos *Cadernos*. Além disso, o trabalho sob o capital demarca sua análise da economia política, é o fundamento de sua crítica, na medida em que é nesta relação que o caráter inumano dessa ciência melhor se manifesta. Observe-se, por fim, que no texto de 1847, dedicado exclusivamente à análise do trabalho assalariado em relação (inextrincável) ao capital, Marx avança e aprofunda, completando sua concepção sobre salário, determinação essa que receberá, posteriormente, apenas desdobramentos que reafirmarão, em sua produção de maturidade, a compreensão alcançada nesse texto.

4.2 Trabalho estranhado[4]

Mantendo uma forte relação com temas presentes também nos *Cadernos*, como o empobrecimento crescente do trabalhador, contrariamente ao aumento da

---

4   Marx faz rápida menção aos termos alienação e estranhamento para sua distinção: "O trabalho alienado resultou para nós em dois elementos que se condicionam reciprocamente ou que são apenas expressões distintas de uma só e mesma relação. A *apropriação* aparece como estranhamento, como *alienação, e a alienação* como apropriação, o estranhamento como verdadeira *naturalização* [como o naturalizar-se cidadão de um país – EHG]" (*MEF*, p. 28). Para maiores esclarecimentos, remetemos à dissertação já mencionada de Mônica da Costa.

produção de riqueza por ele efetivado, Marx procurará evidenciar o *estranhamento* que resulta das relações no trabalho, sob a propriedade privada, pois se aquilo com que o homem se relaciona não tem existência para si, evidentemente lhe é *estranho*, não faz parte de sua essência, de sua vida, está *alienado* dele. Marx põe em evidência também um dos momentos mais agudos da degradação no trabalho, quando a alienação dos indivíduos em relação a si próprios desdobra-se no *estranhamento* social, de seu gênero.

Nosso autor vem considerando como fundamento, por ele verificado, das contradições sociais exatamente a propriedade privada e seus corolários; em suas palavras, a base a partir da qual ele fundamenta sua argumentação encontra-se no bojo da ciência moderna, burguesa, capitalista: "Partimos dos pressupostos da economia política. Aceitamos sua linguagem e suas leis. Pressupusemos a propriedade privada, a separação entre trabalho, capital e terra, como também entre salários, lucro do capital e renda da terra, e ainda a divisão do trabalho, a concorrência, o conceito de valor de troca etc." (*MEF*, p. 22). Marx penetra o interior da economia política e articula seus pressupostos, sempre sublinhando suas contradições, como fez nos *Cadernos*. Lá ele afirma ser a propriedade privada o ponto de partida daquela, sem que ela o explique, embora se articule com a vida *material,* tal qual é processada na realidade, e extraia daí leis gerais e abstratas, que também não são por ela explicadas. Desta maneira, ele afirma que, embora aquela teoria estabeleça uma rede interligada de categorias e leis que compõem a ciência econômica, "Não *compreende* tais leis /.../ não explica como elas derivam da propriedade privada" (*MEF*, p. 22-a). O argumento da economia política inverte a ordem das coisas, isto é, ela conclui sempre que as vicissitudes econômicas fundam-se no interesse dos capitalistas, pressupondo com isto o que deveria ser explicado como resultado; "os únicos motivos que põe em movimento a economia política são a sede de riqueza, a guerra entre os avaros, a competição" (*MEF*, p. 22-a), como se tudo isso fosse *natural,* sem perguntar ou compreender o que os engendra; e vale reafirmar que a relação fundamental, nesse momento de sua análise crítica, é a própria propriedade privada.

Ele mantém-se centrado na sua referência decisiva, a atividade humana, sua autoconstrução, e com vistas a aproximações, concreções, determinações mais precisas, alinha sua análise crítica pelo ângulo do trabalho, dizendo: "Não nos colocamos como o economista quando quer explicar algo, colocando-se num estado original imaginário" (*MEF*, p. 22-a), ao contrário, "nós partimos de um fato econômico *atual*", visível e notável até para a economia política, mas não explicado por ela: "o trabalhador se torna uma mercadoria tanto mais barata, quanto mais mercadoria produz", ou então, "com a *valorização* do mundo das coisas, aumenta em proporção direta a *desvalorização* do mundo dos homens", e por fim, indicando a absoluta restrição à autoprodução *humana*, observa que "o trabalho não produz apenas *mercadorias*, produz também a si mesmo e ao trabalhador como uma mercadoria, e justamente na mesma proporção em que produz mercadorias em geral" (*MEF*, p. 23). Vemos então que começam a se colocar em sua análise desdobramentos, em relação aos *Cadernos*, os quais são muito significativos, pois, apesar de lá a concepção de *estranhamento* já estar presente, aqui notamos que essa relação é responsável pela deformidade do indivíduo, que se encontra reduzido aos moldes da mercadoria; trata-se de um momento em que Marx avança nas suas análises voltadas para as atividades produtivas propriamente. Essa *relação* agregará elementos necessários à consecução de seu objetivo, qual seja, o da crítica radical da economia política.

Nos *Manuscritos*, ele irá perscrutar ainda mais o estranhamento e a alienação, demarcando-os da objetivação humana, da externalização da vida. Nessa linha de preocupação, o momento da atividade produtiva mantém seu privilégio, pois, como diz ele, "O produto do trabalho é o trabalho que se fixou concretizado num objeto, é a *objetivação* do trabalho" (*MEF*, p. 23), para em seguida reafirmar que "a efetivação do trabalho é a sua objetivação" (*MEF*, p. 23). E, diante dessa ciência estruturada, a economia política, teoria que vem fornecendo o material de sua crítica, afirma a deterioração humana pela efetivação do trabalho, por sua objetivação, nos seguintes termos: "Esta efetivação do trabalho na economia política aparece como desefetivação do trabalhador, a objetivação como *perda* e *servidão* dos objetos, a apropriação como *estranhamento*, como alienação" (*MEF*, p. 23).

Assim, ele delimita, desde logo, algumas conceituações determinantes do processo de produção, distinguindo a objetivação como momento insuprimível da atividade dos indivíduos, pois só no intercâmbio com a realidade, pela objetivação das capacidades subjetivas do homem, tal efetivação seria possível. Mas como as relações de produção mantêm-se sob condução dos interesses da propriedade privada, da divisão do trabalho, o resultado é a desefetivação do trabalhador; e, continua desdobrando sua análise, focando o objeto de trabalho: "o objeto produzido pelo trabalho, seu produto, o afronta como ser *estranho*, como um poder *independente* do produtor" (*MEF*, p. 23), poder esse que ocupa o lugar dos indivíduos, como se o seu lugar fosse naturalmente esse, poder que tem sustentação na forma abstrata da propriedade privada, da alienação e do estranhamento, efetivadas pelas relações contraditórias da sociedade mercantil.

Aprofundando um pouco mais sua elaboração conceitual, em relação aos *Cadernos*, Marx coloca no foco de sua análise a produção sob a propriedade privada, a produção de mercadorias, para explicitar as modalidades dessa forma de ser da produção humana, que inverte, distorce a essencialidade mesma dos indivíduos. Ele destaca o intercâmbio com a natureza como condição inevitável da execução do trabalho, já que o "trabalho não pode *viver* sem objetos nos quais se exerça" (*MEF*, p. 24), e, em seguida, passa a demonstrar os modos de desefetivação, da perda e do não reconhecimento da essencialidade do homem. Ele ajusta o foco precisamente na objetivação, para derivar daí as concreções teóricas sobre a alienação e o estranhamento. Assim, "A objetivação se revela a tal ponto como perda do objeto que o trabalhador fica privado dos objetos mais necessários não só à vida, mas também ao trabalho" (*MEF*, p. 23).

Acrescente-se que ele concebe a *objetivação,* que emerge com a crescente efetivação do *ser social*, em radical distinção às concepções naturalizantes e antropologizantes próprias da economia política.[5] Ao mesmo tempo, ele expõe o nexo que os indivíduos revelam, em termos de sua essencialidade com o gênero: "Esta produção é sua vida genérica ativa. /.../ O objeto de trabalho é, por isso, a *objetivação da vida genérica do homem*, pois este se desdobra não só intelectualmente, como na consciência, mas ativa e realmente, e se contempla a si próprio num mundo por ele criado" (*MEF*, p. 25-a). Portanto sua atividade é, em essência, a objetivação de sua vida consciente, genérica, subvertida, no entanto, "na medida em que o trabalho estranhado arranca ao homem o objeto de sua produção" (*MEF*, p. 25-a); a

---

5   Recorde-se que a economia política, seguindo seja a linha hobbesiana, seja a humeana, concebe o indivíduo como provido de características naturais, e assim eternas, vale dizer, independentes de suas relações sociais, as quais, ao contrário, decorrem daquelas características.

Karl Marx – A determinação ontonegativa originária do valor 241

objetivação que, como vimos, é sua efetivação converte-se então em desefetivação; só então é que a *objetivação* é negada como perda do objeto, no qual se cristalizou sua essência ativa e, portanto, de si do próprio homem.

Nestas condições – e as *condições* postas são estas, não havendo outras senão enquanto potencialidade – a objetivação do homem, conforme mostra Marx, desefetiva-o, e a "apropriação do objeto se manifesta a tal ponto como estranhamento que quanto mais objetos o trabalhador produzir tanto menos ele pode possuir e mais se submete ao domínio de seu produto, do capital" (*MEF*, p. 23). Neste ponto de sua análise crítica, além de desdobrar a explicação do estranhamento, em tal condição social, ele indica que o trabalhador se subsume ao seu produto, o capital, mostrando aqui uma primeira expressão da síntese da produção do homem, na forma do *capital*, dizendo: "O que é produto do seu trabalho não é ele. Assim, quanto maior é o produto, mais insignificante é ele próprio" (*MEF*, p. 23), de sorte que "Com a *valorização* do mundo das coisas aumenta em proporção direta a *desvalorização* do mundo dos homens" (*MEF*, p. 23).

Certamente, tanto a alienação quanto o estranhamento acentuam-se em proporção direta ao incremento produtivo sob a propriedade privada. Por outro lado, observa o autor, se a "relação essencial do trabalho" é a "relação do *trabalhador* com a produção", o "estranhamento não aparece somente no resultado, mas no ato da produção" (*MEF*, p. 24); nestas condições, a perda do objeto é também a perda de si do homem ativo, pois, "A *alienação* do trabalhador no seu produto significa não só que o trabalho se transforma em objeto, assume uma existência *externa*, mas que existe independentemente, *fora* dele, é a ele estranho, e se torna um poder autônomo em oposição a ele; que a vida que deu ao objeto se torna uma força hostil e estranha" (*MEF*, p. 23/24-a). De maneira que o estranhamento apresenta-se já no processo de produção e objetivação, e se desdobra com a autonomização do objeto; ou seja, tem sua efetivação já no ato da produção e não apenas no ponto final. O trabalhador não poderia revelar-se estranhado, ao deparar-se com o produto de seu trabalho, não tivesse ele se deparado nesse processo com algo estranho, a ponto de não reconhecer-se no próprio processo. Por outro lado, esse poder adquirido pelo produto de seu trabalho que se lhe opõe como coisa independente, estranha, com autonomia, expressa-se também como *negatividade*, a exemplo do que vimos anteriormente, nos *Cadernos*, com relação ao *mediador*.[6]

Nota-se que, nos *Manuscritos*, o envolvimento de Marx com a produção se intensifica, permitindo-lhe desdobrar sua compreensão sobre os fenômenos indicados. Ele mantém num horizonte bastante próximo o quadro conceitual da economia política, por isso, a cada desdobramento que realiza, a cada aproximação que alcança na explicitação das contradições dessa ciência, vai consolidando sua crítica: "*A economia política esconde o estranhamento na essência do trabalho porque não consolida a relação direta entre o trabalhador e a produção.* Claro, o trabalhador produz maravilhas para os ricos, mas produz privação para o trabalhador; produz palácios, mas casebres para o trabalhador. Produz beleza, mas deformidade para o trabalhador. Substitui o trabalho por máquinas, mas lança uma parte dos trabalhadores para um trabalho bárbaro e transforma os outros em máquinas. Produz espírito, mas também produz imbecilidade e cretinismo para os trabalhadores" (*MEF*, p. 23-a/24).

Dessa forma, ele mostra como as formulações universais e abstratas dessa ciência dissimulam, no plano teórico, o que de real se efetiva em economia política, ao mesmo tempo em que tece sua crítica ontológica, confirmando o desvelamento da ciência econômica burguesa, mostrando o caráter essencialmente estranhado do trabalho, no qual o trabalhador se sente infeliz, não reconhece a si mesmo etc. Marx reafirma o caráter inumano da economia política indicando que: "O seu caráter estranho aparece nitidamente no fato de se fugir do trabalho como da peste, quando não existe nenhum constrangimento físico ou de qualquer outro tipo" (*MEF*, p. 24-a). E cotejando com a alienação religiosa, como já fizera nos *Cadernos*, ele mostra a perda de si do homem observando: "Assim como na religião a atividade espontânea da fantasia humana /.../ reage sobre o indivíduo independentemente dele, como uma atividade estranha, divina ou diabólica, da mesma maneira a atividade do trabalho não é sua atividade própria. Pertence a outro e é perda de si mesmo" (*MEF*, p. 24-a).

---

6   Reencontraremos as formulações do estranhamento postos sob a forma do *produto do trabalho*, ou a *mercadoria*, bem como do *mediador*, nesses textos, em *O Capital*, quando Marx desdobrará o fetiche da mercadoria em dinheiro e capital.

Karl Marx – A determinação ontonegativa originária do valor 243

Mas o homem é, como vimos, um ser genérico, a perda de si no processo social de produção, de exteriorização da vida, apresenta-se como perda de sua essencialidade; esta essencialidade, que é seu gênero, é convertida, reduzida a meio de subsistência, o que significa que "o homem estranho ao gênero faz de sua *vida genérica* um meio de vida individual" (*MEF*, p. 25), significa que o trabalhador não reconhece a sociedade senão como meio de sua subsistência e não a condição de sua humanização e desenvolvimento da vida individual. Coloca-se, desta forma, um dos *momentos* mais agudos do estranhamento, o não reconhecimento de seu próprio gênero, de sua própria generidade, pois suas forças subjetivas objetivadas lhe são alienadas; em tais condições histórico-sociais, o trabalhador estranha a geração de suas capacidades, pois essas lhe são arrancadas, e suas necessidades individuais, pois não as reconhece no seu gênero. Vê na generidade a fonte de sua sobrevivência física imediata; sua individualidade fica constrita ao individualismo, pois estranha a si e ao seu gênero, reconhece-se somente nos limites dessa sobre-vivência imediata.

Entretanto, as características de uma vida *efetiva* não se limitam apenas à reso-lução e satisfação de suas necessidades (restritas a sua existência física), pois "a vida produtiva é vida genérica. É vida criando vida. No modo da atividade vital reside o caráter de uma espécie, seu caráter genérico, e a atividade livre, consciente, é o caráter genérico do homem. A própria vida aparece como *meio de subsistência*" (*MEF*, p. 25/25-a). Sua vida está separada, ou mediada, por algo que ele não reconhece, portanto sua própria vida se põe como meio para sua existência essencial, ativa e autoconstrutora. Em franca distinção com a vida do animal, observa o autor, o ho-mem converte sua atividade vital em objeto da vontade e da consciência, o que lhe confere sua generidade, sua universalidade consciente, e essa vontade e consciência capacitam-no a tomar-se a si, a sua vida, como objeto. É só nestas condições, cons-cientes, genéricos, que os indivíduos podem ser livres. De forma que, ao ajustar o foco de análise na produção, Marx está procurando demonstrar os fundamentos do ser social (individual e genérico) pela confirmação de sua existência na objetivação, na externalização de sua subjetividade, de sua essência. Pois, é na "produção prática do *mundo objetivo*, [n]a elaboração da natureza inorgânica, [que] o homem se con-firma enquanto ser genérico consciente" (*MEF*, p. 25-a).

O homem é natureza, mas modificada; sua diferenciação em relação à natureza pura e simples encontra-se em seu produzir humano em relação ao natural, pois: "Sem dúvida, o animal também produz /.../ Mas só produz o que é estritamente necessário para si ou para suas crias; produz (o animal) de uma maneira unilateral, enquanto o homem produz de maneira universal; produz unicamente sob a dominação da necessidade física imediata, enquanto o homem produz quando se encontra livre da necessidade física e só produz verdadeiramente na liberdade de tal necessidade; o animal apenas se produz a si, ao passo que o homem reproduz toda a natureza; o seu produto (do animal) pertence imediatamente ao seu corpo físico, enquanto o homem é livre perante seu produto" (MEF, p. 25-a).[7] De forma que, ao por em movimento sua potência, sua capacidade de trabalho, o homem *cria* essa essencialidade, sua generidade e seu caráter autoconstrutor de si, de um ser para além da natureza. Porém, "na medida em que o trabalho estranhado arranca ao homem o objeto de sua produção, arranca-lhe igualmente a sua vida genérica, a sua objetividade real como ser genérico, e transforma em desvantagem a sua vantagem sobre o animal, porquanto lhe é arrebatada a natureza, o seu corpo inorgânico" (MEF, p. 26/26-a). Aquilo que é emancipação frente aos limites naturais, aquilo que é livre, universal e consciente, a humana autoconstrução de si e de sua generidade, perde-se no constrangimento da alienação, do estranhamento, no apartamento de si das suas forças humanas subjetivas objetivadas, que ficam perdidas para ele nesse processo de produção.

Essa perda, contudo, evoca um questionamento fundamental, conforme nos indica Marx: "Se minha própria atividade não me pertence, se é uma atividade estranha, forçada, a quem pertencerá então?"; e, antes disso: "Se o produto do trabalho me é estranho e se contrapõe a mim como poder estranho, a quem pertencerá então?" (MEF, p. 26-a). Por esse caminho, de questionamento em questionamento, Marx nos levará a compreender algo que, posto pela economia política como seu ponto de partida e fundamento, nunca foi por ela mesma explicado. Novamente aqui, ele evoca a propriedade privada como modo ativo de ser do homem perdido de si.

---

7   Semelhante formulação encontra-se em *O Capital*, na seção em que Marx define seu conceito de trabalho.

Observemos então, com base na concepção marxiana de estranhamento, um ângulo de sua análise que nos vale aqui para avançarmos na determinação da questão indicada. Marx vem submetendo à análise as formulações postas pela economia política e expondo criticamente suas limitações a partir, fundamentalmente, da atividade humana na produção ou, mais exatamente, do trabalho, cujas características essenciais, sua forma alienada e estranhada, vêm sendo perseguidas; portanto, é para o trabalho que Marx se remete, visando ao desvelamento da naturalização que a ciência econômica forjou.

Nessa linha de análise crítica, ele destaca que "Pelo trabalho o homem gera não somente sua relação com o objeto e o ato de produção que lhe são hostis; gera também a relação na qual os outros homens se encontram em relação a sua produção e seu produto e na qual se encontra com outros homens" (*MEF*, p. 27). Ao gerar o produto, o homem gera também todas as relações que envolvem a produção; dessa maneira, para ele converge toda forma de hostilidade social que essas relações contêm, e sem as quais o próprio processo de produção assim configurado estaria inviabilizado. De forma que declara Marx: "Assim como ele faz de sua própria produção sua própria privação de realidade, sua punição, e de seu próprio produto uma perda, um produto que não lhe pertence, igualmente ele cria a dominação daquele que não produz sobre a produção e sobre o produto. Assim como torna estranha sua própria atividade, igualmente, ele próprio atribui a um estranho a atividade que não lhe é própria" (*MEF*, p. 27). Desta maneira, em seu argumento, vai se explicitando a reprodução do conjunto relacional estranhado, produzido pelo trabalho, mas também o ser estranho, *que não ele*, "a cuja fruição se destina o produto do trabalho", que "só pode ser o próprio *homem*" (*MEF*, p. 26-a), ou seja: ao produzirem os objetos, os indivíduos reproduzem todas as relações que envolvem a produção, a destinação, ou o usufruto deste, bem como a *personae* que domina as condições do desfrute.

Observemos ainda que a precisão naquela resposta pressupõe o desvencilhamento das conjecturas sobre *uma força sobrenatural*, ou uma vontade extra-humana de apropriação do produto, principalmente, num mundo em que a produção industrial evidencia-se como polo de criação do manancial da riqueza social, exclama Marx: "que contradição não seria se o homem, quanto mais submete a natureza pelo trabalho e quanto mais os milagres dos deuses se fazem supérfluos pelas maravilhas da indústria, tanto mais renunciasse, por amor a estes poderes, à alegria na produção e à fruição do produto!" (*MEF*, p. 26-a). Porém, "Se o produto do trabalho não pertence ao trabalhador, se a ele se contrapõe como poder estranho" (*MEF*, p. 26-a), só pode pertencer a outro que não o próprio trabalhador; e se a atividade com a qual se relaciona não é livre, então se relaciona "com uma atividade ao serviço, sob o domínio, a coerção e jugo de outro homem" (*MEF*, p. 26-a), um não trabalhador.

Assim, perfilando essa atividade, o trabalho, com as características fundamentais de alienação e estranhamento, sob a forma da propriedade privada, Marx extrai a concepção de que "a propriedade privada resulta então da análise do conceito de *trabalho alienado*" (*MEF*, p. 27), conceito oriundo da economia política, que, pelo seu lado, embora tome o trabalho como "verdadeira alma da produção /.../ nada atribui ao trabalho e tudo atribui à propriedade privada" (*MEF*, p. 27-a), ou seja, Marx aqui soluciona tanto o questionamento sobre a apropriação alienada, quanto ao fundamento da propriedade privada, deixado sem fundamento pela economia política.

Por outro lado, esse "outro homem", o *não trabalhador*, encontra-se sob as mesmas determinações do trabalhador, sofre uma determinada forma de estranhamento, pois se subsume às relações da propriedade privada na sua posição de não trabalhador, ou de proprietário privado. Marx indica a esse respeito que: "Encontramos como produto, como consequência necessária desta relação, *a relação de propriedade do não trabalhador ao trabalhador e ao trabalho. A propriedade privada*, como expressão material resumida do trabalho alienado, inclui ambas as relações: *a relação do trabalhador ao trabalho, ao produto do seu trabalho e ao não trabalhador, assim como a relação do não trabalhador ao trabalhador e ao produto do trabalho daquele*" (*MEF* p. 28-a). E mais adiante reafirma: "O que é verdadeiro na relação do homem ao seu trabalho, ao produto do seu trabalho e a si mesmo, é verdadeiro também na relação do homem aos outros homens, bem como ao trabalho e ao objeto do trabalho dos outros homens" (*MEF* p. 25-a). Desta forma, temos que as relações de *estranhamento* se verificam também com o não trabalhador, afetam-no, como já foi indicado anteriormente nos *Cadernos*, ou seja, que nessa posição o não trabalhador não contempla o produto como produção objetiva de suas capacidades subjetivas; ele se coloca como individualidade numa relação de dependência; não tem, portanto, sua individualidade confirmada e realizada nos objetos, apenas os reconhece no uso, na utilidade, sendo-lhe estranho serem, esses objetos, expressões de sua própria essencialidade humano-societária. Numa rápida observação, Marx indica o estranhamento como fenômeno que afeta obviamente o capitalista, confirmando essa questão: "o estranhamento aparece tanto no fato de que *meu* meio de vida é *de outro*, que *meu* desejo é posse inacessível *de outro*, como no fato de que cada coisa é *outra* que ela mesma, que minha atividade é *outra coisa*, e que, finalmente (e isto é válido também para o capitalista), domina em geral o *poder desumano*" (*MEF*, p. 43).

Por fim, cabe ressaltar que as formas de estranhamento produzidas pelas individualidades, nesta forma de sociabilidade, são assimiladas pela economia política como forma *natural* de ser dos indivíduos, basta recordar como foi demonstrado por vários ângulos, que Smith, como expressão exemplar dessa questão, assume uma concepção de indivíduo subsumido à malha categorial de um *estado natural* fundado nos *sentimentos morais*. De sorte que a perspectiva moral natural substitui a objetividade humana, e, "por isso, a economia política, apesar de sua aparência mundana e prazerosa, é uma verdadeira ciência moral. A mais moral das ciências. A autorrenúncia, a renúncia à vida e a todo carecimento humano é seu dogma fundamental" (*MEF*, p. 27), como aponta Marx; além disso, as individualidades abstratamente postas pelos economistas não encontram qualquer relação com seu gênero, ao passo que, para Marx, "O homem – por mais que seja um indivíduo *particular,* e justamente é sua particularidade que faz dele um indivíduo e um ser social *individual* real – é, na mesma medida, a *totalidade,* a totalidade ideal, a existência subjetiva da sociedade pensada e sentida para si, do mesmo modo que também na realidade ele existe tanto como contemplação e gozo da existência social, quanto como a totalidade da manifestação da vida humana" (*MEF*, p. 36).

Essência e crítica radical da propriedade privada

Expusemos a fundamentação de Marx sobre a propriedade privada, como "análise do conceito de *trabalho estranhado*". A economia política, diz Marx, parte da propriedade privada, mantendo o universo de "fórmulas gerais e abstratas" como leis, sem compreender sua derivação, sua essência e, portanto, não a explica enquanto categoria social. Procedendo dessa maneira, Marx eleva sua análise crítica da economia política, a ponto de poder manifestar-se da seguinte forma: "Tendo descoberto o conceito de propriedade privada através da análise do conceito de trabalho estranhado, alienado, poderemos igualmente, com a ajuda dos dois fatores, desenvolver todas as categorias da economia política e descortinar em cada uma destas categorias, por exemplo, comércio, concorrência, capital, dinheiro, apenas uma *expressão particular e desenvolvida* dos elementos fundamentais" (*mef*, p. 28).

Ele se lança no aprofundamento analítico de sua crítica da propriedade privada mantendo, sempre, como perspectiva, a comunidade efetiva, humana, a integralização do indivíduo em sua generidade; afirma ele: "Para abolir a *ideia* da propriedade privada, basta o comunismo *pensado*. Para suprimir a propriedade privada efetiva, é necessária uma ação comunista real" (*mef*, p. 42-a), isto é, a supressão desta base, da sociabilidade capitalista, exige uma atividade que impossibilite sua reprodução, o que não pode limitar-se ao plano da idealidade, nos limites apenas teóricos, mas sim à atividade desestranhada, desalienada.

A concepção da economia política sobre a propriedade privada é sinteticamente abordada nos seguintes termos: "A essência subjetiva da propriedade privada, a propriedade privada como atividade para si, como sujeito, como pessoa é o trabalho" (*mef*, p. 31-a), acrescentando, logo em seguida, ter sido a economia política, nas teorizações de Smith, a primeira a manifestar o reconhecimento do trabalho como seu princípio. Contudo, trata-se do trabalho estranhado, este sim, condição e base da propriedade privada. Por essa razão, Marx, ao tratar de sua abolição, remete-se a determinações concretas da atividade humana, o comunismo prático, objetivado. Ele cita também uma importante observação de Engels na determinação da gênese conceitual da propriedade privada: "Engels chamou com razão *Adam Smith de Lutero da economia política*", e explica que "Assim como ele [Lutero] superou a religiosidade *exterior*, ao fazer da religiosidade a essência *interior* do homem" (*mef*, p. 31-a), o mesmo ocorre na economia política. Ela opera teoricamente uma superação da riqueza exterior, que existe fora, independente dos indivíduos, pois faz da propriedade privada essência interior dos indivíduos, "o próprio homem é posto sob a determinação da propriedade privada, assim como, em Lutero, sob a determinação da religião" (*mef*, p. 32).

Karl Marx – A determinação ontonegativa originária do valor

Marx entende que, com base em seu cinismo, os economistas perseguem o mais correto dos caminhos na apreensão da forma de ser da realidade, captam seu conteúdo com todas suas contradições, sem tomar qualquer posição crítica, podendo por isso sustentar-se teoricamente mesmo que essa realidade conserve uma essência contraditória. Ou seja, os economistas, "Ao converterem em sujeito a propriedade privada em sua figura ativa, ao mesmo tempo fazem tanto do homem um ser, como do homem como não-ser um *ser*" (*MEF*, p. 32), ou seja, ser e não ser, *homem* e *proprietário* manifestam-se indiferentemente como um *modo natural* de vida. Essas análises colocam-se a cada passo pela crítica à economia política empreendida por Marx; ele nos mostra que essa ciência apresenta um reconhecimento apenas aparente do homem, revelando de fato uma negação do próprio homem; antes sua atividade, o trabalho, punha-o em "tensão exterior com a exterior propriedade privada", agora, com antropomorfização da propriedade privada, *ele é* "a essência tensa da propriedade privada" (*MEF*, p. 32).

Outro ângulo desse tema, abordado e explicitado, é o nexo entre *alienação* e *venda*; ele indica que a exteriorização do homem, nas condições da sociedade mercantil, dá-se sob a forma da *venda*. A economia política naturaliza no homem essa atividade, fundada nas relações mercantis, forma histórica definida num quadro categorial determinado, mas tratada como intrínseca aos indivíduos. Basta aqui remeter à posição de Smith na explicitação dessa questão: ele se refere tanto à divisão do trabalho quanto à propriedade privada fundamentando-se no que entende como *natural propensão do homem às trocas*, ou seja, forma ativa que se converte, na concepção smithiana, em componente essencial da vida societária, a ponto de ele conceituar a sociedade como um *conjunto de relações de troca*. De maneira que, nos *Manuscritos*, os desdobramentos de Marx permitem uma compreensão cada vez mais adequada dessa ciência, que reflete a realidade objetiva e a expressa mantendo as contradições indicadas no seu corpo teórico como formas *naturais* dessa mesma realidade.

Ao se referir à formação dessa categoria, sua gênese histórica, a propriedade privada encontra sua raiz, conforme observam os fisiocratas,[8] na propriedade fun-

---

8 Em análise específica sobre a fisiocracia, em *Teorias da Mais-Valia*, Marx observa que os fisiocratas foram os pais da economia política, conforme foi demonstrado na Parte I, capítulo 2.

diária. Marx explica a posição dos fisiocratas indicando que: "A doutrina fisiocrática do Sr. Quesnay representa a passagem do mercantilismo a Adam Smith. A fisiocracia é, diretamente, a dissolução *econômico-política* da propriedade feudal" (*MEF*, p. 32-a) e é também uma afirmação da propriedade transmutada e expressa em linguagem econômica, afirma ele. A fisiocracia expressa, em termos de sua teorização econômica, a sua realidade em transição, portanto, se "a essência subjetiva da riqueza transfere-se /.../ para o trabalho; ao mesmo tempo /.../ a agricultura é o *único* trabalho *produtivo*" (*MEF*, p. 32-a), logo a propriedade de raiz não pode ser outra senão a terra, a propriedade fundiária.

Marx expõe os limites concepcionais da primeira escola econômica que antecede a economia política, mostrando que a origem da riqueza, para ela, está em maior dependência da natureza que do próprio trabalho. Assim, ele põe em relevo algumas particularidades daquele momento, momento de transição, no qual, embora declarando o trabalho como essência da riqueza, o trabalho não é senão, para eles, a *essência subjetiva* da *propriedade fundiária*. Toda a riqueza resume-se à produção agrícola, e esta produção não tem origem diretamente no trabalho, pois é mediada pela terra, pela propriedade fundiária, não sendo, portanto, capital no seu sentido pleno, pois a fisiocracia supõe ser a terra responsável pela produtividade, nesse sentido, a terra se torna, na *economia política*, um *modo particular de existência do capital*. Marx destaca a semelhança de restrição concepcional da fisiocracia e dos mercantilistas, dando como exemplo o fato de que o "mercantilismo não conhecia outra existência da riqueza senão o metal nobre" (*MEF*, p. 32-a). Desta forma, afirma o autor, a fisiocracia apoia-se na *agricultura* como sua forma essencial, e "comporta-se negativamente perante o mundo da indústria; reconhece o sistema feudal, ao declarar que a agricultura é a única indústria" (*MEF*, p. 33).

Assim, a essência subjetiva da *propriedade privada*, o trabalho, "aparece primeiro unicamente como *trabalho agrícola*", e será "reconhecido depois como *trabalho em geral*" (*MEF*, p. 33); e, por fim, conclui Marx que "somente agora a propriedade privada pode *completar* seu domínio sobre o homem e se converter, em sua forma mais geral, em poder histórico mundial" (*MEF*, p. 33), pois com a superação da produção agrícola pela industrial, a economia política terá lugar, como expressão das novas formas de relação social, de intercâmbio desenvolvido com a indústria.

Observe-se que, embora ele coloque a propriedade privada como "poder histórico mundial", o faz indicando que a riqueza se "transforma em riqueza *industrial*" e que o *"capital industrial* é a forma objetiva acabada da propriedade privada" (*MEF*, p. 33); ou seja, fica anunciado, desde já, que essa forma que completa seu domínio em plano histórico-mundial não é outra senão a forma objetiva acabada da propriedade privada: o *capital industrial.*

Noutro momento, observamos a preocupação de Marx, ao abordar as categorias da economia política, de respeitar sempre a disposição hierárquica do real. Por essa razão, ele as expõe com um critério decisivo para a superação da forma aparente em que se mostram: "Sem dúvida, adquirimos o conceito de *trabalho alienado* (de vida alienada) a partir da economia política, como resultado do *movimento da propriedade privada*. Mas na análise de tal conceito, embora a propriedade privada surja como o fundamento, a causa do trabalho alienado, constitui antes a consequência deste último, da mesma maneira que os deuses são *originariamente,* não a causa, mas o produto das aberrações do entendimento humano. No entanto, mais tarde esta relação se transforma em ação recíproca. Só no derradeiro ponto de culminação do desenvolvimento da propriedade privada que o mistério que lhe é próprio reaparece, a saber, por um lado, que ela é o *produto* do trabalho alienado e por outro, que é o *meio* através do qual o trabalho se aliena, a *realização da alienação*" (*MEF*, p. 27/27-a). É preciso salientar essa preocupação de Marx, pois com isso ele desvela o fato de que as categorias da economia política aparecem amalgamadas em suas teorizações, por isso esses teóricos mantêm como prioridade fundante a *propriedade privada* em relação ao *trabalho alienado*. Tal inversão reflete diretamente o fato de que a propriedade privada aparece nessa ciência como seu *fundamento não explicado*, já que a economia política não tem e nem pode ter na *atividade humana* a prioridade ontológica do ser social.

De modo que Marx demonstra que a economia política inverte a relação originária ao tomar a propriedade privada como origem do trabalho alienado, estranhado; em verdade, esta foi posta pelo trabalho alienado. *Há que se reafirmar que a atividade humana é o pressuposto das formas sociais.* O que ocorre efetivamente é que, no avançar das relações da propriedade privada, conforme esta assume mais e mais a forma objetiva e dominante do capital, o trabalho assalariado, alienado e estranhado, embora sendo ontologicamente prioritário, pois é *atividade humana,* vai sendo visto como forma derivada, e aquela aparece como fundamento deste. A economia política pautou-se restritamente por essa aparência ao proclamar *o trabalho essência subjetiva da propriedade privada*, e esta não teria fundamento, como já foi sublinhado.

Assim, a economia política expressa sua concepção sobre a propriedade privada indicando que sua essência subjetiva é o trabalho alienado, e este consiste no seu aspecto positivo. Nesse sentido, sua superação positiva, diz Marx, só pode se efetivar com a instalação prática do comunismo, isto é, com a superação prática da propriedade privada "enquanto *autoestranhamento do homem*, e por isso como *apropriação* efetiva da essência *humana* através do homem e para ele" (*MEF*, p. 3). Ao superar a propriedade privada e, por consequência, sua forma mais desenvolvida, o capital, a essência subjetiva desta, o trabalho, liberta-se de seu constrangimento, e reintegra-se como atividade essencial objetiva e autoconstrutora do homem.

Nessa mesma linha de pensamento, Marx critica os fundamentos concepcionais e as proposituras do *comunismo grosseiro*, arrimadas num coletivismo simplório, de igualação dos homens sem superação da propriedade privada. Numa incisiva formulação, ele o define, trata-se da "negação abstrata de todo o mundo da educação e da civilização, o regresso à simplicidade *não natural* do homem *pobre*, bruto e sem necessidades, que não só não superou a propriedade privada, como também nem sequer chegou a ela" (*MEF*, p. 34). Ou seja, a superação positiva da propriedade privada implica no desenvolvimento da riqueza, das capacitações humanas, da superação da miséria e de tudo o que limita a emancipação do homem, para que se possam ampliar as carências humanas efetivas ao infinito.

Assim, a superação positiva da propriedade privada demanda a superação do quadro essencial dos antagonismos humanos: entre homem e natureza, "entre o homem e o homem", através da "resolução definitiva do conflito entre existência e essência, entre objetivação e autoafirmação, entre liberdade e necessidade, entre indivíduo e gênero" (*MEF*, p. 34-a). Marx nos leva, então, à compreensão, tomando esta última formulação do quadro de superação das contradições, a que trata de indivíduo e gênero, de que a superação proposta pelo comunismo, necessária, que abriria para a história do homem a possibilidade de reintegração consigo mesmo, implica na reapropriação de sua verdadeira essência individual, só possível pela apropriação real e concreta de tudo aquilo que está posto pelo gênero. Portanto "superação positiva da propriedade privada como apropriação da *vida humana /.../* superação positiva de todo estranhamento, isto é, o retorno do homem da religião, da família, do estado etc. ao seu modo de existência *humano*, isto é, *social*" (*MEF*, p. 35), destacando bem que o estranhamento religioso é manifestação interior da consciência consigo própria, "enquanto que o econômico é o da vida real – sua superação abarca por isso ambos os lados" (*MEF*, p. 35). Vale observar que, neste caso, a superação do estranhamento em sua plenitude está matrizada naquele âmbito que se manifesta diretamente na vida real, objetiva, no *âmbito econômico*.

Nos *Cadernos*, buscando expor o mais adequadamente possível o significado da superação positiva da propriedade privada, nele são abordadas, em detalhes, as formas possíveis de uma produção verdadeiramente humana, pois conduzida sob orientação humano-societária, portanto, atividade social e gozo social. Lá ele demonstra, pormenorizadamente, como foi observado no Capítulo 3, o procedimento do indivíduo como produtor para o "outro", tendo seu gozo pessoal no reconhecimento do significado de seu ato, que por sua universalização afirma o homem e o gênero como expressões de uma e mesma natureza. Nessas condições, a completude individual é refletida na *atividade recíproca*, no reconhecimento de que, por um lado, sua carência encontra-se, manifestamente, na objetivação do "outro"; e, por outro lado, sua objetivação supre também manifestamente a carência do "outro". Aqui, nos *Manuscritos*, ele desdobra ângulos e aspectos da sociabilidade verdadeiramente humana, ao expressar que "A sociedade é, pois, a plena unidade essencial do homem com a natureza, a verdadeira ressurreição da natureza, o naturalismo acabado do homem e o humanismo acabado da natureza" (*MEF*, p. 35-a), e em seguida, com o mesmo tom, reafirma esse caráter: "Minha consciência universal é apenas a figura teórica daquilo cuja figura viva é a comunidade real, o *ser* social", para concluir, em tom de reprovação, sobre o estranhamento que assola a sociedade moderna, dizendo que "hoje em dia a consciência universal é uma abstração da vida real e como tal a enfrenta como inimiga" (*MEF*, p. 35-a). Marx alerta, por fim, no sentido de se romper e superar as abstrações negativas e alienantes afirmando "Deve-se, sobretudo, evitar fixar novamente a 'sociedade' como abstração frente ao indivíduo. O indivíduo é o *ser social*" (*MEF*, p. 35-a). Nota-se claramente a base a partir da qual Marx assenta sua posição teórica, sua concepção de homem: o ser social concebido em seu dinamismo ativo, autoconstrutor, como potência para emersão de uma comunidade autêntica, de uma comunidade verdadeiramente humana, depurada do estranhamento, das mediações, em particular do valor, comunidade em que se integram indivíduo e gênero.

Sua posição diante das teorizações da economia política só favorece a elucidação do *ser social*; sua incessante perseguição no desvelamento e desfetichização da economia política configura, como foi indicado, a terceira crítica ontológica, nos moldes do tratamento aplicado por Chasin. E é diante das críticas radicais à forma como a propriedade privada foi concebida pela economia política e executada na realidade, que Marx aprofunda sua apreensão das mais autênticas características daquele *ser*, indicando que "a exteriorização de sua vida – ainda que não apareça na forma imediata de uma exteriorização da *vida comunitária*, realizada em união com outros – é, pois, uma manifestação e confirmação da vida social" (*MEF*, p. 35-a). E, com determinação inequívoca, reafirma sua posição: "A vida individual e a vida genérica do homem não são *distintas*" (*MEF*, p. 35-a), o homem exterioriza sua individualidade como totalidade, ou seja, expressa "a existência subjetiva da sociedade pensada e sentida para si" (*MEF*, p. 36).

É importante destacar essa formulação tão significativa na exposição das características intrínsecas do ser social, em que mesmo os atos restritos à individualidade confirmam, por meio da consciência, sua generidade. Assim, "mesmo quando atuo cientificamente /.../ também sou social /.../. Não só o material de minha atividade – como a língua na qual o pensador é ativo – me é dado como produto social", e mais, "o que eu faço de mim, o faço para a sociedade e com a consciência de mim enquanto ser social"; e sobre a consciência, ainda, ele observa: "Por isso também a atividade de minha consciência universal – como tal – é minha existência teórica enquanto ser social" (*MEF*, p. 35-a).

Desta maneira, as relações sociais sob a propriedade privada infundem em nós o irreconhecimento de nossa essência, dos objetos produzidos como externalização dessa essência. Nosso reconhecimento se dá apenas na condição da posse do objeto, de seu uso; portanto, através de um procedimento unilateral e "estúpido", como diz Marx, tal que torna irreconhecíveis nossos sentidos objetivos, estranhos a nós. "A emancipação da propriedade privada é por isso a *emancipação* total de todos os sentidos e qualidades humanas; mas é precisamente esta emancipação, porque todos os sentidos se fizeram humanos, tanto objetiva como subjetivamente" (*MEF*, p. 36-a).

A emancipação do homem em relação à propriedade privada reintegra o indivíduo em seu gênero pelo único caminho que possibilita tal condição: o caminho das "relações humanas objetivas para si e para o homem e inversamente"; para se poder afirmar que o "carecimento e gozo perderam com isso sua natureza *egoísta* e a natureza perdeu a mera utilidade, ao se converter a utilidade em utilidade humana" (*MEF*, p. 36). Marx conclui dizendo: "os sentidos e o gozo dos outros homens se converteram em *minha* própria apropriação", e o que é mais importante, "os órgãos imediatos se constituem, então, órgãos *sociais*", pois "a atividade imediatamente na sociedade com os outros /.../, se converte em um órgão de minha *exteriorização* de vida e um modo de apropriação da vida humana" (*MEF*, p. 36-a). Só nestas condições é que podemos ter expandidas e intensificadas as carências e o enriquecimento humanos; tanto mais ampliado o quadro de carência dos indivíduos em sua generidade, tão mais ricos se mostra o homem. Desta forma, as relações sociais, sem a interferência ou mediação da propriedade privada, permitem a reintegração do homem no seu gênero, em suas relações recíprocas constituídas agora como *órgão* de exteriorização e apropriação da vida genérica.

Marx observa mais à frente a identidade humana possível de ser alcançada pela superação da propriedade privada: "assim, enquanto, de um lado, para o homem em sociedade a efetividade objetiva se configura em geral como efetividade de suas próprias forças essenciais, todos os *objetos* se lhe apresentarão como *objetivação* de si próprio, como objetos que confirmam e realizam sua individualidade, como seus objetos, isto é, o objeto vem a ser ele mesmo" (*MEF*, p. 37); o objeto não será mais *valor de uso* e *valor de troca*, não será mais mercadoria, mas expressão reconhecida das atividades e das carências humanas.

A reintegração do homem em seu gênero desfaz, por fim, qualquer forma de estranhamento e de alienação, uma vez que a propriedade privada deixou de mediar as relações sociais e impedir a efetivação individual e genérica. Desta maneira, afirma o autor: "Assim como a sociedade em *vir-a-ser* encontra, através do movimento da propriedade privada, de sua riqueza e de sua miséria – ou de sua riqueza e de sua miséria material e espiritual –, todo o material para esta *formação*, do mesmo modo a sociedade que veio a *ser* produz, como sua efetividade contínua, o homem nesta plena riqueza de seu *ser*, o homem *rico e profundamente dotado de todos os seus sentidos*" (MEF, p. 37-a).

A crítica radical da propriedade privada arrima-se na perspectiva de uma integridade do homem ativo e consciente; arrima-se na atividade auto-orientada da vida humana que pode efetivar-se com a exclusão das mediações, da *negatividade* gerada pelas mediações. A exposição da crítica radical à propriedade privada, a exemplo do que fez Marx nos *Cadernos*, ao tratar da comunidade humana, é a determinação de sua supressão, da superação da alienação e do estranhamento que a economia política introjetou na subjetividade humana ao definir e conceituar o homem como *proprietário* e naturalizar suas relações alienadas; a exposição dessa crítica radical é a demonstração das condições do indivíduo íntegro em seu gênero atuando diretamente, reciprocamente, sem mediações. É a exposição do ser social ontologicamente apreendido, desembaraçado dos liames obnubilantes da propriedade privada.

A forma humano-sensível, expressão de real objetividade das forças vitais subjetivas, só tem efetividade com a supressão da propriedade privada; com sua superação desaparece a contraditória riqueza e miséria comum à economia política e "surge o homem rico e rico de carecimento *humano*. O homem rico é, ao mesmo tempo, o homem *carente* de uma totalidade de exteriorização de vida, o homem no qual a sua própria efetivação existe como necessidade interna, como *carência*" (MEF, p. 38-a).

Marx observa, ao lado da crítica e supressão da propriedade privada, que "o exame da divisão do trabalho e da troca é do maior interesse, porque são as expressões *manifestamente alienadas da atividade e da força humana essencial,* enquanto atividade e força essencial adequada ao *gênero*" (MEF, p. 47). Sem um exame adequado dessas categorias, a proposição de supressão da propriedade privada tem sua força atenuada.

Nos *Manuscritos*, ao iniciar sua abordagem sobre os fundamentos da economia política, Marx põe em conjunto a divisão do trabalho ao lado da propriedade privada, afirmando em seguida o caráter historicamente necessário desta última: "a vida *humana* necessitava da *propriedade privada* para sua efetivação" (MEF, p. 47), e observa em seguida que, na economia política, "reconhece-se que a divisão do trabalho e a troca são produtoras de grande *diversidade dos talentos humanos*", mas diversidade "que se faz *útil* graças àquelas" (*MEF*, p. 47). Marx indica que as *formas relacionais* propriedade privada e divisão do trabalho cumprem um papel histórico no desenvolvimento humano, mas, com o movimento histórico-transformador, com o desenvolvimento das forças produtivas, a compreensão de que sua supressão signifique uma reinserção do homem no *centro de seu próprio mundo*, signifique sua reintegridade, mostra a *obsoletização histórica* de tais categorias, e é nestas condições que Marx pode propor a superação da propriedade privada.

Contudo, contraditoriamente, a "divisão do trabalho e o emprego de máquinas fomentam a riqueza da produção" (*MEF*, p. 46-a), mas a atividade humana nestas condições reduz-se a um movimento restrito, pois "deve-se confiar a cada homem um conjunto de atividades tão pequeno quanto possível" (*MEF*, p. 46-a/47), o que leva Marx a explicitar que a economia política admite "o empobrecimento e a desessencialização da atividade individual por meio da divisão do trabalho" (*MEF*, p. 47). Ele chama a atenção para o fato de que "A *divisão do trabalho* é a expressão econômica do *caráter social do trabalho* no interior do estranhamento. Ou, posto que o trabalho não é senão uma expressão da atividade humana no interior da alienação, da exteriorização da vida como alienação da vida, assim também a *divisão do trabalho* nada mais é do que o *pôr estranhado, alienado* da *atividade humana enquanto atividade genérica real ou como atividade do homem como ser genérico*" (*MEF*, p. 44-a).

Sendo assim, o que se dá com a propriedade privada certamente deve ocorrer com a divisão do trabalho: "a vida humana necessitava da propriedade privada para sua efetivação", agora, ao contrário, necessita "da supressão da propriedade privada" (*MEF*, p. 47) para continuar o afloramento humano-societário, e isto é decisivo, pois a divisão do trabalho e a troca, que reafirmam a propriedade privada, "são as expressões manifestamente alienadas da atividade e da força humana essencial" (*MEF*, p. 47), por essa razão, a divisão do trabalho deve ser suprimida, ou, dito de outra forma, a supressão de uma deve condicionar o desaparecimento da outra.

Dentro desse quadro, Marx avança sua crítica enfocando a *divisão do trabalho* como questão de destaque para vários autores, em particular para Adam Smith; indicamos anteriormente que este último liga diretamente a divisão do trabalho à propensão à troca, como um estado natural de ser de todos os homens. Marx cita longos trechos de *A Riqueza das Nações*, de Smith, em que esse e outros aspectos são fortemente enfatizados; e, ao lado dessa determinação natural da troca, Smith inclui outras formulações que a confirmam, conforme comentário de Marx: "A exposição de *Adam Smith* pode ser assim resumida: a divisão do trabalho dá a este uma infinita capacidade de produção. Está baseada na *propensão para a troca e o tráfico*, uma propensão especificamente humana, que provavelmente não é casual, mas sim condicionada pelo uso da razão e da linguagem. O motivo daquele que troca não é a *humanidade*, mas o *egoísmo*" (MEF, p. 46-a).

Observemos que Smith toma a natureza como referência para suas argumentações em favor da *troca*, como base da sociabilidade humana. Ele diz que as várias espécies têm uma diversidade maior de propriedades naturais que o homem, mas, como não conseguem trocar, por não ter essa propensão, não se beneficiam reciprocamente, pois não reúnem seus múltiplos produtos para serem comprados e vendidos (trocados) entre si. Assim é afirmada então a troca em Smith, ao que Marx completa dizendo: "como a divisão do trabalho nasce da *propensão para a troca*, assim, também ela cresce e é limitada pela *expansão da troca, do mercado*. Num estado mais avançado, todo homem é *comerciante*, a sociedade é uma *sociedade mercantil*" (MEF, p. 46-a).

Exporemos sinteticamente o pensamento de outros três autores sobre esse tema: em Say, destaca-se o fato de que este não considera a existência da troca fundamental, mas sim casual, e, portanto, a sociedade poderia existir sem ela. Contudo, num estado avançado da sociedade, ela é indispensável. Portanto, diz Marx, para Say sem a troca "não pode ter produção. A divisão do trabalho é o meio *cômodo* e *útil*, um hábil emprego das forças humanas para a riqueza social, mas diminui a capacidade de cada homem considerado individualmente"; e completa a explicitação do pensamento de Say sobre a divisão do trabalho indicando que esta última observação "é um progresso de Say" (MEF, p. 46-a).

Em seguida, ele destaca Skarbek, mostrando, como no caso anterior, o suposto caráter natural das ações econômicas humanas: "Skarbek distingue as forças *individuais, inerentes ao homem* (inteligência e disposição física para o trabalho), das forças *derivadas* da sociedade (troca e divisão do trabalho) que se condicionam mutuamente" (MEF, p. 46-a). Notamos, neste caso, uma expressão bem mais direta quanto ao "caráter inerente" de determinadas características dos indivíduos (comuns a todos) na determinação da atividade econômica, como concepção deste representante da economia política. Marx completa sua exposição dizendo: "mas o pressuposto necessário da troca é a propriedade privada. Skarbek expressa aqui em forma objetiva o mesmo que Smith, Say, Ricardo etc. dizem quando apontam o *egoísmo*, o *interesse privado*, como fundamento da troca, ou *o tráfico como forma essencial e adequada da troca*" (*MEF*, p. 46-a).

Por último, Marx aborda as formulações de Mill, indicando que este "apresenta o comércio como consequência da *divisão do trabalho*. A atividade *humana* se reduz para ele a um *movimento mecânico*. Divisão do trabalho e emprego de máquinas fomentam a riqueza da produção. Deve-se confiar a cada homem um conjunto de atividades tão pequeno quanto possível. Por sua vez, divisão do trabalho e emprego de máquinas determinam a produção da riqueza em massa e, portanto, do produto. Este é o fundamento das grandes manufaturas" (*MEF*, p. 46-a/47).

De maneira que a superação da propriedade privada e da divisão do trabalho constitui-se, agora sim, num momento necessário à efetivação do homem, é "a negação da negação, a apropriação da essência humana através da negação da própria propriedade privada" (*MEF*, p. 42-a), e "esta superação só pode ser realizada mediante o comunismo posto em prática" (*MEF*, p. 42-a). Recorde-se que a recuperação humana do homem é a superação da condição inumana a que foi submetido sob a propriedade privada, divisão do trabalho, enfim, sob a economia política, como vimos tanto nos *Cadernos* quanto nos *Manuscritos* e que, portanto, a negação do homem *negado* na economia política, só pode se dar "mediante o comunismo posto em prática".

Assim, fica afirmado o reconhecimento de que as categorias sociais historicamente desenvolvidas no interior das atividades necessárias à vida humana se obsoletizam, e devem ser postas de lado, superadas, em favor da essencialidade humana, pois o que deve permanecer criando e recriando novos meios – dispensando-se tudo aquilo que, se num momento histórico cumpre uma função necessária, noutro, mais à frente, torna-se entrave para a própria criação, para a própria potencialização, para o livre curso e efetivação sempre mais adequada da essencialidade humana – são as forças produtivas sociais.

Lucro do capital, concorrência e superprodução

Em "Lucro do Capital", constam anotações compostas por várias demonstrações de Marx extraídas principalmente de autores fundamentais como Smith, Ricardo e outros, demonstrações que enunciam temáticas, mas que não foram analisadas em toda a sua extensão e profundidade. De início, Marx pergunta pelo fundamento do capital, considerando já ser esse a "propriedade privada dos produtos do trabalho alheio" (*MEF*, p. 8-a); em seguida pergunta: "Como é que alguém se torna proprietários dos fundos produtivos? Como é que alguém se torna possuidor dos produtos criados por esses fundos?" (*MEF*, p. 8-a). E destaca a resposta de Say a essa indagação: "Através do direito positivo" (*MEF*, p. 8-a), indicando que para esse autor a propriedade diz respeito ao direito e não à economia.

Seu raciocínio vai à seguinte direção: a de saber o que se adquire com o capital, ou com a herança de grande propriedade; isto é: que padrão de relação objetiva se estabelece ao se deter certa quantidade de riqueza, seja na forma de capital ou de tipo particular de propriedade? Ele sublinha a resposta de Smith que diz que não se adquire qualquer poder político tendo propriedade, mas sim um poder de compra, isto é, um direito sobre o trabalho (ou seu produto) de outros homens, além do direito sobre todos os produtos dispostos no mercado, o que permite a Marx concluir que também em Smith a presença do direito é decisiva.

Então, sinteticamente, o capital é um poder de *governo, domínio* sobre o trabalho que o capitalista, proprietário do capital, exerce, confirma Marx, mas destaca que é também domínio sobre os produtos deste trabalho, além do fato de que, assim como o trabalho é dominado pelo capital, este domina o próprio capitalista. Marx vai inserindo sua posição ao mesmo tempo em que explicita as concepções de Smith sobre a relação que o capital estabelece com a realidade objetiva. Para Smith, diz Marx, o capital não é senão uma dada quantidade de trabalho armazenado e acumulado, e obviamente em poder dos capitalistas. Mas só pode ser assim considerado se for acrescido de lucro ou renda para seu proprietário, alertando para o fato de que Smith permanece dentro dos limites vulgares da economia política nestas suas formulações.

Ressalte-se uma indagação de Marx cuja resposta terá lugar, com toda a adequação e o desdobramento que merece, nas *Teorias da Mais-Valia*: "Por que é que o capitalista reclama tal proporção entre o lucro e o capital?", referindo-se a uma

Karl Marx – A determinação ontonegativa originária do valor   261

afirmação de Smith segundo a qual o lucro é regulado plenamente *pelo valor dos fundos investidos pelo capitalista*, e aponta em seguida uma explicação de Smith em cujo conteúdo encontra-se a exploração do trabalho pelo capital: "'Ele não teria interesse em empregar os trabalhadores, a não ser que esperasse da venda do seu trabalho algo mais do que o que é necessário para reembolsar os fundos por ele adiantados como salário, e não teria interesse em empregar uma grande soma de preferência a uma pequena soma de fundos se o seu lucro não estivesse em proporção com o volume dos fundos aplicados' (Tomo I, p. 97)" (*MEF*, p. 9). Embora Marx não extraia daí mais do que já está posto pelo próprio Smith, ele ressalta em conclusão sintética que os lucros do capital são em primeiro lugar obtidos sobre os salários, e "em seguida, sobre as matérias-primas que ele adianta" (*MEF*, p. 9), seguindo ao "pé da letra" a prescrição do filósofo escocês.

Marx procura investigar o conhecimento dos clássicos pensadores da economia política para compreender e subsidiar sua posição crítica ao capital, posição que não se completa, na esmagadora maioria das vezes, nos textos de juventude, como é o caso, aqui, dos *Manuscritos*. Certamente, a abordagem crítica plena se dará nos textos de maturidade como *O Capital*. Contudo, ele insiste em destacar os fundamentos da formação tanto dos lucros quanto das taxas de lucro do capital na forma em que os autores os definem: "A mais elevada taxa a que podem subir os lucros ordinários é a que, na maior parte das mercadorias, absorve a totalidade das rendas da terra e reduz os salários na produção das mercadorias ao mais baixo preço, à simples subsistência do trabalhador'" (*MEF*, p. 9-a), do que se depreende que o lucro está sempre ligado ao trabalho. Mais à frente, indica outra ponderação de Smith, sobre o trabalho em relação ao capital: quanto maior a presença do trabalho nas mercadorias, maior se torna a parte que se converte em lucro e salário em oposição à renda. Marx destaca na afirmação de Smith o fato de que a ampliação do capital com base no trabalho, na manufatura, opõe-se à renda, portanto: "O progresso que o trabalho humano, em comparação com o produto natural, realiza no produto manufaturado não aumenta os salários do trabalho, mas eleva em parte o número de capitais, em parte a proporção do capital subsequente em relação ao anterior" (*MEF*, p. 10), o que significa dizer que a manufatura cria bases novas e fundamentais para o avanço do capital, quanto mais se aplica na exploração do trabalho.

Marx explora por vários ângulos a formação dos lucros, e o dinamismo do próprio capital, através das leituras que faz dos economistas, em particular de Smith. Vê-se que sua preocupação é a de compreender, da maneira melhor possível, essa relação social, que vai ocupar no futuro a maior parte do tempo de análise de sua vida, mas que, de qualquer forma, mostra-se desde já objeto de seu total interesse.

Outro aspecto do capital posto em relevo é a evidente compreensão mostrada pela economia política acerca das relações de dominação do capital sobre o trabalho, bem como dos motivos que movem os capitalistas a investir. Assim, Marx extrai de Smith que os motivos de aplicação do capital concentram-se na busca por lucro, e não em um ou outro ramo específico de atividade econômica; o capitalista busca a segurança na aplicação de seu capital e o máximo de lucro, independentemente de ser esta aplicação útil, ou não, à sociedade, e cita o economista escocês novamente: "'O interesse desta classe [os que vivem do lucro] não possui, pois, a mesma relação com o interesse geral da sociedade /.../ trata-se de uma classe de homens cujo interesse nunca se identifica exatamente com o da sociedade, que em geral tem interesse de enganar e iludir o público (Smith, Tomo II, p. 163-165)'" (*MEF*, p. 10-a). Observamos que os aspectos postos em relevo por Marx pelas citações nem sempre são acompanhados de comentários, restando apenas a impressão de que ele os considera importantes ao tê-los ressaltado.

Com relação à acumulação de capitais e à concorrência entre os capitalistas, Marx inicia mostrando em Smith que: "'O crescimento de capitais que faz subir os salários tende a baixar o lucro em virtude da concorrência entre os capitalistas' (Smith, Tomo I, p. 179)" (*MEF*, p. 11); além disso, continua ele o raciocínio de Smith, a concorrência entre os produtores cria obstáculos para que possam articular entre eles uma elevação dos preços. Neste momento, então, com base nos interesses capitalistas, o aumento de preço só faz gerar maiores lucros, o que confirma a oposição dos capitalistas ao interesse social em geral, e a "proteção contra os capitalistas" acaba sendo a *concorrência*, pois dela deriva a queda dos preços, e temporariamente o aumento dos salários. Contudo, a concorrência só se efetiva com a presença de múltiplos capitais e, contraditoriamente, aumenta a própria concentração de capitais.

É em meio a essa contradição que a riqueza se expande sob a forma de capital, que desperta o progresso, e que se intensifica a concorrência, diz Marx; e, para

Karl Marx – A determinação ontonegativa originária do valor 263

explicitar as características dessa situação, vale-se de Smith, pondo em evidência algumas características que explicam esse quadro, como o aumento de fundos para empréstimos a juros, pelo aumento dos capitais; a formação de concorrência entre capitais de ramos distintos, pois as concorrências dentro dos mesmos ramos se congestionam. Num tal quadro, quanto mais aumentam os fundos para o capital produtivo, também aumenta, em consequência, a procura para aplicação nesse campo etc. De outro lado, aumenta a procura por trabalhadores, fazendo com que se elevem os salários. Gesta-se aí uma contradição entre os capitais que crescem mais e os que não crescem tanto, o que mostra que um "'grande capital, embora com pequenos lucros, cresce de modo geral muito mais rapidamente do que um pequeno capital com grandes lucros' (Tomo I, p. 189)" (*MEF*, p. 12).

Marx observa em seguida, sobre essas formulações de Smith, que se a um "grande capital se opõem pequenos capitais com lucros pequenos, como acontece nas condições pressupostas de intensa concorrência, aquele esmagará estes por completo" (*MEF*, p. 12), ressaltando dessa maneira um dos componentes essenciais da forma de ser dos capitais em concorrência, em plena concordância com as análises de Smith. Isto nos indica que perseguir as contradições inerentes ao capital torna-se, para Marx, uma determinante decisiva da crítica da economia política; a compreensão do dinamismo empreendido pelo capital em sua contraditoriedade, excluindo pequenos capitais, concentrando as atividades e relações humanas do trabalho sempre em favor do aumento dos lucros, e em oposição ao ser social, vai elevando o patamar da sua crítica tanto ao estranhamento quanto à alienação do homem, nesse terreno.

Articulando as teorizações dos clássicos da economia política sempre com mais propriedade, na medida em que avança em sua análise e apropriação das categorias econômicas, Marx põe em exame outro ângulo do capital, cujas funções só acentuam suas contradições. Ele mostra o comportamento das parcelas fixa e circulante do capital, tema que ocupará grande parte de sua produção teórica em *O Capital*, e que aqui, citadas pela primeira vez, na fase de crítica originária da economia política, atendem já a sua preocupação direta com a concorrência, modalidade implícita à essência do capital, e que resultará em última análise, como veremos, numa forte contribuição à compreensão do fenômeno da superprodução. Então, continua o autor, "a relação entre capital fixo e capital circulante é muito mais favorável aos grandes do que aos pequenos capitalistas" (*MEF*, p. 12-a), veja-se, por exemplo, a disponibilidade de créditos à renovação do capital fixo, e, além disso, no ponto em que a indústria encontra-se, bem avançada, os pequenos capitalistas não dispõem de capital para suprir o capital fixo, sem contar também com o fato de que a "concentração e a racionalização do capital fixo em comparação com os pequenos capitalistas" (*MEF*, p. 13) vêm ao encontro do desenvolvimento e acumulação do grande capital; por fim, completa ele, "O grande capitalista introduz para si próprio uma espécie de organização dos instrumentos de trabalho" (*MEF*, p. 13) favorecendo ainda mais o grande capital.

Com base em Smith, Marx vai destacando os pontos mais importantes para mostrar o desencadeamento das crises de superprodução; Smith diz que: "'Quanto mais o trabalho se subdivide, mais aumenta a quantidade de materiais que igual número de pessoas pode pôr em ação. /.../ Por conseguinte, não é só a quantidade de indústria que aumenta em um país por meio do crescimento do *capital* que ela põe em atividade, mas devido a tal crescimento esta mesma quantidade de indústria produz uma muito maior quantidade de trabalho' (Smith, p. 194-195)", o que gera um descompasso entre a produção e o mercado.

Marx se apropria das formulações dos clássicos pensadores da economia política, como já indicamos, mas não negligencia outros pensadores de menor projeção e difusão histórica. Destes últimos, ele destaca as abordagens mais significativas, por exemplo: "'De modo semelhante, na esfera da indústria, já toda a manufatura ou toda a fábrica constitui a coordenação compreensiva de uma grande propriedade material com numerosas e diversificadas capacidades intelectuais e competências técnicas, para o comum objetivo da produção ...' (Schulz, Movimento da Produção, p. [58]-59)" (*MEF*, p. 13); nota-se que ele se coloca nesse momento o mais próximo possível, em termos de análise, da relação social do capital, e o *capital* que está em pauta é o *capital industrial*, o *capital produtivo*, que está emergindo como dominante, e já está convertendo a concorrência em crise de superprodução.

A concorrência, como uma modalidade da essência do capital, vai sendo compreendida como uma forma fetichizada, como nos indica Marx, citando outro autor: "'O senhor que compra trabalho do operário a um preço que só dificilmente chega para as necessidades mais prementes, não é responsável nem pela insuficiência dos salários nem pelas horas excessivas de trabalho; também ele se encontra submetido à lei que impõe /.../, a miséria procede, não tanto dos homens, quanto do *poder das coisas*' (Buret, *op. cit.*, p. 82)" (*MEF*, p. 14-a).

Retomando Schulz, Marx demarca o caminho que este faz no sentido de mostrar que da concorrência emergem as contradições mais condenáveis, resultando sinteticamente em superprodução; e os resultados dessa levam à bancarrota parcela significativa dos capitalistas, gerando grave desemprego, "'cujas desvantagens é sempre a classe dos assalariados que amargamente as experimenta'" (*MEF*, p. 13-a); e se Schulz é preciso em mostrar o constante prejuízo dos trabalhadores subsumidos ao capital, estando este em concorrência entre os capitalistas, Marx mostra com outro autor o quanto as articulações deliberadas nos mercados refletem uma liberdade irrefreada que os proprietários adquirem através das "'leis dos homens'", colocando-se eles próprios a serviço dessa perniciosa liberdade que faz resultar "'a permanência e universalização da bancarrota, as fraudes, as ruínas súbitas e fortunas inesperadas; as crises comerciais, o desemprego, os excedentes ou as carências periódicas; a instabilidade e a degradação dos salários e lucros, as perdas maciças ou o desperdício de riqueza, de tempo e de esforço na arena de uma concorrência desesperada' (Pecqueur: Teoria Social etc., p. 414-416)" (*MEF*, p. 14).

De forma que, com este último autor, Marx procura não só indicar mais algumas das condições que resultam em superprodução, mas apontar, também, o complexo quadro de contradições em que estão enredados os capitais. Ainda que seus comentários sejam escassos, vale lembrar que, nos *Cadernos*, ele explorou bem mais esse tema específico, deixando nos *Manuscritos* apenas indicações que nos permitem compreender o caráter contraditório do capital.

Conversão do trabalho em capital

Marx aborda alguns ângulos da atividade humana, do trabalho, para indicar sua conversão em capital, e embora não tenha ainda mostrado compreender as determinações concretas da formação do excedente, da mais-valia, ele percebe que estas atividades produtivas reduzem-se, em última instância, a capital; isto é, neste texto, ele busca mostrar que todas as atividades humanas, sob distintas formas, tenham esta ou aquela peculiaridade, convertem-se *historicamente* em capital. Diz ele então: "Na pessoa do trabalhador se realiza subjetivamente o fato de que o *capital* é o homem que se perdeu totalmente a si mesmo", /.../ "assim como no capital se realiza objetivamente o fato de que o *trabalho* é o homem que se perdeu totalmente a si mesmo" (*MEF*, p. 28-a), de maneira que, seja pelo lado do trabalho como atividade no vir-a-ser do capital, ou deste já posto como tal, o trabalho, sob estas condições, revela-se estranhado e alienado; ao pôr-se para o capital, o trabalhador perde-se subjetiva e objetivamente. Em outros termos, a alienação e o estranhamento se expressam subjetivamente na pessoa do trabalhador, e objetivamente no capital. O trabalhador perde-se ao objetivar suas capacidades, seu trabalho, no capital; neste capital, *realiza-se objetivamente* a perda do *trabalho* do trabalhador, enquanto nele, trabalhador, *realiza-se subjetivamente* a alienação e o estranhamento de ambos, trabalho e capital.

Em seguida, diz Marx, o trabalhador é antes de qualquer coisa um *capital vivo*, com demandas humanas tais que, diferentemente do capital, quando não trabalha, *perde sua existência*, enquanto o capital *perde seu juro*. O trabalho tem seu valor determinado pela oferta e procura, a exemplo de qualquer outra mercadoria; contudo ele é uma mercadoria que o capitalista utiliza na produção. Não é demais indicar que, em *O Capital,* Marx nos mostra que, conforme a economia política, o trabalhador irá compor o capital como parcela deste, ao lado da parcela tratada como meios de produção; portanto, desde Smith – que distinguiu o trabalho vivo, o trabalhador, e o trabalho morto, os seus produtos – a economia política reduz a *parcelas* do capital em geral uma parte do próprio capital e o *trabalho,* obviamente na pessoa do trabalhador.

O trabalhador produz o capital e este ao trabalhador, sempre considerando o primado dos indivíduos ativos. As qualidades do trabalhador só existem para o capital, e este lhe é estranho, e embora a relação trabalho-capital seja relação de exterioridade, aparece como forma natural da sociabilidade. Por outro lado, o desenvolvimento da propriedade privada até a forma *capital* cria uma reciprocidade na qual o trabalhador só tem existência para o capital; existe como tal e não como homem, e tem sua existência ameaçada, pode morrer, sem um capital que exista para ele. A economia política não conhece o homem fora do trabalho alienado; mas estes não existem para a economia política, mas para a justiça, para o médico, o coveiro etc., diz Marx.

Nessa linha de procedimento, o capital dispõe de salário, 1) para reproduzir a raça dos trabalhadores; 2) para sua conservação, tal como se faz com a máquina; isto é, o salário se define com base nessas duas necessidades do capital.

Por outro lado, afirma o autor, a *produção* produz o trabalhador, uma mercadoria humana, mas o desumaniza física e espiritualmente, pois ele perde suas qualidades para si, sem, contudo, perder suas qualidades para o capital. Marx destaca a consistência de Ricardo e Mill em termos de compreensão da relação capital-trabalho, em comparação com Say e Smith, pois os primeiros tratam a *existência do homem* com indiferença, como fator de produção, e, por outro lado, como antagonismo, porque os salários formam o limite do capital, e ao capitalista interessa essencialmente o acréscimo, o juro, e porque os ganhos do capital se elevam com a queda dos salários. Observemos que "a relação inversa existente entre o salário e o lucro do capital e que o capitalista, regra geral, só com a redução do salário pode ganhar" (*MEF*, p. 24), é a tônica geral dos clássicos, particularmente Ricardo.

De maneira que, sob os interesses capitalistas, a atividade produtiva reproduz a "atividade humana como *trabalho*, ou seja, como uma atividade totalmente estranha a si mesma, estranha ao homem e à natureza /.../ estranha /.../ à manifestação da vida" (*MEF*, p. 29), e o decaimento do trabalhador ao "nada absoluto, na sua não existência social e, portanto, real" (*MEF*, p. 29-a). Por outro lado, a "produção do objeto da atividade humana enquanto capital", capital esse que se mantém em sua forma indiferente a qualquer conteúdo *real*, está em oposição ao trabalho, na produção, e expressa-se em sua indiferenciação de conteúdos, revelando "o cume e a decadência de toda a relação da propriedade privada" (*MEF*, p. 29-a).

Marx explicita, com isso, o fato de que a produção do capital forja o *esvaziamento* do conteúdo humano ao converter a produção e suas próprias relações em capital. Vamos observando a diferença que Marx imprime em sua análise em face da economia política, tendo em foco as relações da propriedade privada, relações do capital, do homem estranhado. Ele observa que os economistas demonstram essas relações, e o fazem como forma positiva, natural, como condição de ser, sem que se possa vislumbrar qualquer alternativa, até por tratar-se de forma natural de ser.

Embora Marx não tenha exposto até aqui as determinações da ampliação do capital, da mais-valia, supondo ainda, com a economia política, apenas a redução dos salários como fundamento daquela ampliação, o fato de ele tomar sempre, ontologicamente, a realidade e, portanto, a atividade humana, como momento decisivo de sua análise crítica, e verificar por esse caminho as condições da alienação, do estranhamento e suas consequências, tudo isso possibilitou-lhe compreender e formular a necessidade de superação da propriedade privada como condição de emancipação do homem, desse estado de servidão, do trabalho compulsório estranho e alienado, o que o distingue, na radicalidade, da posição tomada pela economia política e o conduz a uma compreensão sempre mais adequada da raiz desumanizante do capital.

Já indicamos anteriormente que Marx compreende, desde já, que a forma mais desenvolvida da relação da propriedade privada é o capital, e por isso este vai tomando o lugar central em sua análise crítica, vai se tornando a relação social central a ser dominada e criticada intelectualmente, para sua proposição superadora dessa ordem societária.

Através de sua análise, ainda que restrita, nesse momento, à renda da terra baseada na propriedade fundiária, são iluminadas algumas características que definem essa relação central, fundamental. Ele inicia dizendo que essa forma de ser do capital é reconhecida, pelos autores clássicos, pela diferença entre os rendimentos da pior e da melhor terra, e prepara "o movimento real que transformará o proprietário fundiário em um capitalista inteiramente ordinário e prosaico" (*MEF*, p. 29-a), isto é, determinará a transformação da classe de proprietários em simples capitalistas, bem como "simplificará a oposição entre capital e trabalho" (*MEF*, p. 29-a); reduzirá, por outro lado, o peso dado teoricamente pelos autores analisados à determinação natural da renda fundiária, expondo assim o capital cada vez mais ao processo histórico-social de sua formação.

Desta maneira, Marx vai determinando as várias conversões, e seus desenvolvimentos particulares, a essa relação universal que é o capital: "Mas o *desenvolvimento* necessário do trabalho é a indústria liberada, constituída como tal para si, é o *capital liberado*" (*MEF*, p. 30). É importante destacar nessa formulação marxiana a compreensão de que o capital, ao se desenvolver sob a forma industrial, ao transformar a realidade material mundial, obriga-se necessariamente a desenvolver, a seu molde, o trabalho humano, mantido e subordinado àquelas relações.

O autor traça o percurso histórico em que a *classe capitalista* se põe simultaneamente ao desenvolvimento e transformação das forças produtivas do capital. Assim, sua constituição, em oposição às outras formações sociais, dá-se com o surgimento da *agricultura* como indústria real. A transformação que aí se coloca baseia-se no surgimento do *arrendatário*: "o arrendatário é o representante, o *mistério revelado* do proprietário privado, pois as rendas /.../ só existem pela concorrência entre arrendatários" (*MEF*, p. 30). Em seguida, determinando a existência do proprietário fundiário já na organização capitalista, diz: "O capitalista que se dedica à agricultura – o arrendatário – há que se tornar proprietário fundiário ou vice-versa" (*MEF*, p. 30), na medida em que "o *tráfico industrial* do arrendatário é o do *proprietário fundiário*, pois o ser do primeiro coloca o ser do segundo" (*MEF*, p. 30).

A oposição entre os capitalistas e os proprietários fundiários, embora ambos sejam historicamente representantes de parcelas particulares do capital, encontra na indústria sua resolução; a indústria apresenta-se plenamente afinada com o processo civilizatório, e, portanto, se põe na vanguarda do movimento do capital, pondo de lado as formas menos desenvolvidas: "A propriedade móvel, por sua vez, exibe as maravilhas da indústria e do movimento. Ela é a criança da era moderna e seu filho legítimo; deplora o seu adversário como um espírito fraco, *preconceituoso* sobre sua própria natureza /.../, que queria substituir o capital moral e o trabalho livre pela violência brutal e imoral da servidão" (*MEF*, p. 30-a). E, certamente, as especificidades dessas partes componentes do capital encaminham-se para os mesmos fins: "sem capital a propriedade fundiária é matéria morta e sem valor", *ela* não é senão "o capital ainda não *acabado*", de forma que, "no decurso de seu *desenvolvimento universal*, ele deve chegar à sua expressão abstrata, ou seja, *pura*" (*MEF*, p. 31), isto é, deve chegar à redução das distintas partes da atividade econômica à forma *pura*, à capital; redução histórica à plenitude das relações do capital.

Por fim, Marx indica que, como resultado de tal desenvolvimento, o trabalho se encontrará na base de ambas as modalidades produtivas, realizando a "vitória digna da civilização", isto é, "ter descoberto e criado o trabalho humano como fonte de riqueza, em lugar da coisa morta" (*MEF*, p. 30-a). A conversão do trabalho a capital, como expressão do desenvolvimento civilizatório da humanidade, forma um quadro contraditório, pois se de um lado expressa a decadência, a desumanização, ao expor as negatividades e limites que o capital exerce no desenvolvimento do homem, por outro, expressa a renovação das capacidades humanas pela superação da velha ordem produtiva, como mostra Marx. Essa contraditoriedade inaugurada pelo capital implica na restrição à autodeterminação individual e genérica do homem, pela criação e reprodução ampliada da alienação e do estranhamento. Por essa razão é que Marx insiste na superação das relações do capital.

Propriedade privada e renda fundiária

A propriedade privada como relação social central, conforme nos mostra Marx, encontra sua origem na particular e específica forma fundiária de propriedade: "De maneira geral, o regime da propriedade privada começa com a propriedade fundiária, que é seu fundamento" (*MEF*, p. 20/20-a). Em seguida, ele estabelece uma comparação com a forma da propriedade fundiária oriunda da posse, e sua forma feudal, observando que, nesta última, o *proprietário é senhor*, e "aparece pelo menos como rei da terra" (*MEF*, p. 20-a). Nessas condições, a terra se definirá pela individualidade do senhor, com estatuto, jurisdição, direitos políticos etc. personalizados: "Surge como corpo inorgânico do respectivo senhor" (*MEF*, p. 20-a). Assim também os homens ativos no trabalho mantêm aí um vínculo que em nada se assemelha aos assalariados, pois se encontram subordinados por obrigação, numa relação "diretamente política" que "possui até um lado sentimental" (*MEF*, p. 20-a). Marx acrescenta que, nestas condições, "o senhor não procura tirar a maior vantagem possível da terra. Consome antes o que nela existe, e deixa tranquilamente aos servos e rendeiros o cuidado da produção" (*MEF*, p. 20-a). Mas observa que esta maneira de situar a relação feudal "reflete sobre seus senhores uma auréola romântica", e a essa forma corresponde o "velho adágio: '*Nulle terre sans maitre*'" (Não há terra sem senhor) (*MEF*, p. 20-a).

Marx aponta para a destruição dessa forma tão logo esteja submetida à concorrência, ao capital. "É inevitável /.../ que o domínio dos proprietários surja como o regime nu e cru da propriedade privada, do capital /.../; que a relação entre proprietário e trabalhador se reduza à relação econômica de explorador e explorado; /.../ que a raiz da propriedade fundiária /.../ transpareça também na sua forma única" (*MEF*, p. 20-a). E completa essa exposição dizendo: "É inevitável que nesta concorrência a propriedade fundiária, sob a forma do capital, manifeste o seu domínio tanto sobre a classe trabalhadora como sobre os próprios proprietários, na medida em que as leis do movimento do capital os arruínam ou promovem" (*MEF*, p. 21). Por fim, diz ele: "Assim, o adágio medieval '*Nulle terre sans seigneur*' é substituído pelo provérbio moderno, '*L'argent n'a pas de maitre* (O dinheiro não tem senhor)'". E, como arremate, ele ainda sustenta que tal transformação completa a "plena dominação dos homens pela matéria morta" (*MEF*, p. 21).

Torna-se visível a compreensão alcançada sobre a forma mais acabada da propriedade privada, o capital, e que as transformações que ocorrem nas velhas formas convertem-nas no denominador comum, impessoal e avassalador da relação do capital. A relação senhorial converte-se em relação de exploração, mas os próprios proprietários estarão submetidos à dominação do capital, o que lhe permite adiantar que as novas relações se completam pela "dominação dos mortos sobre os vivos", formulação oriunda da literatura smithiana.

O padrão de detalhamento com que Marx opera agora as demonstrações das contradições da economia política permite-lhe um avanço na explicitação mais adequada de suas categorias, bem como uma intervenção crítica muito mais direta e penetrante em seu universo. Por outro lado, ele expõe a compreensão que os pensadores da economia política têm sobre a origem da propriedade privada. Os economistas clássicos tratam a propriedade privada como fundamento dessa *ciência*, que é para eles expressão correta da forma de ser do homem e da realidade mesma. Contudo, eles buscam dar algum sentido ao *direito* de propriedade, sem oferecer, mesmo assim, explicação sobre seus fundamentos ou sua necessidade concreta, como já fizeram com a propriedade privada. Esse *direito* será tratado como base para a extração das rendas fundiárias.

Analisando a elaboração teórica de Say e especialmente de Smith, Marx sublinha sua concepção sobre esse *direito*; em Say, ele indica que "'O direito dos proprietários fundiários tem sua origem no roubo' (Say, Tomo 1, p. 136)" (*MEF*, p. 16), e, com Smith, esse direito tem a mesma origem anunciada por Say e se desdobra no direito à renda fundiária: "'Os senhores de terras, como todos os homens, gostam de recolher onde não semearam e exigem mesmo uma renda pelo produto natural da terra' (Smith, Tomo 1, p. 99)" (*MEF*, p. 16). Smith observa ainda, sobre os proprietários fundiários, que seu rendimento nada lhes custa, "'nem trabalho nem cuidado, mas lhes vem, por assim dizer, de si mesmo e independentemente de qualquer plano próprio' (Smith, Tomo I, p. 161)" (*MEF*, p. 16).

Smith considera a renda da terra como um pagamento pelo uso da terra, ao que Marx adiciona que isto só é possível porque o que o proprietário cobra a mais não é senão um *preço de monopólio*. Além disso, Marx destaca que o nível de renda fica dependendo do grau de fertilidade da terra, seja ele natural ou decorrente de capital investido, o que indica que Marx já se deu conta das duas formas de renda (diferencial) da terra. De qualquer forma, ele adverte que este último caso leva os economistas a considerar a fertilidade do solo como atributo do proprietário fundiário.

Acerca da fertilidade natural, Marx expõe vários ângulos dos argumentos de Smith e Say que se desdobram para múltiplos segmentos, além do agrário, como: minas, pesca, atividades extrativas em geral, bem como para a situação particular de cada unidade de produção. Porém Marx irá se deter nas relações sociais e nas lutas entre velhas e novas formas de produção para compreender e explicar a questão da propriedade e da renda.

O que chama sua atenção de início e ganhará tratamento mais pormenorizado é a relação contraditória entre os proprietários e os arrendatários, apresentada nos argumentos dos clássicos. Ele indicará as diferentes posições, frente a essa questão, de Say e Smith; este último é mais brando, mostra que os proprietários lutarão por manter os arrendatários nos limites da reposição do capital investido, restringindo ao máximo seus ganhos, e ainda que eles não percam, em seus investimentos, não retirem nada além daquele limite, apropriando-se, assim, do excedente restante. Para Smith, a forma de abrandar essa situação encontra na concorrência sua melhor expressão. Say, por seu lado, inicia denunciando a postura monopolista dos proprietários, afirmando que o comércio entre arrendatário e proprietário será sempre mais vantajoso para este último. Além disso, ele se vale dos privilégios de ser proprietário para ter acesso mais fácil a créditos e determinar participação privilegiada nas rendas; beneficia-se dos melhoramentos como estradas, prosperidades distritais, aumento populacional etc. Ao contrário, diz Say, "'o rendeiro pode melhorar o solo à sua custa; mas desse capital só obtém lucro durante o tempo do arrendamento, com sua expiração fica para o proprietário fundiário; a partir desse momento, é ele quem colhe os rendimentos sem ter feito despesas, já que a renda da terra se eleva proporcionalmente' (Say, Tomo II, p. 142-143)" (*MEF*, p. 17).

Outro ângulo pelo qual é explicada a renda do solo diz respeito à produção de alimentos. Marx destaca uma observação de Smith acerca dessa produção em particular, em que diz: "'como todos os animais [os homens] se multiplicam em proporção com os meios de subsistência' (Smith, Tomo I, p. 305-306)" (*MEF*, p. 17-a), para indicar que, para esse autor, a produção de alimentos habilita os produtores a comprar mais ou menos trabalho, comprando-o na proporção de sua produtividade. Por outro lado, a produção de alimento é sempre maior que a parte que se aplica na compra de trabalho, isto é, a parcela de alimento transformada em salário é sempre menor que o total resultante da produção, restando assim uma parcela excedente "'para proporcionar uma renda ao proprietário fundiário' (Smith, Tomo I, p. 305-306)" (*MEF*, p. 17-a).

Marx destaca também que esses autores apresentam em suas teorizações motivos e condições para o aumento da renda fundiária. Assim, as benfeitorias aplicadas na estrutura, como instalação de ferrovias, ou então das novas invenções nas manufaturas, podem derivar, medianamente, para aumento de renda fundiária. O aumento populacional permite o aumento bruto dos produtos, mas não aumento na renda, entretanto, "'Todos os melhoramentos na força produtiva do trabalho, que procuram reduzir o preço real das manufaturas, tendem indiretamente a elevar a renda da terra real' (Smith, Tomo II, p. 159)" (*MEF*, p. 18-a).

Marx vai destacando aspectos da economia política, no que toca à propriedade fundiária, para mostrar que ela se encontra absorvida em justificar a renda do solo, o excedente fundiário, suas vantagens enfim, e observa: "É uma estupidez concluir, como faz Smith, que uma vez que o proprietário fundiário explora todas as vantagens da sociedade, o interesse do proprietário é sempre idêntico ao da sociedade" (*MEF*, p. 18-a), pois, "no sistema econômico sob o domínio da propriedade privada, o interesse que um indivíduo tem na sociedade se encontra precisamente em proporção inversa ao interesse que a sociedade tem nele" (*MEF*, p. 18-a). E destaca algumas proposições da própria economia política para fundamentar sua crítica afirmando que, segundo essa ciência, o "interesse do proprietário no bem-estar da sociedade" significa que ele tem interesse na ampliação populacional, ampliação das necessidades humanas, da riqueza etc., mas, que "como vimos até aqui, este aumento é idêntico ao aumento da miséria e da escravidão" (*MEF*, p. 18-a). Quanto ao interesse do proprietário frente ao do rendeiro, só mostra sua oposição a grande parte da sociedade, pois, quanto mais pressiona o arrendatário por renda, mais este último pressiona para baixo os salários. Em suma, diz Marx, os interesses dos proprietários colocam-se em oposição a toda a sociedade, pois a eles interessa a queda dos "salários dos trabalhadores industriais, na concorrência entre capitalistas, na superprodução, na miséria industrial" (*MEF*, p. 19).

Nesse quadro, ao lado dos trabalhadores, os pequenos proprietários encontram-se também fortemente prejudicados. Marx chama a atenção para o fato de que caberá à grande propriedade a determinação da renda dos "outros terrenos e pode reduzi-la ao mínimo" (*MEF*, p. 19-a), o que significa que o monopólio das terras absorve a melhor e maior parte dos benefícios da sua produção, em detrimento das pequenas propriedades. Embora não alcance toda a implicação dessa questão, como fará em *O Capital*, Marx está diante da renda diferencial da terra como já observamos anteriormente.

Marx põe em evidência desde já a formação da renda fundiária a partir de um conjunto multicausal: fertilidade direta do solo, natural ou por interferência do capital; desenvolvimento indireto de produtividade industrial, rebaixamento salarial no setor e fora dele, mantendo decisivamente o caráter monopolista que o proprietário imprime em suas relações para garantia de privilégios, privilégios que se convertem também em renda fundiária. Contudo, a presença da concorrência, diz Marx, altera substancialmente o caráter privilegiado dos proprietários, que veem suas propriedades converterem-se em propriedade industrial: "O resultado final, portanto, é a abolição da distinção entre capitalista e grande proprietário, de maneira que no conjunto há apenas duas classes da população, a classe trabalhadora e a classe dos capitalistas" (*MEF*, p. 20).

Dinheiro e carência humana

Depois de expor sua crítica radical à propriedade privada, apontando para a necessidade de uma nova sociabilidade, em que o homem efetivo seja a referência na orientação da atividade e da forma relacional dos indivíduos, Marx, apoiado nessa perspectiva, expôs sua concepção de comunismo, isto é, a "apropriação da essência humana através da negação da própria propriedade privada", não como forma última de sociabilidade, mas como "princípio energético de um futuro próximo".

Uma nova constituição social é também um reequacionamento da essencialidade humana, portanto observa Marx: "Vimos que significação tem do ponto de vista do socialismo a *riqueza* das necessidades humanas e, por isso, que significação tem tanto um *novo modo de produção* como um novo *objeto* da mesma. Nova afirmação da força essencial *humana* e novo enriquecimento da essência *humana*" (MEF, p. 39-a). De maneira que um projeto de futuro carrega consigo o desestranhamento e a desalienação pela superação básica da propriedade privada e da divisão do trabalho, bem como a ampliação das carências humanas.

Marx retoma outros ângulos da crítica da economia política, expondo com mais evidência o patamar de miséria que se desenvolve em meio à riqueza, neste modo de produção, e outros temas arrolados nessa ciência. É muito interessante notar que o filósofo alemão se apropria da circularidade da acumulação de capital para ir demonstrando a contraditoriedade, a perspectiva moral conservadora que se desenvolve naquela ciência, e a radical incapacidade desta de identificar os reais carecimentos humanos e, portanto, a expansão do desenvolvimento dos indivíduos.

À economia política corresponde a defesa do polo contrário, do *crescimento do capital* e recrudescimento das relações sociais que lhe dizem respeito: "a economia política, esta ciência da *riqueza*, é assim também a ciência da renúncia, da privação, da poupança, e chega mesmo a poupar o homem da *necessidade de ar puro e movimento* físico" (MEF, p. 40-a); e continua sua abordagem em tom denunciatório, indicando seu aspecto moral ao afirmar ser esta "A mais moral das ciências. A autorrenúncia, a renúncia à vida e a todo carecimento humano é seu dogma fundamental" (MEF, p. 40-a), e completa com esse mesmo tom, focalizando o trabalhador nesse turbilhão de mesquinhez: "Todas as paixões e toda a atividade devem, pois, afundar na avareza. O trabalhador só deve ter o suficiente para viver e só deve querer viver para ter" (MEF, p. 41).

Observemos aqui que, se nos *Cadernos de Paris,* Marx tratou o valor, o dinheiro, como mediador, nos *Manuscritos* esse caráter vai sendo aprofundado e detalhado na direção de especificar o significado do valor, do dinheiro, tão determinante para o estranhamento e a alienação. Ou seja, o que Marx esclarece aqui é que, *ao contrário de qualquer neutralidade,* o valor (o dinheiro) tomou o papel de instrumento de expansão das potencialidades humanas em parte do período histórico de sua vigência, mas contraditoriamente de redirecionamento das qualidades individuais:

"A universalidade de sua qualidade é a onipotência de sua essência", pois, "'Se posso pagar seis cavalos, não são minhas tuas forças? Ponho-me a correr e sou um verdadeiro senhor, como se tivesse vinte e quatro pernas' (Goethe, *Fausto* – Mefistófeles)" (*MEF*, p. 47-a). Obviamente, isto vale para a aquisição das capacidades humanas, da compra da atividade do trabalho de outros etc. Se de um lado *ele* permite adquirir qualidades que não são de uns, mas de outros, permite também a desqualificação de outros. Observemos de passagem que sendo o valor, como dinheiro, o momento de máxima abstração da propriedade privada, a propriedade privada alienada de si, seu movimento não é outro senão o da troca, a compra e a venda, a abstração negativa, a venalidade universal por fim; nisto consiste a onipotência do valor sob a forma dinheiro, do capital.

Marx procura desdobrar o significado da onipotência do dinheiro conectadamente às necessidades vitais dos indivíduos, mas também, e o que é o principal, a possibilidade que o dinheiro confere de se configurar uma relação na qual *uns ponham sua capacidade, sua atividade, para os outros*: "O dinheiro é a *proxeneta* entre a necessidade e o objeto, entre a vida e os meios do homem. Mas o que serve de meio para *minha vida* serve também de meio para o modo de existência dos outros homens para mim. Isto é para mim o *outro* homem" (*MEF*, p. 47-a).

Esse redirecionamento das potencialidades humanas encontra-se determinado pelo dinheiro; as qualidades humanas, as qualidades dos outros podem ser adquiridas. "Minha força é tão grande como a força do dinheiro", diz Marx. "Aquilo que mediante o *dinheiro* é para mim, o que posso pagar, isto é, o que o dinheiro pode comprar isso sou eu, o possuidor do próprio dinheiro". E mais adiante ele diz: "O que *eu sou* e o que *eu posso* não são determinados de modo algum por minha individualidade /.../. Eu que através do dinheiro *posso tudo* a que aspira o coração humano, não possuo todos os poderes humanos? Não transforma meu dinheiro, então, todas minhas capacidades no seu contrário?"(*MEF*, p. 48-a)

Marx já havia mostrado que a vida humana é carência em expansão, e tanto maior o carecimento humano, mais rica a vida humana se mostra. Mas o campo de sua *resolução*, isto é, de criação de novas necessidades e sua satisfação, só pode se dar na objetividade efetiva, na realidade mundana, fora dos indivíduos, nas objetivas condições de sua realização, e sendo assim ele observa que "É certo que a *demanda* existe também para aquele que não tem dinheiro algum, mas sua demanda é uma pura entidade da imaginação, que não tem sobre mim, sobre um terceiro, sobre os outros, nenhum efeito, nenhuma existência, que, portanto, continua sendo para mim mesmo *não efetivo, privado de objeto*" (MEF, p. 49). Nessas condições, individualidade e generidade como potencialização recíproca estão radicalmente mediadas pelo dinheiro, de forma a qualificar e desqualificar os indivíduos num jogo de azar, jogo de mercado, cujas regras não encontram no indivíduo sua orientação, ao contrário, sua objetividade é a abstração: o valor, o dinheiro, em última instância, as formas abstratas da propriedade privada.

A essência do dinheiro determina a incompletude dos indivíduos, por mediar a resolução das demandas humanas, por torná-las inefetivas para uns, ou então meramente imaginária, abstrata, para outros; por transferir a real *vocação* de uns à fruição de outros que não a desenvolveram. O dinheiro se torna o portador e a determinação da vocação humana, pois "Se tenho vocação para estudar, mas não tenho dinheiro para isso, não tenho nenhuma vocação (isto é, nenhuma vocação *efetiva, verdadeira*) para estudar. Ao contrário, se realmente *não* tenho vocação alguma para estudar, mas tenho a vontade e o dinheiro, tenho para isso uma vocação *efetiva*" (MEF, p. 49). O dinheiro converte, dessa forma, em "puras representações abstratas" as demandas humanas, suas vocações, e não sendo ele, o dinheiro, derivado dessas mesmas necessidades, das carências humanas, por ser exterior a elas, por ser meio, converte a potência humana em impotência, as deformidades em "poder efetivo", de sorte que "Segundo esta destinação, o dinheiro é a inversão geral das individualidades, que as transforma em seu contrário e que adiciona às suas próprias propriedades, propriedades contraditórias" (MEF, p. 49-b).

Sinteticamente, tudo isso significa em Marx que, para a economia política, "o carecimento cresce quando o *poder* do dinheiro aumenta – a necessidade do dinheiro é assim a verdadeira necessidade produzida pela economia política e a única necessidade que ela produz" (MEF, p. 39-a). Mas essa perspectiva da economia política afeta a totalidade social, atingindo subjetivamente o ser humano: "O aumento da produção e das necessidades se converte no escravo *engenhoso* e sempre *calculador* de apetites humanos refinados, antinaturais e *imaginários* – a propriedade privada não sabe fazer da necessidade bruta necessidade humana" (MEF, p. 39-a).

A questão do carecimento humano, longe de ser uma problemática teórica posta por Marx, é, muito ao contrário, uma temática controversa no seio da economia política que ele "põe em pé", mostrando por vários ângulos suas contraposições no que respeita, por exemplo, à produção do *luxo* em oposição à *poupança*. Assim, diz ele, um grupo "(Lauderdale e Malthus etc.) recomenda o *luxo* e amaldiçoa a poupança; o outro (Say, Ricardo etc.) recomenda a poupança e amaldiçoa o luxo" (*MEF*, p. 41); enquanto o primeiro, que apoia a produção do luxo, o faz com vistas a criar o *trabalho* para obter poupança, o outro grupo, que apoia a poupança, diz fazê-lo com vistas à produção de *riqueza*, de luxo. De forma que eles contrapõem poupança e esbanjamento como caminhos opostos, ou seja, "ambos os grupos esquecem que esbanjamento e poupança, luxo e abstinência, riqueza e pobreza se equivalem" (*MEF*, p. 41) quando postos sob a ordem abstrata do valor. Nota-se que os economistas, como indica Marx, não deram conta da velha questão, que sob o regime da propriedade privada a pobreza nasce, convive, reproduz-se em meio à reprodução da riqueza e que, portanto, equivalem-se. A hierarquia abstrata das necessidades mercadológicas do capital substitui o quadro essencial dos carecimentos humanos voltado ao seu desenvolvimento efetivo.

CAPÍTULO 5

A economia política de Proudhon em
A Miséria da Filosofia

Depois de se deparar com os textos dos pensadores clássicos da economia política, nos *Cadernos de Paris* e nos *Manuscritos Econômico-Filosóficos*, depois de ter redigido *A Sagrada Família* e *A Ideologia Alemã*, juntamente com Engels, consolidando seu acerto de contas com o idealismo hegeliano e com o materialismo feuerbachiano; depois de ter exposto nestes textos o estranhamento, a alienação, a divisão do trabalho e a propriedade privada, aos quais os indivíduos ativos se encontram subordinados; depois de mostrar a perda de si a que estão submetidos os homens ativos num mundo cujas relações são as relações da propriedade privada consigo mesma, e não deles próprios; depois de ter indicado que a propriedade privada se completa na forma do capital e esta é a forma estranhada e alienada por excelência da produção dos indivíduos, que, muito ao contrário de tê-la sob seu controle, são por ela controlados, de tal forma que o produto dos indivíduos, como expressão de sua generidade, aparece-lhes estranho, convertendo sua própria generidade em algo estranho; depois de identificar que os indivíduos ativos no trabalho sob o capital, como produtores de todo o valor que se incorpora como capital encontram-se despojados ao máximo, isto é, são mantidos por salários restritos à sua subsistência física, Marx expõe essa situação dos trabalhadores, *cinicamente reconhecida* na economia política por Ricardo, observando que isto só pode se dar sob a forma da relação de exploração de uma classe por outra, em que as contradições entre proprietários e trabalhadores, capital e trabalho, estão conduzidas como relações *naturais*, tal qual a relação de servidão, modernizada, porém, pela concorrência, pela divisão do trabalho, enfim pelo capital.

Esse enfrentamento crítico e originário com a economia política rendeu, desde logo, a compreensão de que o sistema da economia política só comporta o inumano, o humano está fora dela, não há humanidade sob as relações da propriedade privada, do capital, de maneira que o resgate da essencialidade humana, dos indivíduos, exige a abolição da propriedade privada. A superação da propriedade privada é a superação do capital, e carrega consigo a superação do assalariamento, do estranhamento e da alienação; abre para a reintegração do indivíduo em sua generidade, o reconhecimento do seu ser como potência para si através de sua ação genérica.

De maneira que, pelos traços críticos deixados por ele, observa-se a rejeição *in totum* de uma sociabilidade erigida sob as relações da propriedade privada, do capital, desdobrada e reafirmada em *Miséria da Filosofia*.[1] Neste texto, a crítica de Marx à economia política tem como referência os escritos de Proudhon, cuja pretensão *crítica* era a de superar a economia política posta por seus clássicos elaboradores como Smith e Ricardo; com base nesse enfrentamento crítico, Marx realizará em sua análise a explicitação do *método* da economia política, um desdobramento e um avanço teórico que se colocarão, em termos concepcionais, próximos do seu primeiro trabalho econômico de maturidade, que só seria elaborado bem mais tarde: *Contribuição à crítica da economia política*.

Ao identificar as radicais distinções entre ele e Proudhon, na leitura de "Sistemas de contradições econômicas ou a filosofia da miséria" deste último, e por encontrar-se já de posse de uma compreensão aguda sobre os temas econômicos – compreensão essa que levou Engels afirmar tratar-se de uma fase (1846/47) em que "Marx elaborou, definitivamente, os princípios fundamentais de suas novas concepções histórica e econômica" (*MF*, p. 9) – Marx redige esse trabalho de crítica àquele, a "Miséria da Filosofia", deixando explícita sua ruptura político-ideológica com Proudhon. Essa crítica é de suma importância, tanto no necessário esclarecimento do significado do valor, quanto na explicitação de que o movimento socialista francês, do ponto de vista econômico, nunca foi além das determinações teóricas ricardianas, e se Proudhon tentou algo na direção de superá-lo, não fez mais que retroceder e distorcer suas

---

1 Marx, K., *Miséria da Filosofia. Resposta à "Filosofia da Miséria" de Pierre Joseph Proudhon*. São Paulo: Grijalbo, 1976. Doravante citada no corpo do texto como *MF*, seguido do número da página.

Karl Marx – A determinação ontonegativa originária do valor 281

formulações, qual sejam: de que o valor das mercadorias é determinado pelo tempo de trabalho dispendido em sua consecução, e o produto de todo o trabalho distribui-se pelas três classes da sociedade: capitalistas (lucro), proprietários de terra (renda), e trabalhadores (salário). Engels observa que, bem mais tarde, Marx, ao reafirmar as correções de sua "Miséria da Filosofia" relembra que também os socialistas ingleses, Hodgskin, W. Thompson, Edmonds etc., mantiveram-se dentro dos padrões econômicos de Ricardo.

A assimilação das teorias ricardianas pelos socialistas tanto franceses quanto ingleses residia no fato de que esse autor, ao reafirmar o tempo de trabalho como fundamento do valor das mercadorias, fazia derivar daí o valor da jornada de trabalho. Nesse ponto era criticado pela burguesia, pois de sua proposição decorria que o equivalente do valor da jornada era o salário, com o que ele fazia desaparecer o capital, o valor excedente. Os socialistas, pelo seu lado, aferravam-se a essa tese para dizer que o erro encontrava-se na prática da burguesia capitalista (que não pagavam o valor correto do trabalho), e não na teoria de Ricardo. Com isso, nascia uma fundamentação para defesa de uma nova sociedade, onde vigorasse a equivalência e o produto integral do trabalho pertencesse, com justiça, ao trabalhador. Marx desmontou essa concepção pueril em seu livro e em vários de seus artigos sobre o tema.

Acrescentemos ainda que logo na primeira abordagem de Marx à obra de Proudhon ele aponta os limites concepcionais de fundo encontrados, relatando-os em carta de 1846 à Annenkov, em que afirma: "Proudhon recorre a um hegelianismo superficial para dar-se ares de pensador profundo (...) mas quando o Sr. Proudhon reconhece que não compreende, em absoluto, o desenvolvimento histórico da humanidade – como o faz ao empregar as palavras ribombantes de razão universal, Deus etc. – não reconhece, também, implícita e necessariamente, ser incapaz de compreender o *desenvolvimento económico?*" (MF, p. 170).

Em seguida, Marx explicita sua crítica aos limites demonstrados por Proudhon no que afeta a compreensão dos fundamentos societários: "Que é a sociedade, qualquer que seja sua forma? O produto da ação recíproca dos homens. Podem os homens escolher, livremente, essa ou aquela forma social? Nada disso. A um determinado nível de desenvolvimento das forças produtivas dos homens, corresponde determinada forma de comércio e de consumo. A determinadas fases de desenvolvimento da produção, do comércio e do consumo, correspondem determinadas formas de constituição social, determinada organização da família, dos estamentos ou das classes; em uma palavra, uma determinada sociedade civil. A uma determinada sociedade civil, corresponde um determinado regime político, que não é mais que a expressão oficial da sociedade civil. Isso é o que o Sr. Proudhon jamais chegará a compreender, pois acredita que fez uma grande coisa, apelando do Estado à sociedade civil, isto é, do resumo oficial da sociedade à sociedade oficial." (*MF*, p. 170).

Essa formulação, exposta na carta de Marx citada acima, será reencontrada com modificações apenas formais, não de conteúdo, na introdução de sua "Contribuição à Crítica da Economia Política", o que mostra a correção de Engels na observação de que em "Miséria da Filosofia" Marx detinha já na consciência uma concepção nova, que mostrava a articulação real de história e economia. Além disso, *Miséria da Filosofia*, por todo seu conteúdo crítico-econômico, pode ser tratada como um texto no qual as concepções centrais da economia política de Marx foram expressas pela primeira vez, conforme posição do próprio autor, exposta no prefácio à *Contribuição à Crítica da Economia Política*.[2] Trata-se de um texto no qual Marx aplica diretamente, pela primeira vez, sua concepção crítica da economia política, depois de compreendê-la estudando seus clássicos elaboradores, como Smith e Ricardo, em *Cadernos de Paris* e *Manuscritos Econômicos Filosóficos*, em que os confronta com a realidade concreta, só então pôde enfrentar as formulações proudhonianas e aplicar-se na demonstração de suas insuficiências e incongruências com a realidade mesma.

5.1 O conceito de valor

Como já mencionou-se, uma abordagem crítica mais específica e ampla da economia política, por parte de Marx, será encontrada pela primeira vez nesta obra. Expusemos nos capítulos anteriores as críticas originárias de Marx à

---

2   "Os pontos decisivos das nossas concepções foram cientificamente esboçados pela primeira vez, ainda que de forma polêmica, no meu texto contra Proudhon publicado em 1847: *Miséria da Filosofia* etc". Prefácio de 1859. In: Marx, Karl, *Contribuição à crítica da economia política*. São Paulo: Livraria Martins Fontes Editora Ltda, 1977.

Karl Marx – A determinação ontonegativa originária do valor   283

economia política, nas quais a atividade humana consciente se pôs como fundamento para que ele pudesse desvencilhar-se dos limites concepcionais, superando-a criticamente. Ele observa que essa ciência assimila a contemporânea forma objetiva do ser social, portanto alienada e estranhada, como a forma natural desse ser. Trataremos agora do enfrentamento que o pensador alemão estabelece com Proudhon, respondendo criticamente suas formulações conceituais sobre a economia política, ciência cujos limites, como dissemos, o pensador francês tem por pretensão avaliar e superar.

Marx articulou um grande número de temas específicos da economia, derivando no mais das vezes para a crítica filosófica da economia política; vale lembrar as indicações lukacsianas de que ele elevara a economia ao plano ontofilosófico; aqui, contudo, em *Miséria da Filosofia* (*MF*), obviamente sem qualquer prejuízo do padrão já alcançado, ele avançará ainda mais na análise crítica da ciência econômica. No Prólogo a essa obra, publicada em Bruxelas em junho de 1847, ele nos mostrará, em tom sarcástico, essa mudança: "O Sr. Proudhon tem a desgraça de ver-se incompreendido de singular maneira na Europa. Na França lhe reconhecem o direito de ser um mau economista, porque tem fama de ser um bom filósofo alemão. Na Alemanha, reconhecem-lhe o direito de ser um mau filósofo, porque tem fama de ser um economista francês dos mais abalizados. Em nossa qualidade de alemão e economista a um tempo, quisemos protestar contra esse duplo erro. O leitor compreenderá que, nesse trabalho ingrato, *tivemos de abandonar, frequentemente, a crítica da filosofia alemã* e fazer, ao mesmo tempo, algumas observações sobre economia" (*MF*, p. 29 – grifo nosso).

O tema central da investigação nessa obra é o *valor*, ao lado do *valor de uso*, que Marx irá expor, inicialmente, sob a forma conceitual de Proudhon. Este afirma ser o valor de uso produto natural ou industrial capaz de "servir à subsistência do homem", enquanto o valor de troca é a capacidade que os produtos trazem consigo de "trocar-se uns pelos outros" (formulação essa encontrada na teoria do valor de Smith), mas acrescenta em seguida não haver suficiente esclarecimento nas teorizações dos autores da economia política sobre o significado do valor e procede então à sua explicação, conforme nos demonstra Marx.

Afirma, então, que "'Como muitos dos objetos de que necessito não se encontram na natureza senão em quantidade limitada ou nem sequer existem, vejo-me forçado a contribuir para a produção daquilo que me falta e, como não posso produzir tantas coisas, *proporei* a outros *homens*, colaboradores meus em funções diversas, que me cedam uma parte de seus produtos, em *troca* do meu' (Proudhon, t.1, cap. 11)" (*MF*, p. 31). Nesses termos, Proudhon supõe ter explicado sua própria questão sobre como se converte o valor de uso em valor de troca.

Defrontando-se com essas questões, Marx observa que Proudhon, para defender a produção industrial, já que a natureza por si só não supre as necessidades humanas, vale-se da divisão do trabalho, que pressupõe o intercâmbio, as trocas e, portanto, o valor de troca. Porém Proudhon parte das necessidades fundadas numa situação em que a divisão do trabalho e o intercâmbio encontram-se desenvolvidos, o que leva Marx a destacar o fato de que esse caminho é arbitrário em termos da "ordem das coisas", e a afirmar com ironia: "Para explicar o valor de troca, é necessário o intercâmbio. Para explicar o intercâmbio é necessária a divisão do trabalho. Para explicar a divisão do trabalho, é necessária uma soma de necessidades que requeiram a divisão do trabalho. Para explicar essas necessidades, é mister 'supô-las'" (*MF*, p. 32). Depois de mostrar a arbitrariedade do caminho seguido, Marx afirma que, mesmo articulando sua análise com a divisão do trabalho, Proudhon mantém o valor de troca como uma incógnita.

Adiante, Marx ilumina a formulação proudhoniana de que a sociabilidade humana deriva da proposição de um homem aos seus "colaboradores /.../ em funções diversas", observando: "Em particular quando se trata de explicar historicamente 'a origem de uma ideia econômica', o Sr. Proudhon supõe um homem que propõe a outros homens, seus colaboradores em diversas funções, levar a termo este ato de geração e está concluído o assunto" (*MF*, p. 34). A questão está, conforme mostra Marx, em como o homem sai da sua individualidade e passa a propor; e como os demais aceitam sem protesto? No mínimo, percebe-se aqui uma postura abstrata de Proudhon, que faculta percorrer a história sem preocupação com as condições efetivas de seu evolver.

As expressões teóricas proudhonianas destacadas por Marx confirmam essa posição. O pensador francês trata da formação do valor de troca com formulações tais como: "chegou um tempo em que tudo o que os homens vinham considerando como inalienável, tornou-se objeto de troca, de tráfico, e podia ser alienável. /.../ virtude, amor, opinião, ciência, consciência etc., tudo em suma passou para a esfera do comércio" (*MF*, p. 34). É certo que tal situação ocorreu, diz Marx, convertendo a totalidade das condições humanas em plena venalidade, mas a questão é: como isto se deu? E, obviamente, em Proudhon ele não encontra resposta.

Explicitando as contradições presentes na concepção de Proudhon, Marx indica outro ângulo da análise desse autor sobre o valor, em que o valor de uso e o valor de troca expressam relação inversa um ao outro. Ele observa que esse pensador, pretensamente crítico, explica os temas abordados com base no movimento da oferta e da procura: quanto maior a oferta de valores de uso, mais cai o valor de troca, e vice-versa. Marx indica aqui que ele faz o valor de troca depender da abundância ou escassez. Em seguida, ampliando um pouco mais sua crítica a Proudhon, expõe as contradições a que chega esse autor afirmando: "Com efeito, dizendo que as coisas, cuja *utilidade é nula* e cuja *escassez é extrema* tem um preço *inestimável*, afirma simplesmente que o valor de troca é *a escassez*", e continua: "Assim, valor de troca e escassez são termos equivalentes" (*MF*, p. 37). Da mesma maneira, identificam-se plenamente valor de uso e abundância, sendo que esta "parece ser uma coisa espontânea", e, portanto, "Esquece por completo que há pessoas que a produzem e que estão interessadas em não perder nunca de vista o fator procura" (*MF*, p. 37). Marx vai mais longe, pois, se antes a identificação do valor de uso e de troca se pôs em relação à abundância e à escassez, agora se põe em relação à oferta e à procura, sendo que o pensador francês ainda incrementa sua análise substituindo o valor de troca por *valor de opinião*, e o valor de uso por *utilidade*, aprofundando um pouco mais a antítese: de um lado a *utilidade* ou valor de uso, como oferta, e de outro o *valor de opinião* ou valor de troca, como procura. Marx conclui que, pela simples substituição de termos, não se chega a lugar nenhum. Além disso, essa contraposição irreconciliável afasta da compreensão de Proudhon que "A procura é, igualmente uma oferta, a oferta é, ao mesmo tempo, uma procura" (*MF*, p. 39), e que esse autor não foi, nesse caso, além de uma mera abstração insustentável.

Marx avança em sua crítica, mostrando que esse autor move-se de forma arbitrária em sua análise, resultando na constituição de contradições tais que, longe de atender sua presunção inicial de explicar aquilo que não se apresentava com nitidez na pena dos economistas, criava sim novas confusões. É este o caso quando Proudhon, para assentar sua tese sobre a oposição entre valor de uso e valor de troca, lança mão do *livre arbítrio*, dizendo: "'Em minha qualidade de *comprador livre*, sou o árbitro de minha necessidade, o árbitro da conveniência do objeto, o árbitro do preço que eu *quero* pagar por ele. Por outra parte você, na qualidade de *produtor livre*, é dono dos *meios de preparação do objeto* e, por conseguinte, tem a faculdade de reduzir seus gastos' (t.1, p. 41)" (*MF*, p. 38); dessa asserção, ele extrai a conclusão de que é o *livre arbítrio* que está na base da oposição entre as duas expressões de valor.

Expondo essa posição de Proudhon, Marx indica que ele toma *um* produtor livre e *um* comprador livre, abstraídos das condições concretas, negligenciando o fato de que, ao oferecer a utilidade, o produtor oferece também o valor de troca, pois que são ambas expressões distintas de uma mesma coisa, a mercadoria. Sua liberdade de produtor encontra-se adstringida, pois ele produz em sociedade fundada na divisão do trabalho, com meios de produção que não têm origem em qualquer livre arbítrio, além de produzir em escala determinada pelo mercado. Da mesma forma, diz Marx, o comprador, aquele que procura os objetos de seu consumo, encontra, por sua vez, seu *livre arbítrio* tão adstringido quanto o do produtor, pois suas necessidades não nascem arbitrariamente: "O mais frequente é as necessidades nascerem diretamente da produção ou de um estado de coisas baseado na produção" (*MF*, p. 41). Marx sintetiza estas contradições de Proudhon, mostrando que sua teoria consiste "Em substituir o valor de uso e o valor de troca, a oferta e a procura, por noções abstratas e contraditórias tais como a escassez e a abundância, a utilidade e a opinião, *um* produtor e *um* consumidor, ambos *cavaleiros do livre arbítrio*" (*MF*, p. 42).

Ele chama a atenção para uma formulação proudhoniana que parece centralizar as contradições de sua pesquisa, que é o *valor constituído*. Buscando "esclarecer", como foi indicado antes, as concepções sobre valor, que não teriam sido suficientemente tratadas pelos economistas, chega a essa formulação de valor constituído. Pergunta Marx sobre o significado desse *novo conceito*, respondendo logo em seguida tratar-se pura e simplesmente do valor de um produto, constituído pelo tempo de trabalho nele despendido. Ou seja, Proudhon não expôs nem mais nem menos do que já haviam descoberto e desenvolvido teoricamente, explicado cientificamente tanto por Smith quanto por Ricardo. Numa expressão sucinta, observa o autor: "Ricardo mostra-nos o movimento real da produção burguesa, movimento que constitui o valor. O Sr. Proudhon, fazendo abstração desse movimento real, queima os miolos para inventar novos processos, a fim de regular o mundo segundo uma fórmula pretensamente nova, que não é mais que a expressão teórica do movimento real existente e tão bem exposto por Ricardo" (*MF*, p. 47).

Com seu sarcasmo sempre presente, Marx utiliza as teorizações de Ricardo para desmontar as pretensões científicas de Proudhon. Ele desdobra um conjunto de formulações com as quais diferencia os dois pesquisadores, tendo sempre como referência o ponto de partida de cada um deles. Assim, enquanto Ricardo parte da sociedade burguesa atual, Proudhon parte do *valor constituído*; enquanto para Ricardo a determinação do valor pelo tempo de trabalho é o fundamento da lei do valor, para Proudhon essa determinação é apenas a síntese do valor de uso e do valor de troca; para Ricardo, a teoria do valor reflete cientificamente a vida econômica real, mas Proudhon faz da teoria do valor uma interpretação utópica das teses de Ricardo.

Mantendo como referência o *valor constituído*, Proudhon vai extraindo conclusões *analíticas* sempre na direção de *esclarecer*, sobre o valor, "ângulos não suficientemente explicados", segundo sua opinião. Ele conclui primeiramente que "uma certa quantidade de trabalho equivale ao produto criado por essa mesma quantidade de trabalho" (*MF*, p. 48), e que "toda jornada de trabalho vale tanto como outra jornada de trabalho" (*MF*, p. 48). De forma que, sendo igual a quantidade de trabalho, o produto de uma jornada troca-se pelo produto de outra jornada, e, além disso, pode-se deduzir com toda segurança que, sendo os homens trabalhadores retribuídos por salários, eles recebem, em troca de seu tempo de trabalho, o produto de um tempo de trabalho igual, explica Marx, completando sua afirmação ao dizer novamente com sarcasmo: "Uma igualdade perfeita preside às trocas" (*MF*, p. 48).Observe-se que Proudhon se lança à crítica dos clássicos elaboradores da economia política por ter "percebido" sua "insuficiência na explicação do valor", e do corolário categorial que se desdobra a partir daí. Contudo, ele conduz-se crítica e teoricamente com os mesmos fundamentos daqueles autores. Em momento algum, Proudhon se pergunta sobre a eliminação de uma relação fundamental como o valor, sem o qual a sociedade do capital não se sustenta; em momento algum o valor é exposto como negatividade, ao contrário, a questão, para ele, consiste em aperfeiçoar, no plano do conceito, essa categoria real.

Caminhando na direção de um aprofundamento sobre a análise do valor, Marx pondera seus argumentos com a formulação ricardiana de *valor relativo*; ele mostra que da mesma forma que o valor relativo da mercadoria se define pelo tempo de trabalho nela despendido, assim também ocorre com os salários, seu valor relativo também se mede pelo tempo de trabalho e, nessa linha de argumentação, Marx aproxima cada vez mais as condições de manutenção do trabalhador, da análise do valor das mercadorias.

Observemos de passagem que Marx não abandona a menção ao cinismo com que é conduzida a análise da ciência econômica, quando expõe o pensamento do grande economista inglês, particularmente quando este compara e iguala a explicação dos custos de produção das mercadorias (chapéus, por exemplo) aos custos de manutenção dos trabalhadores, ou os salários.[3] Ao mesmo tempo, ironiza os "ares de superioridade" dos autores (Droz, Blanqui, Rossi) que se sentem incomodados com o cinismo de Ricardo, dizendo: "se censuram a Ricardo e sua escola uma linguagem cínica, é porque lhes é desagradável ver expostas as relações econômicas em toda sua crueza, e ver descobertos os segredos da burguesia" (*MF*, p. 49).

Marx aprofunda sua análise em conjunto com a adoção sempre mais específica da linguagem econômica, *sem prejuízo* do padrão de crítica alcançado nos textos anteriores, em seu enfrentamento originário com a economia política. E por que sem prejuízo? Expusemos no início desta Parte II que o pressuposto do qual Marx partiu para afirmar sua crítica esteve sempre alicerçado na atividade objetiva do homem, e o que temos aqui senão um aprofundamento de sua sustentação teórica nessas bases, expondo a forma pela qual a atividade humana é inserida na totalidade da ordem societária do capital? Basta mencionar sua investigação, no bojo de suas críticas a Proudhon, da complexidade do valor, a partir da igualação que a economia política faz do trabalho às mercadorias em geral, o que significa a redução dos indivíduos ao produto de seu trabalho, desconsiderando a essencialidade humana necessária à produção.

---

3   Na primeira parte deste trabalho, onde expusemos o pensamento de Ricardo sobre o valor, abordamos esta questão.

Sua analise do trabalho, sob a ótica do valor, dá-se pelo confronto com as determinações da economia política ricardiana; ele argumenta sobre os custos de manutenção do trabalho, expostos por Ricardo, comparados aos gastos de fabricação de chapéus, ressaltando, mais uma vez o cinismo desse autor, dizendo: "Por certo que a linguagem de Ricardo não pode ser mais cínica. Pôr num mesmo nível os gastos de fabricação de chapéus e os gastos de manutenção do homem é transformar o homem em chapéu. Mas não façamos tanto alvoroço, falando de cinismo. O cinismo está na realidade das coisas e não nas palavras que expressam essa realidade" (*MF*, p. 49), indicando mais uma vez o papel preponderante da realidade na condução de sua teoria crítica. Já foi explicitado anteriormente, tanto nos *Cadernos* quanto nos *Manuscritos*, o *cinismo* de Ricardo, e Marx vem insistindo na indicação de que não somente este, mas toda a economia política mantém o mesmo procedimento: o *cinismo,* ao se referir às relações sociais objetivas da economia, a desfaçatez ao tratar a desumanização promovida pela realidade econômica etc. Mas, ao contrário de censurar o *cinismo*, como outros autores, Marx vasculha intensamente as formulações de Ricardo, reconhecendo-lhe o mérito de ser um pensador capaz de reproduzir essa realidade econômica de maneira objetiva, facilitando-lhe o acesso à complexidade de que se compõe, facilitando-lhe, portanto, proceder criticamente.

Ele mantém como suporte teórico das críticas dirigidas a Proudhon as formulações econômicas do próprio Ricardo. Podemos derivar daqui alguns comentários que também esclarecem o significado da teorização de Ricardo. Primeiro, torna-se óbvio que Proudhon não saiu da esfera teórico-conceitual da economia política, apesar de sua pretensão de crítica a ela. Segundo, ao acompanhar o pensamento de Ricardo e assimilar suas formulações, Marx avança na compreensão do valor em relação aos textos que analisamos anteriormente – *Cadernos de Paris* e *Manuscritos Econômico-Filosóficos* – pois explicita os conceitos de valor de uso e valor (de troca) para o *trabalho* (como mercadoria), pelo tratamento direto do conceito de valor do trabalho ao se referir ao salário e ao criticar Proudhon, que define indiferentemente o valor das mercadorias pelo *tempo necessário* de trabalho para sua produção ou pelo *valor do trabalho*, evidenciando que, em vez de avançar em relação aos clássicos, Proudhon sucumbe ao equívoco smithiano amplamente discutido por Ricardo.

Marx esclarece também que as relações entre Proudhon e Ricardo permitem compreender os limites do primeiro, que fica aquém do clássico. Enquanto Ricardo não vacila diante das contradições, o *crítico* francês não só reproduz as categorias da economia política, como o faz por meio de *método abstrato*: "O Sr. Proudhon, que voltou a descobrir essa fórmula de Ricardo por meio de hipóteses, totalmente arbitrárias, vê-se obrigado depois a buscar fatos econômicos isolados, que violenta e falsifica, com o fim de fazê-los passar como exemplos, como aplicações já existentes, como começos de realização de sua ideia regeneradora" (*MF*, p. 48).

Salientemos que, embora se torne evidente a aproximação terminológica de Marx a Ricardo, nesse momento, isto não leva e não pode levar a tratar seu pensamento, cuja crítica à economia política já iniciara nos *Cadernos*, como limitado às formulações ricardianas, primeiro porque, como foi demonstrado naqueles textos, é exatamente em contraposição à base de sustentação da economia política – a propriedade privada, a alienação e o estranhamento nas trocas e na produção, a divisão do trabalho, o trabalho assalariado – que Marx iniciou sua demolição crítica daquela ciência; segundo porque são exatamente as concepções de Ricardo, bem como de Smith, que estão em pauta na análise de Marx. De maneira que, ao acolher a conceituação desenvolvida por eles, Marx põe em evidência e promove sua crítica ao método da economia política com maior propriedade, valendo-se da subsunção de Proudhon aos clássicos e, por decorrência, à *metodologia da economia política*.

5.2 O valor-trabalho

As críticas a Proudhon estão na base do empreendimento crítico analítico no texto ora examinado, no entanto importa mostrar o alcance da compreensão de Marx sobre o valor, *definitivamente* fundado no tempo de trabalho, bem como, e isso é o mais importante, o valor do próprio trabalho. Ele inicia afirmando que o trabalho é, antes de tudo, na realidade da economia política, uma mercadoria, cuja medida é a mesma de qualquer outra, o tempo de trabalho, mas "tempo de trabalho necessário a produzir o trabalho-mercadoria" (*MF*, p. 49); em seguida, ele explica que, para produzir o *trabalho-mercadoria*, isto é, os "objetos indispensáveis à manutenção incessante do trabalho, /.../ dar ao trabalhador a possibilidade de viver e propagar a sua espécie" (*MF*, p. 49), é necessário tempo de trabalho. De forma que o preço do trabalho-mercadoria não é outra coisa senão o salário, cuja medida, como a de qualquer outra mercadoria, ou conjunto delas, é o tempo de trabalho. E conclui, por fim, que o "preço natural do trabalho nada mais é que o mínimo de salário" (*MF*, p. 50).[4] Marx observa adiante que o preço corrente do salário pode encontrar-se acima do preço natural, mas estará sempre em torno do *mínimo salário*.

Outra característica que diz respeito diretamente ao valor do trabalho é posta em pé pela crítica de Marx a Proudhon, quando, pautado no tempo de trabalho, supõe uma distribuição equilibrada e equitativa entre os tempos de trabalho contidos nas mercadorias, no processo de troca: "Trocando esses dois produtos, trocamos quantidades iguais de trabalho. Trocando essas quantidades iguais de tempo de trabalho, não modificamos a situação recíproca dos produtores, como não alteramos em nada as relações mútuas entre trabalhadores e os fabricantes" (*MF*, p. 51), reafirmando, portanto, a reprodução, apenas, das relações da propriedade privada. Em seguida, ele observa que, ao tomar o tempo de trabalho como medida do valor, não se tem como pressuposto a equivalência entre jornadas de trabalho, não se pode depreender que a "jornada de um homem vale tanto como a jornada de outro" (*MF*, p. 51); neste ponto, Marx fere criticamente não só a Proudhon, mas a toda a economia política.

Dessa maneira, diz ele: "O fato de que sirva de medida do valor a quantidade de trabalho, independentemente de sua qualidade, supõe por sua vez que o trabalho simples é o eixo da atividade produtiva. Esse fato supõe que os diferentes trabalhos são igualados pela subordinação do homem à máquina, ou pela divisão extrema do trabalho; que o trabalho desloca a personalidade humana para um segundo plano" (*MF*, p. 52). É de suma importância determo-nos nessa diferenciação que Marx aqui destaca, ao tratar da complexidade que envolve essa dupla manifestação do valor especificamente econômico. Ao distinguir o *valor* do valor de *uso* do trabalho, ele está dando desdobramento à crítica da economia política que se iniciou nos *Cadernos* e *Manuscritos*. Nestes textos, em que seu ponto de partida, seu pressuposto, é a própria realidade ativa dos homens, ele trata do trabalho sob a forma do capital, isto é, da propriedade privada levada ao seu acabamento essencial. Marx mostra ali que essa atividade reverteu-se e subsumiu ao

---

4   Em pé de página, Engels põe uma nota, em 1885, à edição alemã desta obra, em que diz ter esboçado essa conclusão em seu *Esboço de Crítica da Economia Política*, em 1844.

estranhamento, à alienação, de maneira que a essência autoconstrutiva do homem inverte-se, convertendo-se em plena negatividade ao ser considerada apenas pelo ângulo do valor; em *Miséria,* seu foco é ajustado para a análise desse valor, que veio centralizando as preocupações de Proudhon.

Por outro lado, num contexto social assim configurado, tendo o capital assumido o centro de absorção das energias humanas que se objetivam em sua atividade, Marx questiona: como explica *criticamente* Proudhon a essência do capital na economia política? Sua explicação não é diferente ou superior à da própria economia política: uma acumulação, uma somatória, do valor produzido pelo homem, *independentemente do valor de uso,* "ainda que este último seja-lhe inteiramente necessário", como já havia se pronunciado Ricardo, diz ele. De fato o valor de *uso* subsume-se ao *valor* e, quando se trata do trabalho como mercadoria, como atividade para o capital, ocorre exatamente a mesma situação. E a que assistimos aqui nas formulações sobre Proudhon senão a crítica do tratamento que este último dá, de forma unilateral, do trabalho como mercadoria, despojado de sua essencialidade humana, de seu conteúdo útil, e restrito à essência do capital, isto é, restrito ao valor, ao tempo de trabalho, à abstração?

Marx enfrenta as teorizações proudhonianas respaldado nas determinações críticas realizadas anteriormente: a identificação das condições de estranhamento e alienação a que se encontram subsumidos os homens na economia política; a constatação de que nesta "domina o inumano, o humano está fora dela" e de que com o "aumento do mundo das coisas, aumenta em proporção direta a desvalorização do mundo dos homens" etc. Assim, a consideração sobre o tempo de trabalho, sobre o valor do trabalho, sobre o trabalho abstrato, exclui do universo teórico e prático o valor de uso do trabalho, sua qualidade efetiva e rebaixa o homem a meio de produção, de forma que: "O tempo é tudo, o homem não é nada; é no máximo a cristalização do tempo. Já não se trata da qualidade. A quantidade decide tudo: hora por hora, jornada por jornada; essa nivelação do trabalho /.../ [é] simplesmente um fato da indústria moderna" (*MF*, p. 52). Além disso, ele observa que Proudhon não toma em consideração que as jornadas de trabalhadores em diferentes tipos de produção, com complexidades e exigências distintas (como, por exemplo, os joalheiros e os tecelões), dizem respeito à qualidade dos trabalhadores, e do mesmo modo que a economia política, trata como algo que se resolve na concorrência, onde uma jornada de trabalho complexo[5] equivale a um número maior de jornadas de trabalho simples. Note-se que Proudhon aceita de maneira plena a importância do mercado, da concorrência, pois ambos se encontram em total conexão com as relações de produção, são um momento dela, ou seja, a concorrência põe-se como mediação no seio do plano produtivo.

Marx evidencia outro equívoco de Proudhon: o de tentar estabelecer como medida do valor das mercadorias o *valor do trabalho*, pois assim procedendo, ele entra no mesmo círculo vicioso em que se embaraçou Smith,[6] identificado e criticado com precisão por Ricardo. Se o valor do trabalho não é senão o outro nome do salário, cujo valor é determinado pelo tempo de trabalho, diz Marx, Proudhon, ao proceder a essa determinação, submete-se ao limite da economia política: "Adam Smith toma como medida do valor, ora o tempo necessário à produção de uma mercadoria, ora o valor do trabalho. Ricardo pôs em destaque esse erro, fazendo ver, claramente, a disparidade dessas duas maneiras de medir. O Sr. Proudhon aprofunda o erro de Adam Smith identificando as duas coisas que, em Adam Smith, estavam apenas em justaposição" (*MF*, p. 54).

Marx vai explicitando os limites de compreensão de Proudhon e esclarecendo, a cada passo, seu próprio entendimento sobre o valor; ele enfoca outra determinação sobre o salário que o autor em questão emite ao indicar, em primeiro lugar, que "'O trabalho de qualquer homem pode comprar o valor que nele se encerra'" (*MF*, p. 54), donde se pode deduzir, conforme Marx, que o valor do trabalho equivale a sua retribuição em salário. Em seguida, ele cita novamente o pensador francês no aprofundamento de sua concepção de salário: "'Que é salário? É o preço do custo do trigo etc., é o comando sobre o trabalho como princípio e causa eficiente do valor, é a proporcionalidade dos elementos que compõem a riqueza'" (*MF*, p. 54).

---

5   A noção de que a qualidade do trabalho requer duas concepções distintas, trabalho complexo e simples, reaparecerá logo no início de sua obra econômica de maturidade *O Capital*.

6   Já pusemos em evidência essa questão na primeira parte deste trabalho, quando tratamos das concepções de Smith sobre o valor.

Também aqui, como se observa, Proudhon permanece nos marcos concepcionais da economia política em geral, embora acredite superá-la.

Marx insiste nessa temática, pois percebe que aí reside o núcleo das distorções conceituais proudhonianas sobre o valor, e diz que, ao definir o valor relativo das mercadorias, a exemplo de Smith, Proudhon trata-o como "equivalente de uma certa quantidade de trabalho, a soma dos produtos criados por ela" (*MF*, p. 55). E define também como equivalentes as jornadas dos distintos trabalhadores, a exemplo de Ricardo, o que leva Marx a mostrar que "É indubitável que o Sr. Proudhon confunde as duas medidas: a medida pelo tempo de trabalho necessário à produção de uma mercadoria e a medida pelo valor do trabalho" (*MF*, p. 54).

Com isto, Marx se aproxima um pouco mais da especificidade do trabalho propriamente. Ele já destacou o salário como preço do trabalho, o trabalho-mercadoria como seu preço (salário), já descartou criticamente que o valor do trabalho possa determinar o valor das mercadorias, assim como já demonstrou estar plenamente cordato que o valor das mercadorias esteja determinado pelo tempo de trabalho, tudo conforme as posições defendidas por Ricardo, como ele já havia observado.

Marx caminha, em seguida, na direção de suas próprias concepções, explicitando mais e melhor as críticas às concepções proudhonianas. Ele inicia dizendo que o *trabalho*, "enquanto se vende e compra, é uma mercadoria como qualquer outra e, por conseguinte, possui um valor de troca" (*MF*, p. 56),[7] porém, sob a forma de mercadoria, como valor de troca, o trabalho não é produtivo, a exemplo de um produto do trigo, que, sob a forma de mercadoria, não se traduz em coisa nutritiva. De forma que o *valor* do trabalho não é produtivo como o *valor* do trigo não é nutritivo. E continua sua análise, afirmando que o *valor* do trabalho define-se ora pelo valor dos "produtos alimentícios" e outros de seu consumo, ora pelo mercado de oferta e procura. Além disso, ao se adquirir o trabalho, como mercadoria, através da compra, do seu valor, não se adquire coisa vaga, mas um *tipo determinado* de trabalho, e completa: "não é só o trabalho que se define qualitativamente, pelo objeto, e sim que o objeto, por sua vez, se determina pela qualidade

---

7   "No exemplar oferecido por Marx a N. Utina em 1876, depois da palavra 'trabalho', acrescentou: 'força de trabalho'. Idêntico acréscimo foi feito ao editar a obra em francês em 1896." (*MF*, p. 56, nota do editor.)

específica do trabalho" (*MF*, p. 56), o que significa dizer que o caráter produtivo do trabalho diz respeito à sua qualidade, especificidade.

Tais afirmações, que correspondem às suas posições críticas, evidenciam seu afastamento radical das formulações proudhonianas, revelando as contradições deste, ao mesmo tempo em que vão expondo mais e mais o trabalho sob a forma dual, de mercadoria destinada ao capital, por um lado, e de forma especificamente humana de intercâmbio homem-natureza e homem-homem, por outro. De maneira que "quando se diz que certa coisa é uma mercadoria, não se trata já da finalidade com que se a compra, isto é, da utilidade que dela se quer tirar, da aplicação que a ela se quer dar" (*MF*, p. 57). Marx deixa bem destacado que o trabalho sob a forma de mercadoria se encontra sujeito a essa dupla determinação de valor de troca e valor de uso, e que, portanto, o trabalho "Compra-se como instrumento de produção, como se compraria uma máquina. Enquanto mercadoria, o trabalho tem valor, mas não produz" (*MF*, p. 57), e embora ele não tenha distinguido terminologicamente *valor e valor de uso do trabalho*, ele já indicou a semelhança que se desenvolve entre a mercadoria e o trabalho humano comprado/vendido, sob as relações da propriedade privada, do capital, bem como o fato de que o trabalho tem outra face, que é o seu caráter produtivo e específico. Essa compreensão não encontra similar na economia política, tampouco no *crítico* Proudhon. Ao tomar essa direção analítica, a crítica da economia política, Marx está pautado na atividade humana, objetiva, autoconstrutora de si do homem, como forma radicalmente oposta à que se reduz a mercadoria. Com isso, ele abre as condições teóricas necessárias para a compreensão do duplo valor do trabalho humano; porém, a concreção dessa descoberta terá lugar em *Trabalho assalariado e capital*. Tal posição não foi alcançada nem nos *Cadernos* nem nos *Manuscritos*, somente aqui, em *Miséria da Filosofia*, inicia-se o esboço de tal distinção, responsável pela determinação da *mais-valia* e do *capital* em sua forma mais desenvolvida.

Outro ângulo da análise proudhoniana abordado por Marx diz respeito à tentativa de construir uma hierarquia da produção humana, definida historicamente, em que, nos "primeiros momentos", o homem dedica-se a solucionar as necessidades mais indispensáveis, e só então é que a produção de bens mais complexos e requintados recebe a dedicação industrial. Marx afirma ser esta uma posição falaciosa, pois desconsidera, de imediato, a contradição de classes. Só o fato de se produzir bens de luxo já indica a utilização de parte do tempo de produção dispensado em produzir em fruição direta do produto. Marx pergunta, diante disso, "Por que, pois, o algodão, as batatas e a aguardente são a pedra angular da sociedade burguesa?" (*MF*, p. 61); e, para comprovação de sua premissa de que a produção define-se frente às diferentes classes sociais, responde: "É porque, numa sociedade baseada na *miséria*, os produtos mais *miseráveis* têm a prerrogativa fatal de servir ao consumo das grandes massas" (*MF*, p. 61), e de forma alguma, como supôs Proudhon, independentemente da constituição classista da sociedade, por uma hierarquia na qual primeiramente se produziriam os bens mais simples e, só depois de solucionada essa demanda, os suntuosos. De forma que "As forças produtivas desenvolveram-se, até o presente, graças a esse regime de antagonismo entre as classes. Afirmar que os homens puderam dedicar-se à criação de produtos de uma ordem superior, a indústrias mais complicadas, porque todas as necessidades de todos os trabalhadores estavam satisfeitas, significaria fazer abstração dos antagonismos de classes e subverter todo o desenvolvimento histórico" (*MF*, p. 60).

Essa abordagem de Marx sobre a posição proudhoniana permite situar mais adequadamente os equívocos que o pensador francês comete acerca da determinação do valor, e expor sua própria formulação sobre o tema, pois é pela mediação com as relações sociais reais que ela vai ganhando concretude.

Dessa maneira, Marx destaca que a determinação do valor pelo tempo de trabalho torna-se uma abstração, se não considerarmos a concorrência, da qual deriva o tempo de "trabalho necessário à produção", que não é senão a produção do *mínimo* necessário de bens dos assalariados, o que põe por terra a lei de proporcionalidade erigida por Proudhon. Nesse embate, desponta outro fenômeno nuclear à determinação do valor, que é destacado por Marx: "A desvalorização contínua do trabalho [é] /.../ um aspecto, uma das consequências da avaliação das mercadorias pelo tempo de trabalho" (*MF*, p. 64), ou seja, a presença da produtividade industrial afeta constantemente o valor dos bens de consumo do trabalho. Tal desvalorização já havia sido exposta por Ricardo em sua teorização, contudo, Marx levará a consequências sempre mais adequadas, por sua postura crítica à economia política, as análises da desvalorização do valor do trabalho, uma vez que em Ricardo essa questão não passou de análise do valor do trabalho nos limites de sua condição de mercadoria. Mais uma vez, ele insiste em observar que as supostas

Karl Marx – A determinação ontonegativa originária do valor   297

descobertas de Proudhon sobre o valor não passam de "expressão científica das relações econômicas da sociedade atual, como demonstrou Ricardo, clara e nitidamente, muito antes de Proudhon" (*MF*, p. 67).

Avançando em sua crítica às concepções do pensador francês, ele coloca-se frente à outra categoria econômica, o *excedente*, submetida à mesma metodologia analítica, proudhoniana, que Marx vem perseguindo e criticando. A existência necessária de um *remanescente do trabalho*, diz Proudhon, é um fenômeno econômico que se explica *pela sociedade-pessoa*. Ou seja, Proudhon "personifica a sociedade", atribui-lhe leis particulares e uma "inteligência própria", e acusa os economistas por não terem sabido compreender "a personalidade desse ser coletivo". Marx recorre a "um economista americano" para contrapor-se ao tratamento de Proudhon, ponderando que sua formulação restringe-se à metafísica e que em assim sendo "'só tem existência real na imaginação dos que com uma palavra criam uma coisa' (Th. Cooper, *Lectures on the Elements of Political Economy* – Conferências sobre Elementos de Economia Política, Colúmbia, 1826)'" (*MF*, p. 87). Em seguida, cita o próprio Proudhon, em sua tentativa de desdobrar o conteúdo temático tratado por "remanescente": "'Em relação aos indivíduos, esse princípio do remanescente do trabalho não é verdadeiro, senão porque emana da sociedade, que lhes transfere, assim, a ação benéfica de suas próprias leis' (I, 75)" (*MF*, p. 87). Então, pergunta Marx se estaria Proudhon observando que o "indivíduo social produz mais que o indivíduo isolado?" (*MF*, p. 88). Se for esse o caso, prossegue, uma centena de economistas já haviam tratado desse tema de forma objetiva, sem mesclar com misticismo, como faz Proudhon.

Marx vai arrolando as "descobertas" alardeadas por Proudhon, indicando que já se encontram sedimentadas nas teorizações dos economistas clássicos, mesmo quando suas posições são parcialmente opostas, como é o caso de Ricardo e Lauderdale. Apesar de divergirem na determinação do valor, pois para o primeiro ele se define pelo tempo de trabalho e para o segundo, pela oferta e procura, ambos concordam em que as facilidades que vão se apresentando socialmente para a produção, os implementos científicos e técnicos etc., promovem, como diz Marx, "um maior número de mercadorias com o mesmo valor" (*MF*, p. 92), e é disto que se trata, diz ele, e não de mistificar uma oposição entre o indivíduo e a sociedade-pessoa, para explicar o remanescente do trabalho.

Com respeito ao remanescente do trabalho, Marx esclarece tratar-se do excedente que brota com o desenvolvimento das forças produtivas, da divisão do trabalho etc., ou seja, o excedente, aqui, é tratado por ele nos limites do desenvolvimento das forças produtivas, conforme havia determinado Ricardo. Marx mostra que os economistas fundam seu otimismo no aumento da riqueza social, que em verdade é de propriedade burguesa, e muito embora seja nos momentos de progresso tecnológico que os trabalhadores obtêm uma participação maior no produto social, em momentos de declínio "podem também perecer, em consequência da miséria" (*MF*, p. 98), algo que os economistas sabem muito bem, pois indicam que ao trabalhador resta sofrer as consequências mais profundas das crises. Lembremos de passagem que, nos *Manuscritos,* ele expressa de forma muito precisa que as consequências da perda de salário para os trabalhadores, em razão de crise ou outra qualquer, pode significar a perda das condições de vida e, portanto, a miséria e até a morte.

5.3 O dinheiro

Proudhon chega à concepção de *dinheiro* sem, contudo, perguntar, como diz Marx, "por que razão a relação expressa pelo dinheiro é uma relação da produção, à semelhança de qualquer outra relação econômica, como a divisão do trabalho etc.?" (*MF*, p. 77). Ao mesmo tempo em que conduz sua crítica à Proudhon, Marx expressa seu entendimento sobre o dinheiro afirmando tratar-se de um *elo* e por isso mesmo encontrar-se conectado a todas as relações econômicas.[8] Sua crítica centra-se no fato de Proudhon ter tratado essa fundamental *relação econômica* separada das demais; isolando o dinheiro, ele articula sua inserção no seio da economia como componente primário, deixando como suposto que a simples necessidade para as trocas já justificaria sua presença, portanto, um tratamento, mais uma vez, arbitrário e sem fundamentação.

---

8   O valor sob a forma do dinheiro foi examinado por Marx desde os *Cadernos*, onde é tratado, remetendo-se a Mill, como *mediador*. O dinheiro põe os homens em conexão, também por isso suas relações encontrar-se-ão nele *alienadas*. Ao tratá-lo como *elo*, Marx indica nele a qualidade de estar em relação com toda a economia, por ser ele mesmo uma relação social, e a mais importante delas, para a economia política.

O autor francês passa a considerar a prata e o ouro "como dinheiro e não como mercadoria" (*MF*, p. 76), diz Marx, identificando assim o dinheiro, que foi tratado anteriormente nos *Cadernos*, sob a *função* alienante de *mediador*, de expressão particular da propriedade privada, agora como relação social de troca. Portanto, a crítica a Proudhon nesse aspecto expõe o avanço de Marx na explicação dessa categoria; ele mostra que esse autor compreende as variações do valor do ouro e da prata como variações do tempo de trabalho, mas não alcança a compreensão de sua gênese, pois parte desde o início do dinheiro como *algo* consolidado, *algo* existindo sob a forma de ouro e prata, independentemente das relações que conferem a esses metais o caráter de dinheiro. Marx observa que "A primeira questão que o Sr. Proudhon deveria ter equacionado é saber por que razão foi necessário individualizar, nas trocas, tal como estão constituídas atualmente, o valor de troca, criando um meio especial de intercâmbio" (*MF*, p. 77).

Marx nos indica também que, em Proudhon, o ouro e a prata são os primeiros a se constituírem como mercadoria (sendo definidos, portanto, pelo tempo de trabalho), e que isto "não foi observado por ninguém" até o momento em que ele, Proudhon, anuncia mais essa "descoberta"; mas, nada mais abstrato do que supor sua constituição separado do todo social: "O valor se constitui, não pelo tempo necessário a criar um produto dado, mas em proporção à quantidade de todos os demais produtos que podem ser criados durante o mesmo tempo. Portanto, a constituição do valor do ouro e da prata supõe a constituição já alcançada do valor de uma multidão de outros produtos" (*MF*, p. 79), diz Marx, mostrando a impropriedade de Proudhon em tomar os metais preciosos como as primeiras formas de mercadorias. Além disso, ele indica também o caráter social do valor, isto é, a impossibilidade de este formar-se no isolamento de uma relação específica que não caracterize a totalidade das relações, a impossibilidade de ser apreendido exclusivamente na especificidade do tempo necessário à produção de metais preciosos, por exemplo, e a necessidade de levar em consideração as condições sociais determinadas pela produção para a troca, como relação universal.

Marx segue em sua exploração dos ângulos da constituição do valor sob a forma dinheiro no percurso de crítica ao economista francês, expondo a seguinte determinação proudhoniana do dinheiro: "'Da consagração soberana nasce o dinheiro: os soberanos se apoderam do ouro e da prata e lhes estampam seu cunho'" (*MF*,

p. 80). Marx mostra a inconsistência e fragilidade de Proudhon em tomar essa atitude particular do soberano como determinante da economia política, e diz: "É preciso ignorar totalmente a história, para não saber que em todos os tempos os soberanos tiveram de submeter-se às condições econômicas, sem poder jamais ditarlhes sua lei. Tanto a legislação política como a civil não fazem mais que expressar e protocolar as exigências das relações econômicas" (MF, p. 80).

Vai se tornando visível o avanço de Marx na compreensão do valor, como expressão nuclear da economia política, em relação aos primeiros textos, *Cadernos de Paris* e *Manuscritos Econômico-Filosóficos*. Em sua crítica a Proudhon, expõe a concepção desse autor de que, sob a forma de ouro ou prata, o dinheiro tem seu valor determinado pelo custo de produção, o que contradiz a lei do valor, pois, enquanto o ouro e a prata se encontram sob a forma de mercadoria, seu valor sustenta-se no custo de produção, mas sob a forma de dinheiro não, nesse caso seu valor condiciona-se à oferta e procura. Esse argumento encontra-se plenamente apoiado nas teorizações ricardianas; Marx as assimila para lançar-se na crítica a Proudhon mostrando as limitações desse último em sua presunção de superar teoricamente Ricardo.

5.4 O método

Ao submeter à crítica a temática econômica desenvolvida por Proudhon, contrapondo-lhe as formulações da própria economia política, em particular de Ricardo, vale repetir, Marx expõe os limites de Proudhon ao mostrar que não só não efetivou sua pretensão de superar o pensamento econômico, como revelou encontrar-se aquém de Ricardo na maior parte de suas elaborações. O construto teorético prodhoniano esteve, no mais das vezes, articulado no plano metafísico, no sentido indicado por Marx de que "a metafísica, como em geral toda a filosofia, resume-se, segundo Hegel, em método" (MF, p. 99). Portanto, é ao método especulativo que Marx se refere, quando trata do método proudhoniano, e, depois de ter invocado o *espírito hegeliano*, ironiza sua trajetória teórica dizendo que este vai da economia política inglesa à filosofia alemã, e observa que: "Se o inglês transforma os homens em chapéus", referindo-se ao cinismo do economista Ricardo, "o alemão transforma os chapéus em ideias" (MF, p. 99), referindo-se à especulação idealista hegeliana.

Avançando em sua análise crítica, Marx expõe os nexos entre as concepções que orientaram o percurso proudhoniano da *crítica* da economia política à especulação hegeliana. Indica que, enquanto os economistas em geral, postos sob a "análise crítica" de Proudhon, têm como fundamento de sua ciência as relações burguesas de produção como dinheiro, crédito, divisão do trabalho, assalariamento e outras, como diz Marx, fixadas para toda a eternidade, portanto imutáveis, Proudhon busca, diante dessas categorias, os "princípios, leis, ideias e pensamentos" que as originaram. Enquanto os economistas têm como material "a vida ativa e dinâmica dos homens" (*MF*, p. 100), a despeito da eternização de sua forma, para Proudhon importam apenas os dogmas dos economistas.

De forma que Proudhon vai buscar a origem dos pensamentos e ideias que formam a teoria dos economistas não na realidade histórica, mas fora do campo real, "no movimento da razão pura" (*MF*, p. 101), e "como a razão impessoal não tem fora dela, nem terreno sobre o qual possa assentar-se, nem objeto ao qual se possa opor, nem sujeito com o qual possa combinar-se, vê-se forçada a dar viravoltas, situando-se a si mesma, opondo-se a si mesma e combinando-se consigo própria: posição, oposição, combinação" (*MF*, p. 101). Marx mostra assim a identificação das concepções que norteiam as análises de Proudhon e o método especulativo de Hegel, indicando a velha tríade da tese, antítese e síntese da filosofia grega que se põe em Hegel sob a forma da afirmação, negação e negação da negação, "linguagem dessa razão tão pura, separada do indivíduo" (*MF*, p. 101).

Esse afastamento do pensamento em relação à realidade, operado pelos metafísicos, essa abstração absoluta como método de análise, leva Marx a dizer, em termos gerais, mas obviamente para sustentar sua crítica a Proudhon, "que tudo o que existe quanto vive sobre a terra e sob a água /.../ [pode] à força de abstração ser reduzido a uma categoria lógica e que, portanto, todo o mundo real [pode] /.../ desaparecer /.../ no mundo das abstrações" (*MF*, p. 102); não foi outro o caminho da especulação filosófica hegeliana no direito, na religião etc., repetido agora por Proudhon para a economia política. Marx já havia mostrado que as *categorias econômicas* não são senão "expressões teóricas, abstrações das relações sociais de produção" (*MF*, p. 104); desde os *Cadernos* e os *Manuscritos* vem indicando nessa direção, isto é, que a atividade humana, inclua-se obviamente a economia, é o ponto de partida da razão, da consciência, das reproduções teóricas etc., e aqui ele é explícito ao assinalar que as "categorias econômicas" são o reflexo na consciência das "relações sociais de produção", tratando já especificamente dessa *atividade econômica* nesses termos.

De forma que é de posse dessa concepção que Marx expõe a identidade entre Hegel e Proudhon, dizendo que este último "compreende as coisas ao contrário, não vê nas relações sociais mais que a encarnação desses princípios, dessas categorias que estiveram dormitando /.../ no seio 'da razão impessoal da humanidade'" (*MF*, p. 104). E insiste em mostrar que tais posições afetam diretamente Proudhon, mas também os pensadores da economia política. Em geral, a compreensão de que os homens produzem, por exemplo, tecido, sob determinadas relações sociais, não se desdobra, na concepção da economia política, na compreensão de que "estas relações sociais determinadas são produzidas pelos homens da mesma maneira que a tela, o linho etc. As relações sociais estão, intimamente, vinculadas às forças produtivas" (*MF*, p. 104-105). Noutro texto, que nos serve aqui de referência e exemplo, *A Ideologia Alemã*, Marx havia já expressado essa preocupação com a produção da totalidade ao colocar, por exemplo, o modo de cooperação e a fase social condicionando-se mutuamente: "Segue-se igualmente que a soma das forças produtivas acessíveis aos homens condiciona o estado social e que, por conseguinte, a 'história da humanidade' deve sempre ser estudada e elaborada em conexão com a história da indústria e das trocas".[9]

E, perseguindo essa questão, Marx aprofunda um pouco mais suas considerações sobre as forças produtivas e o modo de produzir social, indicando que, com a constituição de novas forças produtivas, os homens modificam seu modo de produção e, com isso, alteram suas relações sociais: "O moinho movido a braços dá-nos a sociedade dos senhores feudais; o moinho a vapor, a sociedade dos capitalistas industriais" (*MF*, p. 105). De maneira que as ideias, as categorias econômicas etc. "são tão pouco eternas como as relações às quais servem de expressão. *São produtos históricos e transitórios*" (*MF*, p. 105). Com esta última afirmação, não só Proudhon, mas os fundamentos petrificados e eternizados da economia política, seu alicerce ideológico, são duramente atingidos; ele completa seu raciocínio dizendo que "os homens, ao estabelecer as relações sociais de acordo com o desenvolvimento de

---

9   Marx, Karl e Engels, Friedrich, *A Ideologia Alemã (Feuerbach)*, 5ª ed. São Paulo: Hucitec, 1986, p. 42.

Karl Marx – A determinação ontonegativa originária do valor   303

sua produção material, criam também os princípios, as ideias e as categorias, em conformidade com suas relações sociais" (*MF*, p. 105), definindo sua concepção de ser social, objetivamente sustentada na atividade, e uma concepção de história fundada nessas mesmas bases.

Vemos aqui a posição a partir da qual Marx põe em questão a compreensão que Proudhon apresenta sobre a história. Se a economia política fez abstração do processo histórico e fixou as categorias, eternizando-as, Proudhon fixou, em determinados momentos da história, *princípios* que ele considera fundamentais em uma hierarquia estabelecida na forma de sucessão. Marx interpela essa postura esclarecendo que nela "as ideias, as categorias, os princípios" encontram um momento histórico determinado para se objetivar, por exemplo: "o princípio da autoridade /.../ corresponde ao século XI; o princípio do individualismo, ao século XVIII" (*MF*, p. 110) etc.; desta forma, diz Marx, ao contrário da história real, é o século que pertence ao princípio: "o princípio que teria criado a história e não a história que criou o princípio" (*MF*, p. 110). Marx acrescenta que a compreensão real sobre o significado de tal ou qual princípio nos leva a procurar saber quais eram as verdadeiras "necessidades, suas forças produtivas, seu modo de produção, as matérias-primas empregadas em sua produção e, por último, as relações entre os homens, derivadas de todas essas condições de existência" (*MF*, p. 110).

Observemos que, sem uma perscrutação desse porte, que exponha a história, o máximo que se obtém é a confirmação ideal das formulações supostamente científicas. O mesmo ocorre com a economia política que, ao fixar determinadas categorias que se apresentam na realidade daquele período como vigentes para toda a história, perde, como estamos vendo, a consistência humana, para ter sentido no plano abstrato, isentando-se de confirmação no mundo real, no mundo dos homens.

5.5 A divisão do trabalho

É importante expor também, na direção de esclarecer sempre mais adequadamente as posições de Marx frente à economia política, suas críticas às concepções de Proudhon no que respeita à divisão do trabalho, uma das bases fundamentais da formação do valor. Ele inicia citando uma afirmação desse autor, na qual se indica a positividade da divisão do trabalho: "'Considerada em sua essência, a divisão do trabalho é o modo de realizar a igualdade de condições e inteligência' (T. I, p. 93)"; em seguida, expõe também, conforme o autor, o lado negativo da divisão do trabalho: "'A divisão do trabalho converteu-se para nós em uma fonte de miséria' (T. I, p. 94)" (*MF*, p. 121). E, por fim, mostra que Proudhon está procurando articular uma combinação que "'suprima os inconvenientes'" da divisão do trabalho, conservando, entretanto, aquilo que ela traz de positivo.

Marx repõe, aqui, para a questão da divisão do trabalho, a crítica já efetivada com relação à metodologia desse autor, por se tratar do mesmo procedimento abstrato, despregado da realidade e marcado por articulação arbitrária; diz então: "A divisão do trabalho é, na opinião do Sr. Proudhon, uma lei eterna, uma categoria simples e abstrata. Por conseguinte, a abstração, a ideia, a palavra, bastam-lhe para explicar a divisão do trabalho nas diferentes épocas" (*MF*, p. 122).

Marx já havia empreendido uma análise da divisão do trabalho com uma riqueza até então desconhecida, em *A Ideologia Alemã*. Vale indicar aqui alguns traços dessas elaborações teóricas, que antecedem a redação de *Miséria da Filosofia*, para que percebamos mais agudamente o significado das críticas a Proudhon nessa questão: "Com a divisão do trabalho, fica dada a possibilidade, mais ainda, a realidade de que a atividade espiritual e a material – a fruição e o trabalho, a produção e o consumo – caibam a indivíduos diferentes", e indicando o nexo existente entre esta e a propriedade privada ele completa: "Além disso, divisão do trabalho e propriedade privada são expressões idênticas: a primeira enuncia em relação à atividade, aquilo que se enuncia na segunda em relação ao produto da atividade".[10]

Contudo, observa o autor que a divisão do trabalho esteve na base do desenvolvimento histórico das forças produtivas; por exemplo: a divisão do trabalho encontrava-se *difusa* por toda a sociedade no período medieval, oferecendo as condições de organização de núcleos produtivos, ao lado da agricultura, que eram as oficinas. "Assim, essas diversas formas de divisão do trabalho passaram a ser a base das diversas formas do trabalho dentro das oficinas" (*MF*, p. 129), o que expressava o padrão de desenvolvimento das forças produtivas, atado às regras fixas de relacionamento social. Diferentemente das contradições que caracterizam a sociedade moderna industrial, em que a divisão interna da indústria opõe-se às determinações do mercado, "Sob o regime patriarcal, sob o regime de castas, sob o regime

---

10 *Ibidem*, p. 46.

Karl Marx – A determinação ontonegativa originária do valor   305

feudal e corporativo, existia divisão do trabalho na sociedade inteira, segundo regras fixas. Estabelecia essas regras, um legislador? Não. Nascidas, primitivamente, das condições da produção material, só muito mais tarde foram erigidas em lei. Assim, essas diversas formas de divisão do trabalho passaram a ser a base das diversas formas do trabalho dentro da oficina, estava muito pouco desenvolvida em todas as formas mencionadas de organização da sociedade" (*MF*, p. 128-129). Ele agrega o que trata por *regra geral*: "quanto menos é presidida pela autoridade a divisão do trabalho no seio da sociedade, mais se desenvolve a divisão do trabalho no interior da oficina e mais se submete a dita divisão à autoridade na oficina e à autoridade na sociedade, estando em razão inversa uma à outra" (*MF*, p. 129). Por fim, expõe o paradoxo que existe em relação com a indústria moderna: "Enquanto no interior da fábrica moderna a divisão do trabalho está, minuciosamente, regulamentada pela autoridade do empresário, a sociedade moderna não possui, para distribuir o trabalho, outra regra ou outra autoridade, além da livre concorrência" (*MF*, p. 128), isto é, o mercado, as trocas universais, logo o *controle* difuso *abstraído* do domínio dos homens.

Marx insiste na explicação processual dessa categoria fundamental da economia política, a divisão do trabalho, afirmando que "com fórmulas não se pode escrever a história" (*MF*, p. 129), numa alusão às abstrações proudhonianas na descrição das categorias econômicas, e expõe os aspectos decisivos que permitiram processar as grandes modificações das estruturas produtivas, tal como a superação das oficinas e instalação da indústria manufatureira: "Uma condição das mais indispensáveis à formação da indústria manufatureira foi a acumulação de capitais, facilitada pela descoberta da América e a importação de seus metais preciosos" (*MF*, p. 129); e acrescenta outras condições que permitiram tal transformação: "o aumento dos meios de troca trouxe, como consequência, por um lado a desvalorização dos salários e da renda da terra e, por outro, o crescimento dos benefícios industriais" (*MF*, p. 129).

A expansão comercial com as Índias Orientais e o estabelecimento colonial das Américas, ao lado da liberação da força de trabalho que se encontrava sob o domínio da estrutura feudal, camponeses que afluíram para as cidades etc., servem, nos séculos xv e xvi, de sustentação do novo processo produtivo manufatureiro; a radical mudança da divisão do trabalho é também mostrada por Marx nos seguintes termos: "A manufatura não nasceu do seio dos antigos grêmios. Foi o comerciante quem se transformou em chefe da moderna oficina e não o antigo mestre dos grêmios. Quase por toda parte travou-se uma luta encarniçada entre a manufatura e os ofícios artesãos" (*MF*, p. 130).

Desta maneira, a divisão do trabalho não pode ser tratada, como faz Proudhon, selecionando arbitrariamente o que ele supõe, de maneira abstrata, ser positivo e negativo nessa categoria determinante historicamente. Desde os *Manuscritos*, Marx reconhece a esse tema sua essencial grandeza, pois, como demonstra, está na base das relações econômicas e, conforme a economia política, a divisão do trabalho é vista como resultado das trocas, dada a "propensão natural dos homens à troca", segundo seus pensadores, condicionando tanto o aproveitamento dos "talentos naturais" dos homens quanto a expansão da riqueza. Marx limita-se, naquele texto, a indicar que a divisão do trabalho é a "expressão econômica do caráter social do trabalho no interior do estranhamento" (*MEF*, p. 44-a). Em *Miséria da Filosofia*, ele avança na demonstração dos nexos fundamentais entre a divisão do trabalho, o desenvolvimento das forças produtivas e as transformações radicais na sociabilidade humana, como estamos verificando, além de expor o nexo e o *primado* da divisão do trabalho em relação à propriedade privada.

Considerando algumas peculiaridades que levam Proudhon a equívocos específicos, Marx explicita que os meios de trabalho em si mesmos, por exemplo, *as máquinas*, não "constituem uma categoria econômica" (*MF*, p. 126), mas as organizações fabris que contam com as máquinas, estas sim expressam uma relação social e, por conseguinte, uma categoria econômica, enquanto que a máquina permanece sendo força produtiva do homem em qualquer que seja o momento histórico. Ele põe a questão dessa forma para mostrar mais uma das incongruências da ciência econômica crítica proudhoniana frente à realidade da economia política.

Proudhon, buscando explicar sua compreensão sobre a degradação dos trabalhadores, diz: "'Que é, com efeito, uma máquina? *Uma maneira de reunir diversas partículas de trabalho*, que a divisão havia separado. /.../ Portanto, mediante a máquina, levar-se-á a efeito a *restauração do trabalhador*' (I, 135, 136 e 161)" (*MF*, p. 127). Diante dessa hierarquização idealista de Proudhon, Marx observa que "As máquinas propriamente ditas datam de fins do século XVIII. Nada mais absurdo que ver nas máquinas a *antítese* da divisão do trabalho, a *antítese* que restabelece a

Karl Marx – A determinação ontonegativa originária do valor   307

unidade no trabalho fragmentado". Muito ao contrário, diz Marx, à "medida que se desenvolve a concentração dos instrumentos, desenvolve-se também a divisão do trabalho e *vice-versa*" (*MF*, p. 132).

Ele insiste em que a presença da máquina aprofunda a divisão do trabalho na sociedade industrial, e embora tenha facilitado o trabalho nas fábricas, concentra ainda mais capital, age no sentido da dispersão dos indivíduos, e finaliza dizendo que "o que caracteriza a divisão do trabalho no seio da sociedade é que engendra as especialidades, as diversas profissões e com elas o idiotismo do ofício" (*MF*, p. 136). De maneira que a divisão do trabalho se põe em Marx como momento de negatividade da atividade humana, já que o seu resultado, a especificação do trabalho, a forma que o trabalho toma e pela qual reduz o indivíduo, ao contrário de aprofundar a liberação do desenvolvimento multilateral, da oníer modelo da capacitação dos indivíduos no processo histórico, funde as forças produtivas com a propriedade privada, numa condição tal que somente a sua superação pode reintegrar os indivíduos ao seu gênero ativo e criador, recuperar sua essência, e dar livre curso à sua autoconstrução. Marx contrapõe-se, como vimos, à hipótese proudhoniana de que a divisão do trabalho tem como seu lado positivo realizar a "igualdade de condições e inteligência"; sua linha de análise crítica é radicalmente oposta à daquele, e isto resulta nas conclusões que procuramos indicar.

Essa posição de Marx acerca da negatividade da divisão "natural" e não voluntária do trabalho arrima sua formulação sobre a necessidade de supressão da divisão do trabalho e instauração de novo ordenamento social, fundado na reintegração do homem, na efetivação da comunidade humana, nos termos que seguem: "Na sociedade comunista, onde cada um não tem esfera exclusiva, mas pode se aperfeiçoar no ramo que lhe apraz, [essa] sociedade regula a produção geral, dando-me assim a possibilidade de hoje fazer tal coisa, amanhã outra, caçar pela manhã, pescar à tarde, criar animais ao anoitecer, criticar após o jantar, segundo meu desejo, sem jamais tornar-me caçador, pescador, pastor ou crítico".[11] Assim, a divisão do trabalho e a propriedade privada, como momentos da atividade produtiva do homem, expressam cada uma a seu modo uma negatividade só compreensível se se tem em conta, com Marx, a objetividade ativa e autoconstrutora dos indivíduos como seu contraponto.

---

11 *Ibidem*, p. 47.

Fica evidenciado também o avanço na compreensão do significado da divisão do trabalho alcançado por Marx em relação aos *Cadernos* e aos *Manuscritos*, onde esta aparecia ao lado da propriedade privada, mas não ainda como outra face da atividade produtiva propriamente, como Marx nos indica em *A Ideologia Alemã* e completa em *Miséria da Filosofia*. Isto é, não há propriedade privada sem divisão do trabalho; seu pressuposto é a divisão do trabalho. Ainda que não reproduzamos aqui a extensa demonstração de Marx sobre o caminho histórico desta última, ficou já apontado o fato de que a divisão do trabalho, como modo de ordenar a atividade produtiva, vai gerando as formas de apropriação do produto dessa atividade até consolidar a forma de propriedade privada. Tudo isto, portanto, confirma o avanço de Marx nos escritos posteriores aos *Cadernos* e aos *Manuscritos*, particularmente na compreensão que demonstra ao expor os nexos históricos entre propriedade privada e divisão do trabalho, indicando o primado desta última em relação à primeira, bem como a relação essencial entre a divisão do trabalho e o desenvolvimento das forças produtivas no processo histórico.

CAPÍTULO 6

Trabalho assalariado e capital: o duplo caráter do trabalho

Os artigos contidos no texto *Trabalho Assalariado e Capital* foram escritos inicialmente para as conferências feitas por Marx em 1847, na Associação dos Operários Alemães de Bruxelas,[1] e publicados entre 5 e 11 de abril de 1849 na *Nova Gazeta Renana*. Nestes artigos, Marx expõe com plena compreensão as características fundamentais do trabalho assalariado e *sua condição de ser* para a efetivação do capital. É posto também em destaque o capital produtivo, por ser em seu núcleo que o trabalho assalariado cumpre a sua *finalidade* e *função* de fornecedor de valor e valor de uso para a *expansão* do *valor*, cumprindo assim a determinação fundamental dessa relação social dominante que é o capital. Desta forma, Marx expõe aqui, num quadro sintético, a relação fundamental da sociabilidade do capital, a partir da apropriação das energias humanas objetivadas no processo de sua atividade vital. Tal exposição antecipa argumentos e demonstrações conclusivas encontradas em *O Capital*, particularmente nas demonstrações que precedem a da *mais-valia*, o que revela o padrão de compreensão, em sua crítica à economia política, alcançado nesses textos.

Nos artigos, Marx persegue atentamente as características essenciais das mercadorias, sua produção, seu comportamento no mercado subsumidas às leis deste, como concorrência, oferta e procura etc., com vistas a explicar o trabalho sob a forma potencial de força de trabalho, de capacidade de trabalho (como foi muito bem

---

1 Conf. Introdução de Engels a *Trabalho Assalariado e Capital*, in *Textos de Marx e Engels*, vol. III. São Paulo: Edições Sociais, Alfa-Ômega, s/d.

assinalado por Engels na reedição da obra em 1891[2] ao mostrar que, em várias passagens, Marx utiliza o termo *trabalho* com o evidente sentido de *força de trabalho*), como mercadoria subsumida às mesmas condições de qualquer outra mercadoria, mas também como componente do capital, que sem ele não poderia subsistir.

É necessário frisar que esses artigos são escritos num momento agudo do enfrentamento de classe (trabalhadores e capitalistas) na Europa. Esse momento revolucionário é analisado em vários artigos da *Nova Gazeta Renana*, mas aqui coube a Marx mostrar que a permanência dessa relação, o trabalho assalariado, resulta na subsunção da classe trabalhadora à classe capitalista, portanto em sua derrota diante do capital. Marx indica que essa ocorrência repõe, em outros termos, isto é, sob determinação econômica moderna, as condições de dominação senhorial de outros momentos históricos, como a servidão ou a escravidão. A consolidação do trabalho assalariado, naquele momento, é expressão da derrota política da classe trabalhadora, e isso ficou evidenciado nos artigos componentes deste texto, como já assinalara em *Miséria da Filosofia*.[3] Por fim, a compreensão ainda mais adequada dessa relação permite o entendimento do caráter negativo do valor pelo ângulo mais agudo de sua concreção, qual seja, a conversão da atividade humana, produtiva, em mero valor para o capital.

---

2   A publicação feita sob os cuidados de Engels em 1891 contém em pé de página todas as identificações entre trabalho e força de trabalho feitas por ele. Engels o fez sem qualquer alteração de conteúdo, como explica. Utilizamos aqui a tradução de Lívia Cotrim (apresentada como anexo à tese de doutoramento *Marx: Política e Emancipação Humana – 1848-1871*, PUC-SP, 2007), mantendo, contudo, as indicações, no rodapé, de tais identificações. Doravante citado no corpo do texto como TAC, seguido do número da página.

3   Chamamos a atenção aqui para o fato de que Marx, em *Miséria da Filosofia*, p. 157-165, observa a posição de Proudhon contra as coalizões operárias em defesa de aumento salarial, argumentando que este levaria à carestia geral. Ele mostra que, desta forma, Proudhon não está levando em consideração que os aumentos salariais devem, antes de mais nada, reduzir os lucros, algo que já estava patente nas teorizações ricardianas. Marx indica também que as coalizões expressam a união da massa trabalhadora, em seus interesses comuns, em oposição aos do capital, o que revela estarmos nesse momento diante da organização dos trabalhadores como *classe em si*, e não ainda *classe para si*, e só através da luta de classes ela pode alcançar, na luta política, a vitória sobre o capital, o que de resto mostra que só pela organização e luta ela pode alcançar sua emancipação, e por consequência a emancipação da sociedade em relação às classes sociais, na direção do comunismo.

Karl Marx – A determinação ontonegativa originária do valor   311

Note-se que, nestes artigos, Marx inicia uma empreitada crítica de características distintas, na total radicalidade, das abordagens feitas pela economia política, ou sob os limites dessa abrangente teoria, pois vai, passo a passo, explicitar o formato dessa relação entre os trabalhadores e os capitalistas, formato tratado sinteticamente como relação de capital e trabalho.

6.1 O trabalho assalariado

Marx apresenta neste texto, antes de mais nada, a noção clara de que o trabalho é a *atividade vital* do trabalhador, sua exteriorização de vida; mas posta sob o domínio do capital, essa atividade comporta-se tal qual qualquer mercadoria, afirmando que "esta *atividade vital* ele a vende a um terceiro, para assegurar-se os necessários *meios de vida*. Sua atividade vital é, pois, para ele somente um *meio* para poder existir. Ele trabalha para viver. Ele não inclui o próprio trabalho em sua vida, ele é muito mais um sacrifício de sua vida. É uma mercadoria que adjudicou a um terceiro" (*TAC*, p. 457).

Em seguida, o autor coloca-se na posição de explicar o significado e determinação do trabalho assalariado, perguntando ao princípio: "o que é o trabalho assalariado?" Ele argumenta mostrando que os questionamentos nessa linha levam a perceber que, em cada ramo de produção, o pagamento ao trabalhador, seja por determinado tempo de atividade, ou "pelo fornecimento de um determinado trabalho", consiste sempre numa dada quantidade de dinheiro que o capitalista despende na compra dessa atividade. Desta forma, diz Marx, "O burguês[4] *compra*, portanto, vosso trabalho com dinheiro. Por dinheiro, vocês *vendem*-lhe vosso trabalho" (*TAC*, p. 455).[5]

Pondera em seguida que, com o dinheiro com que comprou o trabalho alheio, isto é, a capacidade contida no trabalhador para exercer qualquer atividade que lhe seja determinada e para a qual seja orientado, o capitalista poderia ter comprado

---

4   *Em 1891*: capitalista, e incluiu-se: assim parece.

5   *Em 1891* incluiu-se: Mas isto é apenas a aparência. Na realidade, o que vocês vendem ao capitalista por dinheiro é vossa *força* de trabalho. O capitalista compra essa força de trabalho por um dia, uma semana, um mês etc. E depois de comprá-la, ele a utiliza, fazendo o trabalhador trabalhar pelo tempo estipulado.

qualquer outra mercadoria, seja para consumo, seja como meio de produção. E, na confirmação dessa relação, diz o autor: "Sua mercadoria, o trabalho,[6] os trabalhadores a trocam pela mercadoria do capitalista, por dinheiro, e de fato esta troca se realiza em uma relação determinada. Tanto de dinheiro por tanto de trabalho" (*TAC*, p. 456).[7] De maneira que aquela quantidade de dinheiro dada pelo capitalista ao trabalhador consiste no *valor de troca* de seu trabalho, observando sempre que o termo trabalho, como atividade fornecida por venda/compra, consiste indubitavelmente na venda e compra da capacidade de trabalho, venda/compra da força de trabalho. Esta distinção é fundamental, pois Marx está analisando exatamente o "tráfico sórdido" *dessa capacidade humana* e, obviamente, não dos bens ou mercadorias resultantes dessa atividade.

Por outro lado, indicando outros ângulos do trabalho (sempre como capacidade, como força potencial) submetido às relações de troca, Marx destaca ser o *salário* o preço do trabalho, de maneira que tem de encontrar-se disponível no mercado, como qualquer mercadoria e com seu preço determinado também sob a lógica da lei do valor, assim como o pagamento ou a remuneração por sua aquisição tem igualmente de se encontrar disponível, em mãos capitalistas, sob a forma dinheiro, sujeito às mesmas leis do mercado.

Ele argumenta nessa direção para esclarecer que o *salário* não é uma parte do valor de venda da mercadoria criada pelo trabalhador, dizendo: "Tomemos um trabalhador qualquer, por exemplo, um tecelão. O burguês[8] lhe fornece o tear e o fio. O tecelão senta-se para trabalhar, e o fio torna-se tela. O burguês[9] se apodera da tela e a vende, por 20 francos, por exemplo. Então o salário do tecelão é uma *parte* da tela, dos 20 francos, do produto de seu trabalho? De forma alguma" (*TAC*, p. 456), e completa em seguida: "O capitalista compra o trabalho[10] do tecelão com uma parte de seus recursos disponíveis, de seu capital, exatamente como, com outra parte desses recursos, comprou a matéria-prima – o fio – e o instrumento de trabalho – o tear" (*TAC*, p. 457).

---

6   *Em 1891*: força de trabalho.

7   *Em 1891*: por tanto tempo de uso da força de trabalho.

8   *Em 1891*: capitalista.

9   *Em 1891*: capitalista.

10 *Em 1891*: força de trabalho.

Subsumido a um processo dessa natureza, em que não se encontra presente sua decisão de produzir tanto disto ou tanto daquilo, tal processo só interessa ao trabalhador quando se encerra e ele pode obter um ganho para manter sua existência, ou seja, o *salário*. Desta forma, ele despende sua vida em troca de meios para manutenção da existência dessa mesma vida. Portanto, "O que ele produz para si mesmo não é a seda que ele tece, nem o ouro que ele extrai das minas, nem o palácio que ele constrói. O que ele produz para si mesmo é o salário, e seda, ouro, palácio se resolvem para ele em um determinado quantum de meios de vida, talvez em um casaco de algodão, em moedas de cobre e em uma moradia no porão" (*TAC*, p. 457). Abstraído de controlar o processo de produção ou decidir sobre ele, é também abstraído da fruição dos produtos de sua própria objetivação, de seu próprio trabalho: "E o trabalhador, que por doze horas tece, fia, perfura, torneia, constrói, escava, brita pedras, transporta etc. – para ele as doze horas de tecelagem, fiação, perfuração, torneamento, construção, escavação, britagem etc. significam exteriorização de sua vida, vida? Ao contrário. Para ele a vida começa quando essa atividade cessa, à mesa, na taberna, na cama" (*TAC*, p. 457). Tal situação só evidencia algumas afirmações talhadas nos textos críticos anteriormente examinados (*Cadernos de Paris, Manuscritos Econômico-Filosóficos* e *Miséria da Filosofia*); certamente, aqui a preocupação maior do autor é expor o trabalho assalariado como base e condição da existência do capital, e a ele subsumido.

As demonstrações sobre a alienação e o estranhamento reunidas nos dois primeiros textos podem ser aqui verificadas nas descrições que Marx faz da relação entre capital e trabalho, na determinação deste último como *trabalho livre*, em distinção histórica com as formas anteriores de trabalho, porém mantendo-se sob dominação alheia ao próprio trabalhador. Diz Marx: "O trabalho[11] nem sempre foi uma *mercadoria*. O trabalho nem sempre foi trabalho assalariado, isto é, trabalho *livre*. O *escravo* não vendia seu trabalho[12] ao proprietário de escravos, assim como o boi tampouco vende sua capacidade ao camponês. O escravo, junto com seu trabalho,[13] foi vendido de uma vez por todas a seu proprietário. Ele é uma mercadoria que pode

---

11   *Em 1891*: força de trabalho.

12   *Idem.*

13   *Idem.*

passar das mãos de um proprietário para as de outro. *Ele mesmo* é uma mercadoria, mas o trabalho[14] não é *sua* mercadoria. O *servo* vende somente uma parte de seu trabalho.[15] Não é ele que recebe um salário do proprietário da terra: é muito mais o proprietário da terra que recebe dele um tributo. O servo pertence à terra e dá frutos ao proprietário da terra. O *trabalhador livre*, em contrapartida, vende a si mesmo, e de fato por partes. Ele leiloa 8, 10, 12, 15 horas de sua vida, dia após dia, a quem oferece mais, ao proprietário das matérias-primas, dos instrumentos de trabalho e dos meios de vida, isto é, aos capitalistas. Ao trabalhador não pertence nem uma propriedade, nem a terra; mas 8, 10, 12, 15 horas de sua vida diária pertencem àquele que as compra" (*TAC*, p. 457-458).

O *trabalho livre* aliena parcela significativa do tempo diário de sua vida, para no processo de produção estranhar-se diante dos produtos de seu trabalho, dos demais trabalhadores, dos capitalistas e de si mesmo; o que resta de sua vida, diariamente, após o período de trabalho, tem de ser recomposto, e essas forças então devem retornar à atividade, no dia seguinte, para que ele adquira a garantia de continuidade dessa mesma condição de existência.

Observemos aqui dois aspectos ressaltados por Marx, no tratamento que dá ao trabalho, que nos permitem perceber um pouco mais o caráter negativo do trabalho sob a forma do assalariamento. O primeiro aspecto é a liberdade conquistada por essa forma de trabalho; trata-se de uma falsa liberdade, já que o trabalhador, ainda que possa escolher a qual capitalista vender seu trabalho (como força, como potencial), só pode fazê-lo à classe dos capitalistas, e não pode deixar de fazê-lo "sem renunciar a sua existência", já que esta é a fonte, por excelência, de vida do trabalhador. O segundo aspecto nos leva à atenção que Marx vem dando ao *tempo de trabalho*, e à forma como aborda esse problema, mostrando que o *trabalhador livre* se expressa no mercado como se estivesse leiloando horas de sua vida, horas alienadas de sua existência, o que, portanto, nega uma efetiva exteriorização de vida. Fora do processo de trabalho, vencidas as horas alienadas de sua vida, ela começa "à mesa, na taberna, na cama", para recompor-se e voltar a alienar-se.

Com esta análise, Marx vai expondo a radical distinção entre o trabalho como expressão onímoda da essência autoconstrutiva do indivíduo em seu gênero, e sua

---

14 *Idem.*

15 *Idem.*

forma restrita, o trabalho assalariado, que impede a efetivação dessa essencialidade, da exteriorização da vida, como indicou nos *Manuscritos* e nos *Cadernos* ao tratar da produção humana efetiva. Aqui, sua análise crítica do trabalho assalariado permite compreender outro ângulo da subsunção dessa atividade: ela *não ocorre* em favor de sua própria autoconstrução humana, mas, muito pelo contrário, em favor da construção de uma objetividade alheia e oposta ao indivíduo, muito bem definida nos textos anteriores, em que ele trata do estranhamento, ou do trabalho alienado. Neste texto, então, o que começa a ter maior visibilidade é exatamente a relação social do capital como manifestação objetiva que confirma aquela inversão e, portanto, a subsunção do homem, central no trabalho assalariado. Este último é a manifestação radical da venalidade a que se submete a essencialidade humana, a capacidade humana, a força de trabalho dos indivíduos, o potencial humano de autoconstrução, autoconstrução negada pela forma assalariada do trabalho. Nessas condições, a atividade do trabalho se torna restrita apenas ao *valor*, como *capital*, forma que expressa toda negatividade das relações sociais, na medida em que substitui de forma caricatural a própria vida, vida que, por essa razão, não se efetiva, como já se demonstrou insistentemente nos textos anteriores.

O trabalho assalariado é atividade que se vende para ser utilizada pelo capital por determinado tempo. Desta forma, pressupõe a presença de homens "proprietários" dessa capacidade, trabalhadores, no mercado de trabalho, oferecendo-a a quem se interesse por sua compra. O que significa dizer que esse potencial, essa capacidade, que distingue o *ser social* do meramente natural, é submetida ao mercado, cumprindo um papel de mercadoria como qualquer outra, enfrentando concorrência e demais vicissitudes próprias das leis de mercado.

Para tornar mais evidentes as determinações do salário, Marx investiga as mercadorias que vão para o mercado e se submetem às suas leis, que são regidas pela concorrência, pela oferta e procura, e indica uma outra referência que baliza a formação dos preços, além do mercado: o custo de produção. E diz que, com isso, os preços se encontrarão acima ou abaixo do custo, ou então coincide com ele. Em seguida, argumenta que o custo é determinado pelo tempo de trabalho, pois os custos de produção de mercadorias "consistem em 1. matérias-primas e[16] instrumentos, isto é, produtos industriais, cuja produção custou uma certa soma de dias de trabalho, que,

---

16 *Em 1891* incluído: desgaste dos.

portanto, representa uma determinada[17] soma de tempo de trabalho; e 2. trabalho imediato, cuja medida é igualmente o tempo" (*TAC*, p. 462). Da mesma maneira, as "leis gerais que regulam em geral o preço das mercadorias, regulam naturalmente *também o salário, o preço do trabalho*" (*TAC*, p. 462).

De forma que a remuneração do trabalho se encontrará em conformidade com a elevação ou queda dos preços das mercadorias que correspondam aos salários, e portanto em correspondência aos custos de produção, pois, "*no interior dessas oscilações, o preço do trabalho será determinado pelos custos de produção, pelo tempo de trabalho exigido para produzir essa mercadoria, o trabalho*" (*TAC*, p. 462).[18] Com isso, ele pergunta quais são os custos de produção do trabalho, e responde: "*São os custos requeridos para manter o trabalhador como trabalhador e formá-lo como trabalhador*" (*TAC*, p. 462).

Considerando as condições acima expostas, Marx observa que o preço do trabalho encontra-se determinado pelo preço dos meios necessários à vida do trabalhador. Quanto mais simples for o trabalho, nos "ramos de produção em que não é exigido quase nenhum tempo de estudo" (*TAC*, p. 462), por exemplo, seu salário corresponderá às poucas mercadorias exigidas para mantê-lo vivo. É certo que o salário significa a remuneração necessária à manutenção da existência e à reprodução do trabalhador, já que este será substituído, tal qual uma máquina que depois de dezenas de anos desgastou-se plenamente. Assim, a essa remuneração que compõe a reprodução do trabalhador, corresponde o *mínimo de salário*, diz Marx. Esse mínimo de salário diz respeito não ao trabalhador individual, mas ao seu gênero, gênero que se perpetuou como classe, e que em média cada um dos muitos trabalhadores recebe.

6.2 O capital

Marx inicia expondo a compreensão restrita dos economistas sobre o significado do capital, afirmando então que: "O capital consiste em matérias-primas, instrumentos de trabalho e meios de vida de todo tipo, que serão usados para fabricar novas matérias-primas, novos instrumentos de trabalho e novos meios

---

17   *Em 1891*: certa.

18   *Em 1891*: força de trabalho.

de vida. Todas estas suas partes constitutivas são criações do trabalho, produtos do trabalho, *trabalho acumulado*. Trabalho acumulado que serve como meio para uma nova produção, é capital. Assim dizem os economistas" (*TAC*, p. 464). Marx questiona essa concepção simplista e vulgar, indicando a ausência do que é fundamental na determinação do capital, isto é, a relação social que o define e determina. Como exemplo, ele questiona: "O que é um escravo negro?" E responde em seguida: "Um homem da raça negra. Uma explicação vale a outra. Um negro é um negro. Só se torna um *escravo* em relações determinadas" (*TAC*, p. 464), o que obriga à necessária compreensão de que as *relações sociais* historicamente efetivadas é que expressam essa ou aquela forma de ser dos homens naquele momento. As relações sociais são a própria sociabilidade humana, a sociedade. Fora dela não há humanidade. Assim é que as formas de ser dos homens se mostram como tal; assim é também com o capital e com as coisas que se põem necessariamente como capital. Marx observa mais à frente que "Uma máquina de fiar algodão é uma máquina de fiar algodão. Só em determinadas relações se torna *capital*. Arrancada dessas relações, ele é tão pouco capital como o *ouro* é em si e por si dinheiro ou o açúcar é o *preço* do açúcar" (*TAC*, p. 464).

Por outro lado, a produção humana reflete inexoravelmente uma atuação em conjunto, um conjunto de relações e de trocas, relações determinadas, e só a partir do "interior dessas ligações" se definem também as relações dos homens com a natureza. Da mesma maneira, os distintos meios de produção, exatamente por suas diferenças naturais, por sua determinação material, definem o modo da atividade dos homens e a sua participação na produção, de modo que "As relações sociais nas quais os indivíduos produzem, *as relações sociais de produção mudam, portanto, transformam-se com a transformação e desenvolvimento dos meios materiais de produção, das forças produtivas. As relações de produção em sua totalidade constituem o que chamamos de relações sociais, de sociedade*, e na verdade uma sociedade em um *nível de desenvolvimento histórico, determinado*, uma sociedade com caráter próprio, diferenciado. A sociedade antiga, a sociedade feudal, a sociedade burguesa são tais totalidades de relações de produção, cada uma das quais designa igualmente um específico nível de desenvolvimento na história da humanidade" (*TAC*, p. 464-465).

318   Ivan Cotrim

É com base nessa compreensão que Marx vai explicando o *capital* como relação social de produção da sociedade burguesa, de tal forma que os meios que compõem o capital se reproduzem nessa sociedade sob suas condições; por conseguinte, são essas relações, seu "caráter social", que definem que determinadas coisas se tornem capital. Marx acrescenta, por ser absolutamente determinante na explicação do capital, o fato de que nessa sociedade, além dos valores úteis, os "produtos materiais" produzidos contêm igualmente *valores de troca* como forma necessária e determinante, já que os produtos que aí são produzidos são *mercadorias*; afirma ainda que "O capital não é, portanto, uma soma de produtos materiais, ele é uma soma de mercadorias, de valores de troca, de *grandezas sociais*" (*TAC*, p. 465). O capital é a forma global das relações sociais de produção que se conserva e amplia como tal, pois mantém no seu núcleo o poder de "*uma parte da sociedade*, pela *troca com o trabalho*[19] *imediato, vivo*" (*TAC*, p. 465). Ou seja, o capital como relação social e política, dominante, só tem efetividade com a relação de troca entre capital como trabalho acumulado, por um lado, e trabalho vivo, ou capacidade, força de trabalho, por outro, e sua condição é a existência de homens trabalhadores que não possuem outra *mercadoria* para trocar além dessa capacidade, dessa força de trabalho.

De maneira que, afirma o autor: "O domínio do trabalho acumulado, passado, objetivado sobre o trabalho imediato, vivo é o que faz do trabalho acumulado capital" (*TAC*, p. 466). E completa essa assertiva contestando a formulação da economia política que trata a relação entre trabalho vivo e trabalho acumulado nos marcos da subordinação do segundo ao primeiro, sem explicar a razão. Marx mostra que, ao contrário, o capital não se define nessas condições, "O capital não consiste em que o trabalho acumulado serve ao trabalho vivo como meio para nova produção. Ele consiste em que o trabalho vivo serve de meio ao trabalho acumulado, para conservar e multiplicar seu valor de troca" (*TAC*, p. 466).

Vai se patenteando, ao longo deste texto, o alcance de Marx e sua plena superação em relação aos clássicos da economia política, no plano mesmo dessa ciência. Se, no texto crítico a Proudhon, ele já expressa com clareza a identidade entre os produtos sob a forma de mercadoria e o trabalho (atividade essencial do homem), também sob essa forma, aqui ele aprofunda a demonstração do nexo

---

19   *Em 1891*: força de trabalho.

Karl Marx – A determinação ontonegativa originária do valor   319

inevitável, incontornável e insuprimível entre o trabalho assalariado e o capital. Desde os *Manuscritos,* Marx aborda os *salários* como tema de destaque de suas críticas, indicando objetivamente naquele texto, e antes também nos *Cadernos,* a identificação do trabalho assalariado com o caráter alienado do trabalho e com o estranhamento que permeiam essa relação.

Em *Trabalho Assalariado e Capital,* contudo, ele dá o passo fundamental de sua crítica à economia política ao esmiuçar essa relação, que se polariza entre capital e trabalho, e, portanto, entre capitalistas e trabalhadores:

Primeiramente, expõe essa polaridade como expressão da oposição radical dos dois segmentos sociais mais significativos, em termos de sua contraditoriedade histórica. Note-se, pois, que a existência do capital exige a constante derrota e subordinação do trabalho assalariado, como vimos, e torna a classe trabalhadora dependente, de forma que, se o capital tem no trabalho assalariado a fonte de sua expansão, apropriada pelo capitalista, o trabalhador, por meio de sua atividade alienada, busca na relação com o capital os meios de garantia de sua existência, de sua vida, o que reflete a radical diferença de posição e inserção social de ambas as classes nessa relação.

Em segundo lugar, mas não com menor importância, distingue valor e valor de uso do trabalho no plano de sua crítica, compreensão que já vinha se esboçando em *Miséria da Filosofia.* Seu valor de troca, isto é, o preço do trabalho, põe-se aqui de forma plena; trata-se da identificação do trabalho como atividade vital, como a capacidade humana, como a força de trabalho (apesar de o termo "força de trabalho" ser usado neste texto apenas uma vez), tudo isso expresso apenas e exclusivamente pelo *valor.*

E por fim, explicita o fato de que, ao trocar o trabalho pelos meios de vida, pelo salário, que é também o seu preço, *toda essa capacidade é transferida para o capital,* permitindo assim sua acumulação, pois se essa capacidade fosse mantida sob a forma apenas de potencial, sem a atividade alienada de si, não haveria acumulação de capital, de maneira que ele deixa bem destacada a distinção entre o valor e o valor de uso do trabalho.

Marx assinala o fato de que, mesmo sob essas condições, realiza-se um desenvolvimento das forças produtivas, mas ao *preço* da degradação da maior parte da sociedade, *preço* pago, como vimos, exatamente pela parte ativa na produção,

320   Ivan Cotrim

produção que lhe é totalmente estranha, já que lhe é arrancada, alienada, sob a condição da propriedade privada.

Marx avançou, neste texto, para as condições críticas as mais significativas e, embora os desdobramentos e conclusões que efetivam sua exposição científica plena só se deem em sua *Contribuição à Crítica da Economia Política*, vemos, antecipadamente, formarem-se as condições basilares de sua cientificidade, nas formulações que indicaremos a seguir; assim se pronuncia o autor, ao destacar esse momento essencial de sua captação da *essência do capital*: "O trabalhador recebe meios de vida em troca de seu trabalho,[20] mas o capitalista recebe, em troca de seus meios de vida, trabalho, a atividade produtiva do trabalhador, a força criadora, pela qual o trabalhador não apenas repõe o que consome, mas dá ao trabalho acumulado um valor maior do que o que ele possuía anteriormente" (*TAC*, p. 466). E na confirmação do *custo* humano desta sociabilidade regida pelo capital, ele aduz as inevitáveis consequências para o trabalhador: "O trabalhador recebe uma parte dos meios de vida disponíveis do capitalista. Para que lhe servem esses meios de vida? Para o consumo imediato. Mas, assim que eu consumo meios de vida, eles estão irremediavelmente perdidos para mim, ou seja, eu utilizo o tempo durante o qual esses meios me mantêm vivo para produzir novos meios de vida, para criar por meu trabalho, durante o consumo, novos valores no lugar daqueles valores perdidos pelo consumo. Mas justamente essa preciosa força reprodutiva o trabalhador transferiu ao capital em troca dos meios de vida recebidos. Portanto, ele a perdeu para si mesmo" (*TAC*, p. 466).

Vai se confirmando, também, no tratamento direto que Marx dá à crítica da economia política, no interior dos construtos teóricos dessa ciência, a presença acentuada dos temas que ele evidenciou nos primeiros textos, em que argumentava indicando a alienação e o estranhamento, a "perda de si do próprio homem", pela impossibilidade de efetivação de sua vida, numa forma social em que a contraditoriedade está na base relacional dos homens. A transferência de suas forças essenciais para o capital revela que forças, potenciais, capacidades são perdidas para esse homem, que o desenvolvimento socioeconômico daí advindo não beneficia, ao contrário, esvazia e degrada.

---

20   *Em 1891*: força de trabalho.

Neste texto, Marx alcança uma compreensão sobre o *valor*, resultante de sua crítica ao trabalho assalariado, que se refletirá, concepcionalmente, na obra de maturidade, *O Capital*, pois aqui encontramos um primeiro esboço do que virá a ser sua explicação completa da mais-valia. Citamos a seguir outra demonstração da exploração do trabalho assalariado e a incorporação ao capital do excedente que daí deriva, bem como o mútuo condicionamento de capital e trabalho e que pode ser entendida também como uma protoforma da *mais-valia*: "Tomemos um exemplo: um arrendatário dá a seu jornaleiro 5 vinténs de prata por dia. Por 5 vinténs de prata, aquele trabalha no campo do arrendatário durante todo o dia e assegura a ele assim uma receita de 10 vinténs de prata. O arrendatário não recebe somente o valor reposto que ele transferiu ao jornaleiro; ele o duplica. Ele utilizou, consumiu, portanto, os 5 vinténs de prata que deu ao jornaleiro de uma maneira frutífera, produtiva. Ele comprou pelos 5 vinténs de prata justamente o trabalho e a força do jornaleiro, o qual gerou produtos da terra com o dobro do valor e fez de 5 vinténs de prata, 10. O jornaleiro, ao contrário, recebe no lugar de sua força produtiva, cujo resultado ele justamente transferiu ao arrendatário, 5 vinténs de prata, que ele troca por meios de vida, meios de vida esses que ele rápida ou lentamente consome. Os 5 vinténs de prata foram, portanto, consumidos de uma dupla forma, *reprodutiva* para o capital, pois foram trocados por uma força de trabalho que gerou 10 vinténs de prata, *improdutiva* para o trabalhador, pois foram trocados por meios de vida, que desapareceram para sempre e cujo valor ele só pode receber novamente repetindo a mesma troca com o arrendatário. *Portanto, o capital pressupõe o trabalho assalariado, o trabalho assalariado pressupõe o capital. Eles se condicionam reciprocamente; eles se geram reciprocamente*" (*TAC*, p. 466), ou seja, o valor que o capitalista paga pela atividade do trabalhador é menor que o valor criado no processo de trabalho.

Observe-se que esse avanço de Marx em expor a diferença entre o preço do trabalho, o salário, definido no mercado, e o valor que o trabalho cria, tem sua origem na distinção – que vem se esboçando desde a *Miséria da Filosofia* – entre valor e valor de uso das mercadorias em geral, e que se reproduz na mercadoria trabalho; tal distinção vai se especificando em *Trabalho Assalariado e Capital*; portanto, a aproximação que Marx faz daquilo que mais tarde será tratado como mais-valia, caminha em conjunto com a compreensão cada vez mais adequada do duplo valor do trabalho, revelado ao estudá-lo como mercadoria. De qualquer forma, a preocupação sempre maior com o trabalho, com a atividade humana, e agora com sua manifestação dual, permite-lhe criar os fundamentos sociais de explicação do capital. Tal preocupação é a base para que Marx inicie a sua crítica à economia política desde os *Cadernos de Paris*, onde o confronto entre as teorizações dessa ciência e a realidade ativa dos homens inaugurou seu percurso crítico-analítico.

Neste contexto, há que se destacar outra indicação do autor, no que diz respeito à relação do capital, em que, mesmo diante das contradições inerentes às relações sociais de capital e trabalho, interessa a esse último o dinamismo sempre crescente, uma velocidade maior do *capital produtivo*. "Mas o que é crescimento do capital produtivo?", pergunta o autor, e, afirmando a contradição inerente àquela relação, responde: "Crescimento do poder do trabalho acumulado sobre o trabalho vivo. Crescimento do domínio da burguesia sobre a classe trabalhadora" (*TAC*, p. 467), pois, se o trabalho vivo corresponde exatamente à classe trabalhadora, trabalho acumulado, por seu lado, é de propriedade da burguesia, do capitalista, embora sendo produto do trabalho vivo. Apesar disso, interessa ao trabalhador que o crescimento do capital produtivo se acentue, pois este traz melhores condições tanto salariais quanto de emprego, mesmo ao preço de se acentuar seu domínio sobre a realidade em sua totalidade, e, portanto, sobre o trabalho vivo.

Por outro lado, mas na confirmação ainda das contradições geradas pela relação social do capital, afirma Marx: "Se o trabalho assalariado produz a riqueza estranha que o domina, o poder que lhe é hostil, o capital, refluem deste seu emprego, isto é, meios de vida, sob a condição de que ele se torne de novo uma parte do capital, uma alavanca que o arremesse de novo em um movimento acelerado de crescimento" (*TAC*, p. 467). Ele explicita ainda o engodo no qual se enreda o velho mascaramento das contradições, diante dessa situação que pode favorecer o trabalho, lembrando a afirmação dos capitalistas de que "*Os interesses do capital e os interesses do trabalho são os mesmos*"; mas tal afirmação só pode ter significado se se compreende que um e outro, capital e trabalho, são extremos de uma mesma relação, e "Enquanto o trabalhador assalariado for trabalhador assalariado, seu destino dependerá do capital. Eis a muito louvada comunidade de interesses entre trabalhador e capitalista" (*TAC*, p. 467).

Analisemos agora outro ângulo da relação entre capital e trabalho assalariado, considerando sempre que o trabalho é tomado, embora sem determinar-lhe essa designação, como potencial, como força de trabalho; trata-se do preço em dinheiro dessa atividade. A primeira questão é que o salário não se encontra determinado apenas "pela massa de mercadorias" pela qual pode se trocar; "ele inclui diversas relações" (*TAC*, p. 468).

Ele destaca que o salário *tem uma determinação* pelo seu preço em dinheiro, mas que, a partir dela, outras relações se desdobram necessariamente, nos marcos do complexo monetário em que se encontra o dinheiro. Ele toma, inicialmente, como exemplo, as alterações que atingiram o valor do ouro e da prata no século XVI, com o afluxo desses metais para a Europa, vindos das minas descobertas nas Américas. E mostra que, com a queda do valor desses metais na Europa e a manutenção do valor das mercadorias lá produzidas, considerando que os trabalhadores continuaram a receber em salário as mesmas quantidades daqueles metais, proporcionalmente seus salários reduziram-se. Vê-se, portanto, que o salário em dinheiro está sujeito a relações outras que podem modificar a proporção em bens de consumo do trabalhador, e embora essa questão afete todo o tipo de mercadoria, Marx aponta para a alteração da mercadoria trabalho especificamente. Em seguida, ele aborda o tema (tendo como parâmetro a fase contemporânea à redação de *Trabalho Assalariado e Capital*) para expor outras relações a que estão sujeitos os salários em dinheiro: "Tomemos um outro caso. No inverno de 1847, graças a uma má colheita, os preços dos meios de vida indispensáveis, cereais, carne, manteiga, queijo etc., aumentaram significativamente. Suponhamos que os trabalhadores tenham continuado a receber a mesma soma de dinheiro por seu trabalho.[21] Seu salário não caiu? Certamente. Pelo mesmo dinheiro obtêm em troca menos pão, carne etc. Seu salário caiu, não porque o valor da prata diminuíra, mas sim porque o valor dos meios de vida se elevara" (*TAC*, p. 469). E, mostrando outros resultados, argumenta: "Suponhamos, finalmente, que o preço em dinheiro do trabalho permaneça o mesmo, enquanto o preço de todos os produtos agrícolas e manufaturados, graças à utilização de novas máquinas, estação mais favorável etc., tenha caído. Com o mesmo dinheiro, os trabalhadores poderiam comprar, então, mais mercadorias de todo gênero. Portanto, seu salário aumentou, justamente porque seu valor em dinheiro não se modificou" (*TAC*, p. 469). De maneira que a elevação ou queda dos salários têm, além das lutas operárias, que operam evidentemente

---

21 *Em 1891*: força de trabalho.

para sua elevação, determinações que se definem no bojo das relações de produção próprias do capital, o que leva Marx à conclusão de que o "preço em dinheiro do trabalho", que não é outra coisa senão o *salário nominal*, "não coincide, pois, com o *salário real*", que não é nada além de "a soma de mercadorias que é realmente dada em troca do salário" (*TAC*, p. 469).

Há ainda outro ângulo de observação das relações a que estão submetidos os salários, a relação entre salário real e salário relativo. A primeira expressão é diretamente o preço do trabalho em relação ao preço das mercadorias; já o salário relativo, diferentemente, constitui a relação entre o preço do trabalho imediato, vivo, e o preço do trabalho acumulado, que se define pelo valor relativo do salário e do capital, ou "o valor recíproco de capitalistas e trabalhadores" (*TAC*, p. 469). O que significa isto? Marx responde indicando-nos que "O salário real pode permanecer o mesmo, pode inclusive aumentar, e o salário relativo pode, não obstante, cair. Suponhamos, por exemplo, que os preços de todos os meios de vida baixaram em 2/3, enquanto o salário diário baixou somente em 1/3, portanto, por exemplo, de 3 francos para 2. Embora o trabalhador disponha, com estes 2 francos, de maior quantidade de mercadorias do que antes com 3 francos, ainda assim seu salário diminuiu em relação ao ganho do capitalista. O lucro do capitalista (por exemplo, do fabricante), aumentou em 1 franco, isto é, por uma soma menor de valores de troca que ele paga ao trabalhador, o trabalhador deve produzir uma soma maior de valores de troca do que antes. O valor[22] do capital em relação ao valor[23] do trabalho subiu" (*TAC*, p. 470). O que mostra que as relações do valor de troca do trabalho enredam-se numa complexidade que não está sob controle nem das lutas dos trabalhadores nem da administração dos capitalistas, mas das determinações próprias da produtividade e do mercado. Vale aduzir também que estas relações demonstradas por ele, em que o movimento do preço do trabalho, do salário, coloca-se inversamente à produtividade do trabalho, e que mesmo assim os capitalistas mantêm-se em vantagem, será amplamente desenvolvido em *O Capital*, atingindo todas as particularidades próprias do capital.[24]

---

22 *Em 1891*: A parte.

23 *Idem.*

24 Vale atentar para o fato de que essa análise de Marx atende à elevação de consciência da classe trabalhadora, pois é a ela que ele a dirige.

Contudo, expande-se o poder do capital mesmo quando, indiretamente, aumenta o valor relativo dos salários. Aumenta aquele poder frente à "posição social do trabalhador", pois esta se deteriora frente aos capitalistas. Desta forma, o questionamento de Marx – "Qual é, então, *a lei geral, que determina a queda e o aumento do salário e do lucro em sua relação recíproca?*" – começa a ser solucionado com a afirmação: "*Estão em relação inversa. O valor de troca*[25] *do capital, do lucro, aumenta na mesma proporção em que o valor de troca*[26] *do trabalho, do salário diário, cai, e vice-versa. O lucro sobe na medida em que o salário cai, e cai na medida em que o salário sobe*" (*TAC*, p. 470). Com isto, ele vai captando e se aproximando, sempre mais adequadamente, do capital em geral, vai reproduzindo teoricamente esse fenômeno que universaliza sua sociabilidade.

Retomando as contradições já indicadas, Marx afirma: ainda que o salário se mantenha, ou até aumente, isto é, que o trabalhador consiga o mesmo montante de bens ou até mais, por dado período diário de trabalho, deve-se destacar que "qualquer que seja a proporção em que a classe capitalista, a burguesia, seja de um país, seja de todo o mercado mundial, divida entre si o produto líquido da produção, a soma total desse produto líquido é sempre apenas a soma da qual o trabalho acumulado em geral foi ampliado pelo trabalho vivo.[27] Esta soma total, portanto, cresce na proporção em que o trabalho amplia o capital, isto é, na proporção em que o lucro sobe contra o salário" (*TAC*, p. 471). Destaque-se também que Marx já indica aqui o trabalho como condição de valorização do capital, e que esse, ao contrário do trabalho, amplia-se, acumula-se, enquanto o trabalho mantém-se no mesmo patamar de mera manutenção e reprodução do trabalho.

Com isto, fica clara a definição marxiana de que o lucro não sobe porque o salário cai, mas, ao contrário, o salário cai em relação ao aumento do lucro, o que leva a uma radical superação da tese de Ricardo, segundo a qual aos aumentos salariais correspondem diretamente às quedas de lucro e vice-versa, expressão que esconde exatamente o fato de que a capacidade, a força de trabalho, produz mais do que o que lhe serve de compensação. Desta maneira, "Um rápido aumento do capital é igualmente um rápido aumento do lucro. O lucro só pode aumentar

---

25 *Em 1891:* A parte.

26 *Idem*, 1891

27 *Em 1891*: imediato.

rapidamente se o valor de troca[28] do trabalho, se o salário relativo também decai rapidamente. O salário relativo pode cair apesar de o salário real, simultaneamente com o salário nominal, com o valor em dinheiro do trabalho, subir, basta não subir na mesma proporção que o lucro. Se, por exemplo, em período bom para os negócios, o salário subir 5%, o lucro, em contrapartida, 30%, então o salário proporcional, relativo *não aumentou*, mas sim *diminuiu*. Aumentando, portanto, a receita do trabalhador com o rápido crescimento do capital, aumenta ao mesmo tempo o abismo social que separa o trabalhador do capitalista, aumenta ao mesmo tempo o poder do capital sobre o trabalho, a dependência do trabalho em relação ao capital. Que o trabalhador tenha interesse no rápido crescimento do capital significa apenas: quanto mais rapidamente o trabalho amplie a riqueza estranha, tanto mais ricas migalhas sobram para ele, tanto mais trabalhadores podem ser mantidos ocupados e vivos, tanto mais pode se multiplicar a massa de escravos dependentes do capital" (*TAC*, p. 471).

Assim, qualquer que seja a melhoria a que seja levado o trabalhador, a equação social disposta na relação entre capital e salário não elimina a contradição entre trabalhadores e capitalistas, com tanto maior domínio dos últimos sobre os primeiros quanto mais aumenta o capital, o que mantém, no quadro geral das contradições, a relação inversa entre *lucro* e *salário*, afirma Marx. E, ainda que seja mais vantajosa para o trabalhador a rápida expansão do capital, a expansão da *riqueza estranha*, tanto maior é o poder do capital sobre o trabalho e maior o abismo que o separa da riqueza que o capital retém para si.

A noção de que quanto mais cresce o capital melhor é a condição do trabalhador permeia o pensamento da economia política; o entendimento dos pensadores da burguesia de que os aumentos salariais estão condicionados ao aumento do capital produtivo não expressa a plena verdade, diz Marx. Ele questiona "como atua o crescimento do capital produtivo sobre o salário", e expõe em seguida que, à expansão do capital produtivo, corresponde uma "acumulação multifacética de trabalho", e aumenta potencialmente a concorrência entre os capitalistas, que se assemelha a uma guerra, por "*conduzir ao campo de batalha industrial formidáveis exércitos de trabalhadores com gigantescas ferramentas de guerra*" (*TAC*, p. 473).

---

28 *Em 1891*: preço.

Esse enfrentamento gera alterações nos patamares dos preços e gera também a necessidade de redução de custos, para que a queda dos preços possa ocorrer.

Neste ponto, aquela noção de melhoria dos salários condicionada ao crescimento do capital encontra sua inflexão. A luta entre capitalistas acentua o desenvolvimento da *maquinaria* e, com esta, da *divisão do trabalho*, para que, no conjunto, obtenha-se o aumento da força produtiva do trabalho. Esse aumento é responsável pela redução dos custos de produção; por conta disso, a competição adentra esse nível do processo produtivo, e "gera-se daí uma competição universal entre os capitalistas para ampliar a divisão do trabalho e a maquinaria e explorá-los na maior escala possível" (*TAC*, p. 473).

A concorrência obriga necessariamente a uma nivelação entre os capitalistas, pois aqueles que saem na frente, modificando a divisão do trabalho e a maquinaria com o objetivo de reduzir os preços do produto no mercado, são acompanhados pelos demais, o que resulta em uma verdadeira revolução nos meios de produção, nas máquinas. Desta forma, "Vemos que o modo de produção, os meios de produção são constantemente transformados, revolucionados, que *a divisão do trabalho, a utilização de maquinaria, o trabalho em uma escala maior, necessariamente arrastam atrás de si maior divisão do trabalho, maior utilização de maquinaria, trabalho em escala ainda maior*" (*TAC*, p. 474).

O processo de produção capitalista, nessas condições, expressa uma ordem de continuidade expansiva incessante, pois "Por mais poderoso que seja um meio de produção que um capitalista introduza na batalha, a concorrência generalizará esse meio de produção, e a partir do momento em que ele houver sido generalizado, o único resultado da maior fecundidade de seu capital é que ele deve oferecer, pelo *mesmo preço*, 10, 20, 100 vezes mais do que antes. Mas como precise, talvez, comercializar 1000 vezes mais para compensar, com a maior massa de produtos vendidos, o menor preço de venda, porque uma venda muito mais massiva é agora necessária, não apenas para ganhar,[29] mas sim para repor os custos de produção – como vimos, os próprios instrumentos de produção se tornam cada vez mais caros –, porque essa venda massiva, no entanto, não pôs uma questão vital somente para ele, mas também para seus rivais, a velha luta começa *tanto mais violenta quanto mais fecundos são os meios de produção já inventados. A divisão do trabalho e a utilização da maquinaria*

---

29 *Em 1891* acrescentado: mais.

acontecerão de novo, portanto, em medida desigualmente maior" (*TAC*, p. 475). Tudo o que individualmente é desenvolvido para melhor enfrentamento da guerra concorrencial se volta contra o capitalista, de vez que se torna um instrumento passível de generalização, repondo incessantemente a concorrência.

Uma das preocupações centrais nesse artigo é a influência do crescimento do capital produtivo na determinação do salário. A primeira questão posta por Marx é a inevitável acentuação da concorrência entre os operários, que se põe de várias formas e por várias razões: "A maior *divisão do trabalho* capacita *um* trabalhador a fazer o trabalho de 5, 10, 20; ela multiplica, pois, a concorrência entre os trabalhadores em 5, 10, 20 vezes. Os trabalhadores não concorrem entre si apenas na medida em que um se vende mais barato que o outro; eles concorrem entre si na medida em que *um* executa o trabalho de 5, 10, 20, e a *divisão do trabalho* cada vez maior que o capital introduz obriga os trabalhadores a concorrer deste modo entre si" (*TAC*, p. 476). Ademais, a divisão do trabalho simplifica as operações produtivas da indústria, proporcionando a possibilidade de alocação de trabalhador com nenhuma ou quase nenhuma formação; isto resulta em que "A *habilidade específica* do trabalhador se desvaloriza. Ele é transformado em uma força produtiva simples, monótona, que não tem que pôr em jogo energias intensas, nem corporais nem espirituais. Seu trabalho se torna um trabalho acessível a todos. Por isso é pressionado por concorrentes por todos os lados, e a esse respeito lembramos que quanto mais simples, quanto mais facilmente ensinável é o trabalho, quanto menores custos de produção requerer para ser aprendido, tanto mais baixo cai o salário, pois, como o preço de qualquer outra mercadoria, ele é determinado pelos custos de produção" (*TAC*, p. 476).

Desta maneira, a simplificação das operações, o reducionismo a que fica submetido o trabalho, reflete negativamente no trabalhador tanto pela monotonia quanto pela descaracterização da utilidade de sua atividade, de tal forma que só reproduz insatisfação para o trabalhador, conforme já foi várias vezes apontado por Marx nos *Manuscritos Econômico-Filosóficos*. Além disso, o aumento da concorrência entre os trabalhadores reflete proporcionalmente a queda dos salários. Mas "Impelido pela necessidade, ainda multiplica, pois, as catastróficas influências da divisão do trabalho. O resultado é: *quanto mais trabalha, tanto menor o salário que recebe*, e de fato pela simples razão de que, na mesma medida em que concorre

Karl Marx – A determinação ontonegativa originária do valor   329

com seus colegas, faz, por isso, igualmente muitos concorrentes de seus colegas, os quais se oferecem em condições tão ruins quanto ele, e portanto, em última instância, *concorre consigo mesmo, consigo mesmo enquanto membro da classe trabalhadora*" (*TAC*, p. 476).

Essa concorrência será visivelmente intensificada com o desenvolvimento da maquinaria, pois substitui o trabalhador, primeiro, por trabalhador não especializado; depois, o trabalho do homem pode ser substituído pelo da mulher; e, finalmente, o trabalho dos adultos será substituído pelo das crianças, além do fato de que a redução da massa de trabalhadores se acentua pelo desenvolvimento da maquinaria. Marx expressa esse fenômeno, próprio da concorrência, dizendo: "Descrevemos acima, em rápidos traços, a guerra industrial entre os capitalistas. *Esta guerra tem a peculiaridade de que suas batalhas são ganhas menos pelo recrutamento do que pela demissão do exército de trabalhadores. Os generais competem entre si sobre quem pode despedir mais soldados da indústria*" (*TAC*, p. 476). O que confirma a indubitável redução do número de trabalhadores pelo avanço tecnológico da maquinaria. Marx expressa muito bem esse movimento concorrencial que, num momento, exige a ampliação da massa trabalhadora, a qual em seguida é substituída pelos novos meios de produção, tecnologicamente mais desenvolvidos, e, por conseguinte, excluída do campo industrial do trabalho.

Os trabalhadores são, como já explicitou Marx, custo de produção, portanto a redução do preço de sua capacidade de trabalho ou a sua substituição por máquina que produza em maior escala é o que conta para a concorrência entre os capitalistas. A transformação dessa capacidade em preço, ou melhor, em valor dos meios de vida do trabalhador, é a clara manifestação do reducionismo que o capital provoca, ao tratar essa capacidade apenas pelo valor, desconsiderando toda a qualidade necessária, mesmo para as atividades simplificadas pela divisão do trabalho, para a efetivação de qualquer atividade produtiva. A esse reducionismo corresponde a negatividade a que chega o valor quando atinge a máxima intimidade das relações humanas, reduzindo suas atividades à expressão abstrata e indiferenciadora do valor. Além disso, os trabalhadores que são postos fora do campo industrial de trabalho só podem alocar-se em ramos de produção com salários inferiores. Os economistas tentam reduzir esse problema tratando-o apenas de forma abstrata. Marx recusa a posição destes com o seguinte argumento:

"Mas suponhamos que os expulsos diretamente do trabalho pela maquinaria e toda a parte da nova geração, que já espreitava esse emprego, *encontrem uma nova ocupação*. Acredita-se que esta será tão bem paga como a que foi perdida? *Todas as leis da economia contradizem isso.* Vimos que a indústria moderna tende sempre a substituir uma ocupação complexa, superior, por outra mais simples, inferior" (*TAC*, p. 477). E pergunta em seguida, para dar sequência ao seu argumento: "Como poderia, portanto, uma massa de trabalhadores expulsa de um ramo industrial pela maquinaria encontrar em outro um abrigo, a não ser *recebendo um pagamento mais baixo, pior*? Menciona-se como exceção os trabalhadores que trabalham na própria fabricação de máquinas. Tão logo mais máquinas são exigidas e consumidas na indústria, as máquinas devem necessariamente aumentar, portanto a fabricação de máquinas, portanto a ocupação do trabalhador na fabricação de máquinas, e os trabalhadores empregados neste ramo industrial devem ser trabalhadores especializados, e mesmo cultos. Desde o ano de 1840 esta afirmação, que já antes era apenas uma meia-verdade, perdeu todo brilho, uma vez que máquinas cada vez mais variadas foram utilizadas para a fabricação de máquinas, nem mais nem menos do que para a fabricação de fio de algodão, e os trabalhadores ocupados nas fábricas de máquinas só podiam ainda ocupar o lugar das máquinas extremamente simples, em face das extremamente engenhosas" (*TAC*, p. 477). Assim, o desenvolvimento das forças produtivas apresenta-se com dupla face, de um lado aumenta a instalação tecnológica, e de outro desemprega o trabalhador.

Considerando sempre as condições específicas das relações do capital e do trabalho assalariado, isto é, indo sempre à frente, superando criticamente as abordagens restritas e abstratas da economia política, Marx desvela o caráter contraditório e desumano dessa relação da sociedade burguesa, capitalista. Ele resume, como resultado de sua análise, o quadro geral da concorrência capitalista e os efeitos sobre o trabalho assalariado: "*quanto mais o capital produtivo cresce, tanto mais se amplia a divisão do trabalho e a utilização da maquinaria. Quanto mais se amplia a divisão do trabalho e a utilização da maquinaria, tanto mais se amplia a concorrência entre os trabalhadores, tanto mais se contrai seu soldo*" (*TAC*, p. 478).[30]

---

30 *Em 1891*: salário.

A concorrência capitalista não deixa imune o próprio capital, pois ela se encontra na base das suas crises, conforme explica Marx no encerramento deste seu artigo: "Finalmente, na medida em que os capitalistas são obrigados, pelo movimento acima descrito, a explorar os gigantescos meios de produção já existentes em escala cada vez maior e, com esse objetivo, pôr em movimento todas as molas do crédito, na mesma medida multiplicam-se os terremotos[31] nos quais o mundo industrial só sobrevive sacrificando uma parte da riqueza, dos produtos e mesmo das forças produtivas aos deuses do submundo – em uma palavra, aumentam as *crises*. Elas se tornam mais frequentes e violentas já porque, na mesma medida em que cresce a massa de produtos, portanto a demanda por mercados ampliados, o mercado mundial se restringe cada vez mais, restam cada vez menos mercados[32] para exploração, pois cada crise anterior submeteu ao comércio mundial um mercado até então não conquistado ou apenas superficialmente explorado pelo comércio. Mas o capital não *vive* apenas do trabalho. Um senhor simultaneamente aristocrático e bárbaro arrasta consigo para a sepultura os cadáveres de seus escravos, uma completa hecatombe de trabalhadores que submergem nas crises. Vemos, portanto: *crescendo velozmente o capital, cresce desproporcionalmente mais rápido a concorrência entre os trabalhadores, isto é, tanto mais minguam, relativamente, os meios de ocupação, os meios de vida para a classe trabalhadora, e não obstante o crescimento rápido do capital é a condição mais favorável para o trabalho assalariado*" (*TAC*, p. 478).

Marx foi avançando a passos largos na direção de expor, ainda que de forma sintética, o capital como um quadro composto de múltiplas contradições centralizadas na relação capital-trabalho. Ele apreendeu, na totalidade caótica da sociabilidade do capital, o ordenamento fundamental que, ao mesmo tempo em que dá unidade a esse todo sob a forma do capital, desagrega a massa de trabalhadores, que se veem impossibilitados de viver de outra forma; ao mesmo tempo em que cria as condições de produção e a própria riqueza material, exclui a maior parte dos homens de sua fruição; ao mesmo tempo em que desenvolve a tecnologia, degrada o homem em operações monótonas e unilaterais; ao mesmo tempo em que amplia o capital, mantém na restrita condição de subsistência

---

31   *Em 1891* acrescentou-se: industriais.

32   *Em 1891* acrescentou-se: novos.

a maior parte dos trabalhadores assalariados. Sua apreensão se deu através da análise crítica do trabalho como mercadoria do capital, em que manteve como referência e determinação a atividade humana, mas convertida em trabalho assalariado. Ao mesmo tempo examinou essa conversão e expôs a forma como o produto dessa relação flui para a acumulação de capital.

Conclusão

A conquista da determinação ontonegativa do valor

Em sua abordagem crítica da economia política, Marx expôs os limites dessa ciência, revelando sua base de sustentação ideológica ao mesmo tempo em que indicou como correta a compreensão por ela alcançada sobre o *valor*, categoria social da maior importância, na consecução prática das relações de produção, nas relações sociais do capital, e na explicação científica deste último. Sua crítica aos fundamentos da economia política atinge diretamente a propriedade privada, a divisão do trabalho e o trabalho assalariado, e obviamente o valor, como formas de ser ativadas e processadas pelos indivíduos em intercâmbio, numa realidade social que, para efetivar-se como tal, desefetiva esses mesmos indivíduos, excluindo-os de qualquer controle sobre suas subjetividades objetivadas. Em sua crítica originária à economia política, Marx indicou que a reprodução dessa realidade sustenta-se em determinações específicas, o estranhamento e a alienação, que vedam aos indivíduos reconhecerem-se como autocriadores, autoconstrutores de si e dessa própria realidade social. A vida objetiva, o mundo dos homens, por eles criado, mostra-se-lhes, nestas condições, como uma *realidade natural*, como se os componentes, objetivos e subjetivos, que lhe dão vida não fossem resultado de sua própria produção, de seu próprio intercâmbio com tal realidade.

Embora Marx não tenha estabelecido uma relação crítica direta com os filósofos que empreenderam esse construto ideal, o da *naturalização da realidade humana*, de uma sociabilidade natural, procuramos mostrar que tais formulações econômico-filosóficas são encontradas desde o advento histórico do capital moderno, e são responsáveis pela forja da identidade dos indivíduos com as categorias econômicas naturalizadas: a propriedade privada, a divisão do trabalho e o assalariamento, que se expressam como *valor*.

Sinteticamente, a produção filosófica moderna não apresenta outra determinação para a sociabilidade humana que não esteja fundada originariamente na natureza. Com Hobbes, a naturalização de algumas características apresentadas pelos indivíduos, no período de vigência de sua produção intelectual permite a construção do *estado de natureza* como matriz do agir humano. O medo de cada indivíduo de "sofrer pilhagem daquilo que é naturalmente propriedade sua" cria a suposta "guerra de todos contra todos", condição que arma os dispositivos originários de um estado sob a forma de *contrato*, com perfil político de poder absoluto. Esses artifícios teóricos hobbesianos afirmam uma natureza humana egoísta e possessiva, cujas manifestações subsumem-se a relações de causa e efeito mecanicamente ordenadas, sem qualquer fundamento moral.

O mesmo não se pode dizer de Locke, cuja compreensão da política, centrada na nova ordem do *habeas corpus*, não pode demandar um poder nos moldes absolutistas hobbesianos. Locke insere o trabalho como determinação da propriedade privada. Nele, o próprio *corpo* é propriedade dos indivíduos, que por meio de *seu* trabalho incorporam a *materialidade externa* (terras e seus produtos) como *sua* propriedade. Salientemos que Locke prepara o caminho para a posição que toma a economia política para justificar a propriedade privada; para ele, ela apresenta-se fundida fisicamente nos indivíduos, em seu próprio corpo. Com Smith há um avanço, já que este subjetiva a propriedade privada, e ela passa a ser expressão de um sentimento intrínseco à *natureza humana*, que se revela em seu agir objetivo, e é exatamente nesse proceder objetivo que os indivíduos revelam a característica de proprietário.

Vê-se aqui que há uma *evolução* na definição da propriedade privada: enquanto em Locke o trabalho, moralmente definido, destaca-se em sua configuração, na concepção sensualista de Smith, ela é parte integrante da subjetividade e, portanto, figura como característica intrínseca aos indivíduos.

Smith não se demarca somente em relação a Locke. Ele se opõe diretamente às formulações hobbesianas do egoísmo (possessivo), do egoísmo racional, primeiramente porque supõe a propriedade privada como resultado natural e não racional dos indivíduos, isto é, a propensão natural dos homens ao intercâmbio encontra-se na base da apropriação, pela troca, das coisas objetivas; em segundo lugar, ele descarta objetivamente qualquer egoísmo, centrado na posição de que "*há princípios na natureza humana* que levam os homens a se interessar pela sorte dos outros", derivando daqui uma maneira humana natural de proceder com desinteresse. O sentido de aprovação ou reprovação das atitudes alheias, a aproximação das virtudes e o afastamento dos vícios etc. formam um quadro de manifestações que revelam os sentimentos morais, como expressão intrínseca à *natureza humana*. Obviamente, Smith cumpre um papel distinto tanto de Hobbes quanto de Locke, na medida em que funda a sociabilidade no agir moral e este nos sentimentos naturais, confirmando o seu empirismo, aprendido com Hutcheson ao lado de Hume; essa base intelectual encontra-se na raiz do liberalismo moderno e a ele oferece a concepção de homem que lhe é própria.

Os embates de Smith com Hobbes nos mostram as distinções conceituais que são elaboradas e reelaboradas, com vistas a explicar e justificar a realidade socioeconômica em desenvolvimento, de forma que o que é pertinente dizer dos indivíduos no período de Hobbes não o é na fase de vivência smithiana; no entanto, não se altera o fundamento natural de sua sociabilidade.

Smith mostra que, se no período de Hobbes o dilema das guerras encontrava sua resolução na subordinação dos indivíduos ao estado, seria necessário agora ir além de Hobbes e superar aquela concepção de indivíduo advinda de sua filosofia política, que acabava por determinar, como solução, o exercício do poder absoluto. A sociabilidade, na concepção smithiana, ao contrário, funda-se na "refinada solidariedade que o espectador nutre pelos sentimentos das pessoas",[1] e, reafirmando os fundamentos naturais dos sentimentos, ele completa dizendo que "a natureza, ao que parece, ajustou de modo tão feliz nosso sentimento de aprovação e desaprovação à conveniência do indivíduo e da sociedade /.../ que se trata de

---

[1] Smith, Adam, *Teoria dos Sentimentos Morais*. São Paulo: Martins Fontes, 2002, p. 233. Atentemos para o fato de que Smith, como Hume, afirma-se no caráter *individual* dos homens, característica comum aos empiristas-sensualistas, que lançam, sempre que necessário, um apelo a um caráter universal, definido por regras naturais.

336 Ivan Cotrim

uma regra universal";[2] desta forma, vemos a *sociabilidade* sintetizada nos atributos naturais dos indivíduos, reafirmada em suas teorizações.

A economia política, como vimos, nutre-se dessas fontes, desde Hobbes até Smith, tendo sempre nos indivíduos isolados e naturalmente definidos a referência das características humano-societárias, o que cria fortes embaraços na explicação de seu caráter universal, sua generidade, e cria também uma barreira intransponível para a compreensão, a partir de suas formulações, da generidade como essência humana.

Repõem-se em Smith as mesmas dificuldades que se mostraram presentes em Hume quanto à relação entre indivíduo e gênero. Observemos de passagem que, em Hobbes, essa questão não teve a preponderância que marca os empiristas/moralistas, pois, para ele, as determinações qualitativas dos indivíduos atingem a todos indistintamente, enquanto que, para esses, às individualidades correspondem sentimentos particulares, específicos à sua sensualidade.

Hume atém-se à individualidade como expressão singular da natureza; tal posição é tomada em especial quando aborda o *gosto estético*, em que se vê diante de suas próprias formulações sobre a individualidade, mas ao mesmo tempo se vê obrigado a lançar mão da noção de universalidade, ao verificar que determinadas obras artísticas permanecem agradando, permanecem evocando o interesse e admiração de povos inteiros e em épocas diferentes; então afirma Hume: "O gosto de todos os indivíduos não é igualmente válido /.../ mas existem regras da arte e que essas regras traduzem um acordo acerca do que agradou universalmente em todos os países e em todas as épocas".[3] A relação entre indivíduo e gênero não pode ser solucionada pelos empiristas e moralistas, senão por artifício formal, como vimos tanto em Hume como em Smith.

Em Hegel, esse *caráter natural* dos indivíduos não está presente, e sua historicidade e evolução marcam o percurso do homem. Contudo ele subsume os indivíduos a uma objetividade superior, idealmente construída, o espírito absoluto. Também no que se refere à relação entre indivíduo e gênero, Hegel dá um encaminhamento plenamente superior em relação aos clássicos da filosofia política

---

2   *Ibidem*, p. 230.

3   Hume, David, *apud* Ferry, Luc, *Homo Aestheticus – A Invenção do Gosto na Era Democrática*. São Paulo: Ensaio, 1994, p. 87.

e moral, pois, ao tomar o trabalho, a ferramenta, como princípio mais geral, ele posiciona o indivíduo no seu verdadeiro centro, onde sua autoconstrução é efetivamente concretizada, fenômeno que registra a universalização dos indivíduos e se reflete como forma de ser de toda a humanidade; essa nova posição exposta por Hegel conduz à determinação da forma originária da prática humana, jamais abandonada, pois expressa o núcleo de seu processo ativo, de sua vida.

Hegel põe no centro de sua discussão sobre a vida humana, sobre o ser social, essa característica ativa, que não se apresenta no plano econômico como um momento qualquer, mas como o momento incontornável de sua vida; e, embora tal compreensão nos dê uma configuração humana nova, permanece na concepção universal desse filósofo, simultaneamente, o fato de que os homens cumprem apenas um momento, embora decisivo, da autoconscientização do espírito absoluto. De qualquer forma, ele dá um passo certeiro na superação daquelas contradições abertas pelos filósofos da moderna economia política, bem como chama a atenção para a vida prática, nas condições indicadas. Hegel encontra-se com essa ciência, convergindo com ela na valoração positiva de seu objeto. É o caso, por exemplo, da propriedade privada, que se afigura a ele como um marco no desenvolvimento da humanidade, pois, com certa proximidade do pensamento lockeano, entende que a relação dos homens com a realidade exterior, por meio do trabalho, leva essa realidade a incorporar-se ao mundo subjetivo dos indivíduos, que, por essa razão, retiram esses objetos de sua "mudez" natural e integram-nos à sua personalidade e autorrealização.

Tendo como referência o pensamento dos autores mais importantes da economia política, Hegel vai tecendo algumas críticas ao formato que as relações econômicas tomam na teorização destes. Embora a divisão do trabalho encontre-se sempre mediada pelo desenvolvimento das potencialidades do trabalho e com este desenvolvimento mantenha correspondência, Hegel vê um aspecto negativo nessa categoria, pois, embora esteja na base do intercâmbio das necessidades humanas, o *demônio* do trabalho, mecânico, abstrato, deforma o trabalhador. Este perde a consciência de sua real condição, tem reduzida sua capacidade onímoda às operações simples do trabalho, e nestas condições suas necessidades humanas se põem de maneira *casual*. Estas constatações, que reaparecem nos *Cadernos de Paris,* serão submetidas a uma crítica em que Marx, por tratar o homem a partir de sua atividade sensível em sua generidade, esclarece o real significado do estranhamento e da alienação, distinguindo-se de Hegel que, embora constate tais deformações, não capta a determinação das forças produtivas como possibilidade real de superação desses fenômenos.

Em Hegel, através do trabalho surge no homem algo universal, que vai além da mera transformação do objeto do trabalho. Trata-se da ruptura com a vida imediata, instintiva, impulsiva, natural, ruptura que se dá com a mediação e satisfação de seu desejo pelo trabalho. Mas a forma como o trabalho se organiza modernamente não permite o desenvolvimento do homem; a existência e expansão das máquinas nas manufaturas só aprofunda sua unilateralização, "o homem se torna cada vez mais *mecânico*, sórdido e sem espírito pela abstração do trabalho".[4]

Por fim, no que toca às questões econômicas, Hegel irá apontar a positividade do dinheiro, como consubstanciação da alienação, afirmando: "*Estes múltiplos e diversos* trabalhos das necessidades como coisas têm de realizar igualmente seu conceito, sua abstração; seu conceito geral tem de ser igualmente uma coisa como eles, porém que represente a todos como geral. O *dinheiro* é este conceito material e existente, a forma da unidade ou da possibilidade de todas as coisas da necessidade".[5] Porém ele não deixa de apresentar também certa crítica a esse mundo econômico em sua unidade no dinheiro; trata-o como "a vida semovente do morto", um mundo no qual os homens se encontram subsumidos, alienados, num movimento que "oscila cega e elementarmente de um lado para o outro".[6] Se o dinheiro é o trabalho e a necessidade nele sublimados, e se os homens se movem, por esta razão, às cegas, alienados, encontram-se, por consequência, subtraídos ao domínio de suas próprias relações, de forma que o dinheiro exerce esse papel dúbio, muito bem apontado por Hegel, embora entenda essa dubiedade como produto do próprio homem, como característica de uma vida criada por ele próprio e não indique qualquer condição de sua superação, como observa Lukács.

Vimos as abordagens econômicas serem elevadas por Hegel ao plano filosófico, como condição necessária de compreensão do ser social, ainda que sob os

---

4 Hegel, G., *apud* Lukács, G., *El Joven Hegel y los Problemas de la Sociedad Capitalista*, *op. cit.*, p. 329.

5 Hegel, G., *apud ibidem*, p. 331.

6 *Ibidem*, p. 331.

efeitos da especulatividade, o que, de qualquer forma, expressa um avanço na apreensão desse ser em relação aos pensadores da economia política. Estes, por sua vez, tiveram outra trajetória, que obviamente não encontra equivalência na ontologia hegeliana: o de tratar da realidade econômica, das categorias que iam se desenvolvendo, com o máximo possível de objetividade, mas *considerando sempre as caracterizações humanas como naturais*, ou seja, a filosofia política moderna não escapou, em nenhum caso, da antropologização do homem e, portanto, da *essencialidade natural* do homem.

Contudo, o tema central à economia política, que revela a maior convergência de suas pesquisas e análises, é o *valor*, já que este permeia todas as relações sociais e econômicas, é a abstração necessária de todo o intercâmbio e toda a produção dos indivíduos. Por isso, o valor estabelece-se como mediação e medida em todas as relações; reflete o *tempo* da atividade humana produtiva, portanto reflete essa atividade através de uma abstração, o tempo de trabalho que, contraditoriamente, encontra-se *objetivado* sob a forma de dinheiro. Uma vez posto no centro das preocupações dos pensadores da economia política, o tema *valor* não será mais abandonado por ela. Sua primeira expressão ocorre em meados do século XVII, com William Petty, permanecendo até os limites dessa ciência, com David Ricardo.

Petty é o autor que formula de maneira original a manifestação do valor, através da abstração resultante da comparação entre dois produtos: se, por exemplo, certa quantidade de *trigo* e outra quantidade de *chumbo* tiverem o mesmo tempo de trabalho consumido em sua produção, um passa a ser *preço natural* do outro. De forma que o valor põe-se, com Petty, sob a expressão de preço natural. Essa descoberta possibilitou um avanço na explicação dos fenômenos econômicos, permitiu refletir o mundo econômico com maior precisão científica, ainda que nos marcos de um período que, dada a carência de desenvolvimento industrial, vale dizer, das forças produtivas, não permitia ainda expressões mais adequadas desse fenômeno, além dessa formulação originária. De maneira que a melhor manifestação desse conceito tinha lugar nas relações mercantis, no mercantilismo, na fase de acumulação primitiva de capital.

Também nesse período, as explicações acerca da essencialidade humana elaboradas pela filosofia política são transportadas para a economia, através de Boisguillebert, entre outros, que, ao tratar das relações de troca, remete-se às *inclinações naturais* dos indivíduos, afirmando serem os detentores de uma *nature-za aquisitora* os mais indicados para exercer as atribuições econômicas.

O entendimento que Boisguillebert tem do valor o coloca no campo da fisiocracia, pois sua inclinação mais voltada à fruição, hedonista, leva-o a ressaltar o *valor de uso*, deixando o processo de troca em plano secundário. Nesse sentido, o dinheiro tem papel secundário em seu pensamento, pois é apenas *meio*, enquanto os gêneros úteis e tudo o que traz satisfação à vida humana são verdadeiramente a finalidade. Boisguillebert, tanto quanto Petty, é precursor da fisiocracia, e, embora contemporâneos, coube ao primeiro acentuar o valor de uso nas análises que realiza sobre o mercado, enquanto o segundo descortina o *valor*, como tempo de trabalho, como preço natural, como medida das trocas.

A fisiocracia herda essas determinações, mas opta pelo *valor de uso*. Quesnay, como Boisguillebert, é francês, e a questão central para ele, num país em que as manufaturas encontravam-se num estágio pouco desenvolvido, em relação à Inglaterra, e a produção agrária era a base fundamental da produção, era explicar o *excedente* na única atividade que supunha ser a atividade produtiva, qual seja, a *agrária*. Aquela situação conduziu Quesnay, médico de profissão, pesquisador das ciências naturais, a buscar tal excedente nas determinações físicas, materiais, daquela atividade, para imprimir-lhe *rigor* científico.

Assim, Quesnay procurará sustentar o caráter econômico e as diferenças sociais nas determinações naturais, a exemplo de seu antecessor, Boisguillebert. Explica, portanto, as diferenças sociais pelas determinações das *leis naturais* postas pelo Ser Supremo, cujos desígnios os homens não podem penetrar. De forma que tanto a economia como a sociabilidade humana encontram-se subsumidas àquelas determinações, reafirmando que os fundamentos da economia política encontram-se em leis inflexíveis, a-históricas e, portanto, abstratas.

As concepções de valor tomaram, no período da fisiocracia, desde as determinações de Petty, um rumo sinuoso, pois enquanto na França essa escola afirma o caráter *materialmente* determinado do valor, isto é, o *valor de uso*, como núcleo de sua pesquisa, na Inglaterra, onde a produção manufatureiro-industrial encontra grande progresso, Smith, contemporâneo de Quesnay (pai da escola fisiocrática), com quem manteve fortes polêmicas sobre economia, inverte radicalmente as posições desenvolvidas pela fisiocracia e toma como referência o *valor*, o tempo de trabalho, em distinção ao valor de uso na determinação da formação da riqueza das nações.

Smith norteará seus estudos pelo *valor* e não pelo valor de uso, pois, afirma ele, corresponde ao primeiro o verdadeiro *preço* das coisas, o real preço das mercadorias. Desta maneira, será no valor que se refletirá toda a produção humana, e este passa para o centro das suas análises. O valor de uso se manterá apenas como uma referência em relação ao *valor*, e este sim será o objeto das análises da economia política, que a partir daí não se subordinará mais àquela sinuosidade; mais tarde, Ricardo mostrará que o valor de uso é absolutamente necessário para a existência do *valor*, sem que, contudo, este último deixe de se manter como o objeto da ciência econômica.

O ponto de partida de Smith é oposto ao dos fisiocratas, pois, enquanto estes atribuem o excedente de produção à natureza, aquele define-o exclusivamente pelo trabalho, afirmando ainda que o trabalho foi o primeiro *preço* de qualquer coisa. Smith desenvolve a noção de trabalho *dominado* para expor o valor com base no trabalho: "O produto de um certo tempo de trabalho troca-se, 'domina' sempre o produto, *ou* o trabalho que contém tempo igual. Como consequência, a quantidade de trabalho que uma mercadoria domina depende sempre da quantidade de trabalho que é necessário despender para a produzir: o trabalho dominado depende do trabalho contido".[7]

No entanto, as formulações smithianas despertam maior atenção quando ele passa a tratar do valor do trabalho, buscando definir o valor das mercadorias a partir dos salários. Embora Smith aceite a determinação dos salários da teoria fisiocrática, ele irá articulá-los de tal forma como determinação do valor das mercadorias, que se torna impossível, para ele, isolar o valor de troca destas (seu preço) do valor de troca dos salários (preço do trabalho). O *valor de troca do trabalho*, que é o salário, acaba sendo posto como valor das mercadorias, ou seja, os salários, que são representados por um conjunto de mercadorias com determinado valor, aparecem como valor das mercadorias, o que não é senão uma determinação do valor (das mercadorias) pelo valor (das mercadorias), isto é, uma tautologia. Por outro lado, tendo como objetivo explicar o capital (a riqueza das nações), ele não pode deixar de considerar o lucro e sua origem, e como o trabalho está na origem de

---

7   Bianchi, Marina, *A Teoria do Valor (Dos Clássicos a Marx)*. Lisboa: Edições 70, 1981, p. 42.

Ivan Cotrim

toda a riqueza, ele afirma ser esse o criador tanto dos salários quanto dos lucros, o que gerará forte embaraço posterior na sua determinação do valor das mercadorias pelo trabalho. Smith se movimenta no plano das teorizações econômicas tendo o trabalho no centro determinativo de toda a economia, embora sem nunca examinar especificamente a complexidade própria do trabalho. Nesse ponto, Bianchi é precisa ao afirmar que "Na realidade, o problema de Smith, posto nos termos em que Smith o põe, é insolúvel. O nó fundamental, não superado, do problema parece consistir nisto, que a análise de Smith, embora tendo surpreendido com extrema sensibilidade a irredutibilidade das condições da produção capitalista às da economia mercantil simples, pela existência de troca direta de mercadorias ou dinheiro contra o trabalho vivo, não tem, pelo contrário, atrás de si, nenhuma clareza teórica acerca da natureza e do caráter do 'trabalho' que está na origem e essência do valor".[8]

Observe-se, contudo, que, sem essa abordagem na qual o *valor* norteia sua análise, Smith não poderia ter realizado aproximações tão significativas quanto as que efetivou. "Pode-se dizer que a análise smithiana do valor, que nalguns aspectos oferece motivos de desenvolvimento muito interessantes, no que respeita, porém, ao 'requisito formal essencial' da teoria do valor, ou seja, o de determinar o valor 'a partir de momento que não dependa dos valores', falha: ela, de fato, faz mesmo de um valor, o valor de troca do trabalho, a essência do valor de todas as mercadorias."[9] O fato de Smith encontrar-se num período em que o desenvolvimento industrial está a caminho, o fato de as relações entre capital e trabalho encontrarem-se em desenvolvimento e o próprio capital, por ser expressão de todas estas relações, encontrar-se em processo de definição, faz da teoria smithiana um campo de ambivalência; assim é que, por não conseguir explicar a troca de capital por trabalho nos padrões de equivalência, ele recua e conclui que o *tempo de trabalho*, o *valor*, não regula mais as trocas.

Ricardo, ao estudar o principal trabalho de economia de Smith, tomando-o como peça teórica fundamental para a compreensão da economia política, salienta essa conclusão, mas não a acolhe, ao contrário, aplica criticamente a essa formulação as determinações que o próprio Smith havia desenvolvido antes.

---

8   *Ibidem*, p. 46.

9   *Ibidem*, p. 46.

Novamente, o *valor* (o tempo de trabalho) é posto como referência incondicional para a análise do capital. O trabalho, reduzido a um ângulo exclusivo de sua manifestação, o *tempo*, o trabalho abstrato, figurará nas elaborações teóricas de Ricardo como eixo diretor de suas análises. Mais uma vez, o valor é posto em destaque, enquanto ao *valor de uso* não é despendida uma linha de análise. Desde Petty até Ricardo, a concepção de valor de uso só teve um momento de destaque, na fisiocracia, e mesmo assim nos limites da determinação dos *excedentes* como produto materialmente novo, na explicação da riqueza como capital. Nesse ponto, o valor sofre um descarte, mas não total, pois manteve-se sob a forma dinheiro, do valor como meio necessário na alocação dos recursos produtivos e financeiros. De forma que Ricardo aprofunda em sua análise a explicação do valor, superando o equívoco smithiano, e avança na direção de equacionar a relação capital-trabalho, tendo a relação de equivalência no centro de suas preocupações. Por certo, seu equacionamento padecerá de grave contradição, percebida e denunciada por Say, mas é exatamente com base nessas preocupações que a noção de valor vai ganhando espaço nas formulações teóricas de Ricardo, as quais proporcionam, cada vez mais, condições para que essa categoria mostre seu nexo com as demais categorias econômicas, e em face delas se expresse como relação social dominante, centralizadora, mediadora.[10]

Por outro lado, Ricardo, mantendo a mesma linha de explicação dos salários oriunda da fisiocracia e conservada por Smith, agrega que o salário é a condição de vida dos trabalhadores e de seus descendentes, é a condição para estes *perpetuarem sua raça*, afirmando, com isso, a *perpetuação* da classe dos trabalhadores, da categoria assalariada. Ainda que Ricardo não tenha inferido a consequência de suas determinações, resulta desse conjunto que afirma como *inerentes* aos indivíduos a perpetuação do trabalho assalariado, portanto do

---

10 Observemos que o valor tem nexo com todas as categorias econômicas, com todas as relações sociais e econômicas, não existindo, portanto, isoladamente, tal qual demonstram as críticas que Marx dirige a Proudhon; o valor não só se encontra em plena conexão com a totalidade da economia política, como, pela *naturalização* desenvolvida por esta, aparece como parte intrínseca da essencialidade de cada indivíduo, e se Proudhon se equivoca relegando o valor a uma existência formal, Marx deixa indicado o equívoco da economia política como um todo em tratar o valor como intrínseco à essencialidade humana.

tempo de trabalho, a própria perpetuação do *valor*. Da mesma forma, Smith *perpetua* nos homens a propriedade privada, quando a transfere para a subjetividade humana, como coisa *inerente* aos sentimentos naturais dos homens. O resultado, no quadro conceitual da economia política, é que, enquanto Smith eterniza a *condição de proprietário no ser do homem*, Ricardo desdobra essa condição em *proprietários* e *trabalhadores*, eternizando a sociedade de classes.

De maneira que a economia política, em seu conjunto, converte as contradições do mundo real, como a oposição de classe, que é posta em evidência por um dos seus mais destacados representantes, em manifestação natural desta sociabilidade. A economia política fundamenta-se antropologicamente, reafirmando a individualidade dos homens em suas características naturalmente fundadas, de tal maneira que só uma análise crítica do padrão da realizada por Marx permite esclarecer essa limitação que a economia política revela no interior de seu construto teórico.

É necessário esclarecer que essa ciência toma como base as reais relações sociais, bastando lembrar as várias observações de Marx sobre o cinismo de Ricardo, sempre na direção de afirmar que as referências desse autor são tiradas da própria realidade. Contudo, o momento de vigência dessa ciência – meados do século XVII às primeiras décadas do século XIX, pouco mais de um século e meio – transcorreu, em sua maior parte, sem as determinações revolucionárias da indústria, sem o desenvolvimento e a potencialização apresentada por esta. Ricardo pôde presenciar uma parte significativa, ainda que originária, dessa revolução, mas, como Hegel, não percebeu que a potencialidade que se objetivava através dela traria as possibilidades de radical modificação do futuro dos homens.

Desta forma, os limites da economia política podem ser registrados nesse momento em que as forças produtivas expandem-se, projetando uma potencialidade jamais sonhada pela humanidade. Esse desenvolvimento e expansão das forças produtivas posto pela revolução industrial criou potencialidades para transformações humanas que, se foram cogitadas no passado, nunca tiveram a base de sustentação que, naquele momento, descortina-se como possibilidade real. Entretanto, a economia política permaneceu, em termos das relações humanas, enredada nas formas legadas por períodos anteriores, as quais, naturalizadas desde o início de seu percurso, foram consideradas intrínsecas e vitais à existência humana. De forma

Karl Marx – A determinação ontonegativa originária do valor

que a economia política convive com o momento de explosão e desenvolvimento das forças produtivas e todo o seu potencial, mas mantém-se arraigada às relações do passado, sem compreender a dimensão de futuro e a necessidade de superação das relações socioeconômicas.

O desenvolvimento crítico-analítico de Marx reflete essa contradição da economia política, e em *A Ideologia Alemã* ele expõe a importância daquela expansão na determinação da construção revolucionária do futuro, afirmando que "apenas com esse desenvolvimento universal das forças produtivas dá-se um intercâmbio *universal* dos homens, em virtude do qual, de um lado, o fenômeno da massa 'destituída de propriedade' se produz simultaneamente em todos os países (concorrência universal), fazendo com que cada um deles dependa das revoluções dos outros; e finalmente, coloca indivíduos empiricamente universais, *histórico-mundiais*, no lugar de indivíduos locais".[11] E, expressando rigorosamente os desdobramentos dessa posição, ele afirma: "Sem isso, 1º) o comunismo não poderia existir a não ser como fenômeno local; 2º) as próprias forças de intercâmbio não teriam podido se desenvolver como forças universais, portanto, insuportáveis, e permaneceriam 'circunstanciais', domésticas e supersticiosas; e 3º) toda a ampliação do intercâmbio superaria o comunismo local".[12]

Desta maneira, o significado do desenvolvimento das capacidades produtivas, da força potencial das tecnologias que vão sendo objetivadas pela humanidade, é apreendido por Marx e imediatamente assimilado como plataforma para a superação dos limites e restrições à vida humana como um todo. Superação, portanto, das contradições sociais, da alienação, do estranhamento, que tanto a propriedade privada quanto a divisão do trabalho e o assalariamento mantêm. O desenvolvimento das forças produtivas deve atender a finalidade humana, pois é produto da criação e intercâmbio dos homens; possibilita libertá-los das contradições a que estão submetidos; permite emancipá-los de relações que são obsoletas diante da objetivação de sua riqueza objetiva e subjetiva.

É desta forma, com esse sentido, que Marx empreende a crítica da economia política, iniciada nos *Cadernos de Paris*, tendo como temas mais significativos o estranhamento e a alienação nas formas econômicas em que se manifestam. O dinheiro,

---

11 Marx, K. e Engels, F., *A Ideologia Alemã (Feuerbach)*. São Paulo: Hucitec, p. 50.

12 *Ibidem*, p. 50-51.

como forma acabada do valor, põe-se para Marx como núcleo decisivo de crítica, como também fica evidente em *A Questão Judaica,* na qual apresenta um esboço acerca da alienação, no mesmo ano sintetizada nos *Cadernos*; e nos *Manuscritos Econômico-Filosóficos, onde* aprofunda sua compreensão sobre esse fenômeno.

Esse primeiro enfrentamento nos oferece uma demarcação fundamental em relação à economia política, como se observou no exame das concepções de Mill, nos *Cadernos*, e mesmo em relação a Hegel que, a despeito da positividade que supõe ter o caráter sintético do dinheiro, expõe seu padrão social de efetivação, e sua miscibilidade na vida mundana e na consciência. Marx vai avançar na explicação do dinheiro e de sua complexidade, num nível não alcançado pela economia política, ou por Hegel, afirmando que ele *não* consiste em ser tãosomente a *alienação da propriedade privada*, mas sim *atividade humana* alienada, e que desse modo o produto da essencialidade humana só ganha sentido sob a forma de valor, de dinheiro, o que revela de imediato a negatividade a que fica submetida a atividade humana.

A ontonegatividade do valor é explicitada a cada passo em que o ato humano, sua atividade sob o capital é exposta criticamente. Marx destaca que, nestas condições, as qualidades subjetivas objetivadas do homem, seu produto, "encontra-se estranhado e convertido em atributo do dinheiro, de uma *coisa material*, exterior ao homem" (*CP*, p. 126). E quanto às relações sociais mediadas pelo valor, ele observa tratar-se de uma inversão, ou melhor, uma das determinações da inversão de posição do homem em *sua própria atividade*, pois o *mediador* assume o papel que deveria ser cumprido pela *atividade mediadora do homem*, consequentemente, frente ao dinheiro, ele estranha suas relações sociais, a si próprio, ao seu gênero, revelando ser um homem que perdeu-se a si mesmo.

A ontonegatividade do valor ganha concreção em seus textos de crítica originária da economia política, quando Marx expõe o caráter *universal do valor*, e seu potencial de converter em si as atividades concretas, de reduzi-las à abstração, ao dinheiro.

Marx observa que essa universalidade dá, com efeito, um redirecionamento das qualidades dos indivíduos, pois o valor substitui a atividade humana através da compra e venda de suas capacidades, transferido-as a outros. Essa transferência das capacidades, que permite a qualificação de uns, é imediatamente a desqualificação de outros, sua desefetivação. Ao mesmo tempo, fica posta uma falsa potencialidade e uma falsa universalidade para os homens, já que a verdadeira universalidade encontra-se no dinheiro: "Minha força é tão grande quanto a força do dinheiro", diz Marx, desdobrando em seguida: "O que *eu sou* e o que *eu posso* não são determinados por minha individualidade /.../. Eu, que através do dinheiro *posso tudo* a que aspira o coração humano, não possuo todos os poderes humanos? Não transforma meu dinheiro, então, todas as minhas capacidades no seu contrário?" (*MEF*, p. 48-a) Mas se, de um lado, ao dinheiro como meio coube expressar a força da universalização de todas as coisas, de outro, a transferência de qualidade de indivíduo a indivíduo, de classe a classe, a venalidade universal enfim, criou e perpetuou a desigualdade entre os homens, confirmando o desumanismo de uma sociabilidade cuja medida é o valor.

Apenas para exemplificar, em *A Questão Judaica* há uma referência bastante importante para o esclarecimento do papel que a mediação do dinheiro exerce na exclusão do homem, bem como a explicitação da raiz dessa determinação. Ao se referir ao *estado* como *mediador* "entre o homem e a liberdade do homem", Marx indica que o homem confia ao estado toda sua limitação humana. Portanto, a preponderância do estado como mediador explicita a debilidade que os indivíduos apresentam, sua incapacidade de assumir por si mesmos sua essencialidade, sua generidade, e conduzir sua própria organização material e intelectual, dispensando o mediador como algo infrutífero, obsoleto, e desumano. Com a ausência, ou o baixo desenvolvimento das forças produtivas manifesta-se debilidade semelhante à que nos indica Marx ao tratar do *estado*, sendo uma das principais razões da presença e manutenção dessa instituição mediadora e óbice da emancipação humana.

A manutenção desse mediador, o valor, sob a forma dinheiro, como pressuposto do capital, só faz repor, continuamente, essa debilidade que se manifesta pela presença do *estado*, do *estranhamento* e da *alienação*. Gravemente contraditória é a situação na qual permanecem a alienação, o estranhamento, as instituições mediadoras entre os homens, tais como o estado e o valor, quando o desenvolvimento das forças produtivas irrompeu, permitindo refletir sobre o potencial humano, uma vez que este encontra-se, então, revelado nos pressupostos da produção humana, expondo sua capacidade, historicamente alcançada, de dissipação dessas debilidades, a capacidade potencial de satisfação cada vez mais plena das necessidades e a criação infinita de novas necessidades. Só com a superação das mediações desaparecem seus corolários e a negatividade que envolve o homem, tolhendo sua emancipação e efetivação concretas.

O reconhecimento de seu próprio potencial exige que o homem se reconheça como autoprodutor de si, que reconheça o mundo como seu mundo, como seu produto, para além de qualquer estranhamento e alienação, pois só com a supressão dessa negatividade espargida, que obnubila a consciência humana, sua comunidade colocar-se-á como comunidade verdadeira, e o indivíduo que a integrar será o *verdadeiro ser comunitário*. Apenas nestas condições pode se efetivar a essencialidade dos indivíduos, a integridade humana, pois à *essência humana* corresponde o *verdadeiro ser comunitário*, o indivíduo que não carece de outra mediação que não seja a de intercâmbio com os próprios homens e com a natureza, com os quais reproduz e mantém a vida.

Marx, ao expressar-se sobre o ser social, nesses textos de crítica originária da economia política, trata-a como uma comunidade de indivíduos, autoposta, considerando o incontornável nexo de sua essencialidade, o nexo de indivíduo e gênero, a atividade sensível, de tal forma que "os homens, ao pôr em ação sua essência, *criam*, produzem a *comunidade humana*, a entidade social, que não é um poder abstrato-universal, enfrentado ao indivíduo singular, senão a essência de cada indivíduo, sua própria atividade, sua própria vida, ou seja, seu próprio espírito, sua própria riqueza" (*CP*, p. 137).

Observando por outro ângulo, percebe-se que essa argumentação de Marx é urdida em franca oposição às determinações naturais dos indivíduos, ao *estado de natureza* ou ao *sensualismo moral, natural*, com os quais a economia política articulou-se teoricamente. É óbvio também que só com base nessa fundamentação antropológica se prorrogam, *para além do necessário* historicamente, as antigas debilidades humanas, já que o desenvolvimento das forças produtivas, desde a revolução industrial e suas consequências, possibilitou o espelhamento necessário da capacitação e autoconstrução humanas.

Marx empreende uma ruptura radical com o antropologismo da economia política, perceptível na exposição que faz do significado de *vida efetiva*: "a vida produtiva é a vida genérica. É a vida criando vida. No modo da atividade vital reside o caráter de uma espécie, seu caráter genérico, e a atividade livre, consciente, é o caráter genérico do homem. A própria vida aparece como *meio de subsistência*" (*MEF*, p. 25/25-a). Essa argumentação dá plena visibilidade ao alcance do pensamento crítico de Marx; ele se posiciona em radical contraposição a qualquer negatividade e antropologização, a qualquer desfaçatez que desconsidere a potencial autoconstrução humana, reduzindo-o a "homem estranho ao seu gênero [que] faz de sua *vida genérica* um meio de vida individual" (*MEF*, p. 25).

Em oposição à *determinação natural* dos indivíduos, suposta pela economia política, Marx expõe o ser social por sua atividade criadora de si e considera decisiva a base material, natural, da qual o ser social parte. Mas, em sendo o homem natureza, há que se definir sua especificidade e compreender suas determinações.

Os *Manuscritos* (ao lado dos *Cadernos*) formam uma fonte inesgotável de referências ontológicas fundamentais para a crítica à antropologia que se encontra na base da ciência econômica. Focando nos *Manuscritos,* observamos que Marx aborda um aspecto central da atividade natural, com vistas a extrair determinações próprias da vida ativa do homem: "Sem dúvida o animal também produz /.../, mas só produz o que é estritamente necessário para si ou para suas crias; produz (o animal) de uma maneira unilateral, enquanto que o homem produz de maneira universal; produz unicamente sob dominação da necessidade física imediata, enquanto o homem produz quando se encontra livre da necessidade física e só produz verdadeiramente na liberdade de tal necessidade; o animal apenas se produz a si, ao passo que o homem reproduz toda a natureza; o seu produto (do animal) pertence imediatamente ao seu corpo físico, enquanto o homem é livre perante seu produto" (*MEF*, p. 25-a). É, portanto, no caso do homem, um produzir consciente, pois genérico, universal, livre e, ademais, social, uma vez que ao produzir gera não só o produto, mas as relações que mantém com os demais. O fato de o homem ser natureza não o restringe, pois implica que o fenômeno *natural* terá resolução social e se reproduzirá como fenômeno de ordem humana. Sua *natureza* social é suportada pela forma física herdada da natureza da qual se libera, forma essa que se converteu, através da atividade criadora do homem, de seu intercâmbio, em *meio* para a vida social, consciente, reafirmando o velho adágio aristotélico do devir homem do homem.

Certamente, ao produzir sob a propriedade privada, tanto esta quanto a alienação, o estranhamento, a divisão do trabalho e o assalariamento, o *valor*, são reproduzidos. Ao relacionar-se socialmente mediado pelo dinheiro, serão essas mesmas relações que se reproduzirão, e a mesma exclusão do homem se efetivará. A produção e reprodução nos termos do capital repõem a totalidade social contraditória que se volta à expansão do valor, expulsando o homem de sua própria realidade, por meio de relações criadas por ele; realidade e relações que deverão ser reconvertidas e postas na direção e sentido próprios do homem, por ele mesmo, tendo em conta a perspectiva marxiana de emancipação humana.

A crítica à economia política esteve sempre sustentada na concepção fundamental de que a atividade humana é a base de sua autocriação, com o que Marx rompe com todas as expressões determinativas do homem a partir de qualquer herança natural e põe sob crítica a existência de qualquer ordem que comprometesse aquilo que ele descortina ontologicamente, a autoconstrução por meio da *atividade sensível, vital e consciente.*

O núcleo de sua crítica à economia política tem como ponto de partida a alienação e o estranhamento a que se encontram subsumidos os homens; aborda as categorias da propriedade privada, da divisão do trabalho, do assalariamento, relações sociais que se enfeixam sob o valor e o capital, num circuito que se repõe incessantemente. De maneira que o valor, que está na base e fundamento do capital, tanto quanto o próprio capital funde em si relações sociais e econômicas. De qualquer forma, o pressuposto para o capital é o valor, e é para ele que flui e converge a abstração de todas as características e conteúdos das coisas reais e concretas postas pelos homens; essa abstração se põe como mediação, mas também como condição de acesso e medida das qualidades humanas, de seus conteúdos etc.

A dissimulação dos conteúdos, das qualidades e dos próprios homens tem seu percurso inaugurado concomitantemente à descoberta do valor como tempo de trabalho, como forma abstrata do mundo real, e igualmente o seu desenvolvimento, ao que afirmará Marx: O "tempo é tudo, o homem não é nada". Ele destaca que o caráter útil das coisas, o conteúdo do trabalho, da atividade humana, é considerado exclusivamente por seu valor, de forma abstrata e unilateral; o valor tem o papel e a condição de ser o representante dos conteúdos e qualidades, as quais diante dele apenas se *equivalem*. O valor sob a forma dinheiro é o mediador das relações humanas, relações essas cujo conteúdo se encontra nele alienado e convertido em seu atributo. O *valor* não é senão o representante das atividades, do trabalho, das relações humanas em geral nele alienadas, ou daquilo que está talhado nas mercadorias, nos bens em geral, da tecnologia, das ciências, do conhecimento de toda ordem; o *valor*, acentuadamente no mundo moderno, representa todo o potencial desenvolvido e acumulado na trajetória humana, potencial expandido, conservado e transmitido socialmente, geração a geração, de mão em mão, *mediadamente* pelo dinheiro, sob cuja forma submete os produtos à troca e/ou aquisição. Mas, obviamente, se o pressuposto fundamental, determinante do capital é o dinheiro, o é exatamente porque o valor, sob a forma dinheiro, representa todo o conteúdo e qualidade humanos, é seu *equivalente abstrato*.

É nesse quadro da crítica originária à economia política que Marx vai afirmando os contornos da *determinação ontonegativa do valor*, indicando a acentuada presença da alienação e do estranhamento na medida em que toda a qualidade e conteúdo humanos aparecem fora do homem, como algo estranho, revelando encontrar-se o homem, nestas condições, perdido para si. Nos *Manuscritos Econômico-Filosóficos*, Marx confronta a atividade do homem e o capital nos seguintes termos: "Na pessoa do trabalhador se realiza subjetivamente o fato de que o *capital* é o homem que se perdeu totalmente a si mesmo /.../, assim como no capital se realiza objetivamente o fato de que o *trabalho* é o homem que se perdeu totalmente a si mesmo" (MEF, p. 28-a).

Marx explicita como, na relação entre capital e trabalho, a capacidade humana é transmitida ao capital, e, em consequência, o homem ativo é esvaziado objetiva e subjetivamente. A mediação operada pelo valor-dinheiro nessa transmissão repõe o papel da propriedade privada, amplamente discutido nessa sua crítica ontológica originária da economia política. Ele já havia exposto o nexo que essa ciência estabelece entre o capital e a propriedade privada, tomando do direito as bases para fundamentação desta última. Assim considerado, o proprietário de capital encontra-se no direito de dominar o trabalho alheio, já que tem direito a tudo que o poder de compra de seu capital permite. A base venal das relações da propriedade privada, do capital, particularmente com a atividade-trabalho, efetiva e perpetua a classe de trabalhadores, em oposição aos proprietários capitalistas, desefetivando os homens como um todo.

Só a rejeição *in totum* das categorias que dominam a sociabilidade humana, por meio do *comunismo prático*, torna possível emancipar os homens dessa mútua alienação e estranhamento, das mediações que os desgovernam, reafirmando-os como indivíduos perdidos para si; a rejeição *in totum* dessa sociabilidade é a condição de reintegração desse homem que se perdeu a si mesmo, é a recuperação de sua essencialidade genérica.

Avançando em sua crítica, em *Miséria da Filosofia* e *Trabalho Assalariado e Capital*, Marx destaca os lineamentos básicos das categorias que mais tarde permitirão a construção de *O Capital*. No primeiro texto, indica que a economia política percebe a semelhança entre a mercadoria e o trabalho humano, já que esse trabalho é adquirido por seu preço, que é o salário; seu avanço reside na explicitação de que o trabalho manifesta-se como *valor* e *valor de uso*, afirmando ainda mais seu caráter de mercadoria. No segundo texto, inicia seu tratamento do trabalho como força, ou capacidade, ou potencial, diferentemente do trabalho morto, objetivado. Essas descobertas são bem anteriores a sua definição da mais-valia. Contudo, sem as determinações desenvolvidas nestes textos originários de crítica da economia política, indicadas acima, sua determinação da mais-valia, sua explicação científica da exploração do trabalho pelo capital não teria vindo à luz. Assim, Marx vai se aproximando do que mais tarde será sua explicação da mais-valia: "O trabalhador recebe meios de vida em troca de seu trabalho, mas o capitalista recebe, em troca de seus meios de vida, trabalho, a atividade produtiva do trabalhador, a força criadora, pela qual o trabalhador não apenas repõe o que consome, mas dá ao trabalho acumulado um valor maior do que o que ele possuía anteriormente" (*TAC*, p. 466).

Como vimos, ele demarca-se claramente da economia política ao explicitar sua compreensão sobre o trabalho em geral e sobre o trabalho moderno, assalariado, conexo ao capital. Essa compreensão é revelada nas demonstrações que fez da identidade do trabalho (como capacidade, potencial) às mercadorias, já que este se encontra disposto no mercado e, como aquelas, sujeito à relação de troca. Demarca-se também ao mostrar que o capital nutre-se do trabalho assalariado, numa formulação fundamental, que pode ser aqui tratada como protoforma teórica de sua mais-valia em *O Capital*. Tanto o primeiro caso, em que distingue o *valor* e o *valor de uso* do trabalho, quanto o segundo, em que a mais-valia figura já como apropriação, pelo capital, do valor produzido pelo trabalho, valor que excede aquele que repõe as forças do trabalhador (salário), serão aprofundados em *Contribuição à Crítica da Economia Política* e em *O Capital*.

Marx explica também que executando sua *atividade sensível vital* sob esta relação, os trabalhadores estão submetidos a dupla concorrência, uma indireta, entre capitalistas no mercado, e outra direta, entre os próprios operários, resultando sempre no aumento de produtividade, para o capital, e na substituição de trabalhadores por máquinas. Ambos os resultados atendem diretamente à elevação da acumulação de capital, enquanto o trabalhador permanece numa situação sempre mais vulnerável, pois, se se reduzem os postos de trabalho, pondo em risco seu emprego, é a sua vida que está em jogo. A condenação objetiva às relações do capital é progressivamente ampliada; Marx observa que, ao trocar sua capacidade pelos meios de vida do capitalista, isto é, pelo salário, *toda sua capacidade é transferida ao capital*, e em seguida pondera que, sem a alienação dessa capacidade, ou seja, se esta não lhe fosse arrancada, não haveria acumulação de valor, não haveria capital. De maneira que, ao transferir sua capacidade para o capital, essas forças, seu potencial, estão perdidas para o trabalhador, atendendo à expansão do capital, em vez de beneficiar seu produtor, que se esvazia e degrada.

Esclarece-se assim a importância da explicitação da *ontonegatividade do valor*, que se repõe por meio das mediações que se colocam entre os indivíduos, retirando-lhes sua autonomia; por meio da indiferenciação e abstração de suas qualidades e conteúdos, que são extraídos e transferidos ao capital; e, por fim, da alienação e do estranhamento, que se confirmam o tempo todo no *mediador,* que apresenta os atributos humanos como seus. A recuperação de seus próprios atributos, a efetivação da existência humana dos homens, exige a radical supressão de tal mediador e das categorias que o sustentam.

Certamente, sem suas descobertas no período originário da crítica à economia política (1844-1847), seus trabalhos de maturidade não poderiam ter a consistência intelectual que alcançaram. Desse modo, tendo desvelado as contradições dessa ciência e posto em relevo categorias fundamentais de sua sustentação, não é difícil compreender que a continuidade destes trabalhos, quinze anos após, tenha atingido a grandiosidade teórica e intelectual, por exemplo, de *O Capital*.

Bibliografia

Obras de Karl Marx

Crítica da Filosofia do Direito de Hegel, Lisboa/São Paulo: Editorial Presença-Martins Fontes, 2ª ed., 1983.

Cuadernos de Paris [Notas de Lectura de 1844]. México: Ediciones Era, 1974.

Manuscritos Econômico-Filosóficos, Madrid: Alianza Editorial, 1968.

Manuscritos Econômico-Filosóficos (tradução de Mônica H. Costa, apresentado como anexo de sua dissertação de mestrado *A diferença entre as categorias Lebensäusserung, Entäusserung, Entfremdung e Veräusserung nos* Manuscritos Econômico-Filosóficos *de Karl Marx de 1844*, UFMG, 1999).

A Questão Judaica. São Paulo: Moraes, 2ª ed. 1991.

A Questão Judaica. Lisboa: Cadernos Ulmeiro nº 10, l978.

Sobre la Cuestión Judía, in *Marx – Escritos de Juventud*. México: Fondo de Cultura Económica, 1987.

Miséria da Filosofia. São Paulo: Grijalbo, 1976.

"Trabalho Assalariado e Capital". In: *A Nova Gazeta Renana* (tradução de Lívia Cotrim, apresentada como anexo à tese de doutoramento *Marx: Política e Emancipação Humana – 1848-1871*, PUC-SP, 2007).

"Trabajo Asalariado y Capital". In: Marx, K. e Engels, F. *Escritos Económicos Menores*. México: Fondo de Cultura Económica, 1987.

"El Salario". In: Marx, K. e Engels, F., *Escritos Económicos Menores*. México: Fondo de Cultura Económica, 1987.

Salário, Preço e Lucro. São Paulo: Global, 2ª ed., 1981.

Contribuição para a Crítica da Economia Política. Lisboa: Editorial Estampa, 1973.

Contribuição à Crítica da Economia Política. São Paulo: Martins Fontes, 1977.

O Capital, 6 vols. Rio de Janeiro: Civilização Brasileira, 1980.

O Capital – Capítulo VI Inédito. São Paulo: Ciências Humanas, 1978.

Teorias da Mais-Valia. Rio de Janeiro: Civilização Brasileira, 1989.

Em conjunto com F. ENGELS:

A Ideologia Alemã – Feuerbach. São Paulo: Hucitec, 4ª ed., 1984.

A Ideologia Alemã. São Paulo: Boitempo, 2007.

A Sagrada Família, ou Crítica da Crítica Crítica, Lisboa/São Paulo: Editorial Presença-Martins Fontes, 2ª ed., s/d.

Outras obras

Claudio Mario ALISCIONI, *El capital en Hegel – Estudio sobre La lógica econômica de La Filosofia Del Derecho*. Santa Fé-Argentina, Homo Sapiens Ediciones, 2010.

Louis ALTHUSSER, *Ler O Capital*. Rio de Janeiro: Zahar Editores, 1979, v. 1.

Perry ANDERSON, *Linhagens do Estado Absolutista*. São Paulo: Ed. Brasiliense, 1983.

Carlos ASTRADA, *Trabalho e Alienação*. Rio de Janeiro: Paz e Terra, 1968.

John Fred BELL, *História do Pensamento Econômico*. Rio de Janeiro: Zahar, 1982.

Luiz G. de Mello BELLUZZO, *Valor e Capitalismo – Um Ensaio sobre a Economia Política*. São Paulo: Bienal, 2ª ed., 1987.

Karl Marx – A determinação ontonegativa originária do valor 357

Marina BIANCHI, *A Teoria do Valor (Dos Clássicos a Marx)*. Lisboa: Edições 70, 1981.

Ana Maria BIANCHI, *A pré-história da Economia*. São Paulo: Editora Hucitec, 1988.

Pierre de BOISGUILLEBERT, "Carta ao Contrôleur General". In: Figueira, Pedro de Alcântara (org.), *Economistas Políticos*, São Paulo/Curitiba: Musa Editora/ Segesta Editora, 2001.

Suzanne de BRUNHOFF, *A Moeda em Marx*. Rio de Janeiro: Paz e Terra, 1978.

Jean-Yves CALVET, *O Pensamento de Karl Marx*, Porto, Tavares Martins, 1975.

J. CHASIN, "Marx – Estatuto Ontológico e Resolução Metodológica". In: F. J. S. TEIXEIRA, *Pensando com Marx – Uma Leitura Crítico-comentada de O Capital*. São Paulo: Ensaio, 1995.

_____, "A Determinação Ontonegativa da Politicidade". In: *Ensaios Ad Hominem 1 – Tomo III: Política*. Santo André: Ad Hominem, 2000.

_____, "A Sucessão na Crise e a Crise na Esquerda". In: *A Miséria Brasileira*. Santo André: Ad Hominem, 2000.

_____, "Da Razão do Mundo ao Mundo sem Razão". In: *Ensaio* nº 11/12. São Paulo: Escrita, 1983.

_____, "O Futuro Ausente". In: *Ensaios Ad Hominem 1 – Tomo III: Política*. Santo André: Ad Hominem, 2000.

François CHATELET, *Historia das Ideias Políticas*. Rio de Janeiro: Zahar, l985.

Eduardo O. C. CHAVES, *David Hume e a Questão Básica da Crítica da Razão Prática*. Acessado em www.cfh.ufsc.br/~wfil/hume2.htm.

Jean-Jacques CHEVALLIER, *As Grandes Obras Políticas de Maquiavel a Nossos Dias*. Rio de Janeiro: Agir, 1993, 6ª edição.

Mônica H. M. COSTA, "A Exteriorização da Vida nos *Manuscritos* de 1844". In: *Ensaios Ad Hominem 1 – Tomo IV: Dossiê Marx*, Santo André/Ijuí, Ad Hominem-Ed. Unijuí, 2001.

Maurício Chalfin COUTINHO, *Lições de Economia Política Clássica*. São Paulo: Hucitec e Ed. Unicamp, 1993.

_____, *Marx: Notas sobre a Teoria do Capital*. São Paulo: Hucitec, 1977.

Pierre DEYON, *O Mercantilismo*. São Paulo: Perspectiva, l985.

Henri DENIS, *História do Pensamento Econômico*. Lisboa: Livros Horizonte, 1990.

Maurice DOBB, *Teorias do Valor e Distribuição desde Adam Smith*, Lisboa/São Paulo: Presença-Martins Fontes, 1977.

_____, *Os Salários*. São Paulo: Cultrix, 1977.

Arnaldo Fortes DRUMMOND, *Morte do Mercado: Ensaio do Agir Econômico*. São Leopoldo: Ed. Unisinos, 2004.

Giuseppe DUSO (org.), *O Poder, História da Filosofia Política Moderna*. Rio de Janeiro: Vozes, 2005.

Friedrich ENGELS, Introdução a *Trabalho Assalariado e Capital*, in *Textos de Marx e Engels*, vol. III. São Paulo: Edições Sociais, Alfa-Ômega, s/d.

Maria Lúcia FERREIRA, *A Teoria Marxiana do Valor-Trabalho*, Cadernos Ensaio Pequeno Formato nº 9. São Paulo: Ensaio, 1992.

Luc FERRY, *Homo Aestheticus – A Invenção do Gosto na Era Democrática*. São Paulo: Ensaio, 1994.

Pedro de Alcântara FIGUEIRA (org.), *Economistas Políticos*. Curitiba: Musa, 2001.

Celso FREDERICO, *O Jovem Marx (1843-44: As Origens da Ontologia do Ser Social)*. São Paulo: Cortez, 1995.

Roger GARAUDY, *Para Conhecer o Pensamento de Hegel*. Porto Alegre: L&PM, 1983.

José A. GIANNOTTI, *Certa Herança Marxista*. São Paulo: Companhia das Letras, 2000.

_____, *Origens da Dialética do Trabalho – Estudo sobre a Lógica do Jovem Marx*. Porto Alegre: L&PM, 1985.

_____, "Contra Althusser". In: *Exercícios de Filosofia*. São Paulo: Brasiliense/ Cebrap, 1975.

Lucien GOLDMANN, "O Pensamento da Época das Luzes", mimeo, trad. de Carmen Sílvia Natale e Elias Tomé Saliba, do original francês "La Pensée des Lumières". In: *Annales, E.S.C.*, 22e. ann., nº 4, julho-agosto. Paris: Colin, 1967.

Jorge GRESPAN, *O Negativo do Capital – O Conceito de Crise na Crítica de Marx à Economia Política*. São Paulo: Fapesp, 1999.

Eli F. HECKSCHER, *La Epoca Mercantilista*. Mexico, Fondo de Cultura Económica, 1983.

George W. F. HEGEL, *Fenomenologia do Espírito*. Petrópolis, Ed. Vozes, 1992.

_____, *Filosofia Del Espíritu*. Buenos Aires: Editorial Claridad, 2006.

Thomas HOBBES, *Leviatã ou Matéria, Forma e Poder de um Estado Eclesiástico e Civil*. São Paulo: Abril Cultural, 1974.

Eric J. HOBSBAWN, *Mundos do Trabalho.*Rio de Janeiro: Paz e Terra, 1988.

_____, *Os trabalhadores*. Rio de Janeiro: Paz e Terra, 1981.

Eric HOLL, *História das Doutrinas Econômicas*. São Paulo: Cia. Editora Nacional, 3ª ed., 1972.

David HUME, *Uma Investigação Sobre o Princípio da Moral*. Campinas: Ed. da Unicamp, 1995.

_____, *Tratado da Natureza Humana – Uma tentativa de introduzir o método experimental nos assuntos morais*. São Paulo: Ed. da Unesp, 2001.

E.K. HUNT, *História do Pensamento Econômico*. Rio de Janeiro: Campus, 1985.

Torbjorn JELERUP, "A Paz de Westfália", *EIR*, ano 9, Suplemento mensal, outubro de 2002.

Karl KÜHNE, *Economia y Marxismo – 1*. Barcelona: Grijalbo, 1977.

Wolfgang LEIDHOLD, "Francis Hutcheson, ser humano, moral e política". In: Kreimendahl, Lothar (org.), *Filósofos do século XVIII*. São Leopoldo: Unisinos, 2000.

Danièle LINHART, *A desmedida do capital*. São Paulo: Boitempo Editorial, 2007.

John LOCKE, *Segundo Tratado sobre o Governo*, Coleção Os Pensadores. São Paulo: Abril Cultural, 1973.

Georg LUKÁCS, *El Joven Hegel y los Problemas de la Sociedad Capitalista*. Barcelona: Grijalbo, 3ª ed., l972.

_____, *Ontologia do Ser Social – A Falsa e a Verdadeira Ontologia de Hegel*. São Paulo: Ciências Humanas, 1979.

_____, *Ontologia do Ser Social – Os Princípios Ontológicos Fundamentais de Marx*. São Paulo: Ciências Humanas, 1979.

_____, "A Decadência Ideológica e as Condições Gerais da Pesquisa Científica", in: Coleção Grandes Cientistas Sociais, nº 20. São Paulo: Ática, 1981.

C. B. MACPHERSON, *A Teoria Política do Individualismo Possessivo – De Hobbes a Locke*. Rio de Janeiro: Paz e Terra, 1979.

Ernest MANDEL, *A Formação do Pensamento Econômico de Karl Marx – De 1843 até a Redação de O Capital*. Rio de Janeiro: Zahar, 1968.

_____, *Tratado de Economia Marxista*. México: Ediciones Era, 1969.

_____, *"El Capital". Cien Años de Controversias em Torno a la Obra de Karl Marx*. México: Siglo Veintiuno, 1985.

Herbert MARCUSE, *Razão e Revolução*. Rio de Janeiro: Paz e Terra, 3ª ed., 1984.

Alexandre MATHERON, "Spinoza e a Problemática Jurídica de Grotius", in *Philosophie*, nº 4, 1984 (Tradução de Mauricio Rocha).

István MÉSZÁROS, *Marx: A Teoria da Alienação*. Rio de Janeiro: Zahar, 1981.

Rodolfo MONDOLFO, *Estudos sobre Marx (Histórico-Críticos)*. São Paulo: Mestre Jou, 1967.

Manfredo Araújo de OLIVEIRA, *Ética e Economia*. São Paulo: Ática, 1995.

Willian PETTY, *Tratado dos Impostos e Contribuições*. São Paulo: Nova Cultural, 1988.

Eleutério PRADO, *Desmedida do valor*. São Paulo: Xamã Editora, 2005.

François QUESNAY, *Quadro Econômico dos Fisiocratas*. São Paulo: Abril Cultural, 1983.

David RICARDO, *Princípios de Economia Política e Tributação*. São Paulo: Abril Cultural, 1982.

Roman ROSDOLSKY, *Gênesis y Estructura de El Capital, de Marx (Estúdios sobre los Grundrisse)*. México: Siglo Veintiuno, 5ª ed., 1986.

Isaak Illich RUBIN, *A Teoria Marxista do Valor*. São Paulo: Polis, 1987.

Jean-Baptiste SAY, *Tratado de Economia Política*. São Paulo: Nova Cultural, 1986.

Merio SCATOLLA, "Ordem e *Imperium*: das políticas aristotélicas do começo do XVII ao direito natural de Pufendorf". In: Giuseppe Duso (org.), *O Poder, História da Filosofia Política Moderna*. Rio de Janeiro: Vozes, 2005.

Amartya SEN, *Desenvolvimento como Liberdade*. São Paulo: Companhia das Letras, 2000.

_____, *Sobre Ética e Economia*. São Paulo: Companhia das Letras, 2002.

Adam SMITH, *A Riqueza das Nações – Investigação sobre sua natureza e suas causas*. São Paulo: Nova Cultural, 2ª ed., 1985.

_____, *Teoria dos Sentimentos Morais*. São Paulo: Martins Fontes, 2002.

Aléxis TADIÉ, *Locke*. São Paulo: Estação Liberdade, 2005.

Francisco J. S. TEIXEIRA, *Pensando com Marx – Uma Leitura Crítico-comentada de O Capital*. São Paulo: Ensaio, 1995.

_____, *Trabalho e Valor. Contribuição para a Crítica da Razão Econômica*. São Paulo: Cortez, 2004.

M. Enrique UREÑA, *Karl Marx, Economista, O que Marx quis realmente dizer*. São Paulo: Edições Loyola, 1981.

Adolfo Sánchez VÁZQUES, *Filosofia da Práxis*. Rio de Janeiro: Paz e Terra, 1968.

_____, "Economia e Humanismo". In: Marx, K. *Cuadernos de Paris*. México: Ed. Era, 1974.

Pierre VILAR, *Ouro e Moeda na História (1450-1920)*. Rio de Janeiro: Paz e Terra, 1981.

_____, "A transição do feudalismo ao capitalismo". In: Santiago, T. A. (org.), *História, Capitalismo, Transição*. Rio de Janeiro: Eldorado Tijuca, 1975.

Gil VILLEGAS, "Tensões e contradições na sociedade civil: Hegel como precursor da análise do trabalho e a alienação na crítica da sociedade industrial". In: *Estudos, filosofia-história-letras*, inverno/1988.

Esta obra foi impressa em Santa Catarina na primavera
de 2011 pela Nova Letra Gráfica & Editora. No texto
foi utilizada a fonte Adobe Garamond Pro, em corpo
11 e entrelinha de 16 pontos.